高等职业学校"十五五"规划临床医学专业新形态教材

供临床医学、预防医学、全科医学、口腔医学、影像、药学、检验、护理等专业使用

人体解剖学与组织胚胎学

Renti Jiepouxue yu Zuzhi Peitaixue

主　编 ◎ 郭建美　　侯良绢　　周　玉

副主编 ◎ 刘媛媛　　王景伟　　黄燕燕　　刘　锦　　寇亚丽

编　者　（以姓氏拼音为序）

陈　帅（四川卫生康复职业学院）

陈小语（益阳医学高等专科学校）

郭建美（邢台医学院）

侯良绢（重庆三峡医药高等专科学校）

黄燕燕（南阳医学高等专科学校）

寇亚丽（广西卫生职业技术学院）

李晓明（西安培华学院）

刘　锦（广东茂名健康职业学院）

刘美晓（沧州医学高等专科学校）

刘晓景（石家庄人民医学高等专科学校）

刘　滢（重庆三峡医药高等专科学校）

刘媛媛（沧州医学高等专科学校）

吕　斌（广西卫生职业技术学院）

罗宝英（漳州卫生职业学院）

秦道静（随州职业技术学院）

王景伟（邢台医学院）

徐立华（石家庄人民医学高等专科学校）

臧　慧（益阳医学高等专科学校）

周　晴（邢台医学院）

周　玉（益阳医学高等专科学校）

华中科技大学出版社

http://press.hust.edu.cn

中国·武汉

内 容 简 介

本教材是高等职业学校"十五五"规划临床医学专业新形态教材之一。

本教材除绪论外共分为十二章,包括基本组织、运动系统、消化系统、呼吸系统、泌尿系统、生殖系统、腹膜、脉管系统、感觉器、神经系统、内分泌系统、人体胚胎学概要。

本教材可供临床医学、预防医学、全科医学、口腔医学、影像、药学、检验、护理等专业使用。

图书在版编目(CIP)数据

人体解剖学与组织胚胎学 / 郭建美,侯良绢,周玉主编. -- 武汉 : 华中科技大学出版社,2025.8.

ISBN 978-7-5772-2134-2

Ⅰ. R32

中国国家版本馆 CIP 数据核字第 2025H1Y383 号

人体解剖学与组织胚胎学   郭建美   侯良绢   周   玉   主编
Renti Jiepouxue yu Zuzhi Peitaixue

策划编辑:蔡秀芳
责任编辑:余 琼 丁 平
封面设计:廖亚萍
责任校对:李   弋
责任监印:曾   婷
出版发行:华中科技大学出版社(中国·武汉)   电话:(027)81321913
        武汉市东湖新技术开发区华工科技园   邮编:430223
录   排:华中科技大学惠友文印中心
印   刷:武汉科源印刷设计有限公司
开   本:889mm×1194mm   1/16
印   张:18.25
字   数:521千字
版   次:2025 年 8 月第 1 版第 1 次印刷
定   价:79.80 元

高等职业学校"十五五"规划临床医学专业新形态教材

丛书编委会

网络增值服务

使用说明

欢迎进入华中科技大学出版社图书中心

① 教师使用流程

（1）登录网址：**https://bookcenter.hustp.com**（注册时请选择教师身份）

注册 ＞ 登录 ＞ 完善个人信息 ＞ 等待审核

（2）审核通过后，您可以在网站上使用以下功能：

浏览教学资源　　建立课程　　管理学生　　布置作业　查询学生学习记录等

教师

② 学生使用流程

（建议学生在PC端完成注册、登录、完善个人信息的操作）

（1）PC端操作步骤

①登录网址：https://bookcenter.hustp.com（注册时请选择学生身份）

注册 ＞ 登录 ＞ 完善个人信息

②查看课程资源：（如有学习码，请在个人中心-学习码验证中先验证，再进行操作。）

选择课程

首页课程 ＞ 课程详情页 ＞ 查看课程资源

（2）手机端扫码操作步骤

手机扫码 → 登录 → 查看数字资源

注册

Introduction 总 序

　　近年来,以习近平同志为核心的党中央高度重视教材建设,加强了党对教材工作的全面领导,明确教材建设国家事权,专门成立了国家教材委员会,充分体现出教材建设的重要性和紧迫性。《国家职业教育改革实施方案》《国务院办公厅关于加快医学教育创新发展的指导意见》等文件明确指出,要立足于服务基层医疗卫生服务体系,大力推进基层医疗卫生人才培养,助力乡村振兴,赋能健康中国。

　　为了进一步贯彻落实文件精神,适应临床医学职业教育改革发展的需要,服务"健康中国"对高素质技能人才培养的需求,充分发挥教材建设在提高人才培养质量中的基础性作用,华中科技大学出版社经调研后,在全国卫生健康职业教育教学指导委员会专家和国家"双高"院校建设核心团队的指导下,组织全国70余所高职高专医药院校的400余位老师编写本套高等职业学校"十五五"规划临床医学专业新形态教材。

　　本套教材积极贯彻教育部《"十四五"国家信息化规划》要求,推进教材的信息化建设水平,打造具有时代特色的"融合教材",服务并推动教育信息化。本套教材充分反映了各院校的教学改革成果和研究成果,教材编写体系和内容均有所创新,在编写过程中重点突出以下特点。

　　1.专家指导,铸造精品　在全国卫生健康职业教育教学指导委员会专家的指导下,紧跟医学教育改革的发展趋势和职业教育教材建设工作,具有鲜明的高等卫生职业教育特色,旨在打造一批精品教材。

　　2.岗课赛证,融通协同　对接健康中国战略,面向基层医疗确定教学内容,聚焦"岗课赛证"融通,贯穿以校企双元为依托,案例为载体,项目为导向,突出实用性,根据最新颁发的国家标准、规范、政策、准则要求,突出基于岗位胜任力进行编写,重点强调培养学生用理论去解决实践问题的能力,打造"书—岗—课—网"新形态一体化教材。

　　3.课程思政,德育并举　落实立德树人的根本任务,注重医德医风教育,着力培养学生"敬佑生命、救死扶伤、甘于奉献、大爱无疆"的医者精神,以"融盐于水"的理念体现课程思政。教学中的思政元素包括职业素养、创新素养、科学精神、人文伦理、安全意识、规范意识、工匠精神、团队

I

精神等。

4.创新形态，理念先进　采用"互联网＋"思维编写教材，配套多样化数字资源，构建信息量丰富、学习手段灵活、学习方式多元的新形态一体化教材体系，推进教材的数字化建设。

本套教材得到了专家和领导的大力支持与高度关注，我们衷心希望这套教材能在相关课程的教学中发挥积极作用，并得到读者的青睐。我们也相信这套教材在使用过程中，通过教学实践的检验和实际问题的解决，能不断得到改进、完善和提高。

高等职业学校"十五五"规划临床医学专业新形态教材
丛书编委会

Preface | 前 言

　　本教材是依据《国家职业教育改革实施方案》以及《关于加快医学教育创新发展的指导意见》文件精神,立足服务基层医疗卫生服务体系,以大力推进基层卫生人才培养,助力乡村振兴,赋能健康中国而编写的高等职业学校"十五五"规划临床医学专业新形态教材之一。

　　本教材在强调"基础理论、基本知识、基本技能",体现"思想性、科学性、先进性、适用性和启发性"的同时,更加注重基础理论与实践相结合、基本知识与临床相结合、基本技能与应用相结合。针对高职高专学生的特点,体现以形象思维为主、逻辑思维为辅的原则,图表信息量大,文字描述力求精简、易于理解。本教材在每章前设有学习目标,使学生的学习更有针对性;在正文前设有案例情境,以问题导入教材内容,正文中设有必要的知识链接,可提高学生的学习兴趣,扩大学生的知识面;在每章末设有小结和目标检测,可提高学生总结归纳、分析问题和解决问题的能力;同时附有思政课堂、微课、PPT 等教学资源,并应用二维码使数字资源与纸质教材内容相衔接,以满足职业教育多样化的需求。本教材中的专业名词、数据和单位名称,均按国家相关标准编写。

　　本教材主要供临床医学专业使用,亦可供医学其他相关专业使用及医学工作者学习参考,建议学时数在 96 学时左右,各院校可根据专业特点酌情安排。

　　参加本教材编写的人员为全国多所医学院校中有多年教学经验的一线教师。本教材在编写过程中,得到了相关院校领导和同仁的大力支持,在此表示衷心的感谢。同时,在编写过程中,我们参考了本专业有关教材,在此向相关作者表示诚挚的谢意!

　　由于时间紧迫,编写人员编写水平有限,教材中难免存在不足之处,敬请广大读者多提宝贵意见,以便及时修改,不断完善。

编　者

目 录

MULU

绪　论

扫码看PPT

学习目标

知识目标：

1. 理解解剖学标准姿势,解剖学方位术语,轴和面。
2. 描述人体的组成和分部。
3. 解释人体解剖学与组织胚胎学的概念。
4. 了解人体解剖学与组织胚胎学在医学中的地位及学习方法。

能力目标：

1. 能结合活体或模型指出人体的分部。
2. 能运用解剖学姿势、方位术语、轴和面指导临床实践。

素质目标：

树立正确的学习态度及辩证唯物主义观点,具有良好的人文素养、职业道德、较强的人际沟通能力和团队合作精神。

一、人体解剖学与组织胚胎学的定义及分科

人体解剖学与组织胚胎学是一门形态科学,是研究正常人体形态结构及发生、发展规律的科学。它包括人体解剖学、组织学和胚胎学。

人体解剖学是通过解剖操作和肉眼观察的方法研究正常人体形态、结构及相关功能的科学。按其研究和叙述的方法不同,人体解剖学通常分为系统解剖学、局部解剖学等学科。**系统解剖学**是按照人体的器官系统阐述各器官形态、结构及相关功能的科学;**局部解剖学**是在系统解剖学的基础上,按照人体结构的部位,由浅入深逐层描述人体各部结构的形态及相互关系的科学。

组织学是借助切片技术和显微镜观察的方法,研究正常人体的细胞、组织和器官微细结构及相关功能的科学。

胚胎学是研究个体发生、发育及生长变化规律的科学。

二、人体解剖学与组织胚胎学在医学中的地位

人体解剖学与组织胚胎学是医学科学中一门重要的基础课程,它与医学各学科有着密切的联系。学习这门课程的目的在于理解和掌握正常人体各器官的形态特征、位置毗邻、发生和发育规律及功能意义等,为学习医学其他基础课程和专业课程奠定基础。因为只有在充分认识正常人体结构的基础上,才能正确理解人体的生理功能和病理变化,从而采取有效的治疗措施。

另外,医学中 1/3 以上的名词、术语来源于人体解剖学、组织学和胚胎学,所以人体解剖学与组织胚胎学是医学专业学生的必修课程。

Note

三、人体的组成和分部

人体结构和功能的基本单位是细胞。形态相似、功能相近的细胞和细胞间质共同构成组织。人体有 4 种基本组织,即上皮组织、结缔组织、肌组织和神经组织。几种不同的组织按一定的规律结合在一起,构成具有一定形态、能完成一定功能的结构称器官,如心、肝、肾、肺等。若干个功能相关的器官组合起来,共同完成某一方面的生理功能,构成系统。人体有 9 大系统,即运动系统、消化系统、呼吸系统、泌尿系统、生殖系统、内分泌系统、脉管系统、感觉器和神经系统。人体各系统在神经和体液的调节下,彼此联系,相互协调,共同构成一个完整的有机体。

人体按部位分为头部、颈部、躯干部和四肢四部分。其中,头部又分为颅和面两部分;躯干部又分为背部、胸部、腹部、盆部和会阴部;四肢可分为上肢和下肢,上肢分为肩、上臂、前臂和手,下肢分为臀、大腿、小腿和足。

四、常用的解剖学术语

人体的构造十分复杂,为了准确描述人体各部结构的位置及相互关系,人们采用国际通用标准,统一规定了解剖学姿势、方位、轴、面等解剖学术语。

(一)解剖学姿势

身体直立,两眼平视前方,上肢自然下垂于躯干两侧,手掌向前,下肢并拢,足尖向前,这样的姿势称为解剖学姿势。

(二)方位

表示方位的术语依据解剖学姿势确定,用以描述人体结构的相互位置关系。常用的方位术语如下。

1.上和下 近头者为上,近足者为下。在胚胎学中,上和下则分别采用**头侧**和**尾侧**的说法。

2.前和后 近腹者为前,近背者为后。在胚胎学中,前和后则分别采用**腹侧**和**背侧**的说法。

3.内侧和外侧 以身体正中面为准,距正中面近者为内侧,远者为外侧。在四肢,前臂的内侧又称尺侧,外侧又称**桡侧**;小腿的内侧又称**胫侧**,外侧又称**腓侧**。

4.内和外 凡有空腔的器官,在腔内或离腔较近者为内,离腔较远者为外。

5.浅和深 以体表为准,近体表者为浅,离体表远者为深。

6.近侧和远侧 多用于四肢,距肢体附着部位较近者称近侧,反之称远侧。

(三)轴

轴是为了准确描述关节的运动形式,以解剖学姿势为准,通过人体的某部位或某结构所作的假想线。人体有 3 种互相垂直的轴(图 0-1)。

1.矢状轴 前后方向的水平轴。

2.冠状轴 左右方向的水平轴,与人体的矢状轴互相垂直。

3.垂直轴 上下方向,与人体的长轴平行,且与上述两轴互相垂直。

(四)面

面即切面,常用的有矢状面、冠状面和水平面。

1.矢状面 沿前后方向,将人体纵切为左、右两部分的切面即矢状面。通过人体正中的矢状面称**正中矢状面**,将人体分为左、右对称的两部分。

2.冠状面 沿左右方向,将人体纵切为前、后两部分的切面即冠状面。

3.水平面 与地面平行,将人体分为上、下两部分的切面即水平面。

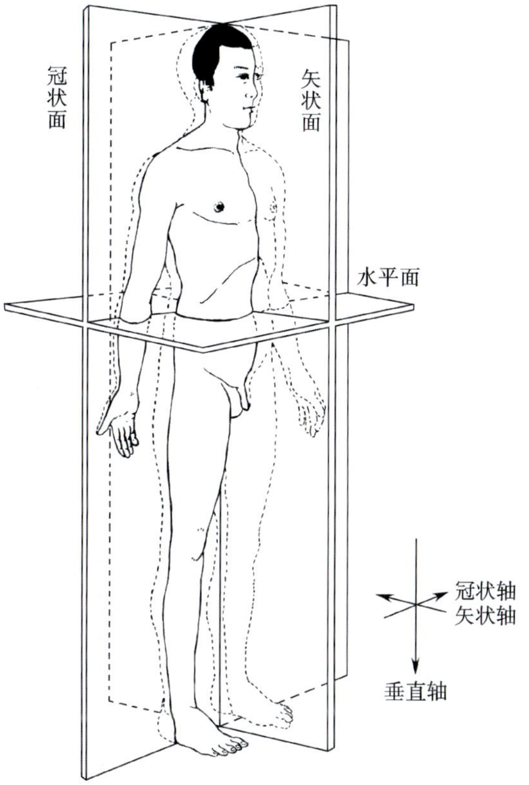

图 0-1　人体的轴和面

在描述器官的切面时,沿其长轴所作的切面称**纵切面**,与长轴垂直的切面称**横切面**。

五、人体解剖学与组织胚胎学常用的研究技术和方法

人体解剖学与组织胚胎学常用的研究技术和方法很多,其中,用于观察微细结构的常用方法和技术有普通光学显微镜技术和电子显微镜技术。

(一)普通光学显微镜技术

借助光学显微镜(光镜,LM)观察组织切片是学习组织学最基本、最常用的方法,光镜的分辨率最高可达 0.2 μm,可将物体放大 1500 倍。光镜观察要求组织细胞有较好的透明度,必须把组织制成很薄的切片。最常用的切片是石蜡切片。在制备切片过程中,须进行染色。染色的目的是使组织内的不同结构呈现不同颜色,以利于观察。染色的方法很多,常用的有苏木精-伊红染色法(简称 HE 染色法)。苏木精染液为碱性,能将细胞核和细胞质内的酸性物质染成紫蓝色;伊红染液为酸性,能将细胞质和细胞间质内的碱性物质染成淡红色。凡组织结构易被碱性染料着色的称为**嗜碱性**;易被酸性染料着色的称为**嗜酸性**;若对两种染料的亲和力都不强,则称为**中性**。此外,有些组织结构经硝酸银处理(称镀银染色)后呈现黑色,此现象称为**嗜银性**。

除石蜡切片外,还有冰冻切片、涂片、铺片和磨片等。

(二)电子显微镜技术

电子显微镜(电镜,EM)可将物体放大几万倍、几十万倍,甚至 100 万倍,分辨率可达 0.2 nm。常用的电镜有透射电镜(TEM)和扫描电镜(SEM)。透射电镜用于观察细胞内部的超微结构,必须制备比光镜切片更薄的超薄切片;扫描电镜主要用于观察组织、细胞和器官表面的立体结构,不需要制成切片,其分辨率比透射电镜低。

Note

六、人体解剖学与组织胚胎学的基本观点和学习方法

学习人体解剖学与组织胚胎学要坚持运用进化和发展、形态结构和功能相互联系、局部和整体相互统一,以及理论和实践相互结合的观点和方法,正确理解人体形态结构及演变规律。

(一)进化和发展的观点

人类是由低等动物经过长期发展进化而来,是物种进化的产物。目前,人体的形态结构依然保留着许多脊椎动物的基本特征。如脊柱位于躯干的背侧,两侧肢体对称,体腔分为胸腔和腹腔等。同时,人类的形态结构也在不断发展变化着,种族、地域和生产生活环境等因素均可引起个体间的差异。因此,只有用进化和发展的观点来理解人体的形态结构和功能,才能正确、全面认识人体。

(二)形态结构和功能相互联系的观点

人体每个器官都有其特定的形态结构和功能。器官的形态结构是实现功能的物质基础,如膀胱的形态有利于储存尿液。器官功能的改变又可影响其形态结构,如人类的上、下肢由于直立和劳动,有了明显分工,上肢尤其是手的形态结构适合成为握持工具,从事技巧性劳动的器官;下肢及足的形态结构则与直立行走功能相适应。因此,形态结构与功能是相互依赖、相互影响的。

(三)局部和整体相互统一的观点

人体是一个完整统一的整体,任何一个器官或局部都是整体不可分割的一部分,它们在结构和功能上,既相互联系又相互影响。例如,脊柱的整体功能体现在各个椎骨和椎间盘的形态上,而某个椎间盘的损伤则可影响脊柱的运动甚至脊柱的整体形态。所以,学习人体解剖学虽然是从单一器官、系统入手,但必须注意从整体观察学习各器官、系统的形态结构,注意器官、系统在整体中的地位和作用,防止片面、孤立地认识器官、系统。

(四)理论和实践相互结合的观点

人体解剖学是一门实践性极强的课程,名词术语多,信息量大,对于初学者来说,如靠死记硬背,则枯燥无味,因此,学习本课程必须坚持理论联系实际,做到三个结合:①图文结合,学习时做到文字和图表并重,两者结合,建立感性认识,帮助理解和记忆;②理论学习与观察标本相结合,通过对解剖标本的观察、辨认,建立理性认识,加深理解和记忆;③理论知识与临床应用相结合,基础知识是为临床服务的,在学习过程中适度联系临床应用,达到学以致用的目的。

(郭建美)

思政课堂

目标检测

Note

第一章　基本组织

学习目标

知识目标：

1.说出人体基本组织的分类，被覆上皮的分类，上皮组织的特殊结构；结缔组织的分类及分布，血液的组成及血细胞的分类；肌组织的分类与功能；神经胶质细胞的分类及功能，神经末梢的分类及分布部位。

2.描述上皮组织的特点，被覆上皮的结构特点和分布；疏松结缔组织的特点及细胞种类；神经元的形态结构和分类，突触和神经纤维的结构、分类和功能。

3.辨识各类被覆上皮形态结构；疏松结缔组织的各类细胞形态结构，各类血细胞的结构，软骨组织和骨组织的结构；突触的结构。

4.解释内皮、间皮、腺上皮、腺、肌节、闰盘、突触、神经纤维的概念。

5.比较骨骼肌、心肌、平滑肌的光镜及电镜结构特点。

能力目标：

1.能熟练运用显微镜，会观察和辨认各类基本组织的细胞及结构。

2.能运用所学组织学知识分析临床相关疾病的常见症状。

素质目标：

1.具有微观与宏观相统一的认知，形成初步临床思维。

2.具有爱伤、护伤意识和职业责任感。

细胞是人体结构和功能的基本单位，是组织和器官的结构基础。许多形态相似、结构和功能相近的细胞和细胞间质有机结合在一起构成组织。人体有四大基本组织，即上皮组织、结缔组织、肌组织和神经组织。

案例 1-1

患者，男，39岁。主因周身反复皮疹伴瘙痒1年，加重2周入院。2周前患者无诱因出现皮疹加重，周身弥漫性分布红斑、风团、瘙痒。

查体：周身有泛发性红斑风团，四肢及躯干部红斑风团融合成大片，边界不清，隆起于皮肤，皮肤划痕试验阳性。

初步诊断为慢性荨麻疹。

问题：

1.除荨麻疹以外，机体的过敏反应还有哪些临床表现？

2.试分析过敏反应与机体何种细胞有关，这些细胞是如何发挥作用的。

3.机体抗过敏的机制有哪些？

Note

第一节　上皮组织

上皮组织,简称**上皮**,由大量排列紧密且形态规则的上皮细胞和少量的细胞间质构成。根据其功能不同,可分为被覆上皮、腺上皮和特殊上皮三种类型。被覆上皮主要覆盖于身体表面或衬贴于体腔和有腔器官的内表面,具有保护、吸收、分泌及排泄等功能;腺上皮构成腺,具有分泌功能;特殊上皮具有特殊的形态与功能,如感觉上皮能感受特定理化刺激,生殖上皮能产生生殖细胞等。

一、被覆上皮

被覆上皮有以下共同特征:①细胞数量多,形态规则、排列紧密,多排列成层或膜状,细胞间质少;②上皮细胞具有明显的极性,朝向身体表面或有腔器官腔面的一面称游离面,与其相对的一面称基底面,基底面借基膜与深层的结缔组织相连;③上皮组织内无血管和淋巴管,其营养依靠深层结缔组织内的血管透过基膜来提供;④上皮组织内有丰富的感觉神经末梢。根据细胞层数和表层细胞的形态结构,被覆上皮可分为以下几种类型(表1-1)。

表 1-1　被覆上皮的分类及分布

类型		分布
单层上皮	单层扁平上皮	内皮:心脏、血管和淋巴管的腔面
		间皮:胸膜、腹膜和心包膜的表面
		其他:肺泡壁和肾小囊壁层等处
	单层立方上皮	肾小管上皮、甲状腺滤泡上皮等处
	单层柱状上皮	胃、肠、胆囊、子宫黏膜等处
	假复层纤毛柱状上皮	呼吸道腔面
复层上皮	复层扁平上皮	未角化型:口腔、食管、阴道等腔面
		角化型:皮肤的表皮
	复层柱状上皮	睑结膜、男性尿道等腔面
	变移上皮	肾盂、肾盏、输尿管和膀胱等腔面

(一)单层扁平上皮

单层扁平上皮又称**单层鳞状上皮**,由一层扁平细胞组成。从表面观察,细胞呈不规则形或多边形,细胞边缘呈锯齿状,互相嵌合,细胞核椭圆形,位于细胞中央;从垂直切面观察,细胞呈梭形,薄扁细长,细胞核卵圆形,仅含核的部分略厚(图1-1)。

分布于心脏、血管和淋巴管腔面的单层扁平上皮称为**内皮**,内皮表面薄而光滑,利于血液和淋巴的流动及物质交换;分布于胸膜、腹膜和心包膜等处的单层扁平上皮称为**间皮**,间皮表面湿润光滑,可减少器官活动时的摩擦。

(二)单层立方上皮

单层立方上皮由一层近似立方形的细胞组成。从表面观察,细胞呈六角形或多角形;从垂直切面观察,细胞呈立方形,细胞核圆形,位于细胞中央(图1-2)。该上皮主要分布在肾小管上皮、甲状腺滤泡上皮等处,具有分泌和吸收功能。

(a) 单层扁平上皮上面观　　　　(b) 内皮细胞侧面观（中动脉）

图 1-1　单层扁平上皮

图 1-2　单层立方上皮

（三）单层柱状上皮

单层柱状上皮由一层棱柱状细胞组成。从表面观察,细胞呈六角形或多角形;从垂直切面观察,细胞呈柱状,细胞核长椭圆形,位于细胞基底部,在柱状细胞游离面上有微绒毛,可形成光镜下的纹状缘或刷状缘(图 1-3)。该上皮主要分布于胃、肠、胆囊及子宫黏膜等处,具有保护、吸收和分泌功能。在肠道腔面的单层柱状上皮除有柱状细胞外,还散在有形似高脚酒杯的杯状细胞,细胞核三角形,靠近细胞基底部,顶部膨大,内有分泌颗粒,可分泌黏液,具有润滑和保护肠上皮的作用。

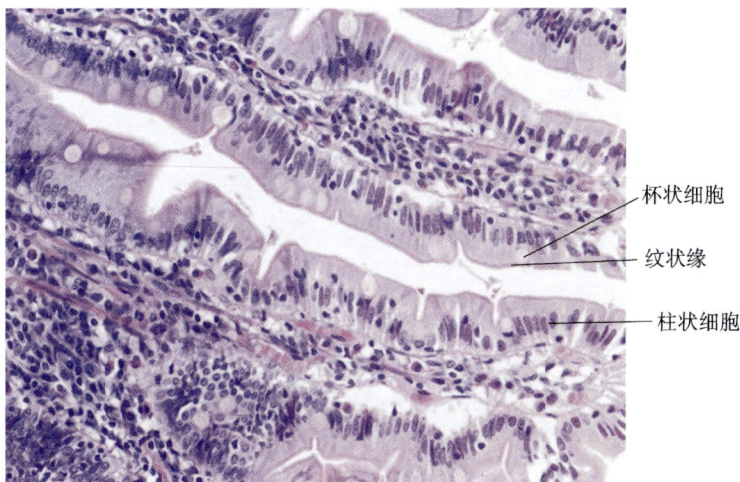

图 1-3　单层柱状上皮

（四）假复层纤毛柱状上皮

假复层纤毛柱状上皮由柱状细胞、杯状细胞、梭形细胞和锥体形细胞组成，其中柱状细胞数量最多。从垂直切面观察，这些细胞的形态各异，高矮不一，只有柱状细胞和杯状细胞的游离面能与腔面接触。在柱状细胞游离面上有纤毛。该上皮看起来形似复层，但实际上所有细胞基底面均附着于基膜上，故为单层上皮（图1-4）。该上皮主要分布在气管、支气管的腔面，具有保护和分泌功能。

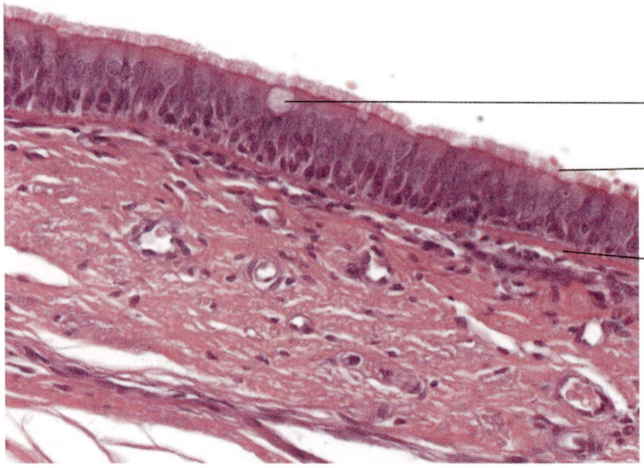

图 1-4　假复层纤毛柱状上皮

（五）复层扁平上皮

复层扁平上皮又称**复层鳞状上皮**，由多层细胞密集排列构成。从垂直切面观察，细胞的形态和厚薄不一，紧贴基膜的一层基底细胞为立方形或矮柱状，是具有增殖分化能力的干细胞，可不断分裂增生并向表层推移，补充表层衰老或损伤脱落的细胞；中间为数层多边形细胞；靠近表层的为梭形或扁平形细胞，最表层的扁平细胞已退化，并逐渐脱落。复层扁平上皮的基底面与深层结缔组织的连接处凹凸不平，增加了两者的接触面积，既保证了上皮组织的营养供给，又使连接更加牢固（图1-5）。

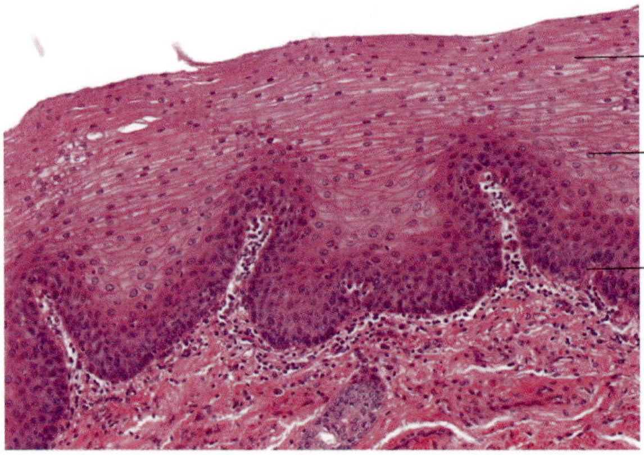

图 1-5　复层扁平上皮

分布于皮肤表皮的复层扁平上皮，其浅层细胞的核已消失，细胞质中充满角质蛋白，是干硬的死细胞，不断脱落，该上皮称为**角化型复层扁平上皮**；分布于口腔和食管等腔面的复层扁平上皮，其浅层细胞是有核的活细胞，含少量角质蛋白，该上皮称为**未角化型复层扁平上皮**。复层扁平上皮具有耐酸、耐碱、耐摩擦和防止水分蒸发以及阻止异物侵入等保护作用,受损后有很强的修复再生能力。

(六)复层柱状上皮

复层柱状上皮由数层细胞构成,基底层为矮柱状细胞,中间几层为多边形细胞,表层为一层排列较整齐的矮柱状细胞。该上皮分布于睑结膜、男性尿道和一些腺的大导管处,具有保护功能。

(七)变移上皮

变移上皮又称**移行上皮**,由多层细胞组成。其特点是细胞的形态和层数可随器官的功能状态不同而发生改变,主要分布于肾盂、输尿管、膀胱等处。膀胱空虚时,变移上皮变厚,细胞层数变多,表层细胞呈大立方形,胞质丰富,有的细胞含双核;中层细胞呈多边形;基底层细胞呈立方形或矮柱状。当膀胱充盈扩张时,变移上皮变薄,细胞层数变少,细胞形态变扁变小(图1-6)。

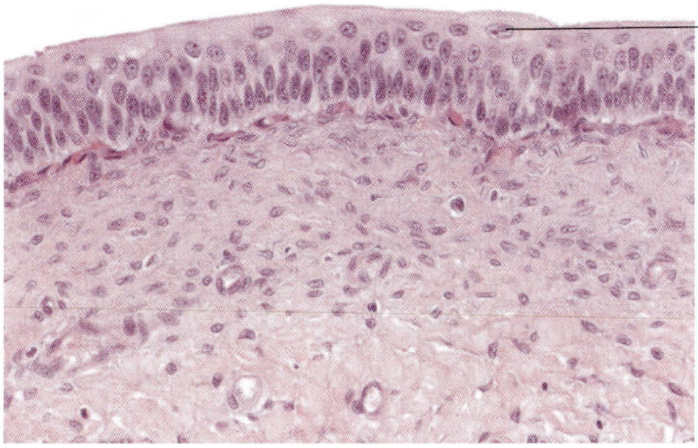

盖细胞

图 1-6 变移上皮

二、腺上皮和腺

由腺细胞构成的以分泌功能为主的上皮称**腺上皮**。以腺上皮为主构成的器官称**腺**。

(一)腺的发生及分类

腺上皮是由胚胎时期的被覆上皮向深部结缔组织增生、迁移而形成的,最初增生的细胞在结缔组织中形成突出的上皮索,然后进一步分化成腺。腺分为两类,一类称**外分泌腺**,具有导管,其分泌物经导管排至身体表面或器官的腔内,如胃底腺、肠腺、汗腺、唾液腺等;另一类称**内分泌腺**,没有导管,腺细胞排列成团块状或条索状,其内有丰富的毛细血管,其分泌物(激素)直接进入血液或淋巴,如甲状腺、肾上腺等。本处只介绍外分泌腺的一般结构。

(二)外分泌腺的一般结构

1.外分泌腺的结构 外分泌腺可分为单细胞腺和多细胞腺。杯状细胞是单细胞腺,人体大多数腺为多细胞腺。多细胞腺一般由分泌部和导管两部分组成。

(1)**分泌部**:又称腺泡,由一层腺细胞组成,中央的空腔称腺泡腔。根据腺泡分泌物的种类不同,腺泡可分为浆液性腺泡、黏液性腺泡和混合性腺泡三种。

(2)**导管**:与腺泡直接相连,管壁由单层或复层上皮构成,主要功能是排出分泌物。

2.外分泌腺的其他分类 还有两种主要的分类方式:依据分泌部的形态可分为管状腺、泡状腺和管泡状腺;根据分泌物的性质可分为浆液性腺(如腮腺)、黏液性腺(如十二指肠腺)和混合性腺(如下颌下腺和舌下腺)(图1-7)。

Note

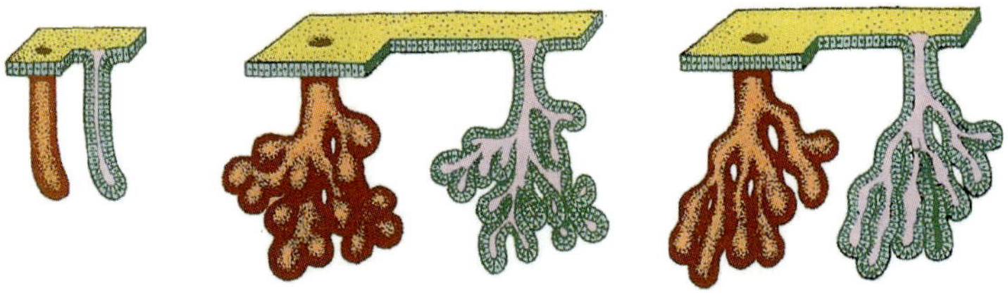

(a) 单管状腺　　　　(b) 复泡状腺　　　　(c) 复管泡状腺

图 1-7　几种外分泌腺的模式图

三、上皮组织的特殊结构

上皮细胞具有极性,在它的游离面、侧面和基底面常分化出一些与功能相适应的特殊结构(图 1-8)。这些特殊结构也可见于其他组织的细胞。

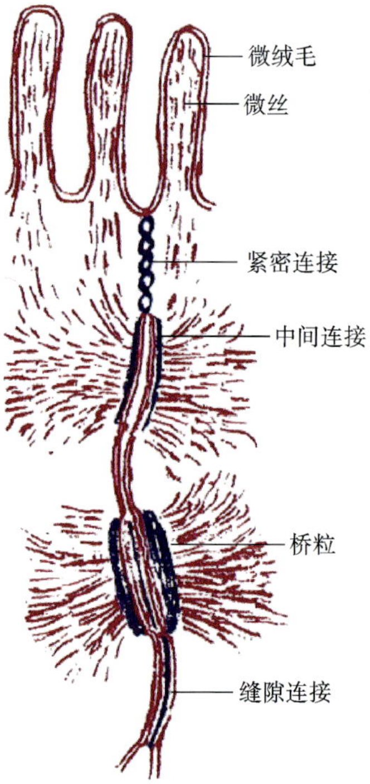

微绒毛
微丝
紧密连接
中间连接
桥粒
缝隙连接

图 1-8　微绒毛与细胞连接模式图

(一)上皮细胞的游离面

1.微绒毛　上皮细胞的细胞膜和细胞质向游离面伸出的微细指状突起,可使细胞游离面的表面积显著扩大,有利于细胞吸收功能的发挥,在电镜下可清晰辨认。在肾小管上皮细胞和小肠单层柱状上皮细胞的表面,微绒毛多而长,且排列整齐,形成光镜下可见的刷状缘或纹状缘。

2.纤毛　上皮细胞的细胞膜和细胞质向游离面伸出的粗而长的突起,具有节律性定向摆动的能力,光镜下即可清晰辨认。电镜下,纤毛中央有两条单独的微管,周围有九组二联微管。纤毛具有定向、节律性摆动的能力,能把黏附在上皮表面的分泌物及颗粒状物质向一定方向推送。例如,呼吸道腔面的纤毛摆动,可将吸入的灰尘和细菌推至咽部与痰一起咳出,以利于清除呼吸道的分泌物和排出异物。

(二)上皮细胞的侧面

上皮细胞的侧面常见各种细胞连接,包括紧密连接、中间连接、桥粒和缝隙连接。存在两个或两个以上的细胞连接,称为**连接复合体**。这些连接可以加强细胞间的机械联系,维持组织结构的完整性和协调性。

1.紧密连接 又称**闭锁小带**,位于细胞侧面的顶端,呈带状环绕在细胞的周围,常见于单层柱状上皮和单层立方上皮。此处相邻的细胞膜形成网状小嵴向外隆起,并相互吻合,封闭了细胞间隙,加强了细胞间的结合,同时还有防止体液丢失、阻挡大分子物质穿过细胞间隙进入深部组织的屏障功能。

2.中间连接 又称**黏着小带**,位于紧密连接的下方,两侧细胞膜的细胞质面有薄层的致密物和微丝附着。中间连接有黏着、保持细胞形状和传递细胞收缩力的作用。

3.桥粒 又称**黏着斑**,呈斑块状,位于中间连接的深部,起固定和支持作用。桥粒为上皮细胞间一种很牢固的连接,在易受机械刺激或摩擦的皮肤、食管等部位的复层扁平上皮中尤其发达。

4.缝隙连接 又称**通信连接**,由相邻细胞的细胞膜呈间断融合形成的许多规则小管构成。细胞间可借此进行离子和小分子物质交换,传递化学信息,同时缝隙连接处电阻低,便于传递电冲动,进而使细胞在营养代谢和增殖分化等方面成为统一体。

(三)上皮细胞的基底面

1.基膜 上皮细胞基底面和深部结缔组织之间共同形成的半透薄膜。行镀银染色时,基膜呈黑色,行 HE 染色时,基膜呈粉红色。基膜有支持、连接和固定细胞的作用,其有半透性,有利于上皮细胞与深部结缔组织进行物质交换。

2.质膜内褶 上皮细胞基底面的细胞膜向细胞质内折叠而形成的许多内褶,称为质膜内褶。质膜内褶附近细胞质内有较多线粒体,提供物质转运时所需要的能量。质膜内褶扩大了细胞基底面的表面积,有利于水和电解质的快速转运(图 1-9)。

3.半桥粒 桥粒结构的一半,位于细胞的基底面,主要作用是将上皮细胞固定在基膜上。

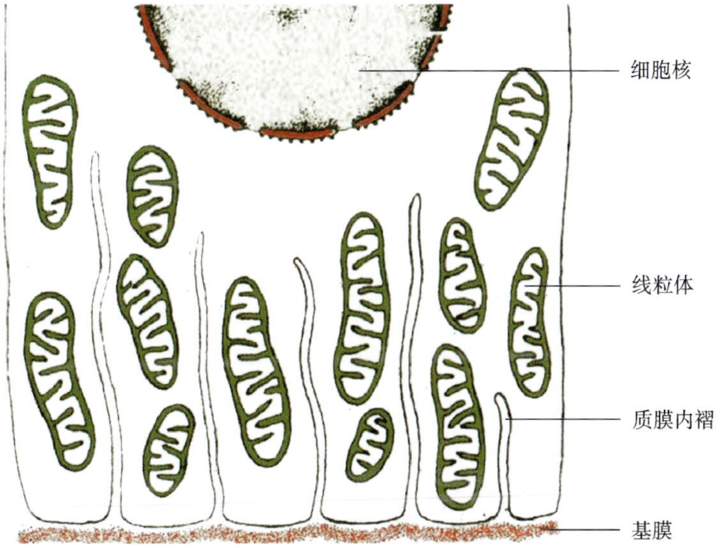

图 1-9 质膜内褶超微结构模式图

知识链接

缝隙连接:一个潜在的肿瘤治疗新靶点

　　缝隙连接是细胞间通信的一种重要方式,近年来的研究表明,其在肿瘤的生长、增殖和转移中扮演着关键角色。在正常组织中,缝隙连接能够促进细胞间的信息交流,维持细胞的正常生理功能。然而,在肿瘤组织中,缝隙连接的表达和功能往往受到抑制,导致肿瘤细胞之间的信息交流受阻,从而促进了肿瘤的生长和转移。因此,缝隙连接被认为是一个潜在的肿瘤治疗新靶点。针对缝隙连接的治疗策略主要包括:恢复缝隙连接的功能,阻断缝隙连接的信号传导,利用缝隙连接进行靶向药物递送。未来,随着基因治疗、细胞治疗和药物研发等技术的不断进步,缝隙连接有望成为肿瘤治疗领域的一个重要突破口。

第二节　结缔组织

结缔组织由少量的细胞和大量的细胞间质构成,是人体内分布最广泛、形式最多样的一种组织。其结构特点如下:细胞数量少,种类多,分布稀疏;细胞散在于细胞间质内,无极性分布;细胞间质丰富,包括丝状的纤维、无定型的基质和不断循环更新的组织液;组织内含丰富的血管和神经末梢;结缔组织来源于胚胎时期的间充质。间充质细胞是一种分化程度很低的细胞,增殖和分化能力强,能分化成为各种结缔组织细胞、平滑肌细胞及内皮细胞等。

结缔组织结构复杂,形态多样,依据细胞、纤维的种类和基质状态的不同,可分为四种类型:凝胶状的固有结缔组织、液体状的血液、固体状的软骨组织和骨组织。平时所说的结缔组织指的是固有结缔组织,包括疏松结缔组织、致密结缔组织、脂肪组织和网状组织。结缔组织具有支持、连接、保护、营养、运输、防御和修复等功能。

一、固有结缔组织

(一)疏松结缔组织

疏松结缔组织结构疏松,呈蜂窝状,又称**蜂窝组织**,广泛分布于组织之间和器官之间。其特点是细胞种类多,数量少,排列稀疏,细胞间质内有大量的基质和少量散在分布的纤维,富含血管和神经末梢。疏松结缔组织具有支持、连接、营养、防御和修复等功能(图1-10)。

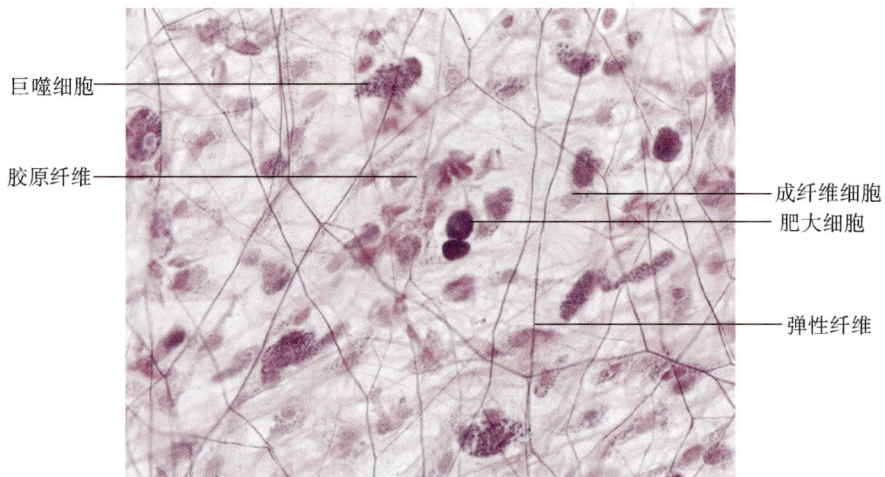

图1-10　疏松结缔组织铺片

巨噬细胞

胶原纤维

成纤维细胞
肥大细胞

弹性纤维

微课
疏松结缔组织

1. 细胞 疏松结缔组织内细胞种类较多,主要有成纤维细胞、巨噬细胞、浆细胞、肥大细胞、脂肪细胞、未分化间充质细胞和白细胞。

(1)**成纤维细胞**:疏松结缔组织中数量最多、最主要的细胞。光镜下,细胞较大,常呈多突起的星形或梭形,细胞质丰富,呈弱嗜碱性,细胞核较大,呈卵圆形,着色浅,核仁明显(图1-10)。电镜下,细胞质内含丰富的粗面内质网和发达的高尔基复合体,具有蛋白质分泌细胞的典型特征。成纤维细胞分泌胶原蛋白和弹性蛋白,合成纤维成分和形成无定形基质,在创伤的愈合过程中发挥重要的作用。

成纤维细胞处于功能静止状态时,称**纤维细胞**。在创伤时,需要合成大量的纤维和基质成分,因此纤维细胞逆向分化为成纤维细胞,并分裂、增殖,迁移至受损部位,合成纤维和基质,参与创伤修复和瘢痕组织的形成。

(2)**巨噬细胞**:分布广泛的一种免疫细胞,形态多样,随功能状态而改变。当功能活跃时,光镜下,常伸出较长的伪足而形态不规则,细胞质较丰富,多呈嗜酸性,可含有异物颗粒或空泡,细胞核较小,呈卵圆形或肾形,着色深(图1-10)。电镜下,细胞质内含有较多的溶酶体、吞噬体或吞饮小泡,以及微丝和微管等结构。处于功能静止状态的巨噬细胞也称**组织细胞**,细胞核略小,着色较深,细胞质呈嗜酸性。

巨噬细胞来源于血液中的单核细胞,当机体局部发生炎性病变时,巨噬细胞会受到病变组织及细菌产生的一些化学物质的刺激,伸出伪足,产生变形运动,聚集到产生和释放这些化学物质的病变部位,因而被称为游走的活化细胞。细胞的这种特性称为趋化性,而这类化学物质称为趋化因子。

巨噬细胞的功能如下:可进行变形运动,具有强大的吞噬作用,可吞噬和清除细菌、异物颗粒以及衰老、死亡的细胞等;具有捕获、处理和呈递抗原的作用,参与和调节免疫应答;具有分泌溶菌酶、补体和多种细胞因子(如红细胞生成素、白细胞介素-1)的作用,其中溶菌酶能分解细菌的细胞壁而杀灭细菌,补体参与炎症反应及病原微生物的溶解等过程,红细胞生成素可促进红细胞生成,白细胞介素-1能刺激骨髓中白细胞的增殖并释放入血。

(3)**浆细胞**:由血液中的B淋巴细胞接受抗原刺激后转化而来,又称效应B淋巴细胞。光镜下,细胞呈圆形或卵圆形,细胞质较多,呈嗜碱性,细胞核呈圆形,偏于细胞一侧,核仁明显,染色质较粗,从核中心向核膜放射状排列,使细胞核呈车轮状。电镜下,细胞质内有大量的粗面内质网及发达的高尔基复合体。浆细胞能合成与分泌**免疫球蛋白**,即**抗体**,参与机体的体液免疫反应。

(4)**肥大细胞**(图1-10):常沿小血管和小淋巴管分布。光镜下,细胞体积较大,呈圆形或卵圆形,细胞质丰富,核小而圆,居于细胞中央,细胞质内充满粗大的嗜碱性分泌颗粒,内含肝素、组胺、白三烯及嗜酸性粒细胞趋化因子等物质。肥大细胞释放的组胺和白三烯可使毛细血管扩张和通透性增加,组织液渗出,局部红肿,出现荨麻疹;若呼吸道黏膜水肿和支气管平滑肌收缩,通气不畅,可致支气管哮喘;若使全身小动脉扩张,血压下降,可引起过敏性休克。释放的肝素有抗凝血作用;释放的嗜酸性粒细胞趋化因子可趋化嗜酸性粒细胞向过敏反应部位迁移,发挥抗过敏作用。

(5)**脂肪细胞**:常单个或成群存在。光镜下,细胞体较大,呈球形或多边形,细胞质内充满脂滴,细胞核及其他细胞质常被挤到细胞的周边呈扁圆形。在HE染色中,由于脂肪滴被溶解,细胞呈空泡状。脂肪细胞能合成和储存脂肪,参与机体的脂类代谢。

(6)**未分化间充质细胞**:结缔组织中的干细胞,形态与成纤维细胞相似,保留着多向分化的潜能,它可增殖分化为成纤维细胞、血管内皮细胞及平滑肌细胞等。

(7)**白细胞**:血液中的各种白细胞在趋化因子的诱导下,常以变形运动穿出毛细血管和微静脉,游走到疏松结缔组织中,参与免疫应答或炎症反应,行使防御功能。

2. 细胞间质 包括纤维和基质。

(1)**纤维**:包埋在基质内,根据纤维的形态结构和化学特性,可分为胶原纤维、弹性纤维和网

Note

状纤维三种。

①**胶原纤维**：分布最广泛，数量最多。新鲜时呈白色，又称为**白纤维**。在 HE 染色切片中呈粉红色，嗜酸性，常成束分布，波浪形，粗细不等，有分支并交织成网（图 1-10）。胶原纤维韧性大、抗拉力强。

②**弹性纤维**：新鲜时呈黄色，又称为**黄纤维**。在 HE 染色切片中被染成淡红色，不易与胶原纤维区分。弹性纤维较细，断端常卷曲，并交织成网（图 1-10）。弹性纤维具有很强的弹性。

③**网状纤维**：主要存在于网状组织中，短而细，分支多，相互交织成网。在 HE 染色中不易着色，故难于分辨，但其可被银离子染成棕黑色，故又称**嗜银纤维**。

（2）**基质**：一种无定形胶状物质，填充在细胞与纤维之间，主要成分是蛋白多糖和水。

蛋白多糖是由蛋白质和糖胺多糖分子结合成的大分子复合物。蛋白质包括核心蛋白和连接蛋白，糖胺多糖包括透明质酸、硫酸软骨素、硫酸角质素等。自然状态的透明质酸是一种曲折盘绕的长链大分子物质，其上结合许多蛋白分子和多糖分子，形成多微孔的筛状结构，称**分子筛**。小于其孔径的物质（如水、O_2、CO_2、营养物质和代谢产物等）可以通过，有利于血液与细胞之间进行物质交换；大于其孔径的大分子物质（如大分子蛋白质、细菌等）不能通过，具有限制有害物质扩散的屏障作用。溶血性链球菌、癌细胞及某些蛇毒等能产生透明质酸酶，可分解透明质酸，破坏分子筛的结构，使基质失去屏障作用，导致感染和肿瘤浸润扩散。

组织液是从毛细血管动脉端内渗入基质内的液体，经毛细血管静脉端和毛细淋巴管回流入血液或淋巴系统。组织液是血液与组织细胞之间进行物质交换的媒介，构成细胞赖以生存的体液环境。因此，组织液是动态更新的。当组织液的生成和回流失去平衡，基质中的组织液含量就会增多或减少，组织液水分过度积留或损失，导致组织水肿或脱水。

（二）致密结缔组织

致密结缔组织是一种以纤维为主要成分的固有结缔组织，其纤维粗大，排列紧密，细胞和基质成分少，以支持和连接为其主要功能。根据纤维成分和排列方式，其可分为规则致密结缔组织和不规则致密结缔组织。规则致密结缔组织主要构成肌腱、腱膜和韧带，由大量密集的胶原纤维顺着应力方向平行排列，聚集呈束，抗拉力强；不规则致密结缔组织主要构成皮肤的真皮、骨膜、硬脑膜、巩膜等，粗大的胶原纤维纵横交织，排列紧密，抵抗来自不同方向的应力（图 1-11）。

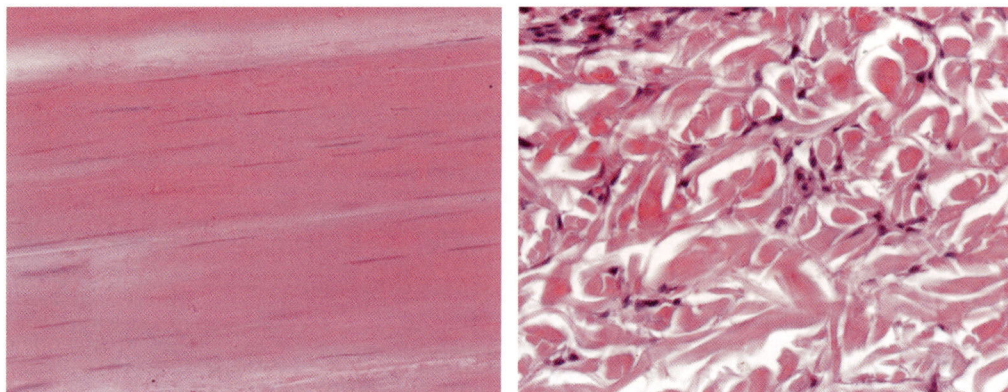

(a) 规则致密结缔组织   (b) 不规则致密结缔组织

图 1-11　致密结缔组织

（三）脂肪组织

脂肪组织由大量脂肪细胞聚集而成，被疏松结缔组织分隔成脂肪小叶（图 1-12）。脂肪组织主要分布于皮下、网膜、系膜、内脏器官周围等处，是体内最大的储能库，具有储存脂肪、维持体温、缓冲外力冲击、参与脂肪代谢等作用。

Note

(a)　　　　　　　　　　　　　　(b)

图 1-12　脂肪组织

(四)网状组织

网状组织主要由网状细胞、网状纤维和基质构成。网状细胞是多突起的星形细胞,相邻细胞的突起连接成网。网状纤维由网状细胞产生,多沿网状细胞分布,并交织成网,并可深陷于网状细胞的细胞体和突起内,成为网状细胞依附的支架。网状组织主要分布于骨髓、淋巴组织和淋巴器官等处,构成这些组织和器官的支架,为血细胞的发生和淋巴细胞的发育提供了适宜的微环境(图 1-13)。

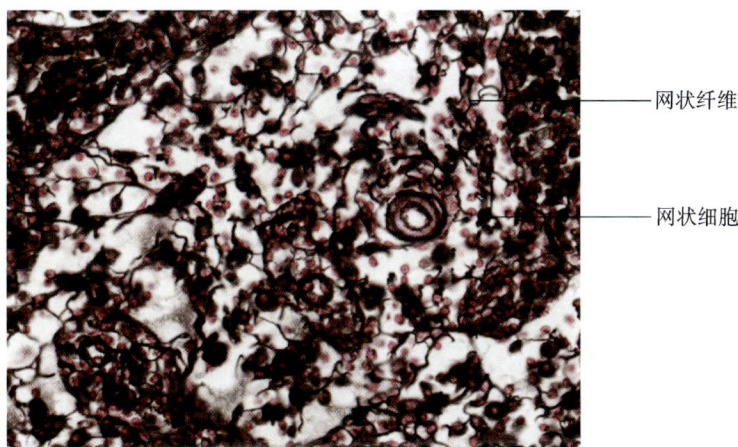

——网状纤维

——网状细胞

图 1-13　网状组织(狗淋巴结,银染)

二、软骨组织与软骨

(一)软骨组织

软骨组织由软骨细胞和软骨基质构成。

1. 软骨基质　软骨组织的细胞间质,由基质和纤维组成。基质的主要成分是蛋白多糖和水,基质内有大小不等的小腔称**软骨陷窝**。纤维包埋于基质中,主要有胶原纤维和弹性纤维,使软骨有韧性或弹性,纤维的种类及数量因软骨类型而不同。

2. 软骨细胞　包埋在软骨陷窝内,其细胞大小、形态及分布在软骨内具有一定规律。位于软骨浅层的软骨细胞幼稚,细胞体小,呈扁圆形,一个陷窝内常只见一个软骨细胞。越靠近软骨深层,软骨细胞越成熟,细胞体积增大,呈圆形或椭圆形,并不断在软骨陷窝内分裂、增殖,形成由

Note

2～8个细胞组成的群体,它们均由同一个幼稚的软骨细胞增殖而成,称为同源细胞群。软骨细胞具有强大的产生软骨基质的能力。

(二)软骨

软骨由软骨组织和软骨膜构成。

1.软骨膜 由致密结缔组织构成,内有血管、神经和淋巴管,包绕于除关节软骨外的软骨表面。软骨组织内没有血管、淋巴管和神经,其营养依靠软骨膜渗透提供。因此,软骨膜对软骨有保护、营养功能,并在软骨的生长和修复中发挥重要作用。

2.软骨的类型 依据软骨内纤维成分的不同,软骨可分为透明软骨、弹性软骨和纤维软骨三种。

(1)**透明软骨**(图 1-14):新鲜时呈半透明状,基质有少量的胶原纤维,由于纤维细小且折光率与基质接近,故 HE 染色切片上不能分辨。透明软骨主要分布于关节、肋、呼吸道等处。

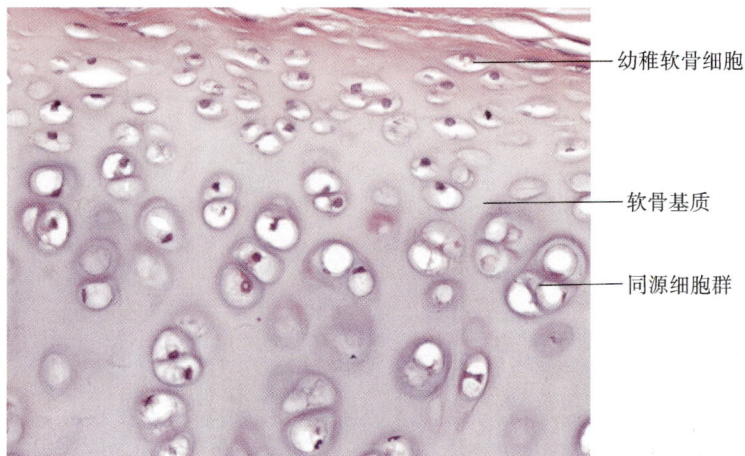

图 1-14　透明软骨

(2)**弹性软骨**:新鲜时呈黄色,基质内含有大量交织排列的弹性纤维。弹性软骨主要分布于耳郭、咽喉和会厌软骨等,有较好的弹性(图 1-15)。

图 1-15　弹性软骨

(3)**纤维软骨**:新鲜时呈不透明的乳白色,基质内含有大量交叉或平行排列的胶原纤维束。纤维软骨主要分布于椎间盘、耻骨联合和关节盘等处,有很强的韧性(图 1-16)。

图 1-16　纤维软骨

三、骨组织与骨

（一）骨组织

骨组织构成骨的主体，由骨细胞和骨基质构成。

1.骨基质　简称**骨质**，即骨组织钙化的细胞间质，包括有机成分和无机成分两部分。有机成分主要为胶原纤维和少量的基质，基质呈无定形凝胶状，具有黏合胶原纤维的作用，有机成分使骨具有韧性；无机成分又称骨盐，主要为羟基磷灰石结晶，人体 99％以上的钙和 85％的磷以羟基磷灰石的形式储存于骨组织中，无机成分的存在使骨较坚硬。

骨组织中胶原纤维多平行分层排列，借基质黏合在一起，并有骨盐沉积，形成薄板状结构，称**骨板**。骨板内或相邻骨板之间有扁椭圆形的小空隙称**骨陷窝**。骨陷窝向周围发出放射状的**骨小管**，相邻骨陷窝与骨小管相连通。

2.骨组织的细胞　包括骨祖细胞、成骨细胞、骨细胞和破骨细胞，其中骨细胞数量最多，位于骨组织内部，其余三种分布于骨组织表面，与骨的生长和改造等有密切关系（图 1-17）。

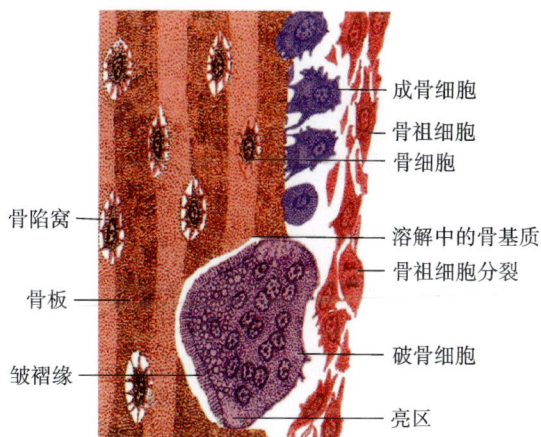

图 1-17　骨组织细胞

（1）**骨祖细胞**：又称**骨原细胞**，是骨组织内的干细胞，位于骨膜内。细胞较小，呈梭形，细胞核小、色深，细胞质少，呈弱嗜碱性。当骨生长、重建或骨折修复时，骨祖细胞能增殖分化为成骨细胞。

（2）**成骨细胞**：位于骨组织表面，常单层排列，细胞体积较大，呈矮柱状或不规则形，细胞侧面

17

和底部有突起,细胞核圆形,核仁明显,细胞质呈强嗜碱性。成骨细胞具有合成和分泌胶原纤维和基质的功能。

(3)**骨细胞**:位于骨陷窝内,细胞呈扁椭圆形,细胞核为圆形或卵圆形,染色较深。骨细胞表面有多个细长突起,突起伸入骨小管中,相邻骨细胞的突起以缝隙连接相连,借此传递化学信息。骨组织的骨陷窝和骨小管相连通,构成了骨组织内部物质输送的通道。

(4)**破骨细胞**:位于骨组织边缘,数量少,是一种多核巨噬细胞,细胞大,形态不规则,含多个细胞核,细胞质嗜酸性强,含丰富的溶酶体和线粒体,可释放多种水解酶和有机酸,溶解骨盐,分解有机成分。破骨细胞具有很强的溶解骨的能力。

(二)长骨的结构

长骨由松质骨、密质骨、关节软骨、骨膜、骨髓、血管和神经等构成。

1. 松质骨(又称骨松质) 结构疏松,分布于长骨两端骨骺的中部,由大量交织成网的骨小梁构成,网眼内充满骨髓。

2. 密质骨(又称骨密质) 结构致密,分布于长骨的骨干,由规则排列的骨板紧密结合而成。骨板排列有序,按排列方式分为以下三种。

(1)**环骨板**:环绕骨干内表面和外表面的骨板,分别称为内环骨板和外环骨板。内环骨板较薄,在骨髓腔面仅由几层排列不甚规则的骨板构成;外环骨板较厚,环绕在骨干外周,整齐排列。内环骨板和外环骨板均有横向穿越的穿通管,来自骨膜的血管和神经由此管抵达中央管。

(2)**骨单位**:又称哈弗斯系统,位于内、外环骨板之间,是长骨中起支持作用的主要结构。骨单位数量多,呈长筒状,由10~20层呈同心圆排列的骨板围成,其中央有一条纵行的小管称**中央管**。中央管与穿通管相互连通,内有小血管和神经纤维。

(3)**间骨板**:填充于骨单位之间的一些不规则的骨板,是骨生长或重建过程中骨单位和环骨板未被吸收的残留部分(图1-18)。

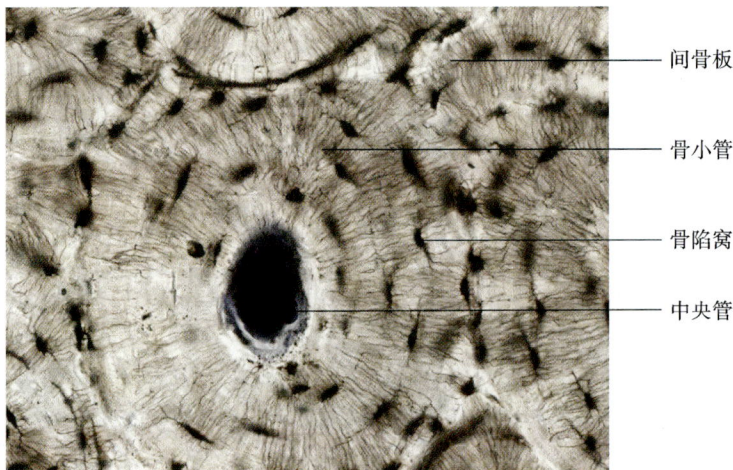

图 1-18　长骨骨干磨片

(三)骨的发生

骨由胚胎时期的间充质分化而来,其发生有膜内成骨和软骨内成骨两种方式。膜内成骨是由间充质先形成含有骨祖细胞的结缔组织膜,由膜直接骨化形成骨组织,如颅顶各骨及多数面颅骨等是以此方式发生。软骨内成骨是间充质先形成软骨雏形,软骨再逐步替换为骨组织,如躯干骨和四肢骨等是以此方式发生。

四、血液

血液是在心血管内流动的一种液态的结缔组织,具有物质运输、调节酸碱平衡及体温、防御和保护等功能。健康成人血液约 5 L,约占体重的 7%。血液由**血浆**和**血细胞**组成。从血管中抽取少量的血液,加入适量的抗凝剂(肝素或枸橼酸钠),离心沉淀后,血液分成三层:上层淡黄色的为血浆,下层为红细胞,中间薄层为白细胞和血小板。

血浆相当于结缔组织的细胞间质,约占血液容积的 55%,其中水分占 90%,其余为血浆蛋白(白蛋白、球蛋白、纤维蛋白原等)、脂蛋白、酶、激素、无机盐和其他多种营养代谢物质。在体外,血液静置后,溶解状态的纤维蛋白原转变为不溶解的纤维蛋白,形成血凝块,表面析出淡黄色的清亮液体,称**血清**。

血细胞约占血液容积的 45%,主要在骨髓生成,包括红细胞、白细胞和血小板。在正常生理情况下,血细胞的形态和数量相对恒定(表 1-2)。血细胞的形态、数量、百分比和血红蛋白含量的测定结果称为**血象**,可作为诊断疾病的重要指标。在光镜下观察血细胞的形态,多采用瑞特(Wright)染色法或吉姆萨(Giemsa)染色法对血涂片进行染色(图 1-19)。

表 1-2 血细胞分类和正常值

血细胞	正常值
红细胞	男:$(4.0\sim5.5)\times10^{12}/L$;女:$(3.5\sim5.0)\times10^{12}/L$
白细胞	$(4.0\sim10.0)\times10^{9}/L$
中性粒细胞百分比	50%~70%
嗜酸性粒细胞百分比	0.5%~3%
嗜碱性粒细胞百分比	0%~1%
单核细胞百分比	3%~8%
淋巴细胞百分比	25%~30%
血小板	$(100\sim300)\times10^{9}/L$

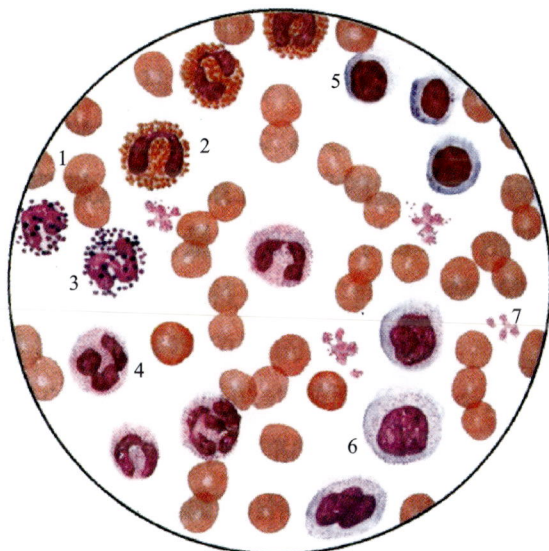

1—红细胞;2—嗜酸性粒细胞;3—嗜碱性粒细胞;4—中性粒细胞;5—淋巴细胞;6—单核细胞;7—血小板

图 1-19 各种血细胞的光镜结构

（一）红细胞

红细胞直径为 $7.5 \sim 8.5\ \mu m$，呈双凹圆盘状，中央较薄，周缘较厚，红细胞的这种形态，比球形表面积大，有利于进行气体交换。成熟的红细胞没有细胞核和细胞器，细胞质内充满**血红蛋白**。血红蛋白是一种红色的含铁蛋白质，血液的颜色就是由血红蛋白决定的。正常成人血液中血红蛋白的含量：男性为 $120 \sim 160\ g/L$，女性为 $110 \sim 150\ g/L$。血红蛋白具有结合与运输 O_2 和 CO_2 的功能，供给全身组织和细胞所需的 O_2，并带走组织细胞代谢所产生的大部分 CO_2。

红细胞的数目及血红蛋白的含量可随生理因素而改变，如婴儿多于或高于成人，高原地区居民多于或大多高于平原地区居民。红细胞的形态和数目的改变，以及血红蛋白的质和量的改变超出正常范围，则为病理现象，一般情况下，红细胞数目少于 $3.0 \times 10^{12}/L$，血红蛋白含量低于 $100\ g/L$，则为贫血，同时常伴有红细胞形态的改变。

红细胞的细胞膜中有一类镶嵌蛋白质，即血型抗原 A 和（或）血型抗原 B，构成人类 ABO 血型抗原系统，在临床输血中具有重要意义。红细胞平均寿命为 120 天。老化的红细胞会被巨噬细胞吞噬清除。同时，每天都会有未完全成熟的红细胞从骨髓进入血液中，这些细胞内尚残留部分核糖体，用煌焦油蓝染色呈网状，故称**网织红细胞**。网织红细胞在血液中经过 1 天后完全成熟，核糖体消失。成年人外周血中网织红细胞占红细胞总数的 $0.5\% \sim 1.5\%$，新生儿可占 $3\% \sim 6\%$。骨髓造血功能障碍的患者，网织红细胞计数会降低。因此，网织红细胞计数可作为衡量骨髓造血功能的重要指标之一。

（二）白细胞

白细胞是无色有核的球形细胞，能通过变形运动穿过毛细血管壁进入结缔组织或淋巴组织中，发挥防御和免疫功能。根据白细胞细胞质内有无特殊颗粒，其可分为有粒白细胞和无粒白细胞两大类。有粒白细胞又根据特殊颗粒染色性质的不同，分为中性粒细胞、嗜酸性粒细胞和嗜碱性粒细胞三种；无粒白细胞包括单核细胞和淋巴细胞两种（图 1-20）。

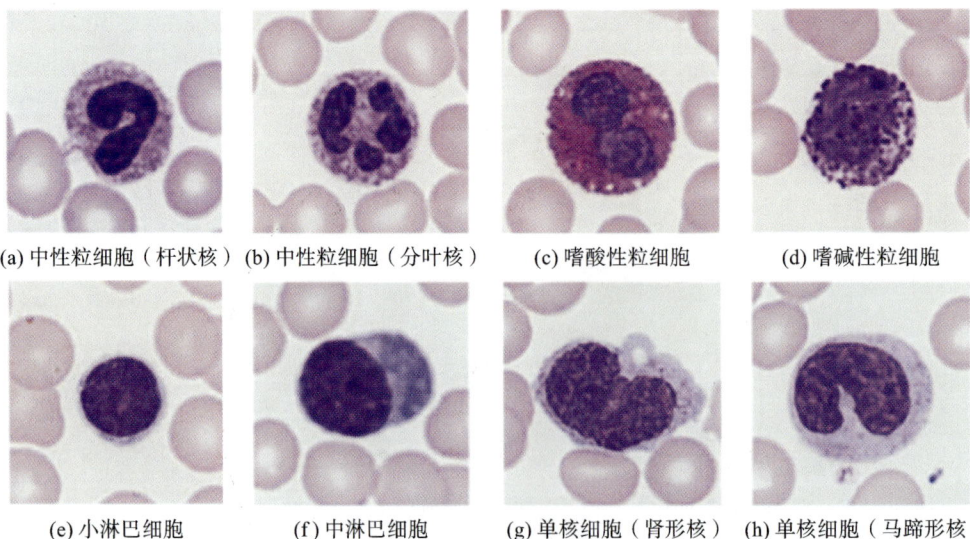

(a) 中性粒细胞（杆状核） (b) 中性粒细胞（分叶核） (c) 嗜酸性粒细胞 (d) 嗜碱性粒细胞

(e) 小淋巴细胞 (f) 中淋巴细胞 (g) 单核细胞（肾形核） (h) 单核细胞（马蹄形核）

图 1-20 血液白细胞

1. 中性粒细胞 中性粒细胞为数量最多的白细胞，细胞呈球形，直径为 $10 \sim 12\ \mu m$。细胞核深染，呈杆状或分叶状，一般分为 $2 \sim 5$ 叶，叶间有细丝相连，正常人以 $2 \sim 3$ 叶居多，细胞核分叶数目与其衰老程度呈正相关，幼稚细胞的核呈杆状，衰老细胞的核分叶数目增多。临床进行血涂片检查时，杆状核的中性粒细胞增多，称核左移，常出现在机体严重感染时；$4 \sim 5$ 叶核（分叶核）的中性粒细胞增多，称核右移，表明骨髓造血功能出现障碍。中性粒细胞的细胞质内含很多均匀、细小的淡红色中性颗粒,内含有酸性磷酸酶、过氧化物酶、溶菌酶和吞噬素等。

中性粒细胞具有活跃的变形运动和吞噬能力。当机体受到某些细菌感染时,中性粒细胞能以变形运动穿出毛细血管,聚集到病变部位,吞噬、消化细胞,在吞噬并处理了大量细菌后,自身也死亡成为脓细胞。

2.嗜酸性粒细胞 细胞呈球形,直径为 $10\sim15\ \mu m$,细胞核多为 2 叶;细胞质内充满粗大且分布均匀的橘红色嗜酸性颗粒。颗粒内含有酸性磷酸酶、芳基硫酸酯酶、过氧化物酶和组胺酶等。

嗜酸性粒细胞也可做变形运动,并具有趋化性。它能吞噬抗原-抗体复合物,释放组胺酶、灭活组胺,有减轻过敏反应的作用。在机体患过敏性疾病或寄生虫病时,血液中嗜酸性粒细胞增多。

3.嗜碱性粒细胞 嗜碱性粒细胞为数量最少的白细胞,细胞呈球形,直径为 $10\sim12\ \mu m$,细胞核呈"S"形或不规则形,着色较浅;细胞质内含有大小不等、分布不均匀且染成蓝紫色的嗜碱性颗粒。颗粒内含有肝素、组胺及嗜酸性粒细胞趋化因子等,细胞也能合成和分泌白三烯。嗜碱性粒细胞与肥大细胞分泌物和作用基本相同,参与机体的过敏反应。

4.单核细胞 单核细胞为体积最大的白细胞,细胞呈球形,直径为 $14\sim20\ \mu m$,细胞核常呈肾形、马蹄形或不规则形,着色较浅;细胞质呈弱嗜碱性,内含许多细小的嗜天青颗粒,即为溶酶体,颗粒内含有过氧化物酶等。

单核细胞具有活跃的变形运动能力,在血液中停留 $12\sim48\ h$,随后进入结缔组织或其他组织中,分化成巨噬细胞等具有吞噬功能的细胞。

5.淋巴细胞 细胞呈球形,大小不一,直径为 $6\sim20\ \mu m$。依细胞体积的大小,可分为小、中、大淋巴细胞三种类型。光镜下,细胞核为圆形,一侧常有凹痕,染色质呈浓密块状,着色深;细胞质少,呈嗜碱性,染成天蓝色,含少量嗜天青颗粒。

根据淋巴细胞的发生过程、形态结构、表面标志及功能,可分为胸腺依赖淋巴细胞(T 淋巴细胞)、骨髓依赖淋巴细胞(B 淋巴细胞)和自然杀伤淋巴细胞(NK 细胞)三类。淋巴细胞是主要的免疫细胞,在机体中发挥重要的防御功能。

(三)血小板

血小板是骨髓巨核细胞细胞质脱落下来的小块,并非严格意义上的细胞。血小板呈双凸圆盘状,直径为 $2\sim4\ \mu m$,无细胞核,有少量细胞器。当受到刺激时,血小板会伸出突起,呈不规则形。在血涂片上血小板常聚集成群,血小板中央部有蓝紫色的颗粒区,含有嗜天青颗粒,周边部呈均质浅蓝色的透明区。

血小板在止血和凝血过程中起重要作用。当血管受损破裂时,血小板迅速黏附、聚集于损伤处,形成血栓,堵塞破口。血小板计数低于 $100\times10^9/L$ 为血小板减少,低于 $50\times10^9/L$ 时则有自发出血危险。

(四)血细胞的发生

在胚胎时期的卵黄囊、肝、脾、胸腺和骨髓均能造血,出生后,红骨髓成为终生造血的主要器官。

各种血细胞均来源于原始的造血干细胞,又称多能干细胞,多能干细胞进而分化为各种血细胞系列的定向干细胞,它们分别是红细胞系、粒-单核细胞系、嗜酸性粒细胞系、嗜碱性粒细胞系、巨核细胞系和淋巴细胞系等。在不同的集落刺激因子的作用下,定向干细胞分化为各种成熟的血细胞。

第三节 肌 组 织

Note

肌组织主要由具有收缩和舒张功能的肌细胞构成,肌细胞之间有少量的结缔组织以及丰富的血管、淋巴管和神经。肌细胞呈细长纤维状,故又称**肌纤维**。肌细胞的细胞膜称**肌膜**,细胞质称**肌质**,肌质内的滑面内质网称**肌浆网**(又称肌质网),肌质中含有许多与细胞长轴平行排列的微丝,称**肌丝**,它是肌纤维收缩和舒张的物质基础。

肌组织根据肌纤维的形态、结构和功能特点,分为骨骼肌、心肌、平滑肌三类。在形态结构上,骨骼肌和心肌因有横纹而称为**横纹肌**。在分布上,骨骼肌通过肌腱附着于骨骼上,心肌是构成心壁的主要成分,平滑肌主要位于内脏器官和血管壁。在功能特点上,骨骼肌的舒缩活动受躯体神经支配,迅速而有力,其活动受意识支配,称**随意肌**;心肌和平滑肌受自主神经支配,活动不受意识支配,称**不随意肌**。

一、骨骼肌

骨骼肌主要分布于躯干、头部和四肢等处,其收缩时能使关节产生运动。每条骨骼肌外面有致密结缔组织包裹,称**肌外膜**。肌外膜伸入肌组织内,形成**肌束膜**,分隔包裹形成肌束。每条肌纤维外面的结缔组织称**肌内膜**。

(一)骨骼肌纤维的一般结构

骨骼肌纤维呈细长圆柱状,长短不一,一般为 $1 \sim 40$ mm。细胞核呈扁椭圆形,数量较多,一条肌纤维可有数十个甚至数百个细胞核,位于细胞周边,紧靠肌膜的内面(图1-21)。肌质内有大量与肌纤维长轴平行排列的**肌原纤维**。每条肌原纤维都呈现出明暗相间的横纹,分别称为**明带**和**暗带**。明带又称为 I 带,暗带又称为 A 带。暗带中间有一条染色较浅的 H 带,H 带中央有一条深色的 M 线。明带中间有一条染色较深的 Z 线。相邻两条 Z 线之间的一段肌原纤维称为**肌节**。肌节是肌原纤维的结构和功能单位,一个肌节包括 1/2 I 带+1 A 带+1/2 I 带。

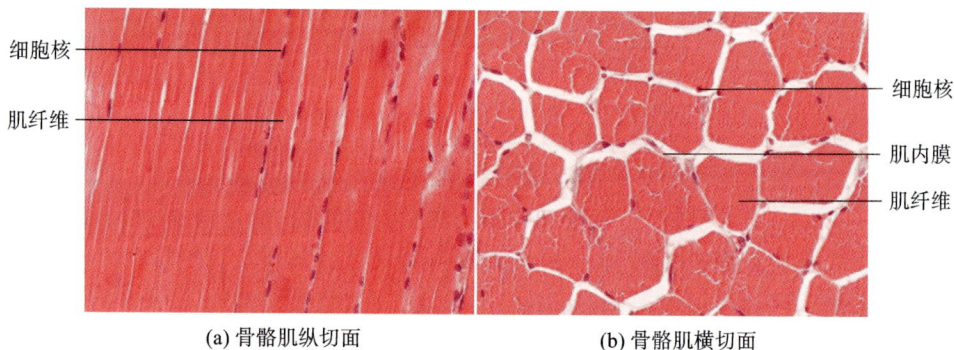

(a)骨骼肌纵切面   (b)骨骼肌横切面

图1-21　骨骼肌纵、横切面光镜图

(二)骨骼肌纤维的超微结构

1. 肌原纤维　电镜下,肌原纤维由粗、细两种肌丝有规律地平行排列而成。粗肌丝由肌球蛋白构成,位于 A 带,中央固定于 M 线上,两端游离;细肌丝由肌动蛋白、原肌球蛋白和肌钙蛋白构成,其一端固定于 Z 线,另一端游离于粗肌丝之间,与粗肌丝平行,直达 H 带的边缘。因此,I 带内只有细肌丝,H 带内只有粗肌丝,而 H 带两侧的 A 带内既有粗肌丝又有细肌丝。

当肌纤维收缩时,粗肌丝牵拉细肌丝向 M 线方向滑行,这时 I 带和 H 带同步缩窄,肌节随之缩短;当肌纤维舒张时,I 带和 H 带相应增宽,肌节伸长。A 带宽度在舒缩时均不发生改变(图1-22、图1-23)。

2. 横小管　又称 T 小管,是由肌膜向肌质内凹陷形成的管状结构,其走向垂直于肌膜表面。横小管位于 I 带、A 带交界处,分支互相连接。当兴奋传来时,可沿横小管将电信号快速传递至每个肌节,实现各段肌节同时收缩,产生快捷有力的收缩效果。

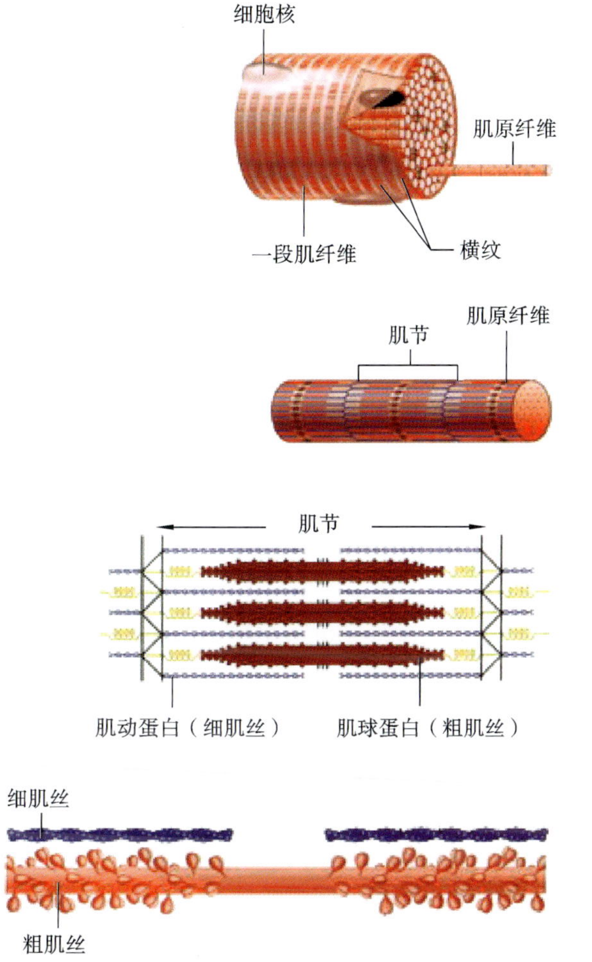

细胞核

肌原纤维

横纹

一段肌纤维

肌节

肌原纤维

肌节

肌动蛋白（细肌丝） 肌球蛋白（粗肌丝）

细肌丝

粗肌丝

图 1-22 骨骼肌肌原纤维示意图

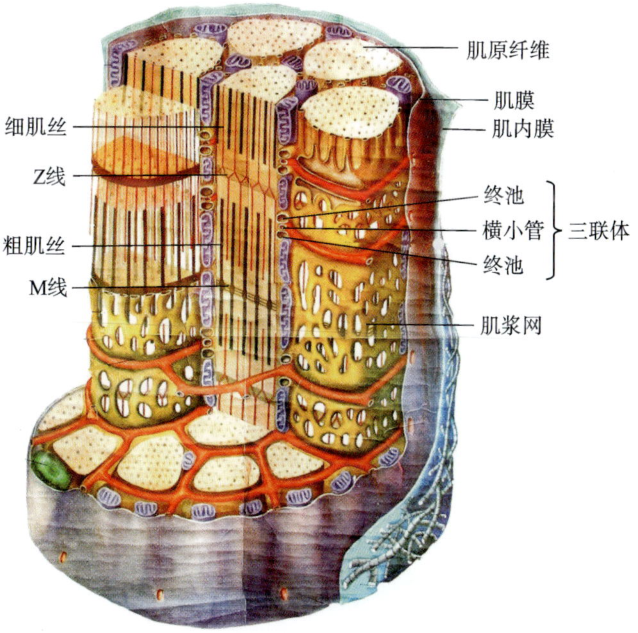

肌原纤维

肌膜

肌内膜

细肌丝

Z线

终池

横小管 三联体

终池

粗肌丝

M线

肌浆网

图 1-23 骨骼肌纤维超微结构立体模式图

3.肌浆网 肌纤维内特化的滑面内质网,位于相邻两条横小管之间,相互吻合环绕于肌原纤维周围,其沿肌原纤维长轴纵向排列,故又称**纵小管**。纵小管在靠近横小管两侧的肌浆网横向扩大并相互连接,形成膨大的囊状结构,称为**终池**。横小管与两侧的终池构成**三联体**(图 1-23)。肌浆网具有储存 Ca^{2+} 的功能,可调节肌质内 Ca^{2+} 浓度。

二、心肌

心肌分布于心壁以及出入心的大血管根部,主要由心肌纤维构成。

(一)心肌纤维的一般结构

心肌纤维呈短圆柱状,横纹不如骨骼肌明显,有分支,互相连接成网。心肌纤维通常有 1～2 个细胞核,细胞核卵圆形,位于细胞中央。相邻心肌纤维的连接处形成特殊的连接结构,在 HE 染色的切片上呈染色较深的线状结构,称为**闰盘**(图 1-24)。

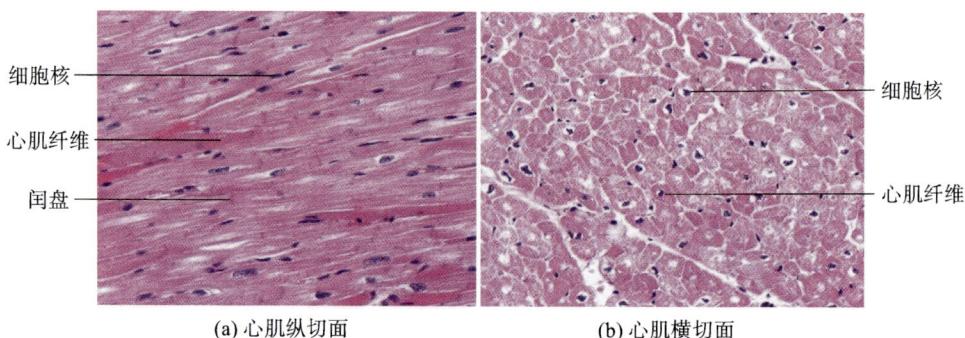

(a)心肌纵切面 (b)心肌横切面

图 1-24 心肌纵、横切面光镜图

(二)心肌纤维的超微结构

心肌纤维的超微结构与骨骼肌纤维相似,也有粗肌丝和细肌丝,但与骨骼肌纤维比较,具有以下特点:①粗、细肌丝形成粗细不等的肌丝束,肌原纤维不明显。②横小管较粗,位于 Z 线水平。③肌浆网稀疏,纵小管不发达,终池较小而少,多位于横小管一侧,与横小管形成**二联体**,储存 Ca^{2+} 的能力较弱(图 1-25)。④闰盘位于 Z 线水平,以缝隙连接紧密相连,有利于细胞间迅速传递信息。

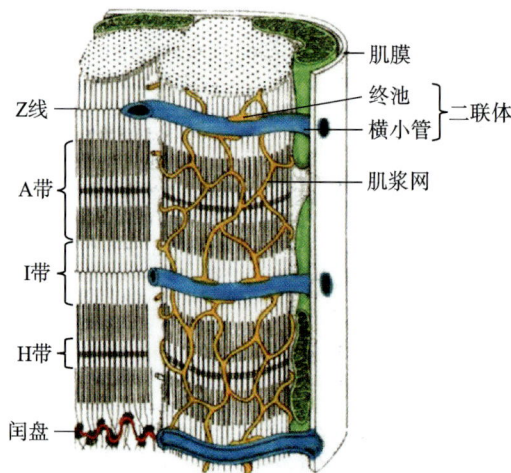

图 1-25 心肌纤维电镜结构模式图

三、平滑肌

平滑肌分布于内脏及血管壁等处,主要由平滑肌纤维构成。

平滑肌纤维呈长梭形,无横纹。每条肌纤维有一个细胞核,呈椭圆形,位于细胞中央(图1-26)。电镜下,平滑肌纤维的肌质内虽也有粗、细肌丝,但并不形成肌原纤维,故平滑肌纤维无横纹。平滑肌纤维常成束或成层排列。相邻平滑肌纤维间有较发达的缝隙连接,能使神经冲动迅速地传递。

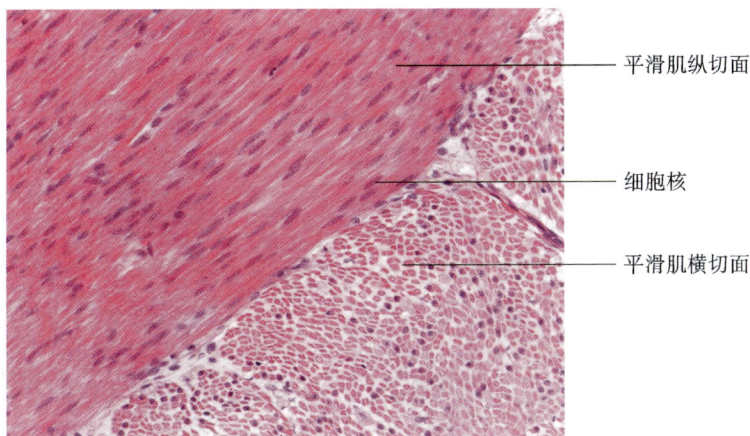

图 1-26 平滑肌纵、横切面光镜图

平滑肌纵切面 — 细胞核 — 平滑肌横切面

第四节 神经组织

神经组织由**神经细胞**和**神经胶质细胞**构成,是神经系统中最主要的组成成分。神经细胞也称**神经元**,是神经系统结构和功能的基本单位,具有接受刺激、整合信息和传导冲动的功能。神经胶质细胞对神经元起支持、保护、营养和绝缘等作用,也参与神经递质和活性物质的代谢,数量为神经元的 10~50 倍。

一、神经元

(一)神经元的形态结构

神经元(图1-27)的形态多样,大小不一,由胞体和突起两部分构成。

1. 胞体 胞体为神经元的营养和代谢中心。胞体形态多样,有圆形、锥体形、梭形和星形等,其大小差别较大,均由细胞膜、细胞质和细胞核组成。

(1)细胞膜:细胞膜为可兴奋膜,具有接受刺激、处理信息、产生和传导神经冲动的功能。

(2)细胞质:除含一般细胞器外,还有尼氏体和神经原纤维两种特征性结构。

①尼氏体:又称嗜染质,具有很强的嗜碱性,均匀地分布于胞体和树突内。光镜下呈颗粒状或小块状(图1-28);电镜下由发达的粗面内质网和游离核糖体构成,可合成酶、神经递质及一些结构蛋白质。尼氏体的数量、分布可随神经元的种类、生理状态不同而改变。当神经元受损时,尼氏体减少甚至消失;当神经元损伤修复时,尼氏体可恢复正常。

②神经原纤维:在镀银染色切片中被染成棕黑色,呈细丝状,在胞体内相互交织成网,并伸入树突和轴突内。电镜下,神经原纤维由神经丝、微管和微丝构成。神经原纤维构成神经元的细胞

微课
神经元

Note

25

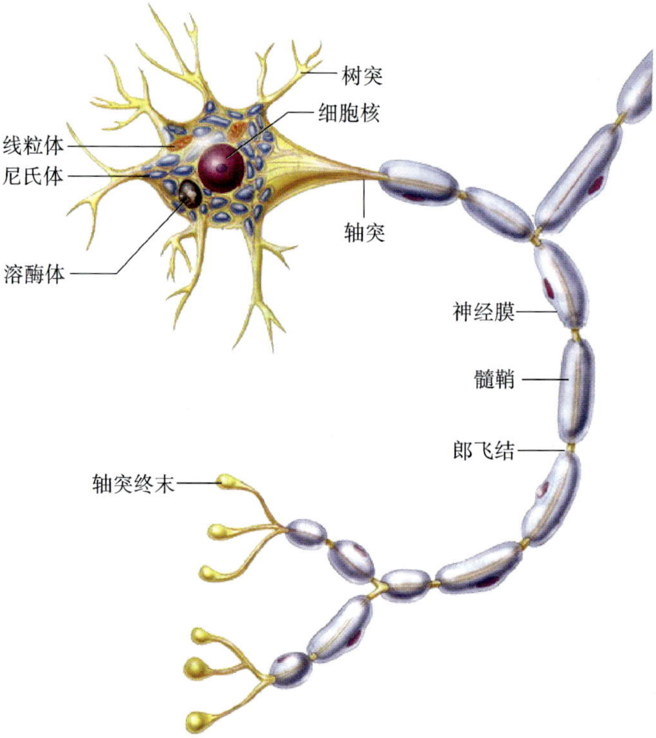

图 1-27　神经元模式图

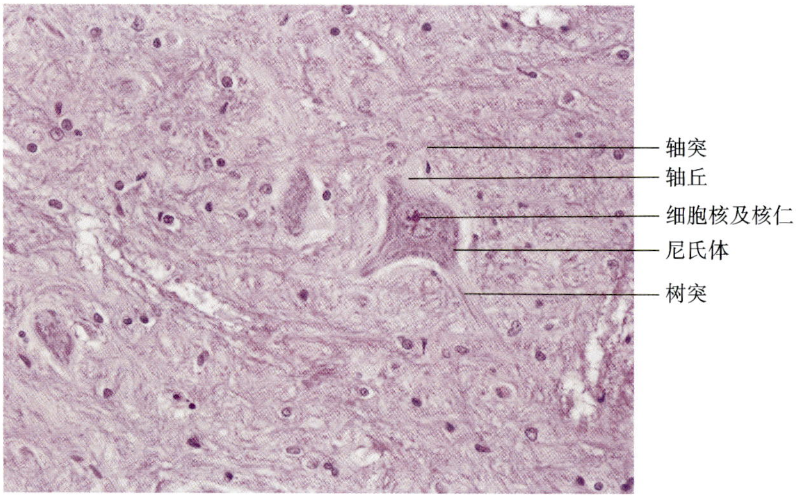

图 1-28　神经元光镜结构(HE 染色)

骨架,对神经元起支持作用,并参与细胞内的物质运输。

(3)**细胞核**:位于胞体中央,大而圆,染色质细小而分散,着色浅,核仁大而清晰。

2.突起　由神经元的细胞膜和细胞质突出形成,分为树突和轴突。

(1)**树突**:由胞体发出的树枝状分支,其胞质结构与胞体相似,每个神经元有一至多个树突,树突分支表面有许多短小突起,称树突棘,这些结构扩大了神经元接受刺激的面积。树突的主要功能是接受刺激并传向胞体。

(2)**轴突**:每个神经元只有一个轴突,由胞体发出,其长短不一。轴突较细长,分支较少。神经元胞体发出轴突的部位呈圆锥形,称**轴丘**,轴丘内无尼氏体,故染色较浅。轴突末端的分支较多,可与其他神经元的胞体或树突接触,也可伸入器官内,形成效应器。轴突内无尼氏体和高尔基复合体,但有神经原纤维。轴突的功能是将胞体发出的神经冲动传导至其他神经元或效应器。

渐冻症

　　神经元之间通过树突和轴突进行信息传递,目前神经元疾病中以运动神经元疾病最为常见。"渐冻症"是累及上运动神经元和下运动神经元及其支配的躯干、四肢和头面部肌肉的一种慢性、进行性疾病。常表现为上、下运动神经元合并受损所致的进行性加重的肌无力、肌萎缩、肌束颤动等。病因至今不明,虽经许多研究,提出过慢病毒感染、遗传因素、免疫功能异常等致病因素的假说,但均未被证实。近年来,随着干细胞技术的发展,干细胞治疗已成为治疗本病的手段之一,可缓解并改善病情。

(二)神经元的分类

1. 根据神经元突起的数目分类(图 1-29)

(1)**多极神经元**:神经元胞体发出一个轴突和多个树突。

(2)**双极神经元**:神经元胞体发出两个突起,即一个树突和一个轴突。

(3)**假单极神经元**:神经元胞体发出一个突起,在离胞体不远处分为两支,一支进入中枢,称中枢突;另一支分布至其他组织器官,称周围突。

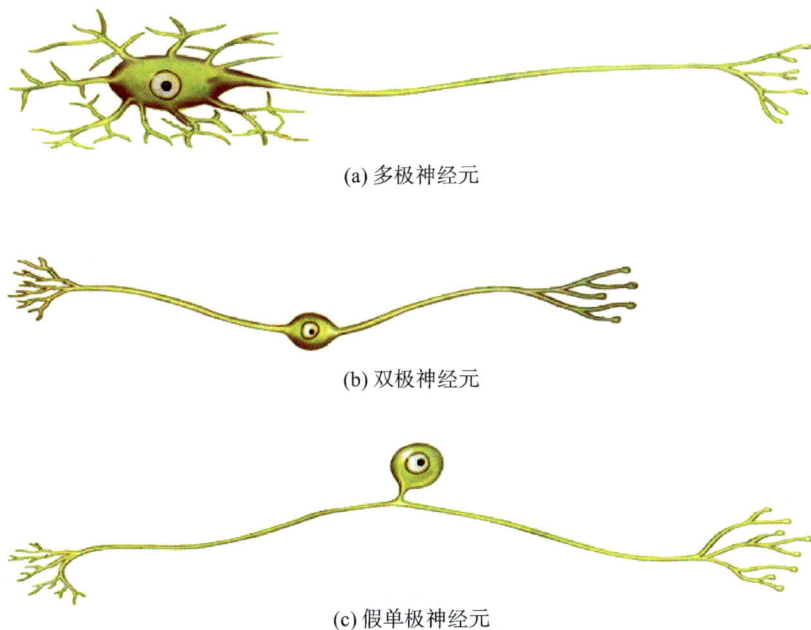

(a) 多极神经元

(b) 双极神经元

(c) 假单极神经元

图 1-29　不同形态的神经元

2. 根据神经元的功能分类

(1)**感觉神经元**:又称**传入神经元**,多为假单极神经元,胞体主要位于脑、脊神经节内,周围突末梢分布在皮肤和肌肉等处,可接受刺激,形成冲动,并将冲动传向中枢的神经元。

(2)**运动神经元**:又称**传出神经元**,多为多极神经元,胞体主要位于脑、脊髓和自主神经节内,可将神经冲动自中枢传至周围的神经元。

(3)**联络神经元**:又称**中间神经元**,主要为多极神经元,位于感觉神经元和运动神经元之间,起联络作用。

Note

3.根据神经元释放的递质分类　神经元可分为胆碱能神经元、胺能神经元、氨基酸能神经元和肽能神经元等。

(三)突触

突触是神经元与神经元之间或神经元与效应细胞之间的一种特化的细胞连接，是神经元之间传递信息的重要结构。突触按神经元接触的部位不同可分为轴-体突触、轴-树突触、轴-轴突触等。按神经冲动传递信息的方式不同，突触可分为电突触和化学突触两种类型。电突触为缝隙连接，以电流为媒介传递信息，在人类中少见。通常所说的突触是指化学突触，化学突触以神经递质作为信息传递的媒介。

电镜下化学突触由突触前成分、突触间隙和突触后成分三部分构成(图 1-30)。

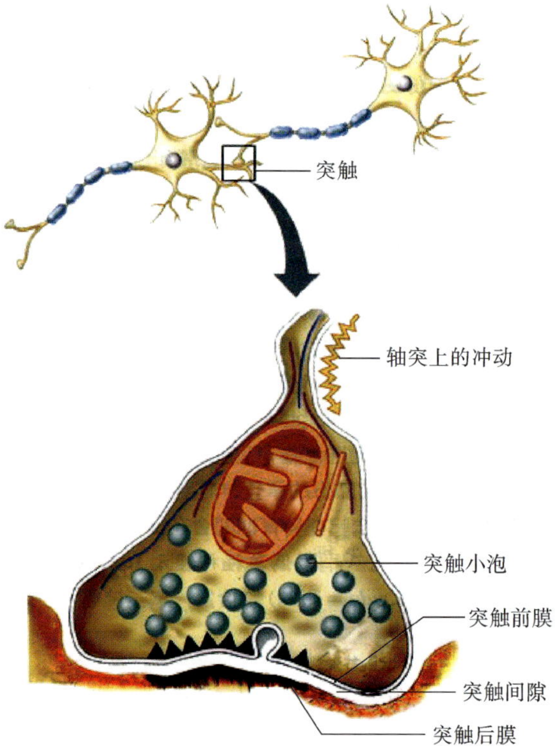

图 1-30　化学突触电镜结构模式图

(1)**突触前成分**:神经元轴突末端的膨大部分,主要由突触前膜和突触小泡组成。突触小泡内含神经递质,与突触前膜融合,将神经递质释放入突触间隙内。

(2)**突触间隙**:突触前膜与突触后膜间的狭小间隙,宽 15～30 nm。

(3)**突触后成分**:后一神经元或效应器与突触前成分相对应的局部区域。该处的细胞膜特化增厚,为突触后膜,其表面具有特异性受体及离子通道,一种受体只能与一种神经递质结合,因此,不同递质对突触后膜所起的作用不同。

二、神经胶质细胞

神经胶质细胞广泛分布在神经元周围,其形态多样,有突起,但不区分树突和轴突,亦没有传导神经冲动的功能。根据其分布不同,分为中枢神经系统的神经胶质细胞和周围神经系统的神经胶质细胞两类。

(一)中枢神经系统的神经胶质细胞

主要有星形胶质细胞、少突胶质细胞、小胶质细胞和室管膜细胞四种。

1.星形胶质细胞 胞体呈星形,胞核大,呈圆形或卵圆形,染色较浅。由胞体伸出许多突起,其中有几个较粗的突起,其末端膨大形成脚板,贴附于毛细血管壁或脑和脊髓表面,形成胶质膜,参与构成血-脑屏障。

2.少突胶质细胞 胞体较小,呈梨形或椭圆形,胞核圆,染色较深。细胞突起较少,分支也少,突起末端扩展成叶片状,包卷神经元的轴突形成髓鞘。

3.小胶质细胞 神经胶质细胞中体积最小的一种,胞体细长或呈椭圆形,核小。小胶质细胞来源于血液中的单核细胞,具有吞噬功能。

4.室管膜细胞 呈单层立方或柱状上皮样,分布在脑室和脊髓中央管内表面,形成室管膜。室管膜细胞具有支持和保护等功能,在脉络丛的室管膜细胞可产生脑脊液。

(二)周围神经系统的神经胶质细胞

1.施万细胞 又称神经膜细胞,细胞呈薄片状,在周围神经系统中包裹在神经元的轴突周围形成神经纤维的髓鞘。

2.卫星细胞 又称被囊细胞,是神经节内包裹神经元胞体的一层扁平或立方形胶质细胞。

三、神经纤维和神经

(一)神经纤维

神经纤维由神经元的长轴突及包在其周围的神经胶质细胞共同组成。根据神经纤维有无髓鞘,可分为有髓神经纤维和无髓神经纤维。

1.有髓神经纤维 周围神经系统的有髓神经纤维,中央为神经元的轴突,轴突的周围包有髓鞘和神经膜,髓鞘由施万细胞形成。中枢神经系统的有髓神经纤维,其结构与周围神经系统的有髓神经纤维基本相同,所不同的是髓鞘由少突胶质细胞形成。神经膜和髓鞘呈节段性,相邻两节段之间无髓鞘的狭窄处,轴膜裸露,称**神经纤维节**,又称**郎飞结**。相邻两个郎飞结之间的一段结构称**结间体**。郎飞结处无髓鞘,神经冲动传导是从一个郎飞结跳跃到相邻的另一个郎飞结,因此传导速度快。结间体越长,传导速度也就越快(图1-31)。

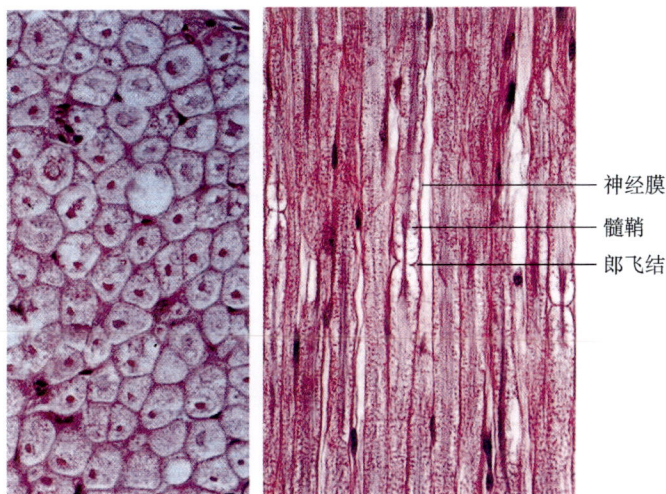

神经膜
髓鞘
郎飞结

图 1-31 周围有髓神经纤维

2.无髓神经纤维 周围神经系统的无髓神经纤维由一个施万细胞包绕数条轴突形成,无髓鞘,无郎飞结。中枢神经系统的无髓神经纤维的轴突外无神经胶质细胞包绕,因此轴突是裸露的。无髓神经纤维的神经冲动传导,因为无髓鞘和郎飞结,神经冲动的传导速度较慢。

（二）神经

周围神经系统的神经纤维集合在一起形成神经纤维束,若干条神经纤维束聚集构成**神经**。其中包裹在神经外面的结缔组织称神经外膜,包裹在神经纤维束外面的结缔组织称神经束膜。包裹在神经纤维外面的薄层疏松结缔组织称神经内膜。

四、神经末梢

神经末梢是周围神经纤维的终末部分,终止于其他组织和器官内所形成的特有结构。根据功能的不同,神经末梢可分为感觉神经末梢与运动神经末梢两大类。

（一）感觉神经末梢

感觉神经末梢是感觉神经元周围突的终末部分,该终末部分与周围结构共同构成感受器,能接受刺激并将其转化为神经冲动,通过感觉纤维传导至中枢产生感觉。根据结构不同,感觉神经末梢可分为游离神经末梢和有被囊神经末梢两类(图1-32)。

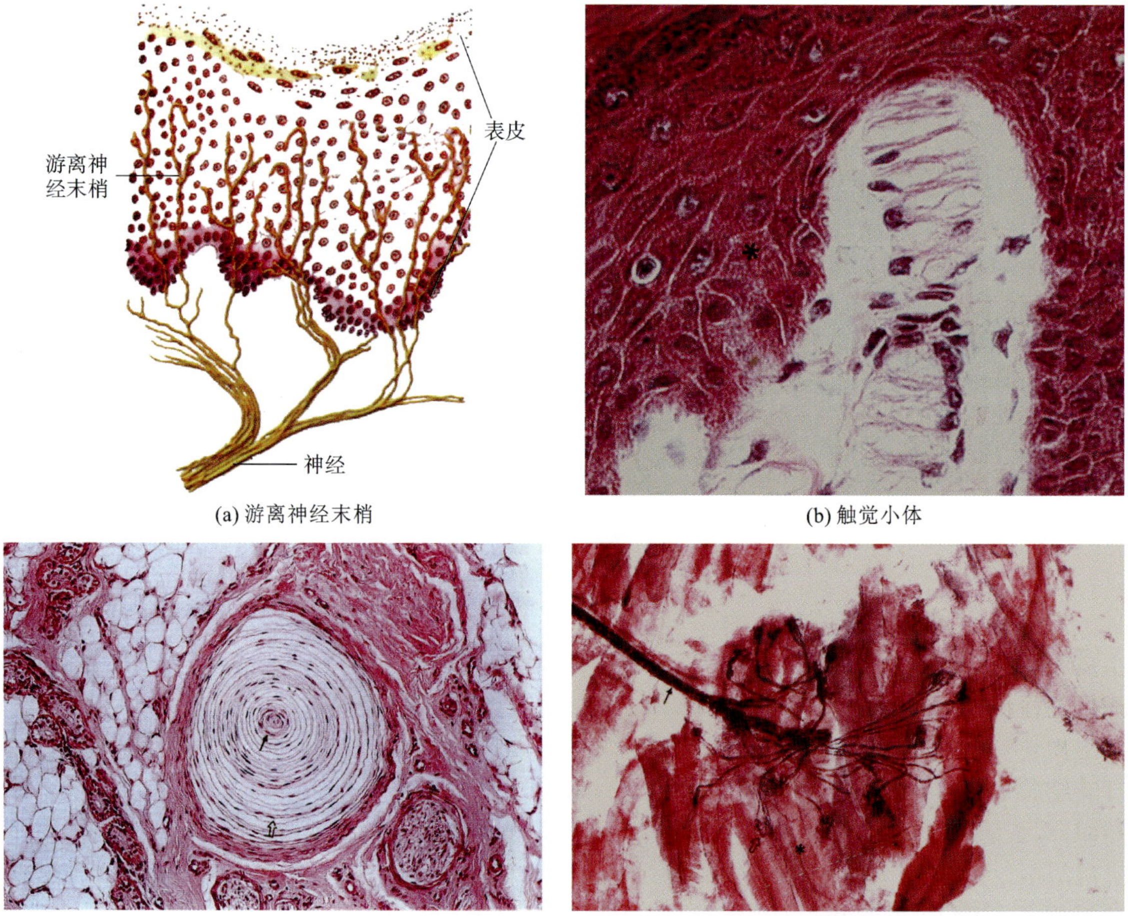

(a) 游离神经末梢　　　　(b) 触觉小体

(c) 环层小体　　　　(d) 肌梭

图 1-32　各类感觉神经末梢模式图

1.游离神经末梢　主要分布在表皮、角膜、毛囊的上皮细胞间和各型结缔组织内,可感受冷、热、轻触和疼痛的刺激。

2.有被囊神经末梢　此类神经末梢均有结缔组织包裹,常见有触觉小体、环层小体和肌梭三种。

（1）**触觉小体**:呈椭圆形,多见于手指、足趾掌面的真皮乳头内,其主要功能是感受触觉。

（2）**环层小体**:呈圆形或椭圆形,大小不一,主要分布于皮下组织、肠系膜、骨膜、韧带、关节囊、胸膜、腹膜和胰腺等处,能感受压觉和触觉。

（3）**肌梭**：呈细长梭形，分布于骨骼肌内，主要感受肌纤维的伸缩变化，是一种本体感受器，在调节骨骼肌的活动中起重要作用。

（二）运动神经末梢

运动神经末梢是分布于肌组织和腺体内的运动神经纤维的终末结构，支配肌纤维的收缩和腺体的分泌。运动神经末梢及其支配的组织共同组成效应器。运动神经末梢可分为躯体运动神经末梢和内脏运动神经末梢两大类。

1. 躯体运动神经末梢　躯体运动神经末梢为分布于骨骼肌的运动神经末梢。运动神经末梢到达骨骼肌纤维处失去髓鞘后，发出呈爪状的分支，贴附在骨骼肌纤维表面，构成**运动终板**（图 1-33）。

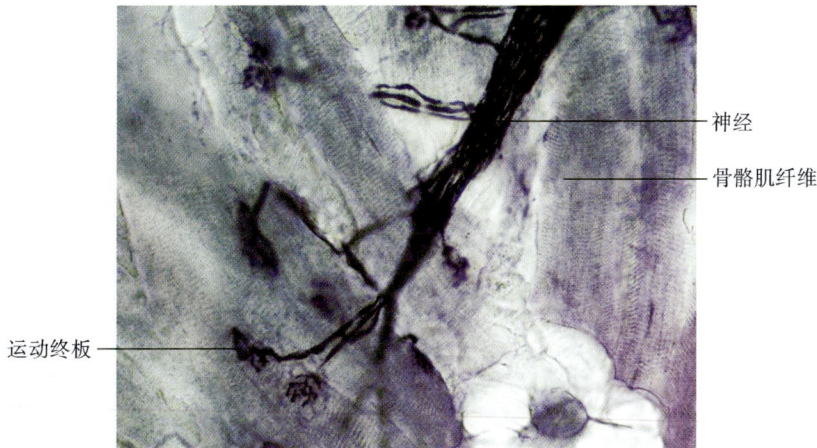

神经
骨骼肌纤维
运动终板

图 1-33　运动终板模式图

2. 内脏运动神经末梢　内脏运动神经末梢为分布于内脏及血管的平滑肌、心肌和腺体等处的运动神经末梢。其神经纤维较细，无髓鞘，分支末端呈串珠状膨大，贴附于肌细胞表面或穿行于腺细胞之间，与效应细胞构成突触。

小　结

人体有上皮组织、结缔组织、肌组织、神经组织 4 种基本组织。上皮组织可分为被覆上皮、腺上皮和特殊上皮 3 种类型。被覆上皮又分为单层扁平上皮、单层立方上皮、单层柱状上皮、假复层纤毛柱状上皮、复层扁平上皮、复层柱状上皮、变移上皮 7 种类型。腺上皮是由胚胎时期的被覆上皮向深部结缔组织增生、迁移而形成的，构成内分泌腺或外分泌腺。

结缔组织包括固有结缔组织、软骨组织、骨组织和血液四类。固有结缔组织又分为疏松结缔组织、致密结缔组织、脂肪组织和网状组织。疏松结缔组织由多种细胞、基质和纤维等组成。软骨组织由软骨细胞和软骨基质构成，根据所含纤维不同，软骨分为透明软骨、弹性软骨和纤维软骨三类。骨组织由骨细胞及大量钙化的细胞间质（骨质）组成。血液由血浆和血细胞组成。血浆相当于细胞间质，血细胞包括红细胞、白细胞和血小板。

肌组织主要由肌纤维构成，可分为骨骼肌、心肌和平滑肌三类。骨骼肌附于骨骼上，心肌分布于心脏，构成心房、心室壁上的心肌层，平滑肌分布于内脏器官和血管壁。

神经组织由神经元和神经胶质细胞组成。神经元由胞体和突起组成，可分为不同的种类。神经胶质细胞分为周围神经系统的神经胶质细胞和中枢神经系统的神经胶质细胞。

（刘媛媛　刘美晓）

思政课堂

目标检测

第二章 运动系统

学习目标

知识目标：

1.说出运动系统的组成；骨的分类和构造；关节的基本结构和辅助结构；躯干骨的组成，椎骨的一般形态，各部椎骨的主要特征；脊柱的组成，椎骨的连结；胸骨的组成和分部；颅骨的组成和分部；四肢骨的名称和位置；肩胛骨、肱骨、尺骨、桡骨、髋骨、股骨、胫骨的形态及主要结构；肌的形态和构造；全身各部主要肌群的位置和作用；斜角肌间隙的位置、通过结构及临床意义；膈的位置、形态、功能，3个裂孔的位置及通过结构。

2.描述骨的化学成分和物理性质；骨连结的概念及连结形式；脊柱的整体观和运动形式；胸骨角的意义；胸廓的组成及意义；颅骨整体观的重要结构；颞下颌关节、肩关节、肘关节、腕关节、髋关节、膝关节、踝关节的组成、结构特点及运动；骨盆的组成与分部。全身各部主要肌的名称、起止点；腹股沟管的位置、构成及其内容物。

3.解释骨连结、胸骨角、腹直肌鞘、腹白线、腹股沟管的概念。

能力目标：

1.学会观察和辨认骨、关节、肌的主要形态结构；能在活体上触摸全身各部骨性标志和肌性标志。

2.能运用骨与骨连结知识解释骨折、关节脱位等的解剖结构改变；能利用所学的知识理解临床上腰椎间盘突出、颈椎病等关节疾病的形成原因。

3.能根据骨骼肌的起止点和作用，分析人体在各种运动状态下不同骨骼肌的协同工作方式；能结合临床案例理解骨骼肌损伤的常见原因和表现。

素质目标：

具有良好人文素养、职业道德、创新意识及精益求精的工匠精神，有较强的人际沟通能力和团队合作精神。

运动系统由骨、骨连结和骨骼肌三部分组成，占成人体重的$60\%\sim70\%$。全身骨借骨连结形成骨骼，构成人体的支架。骨骼肌附着于骨，在躯体运动神经的支配下，收缩牵拉其所附着的骨而产生运动。运动系统具有支持人体、保护内脏器官和运动等功能。在运动过程中，骨是运动的杠杆，骨连结是运动的枢纽，骨骼肌是运动的动力器官。

人体某些部位的骨或骨骼肌，常在体表形成比较明显的隆起或者凹陷，称为体表标志。临床上可用它们来确定内脏器官、血管和神经的位置。

案例 2-1

患者，男，40岁，过马路与侧向行驶的轿车发生碰撞而摔倒。随即出现右肩部疼痛，肿胀，畸形，右上肢活动障碍。入院检查发现右上肢上段压痛，局部有骨擦感。X线片显示右肱骨外科颈

Note

骨折,骨折近端内收,骨折远端外展,形成成角移位。

诊断:右肱骨外科颈骨折。

问题:肱骨外科颈位于何处? 骨折时会损伤神经吗?

第一节 骨与骨连结

一、概述

(一)骨

骨是一种器官,主要由骨组织构成,具有一定的形态和构造,表面包有骨膜,内有骨髓,含有丰富的血管、神经及淋巴管,可不断进行新陈代谢和生长发育,具有修复、再生和改建以及储备钙、磷和造血的功能。成人骨有 206 块,按部位可分为躯干骨、颅骨和四肢骨三部分(图 2-1)。

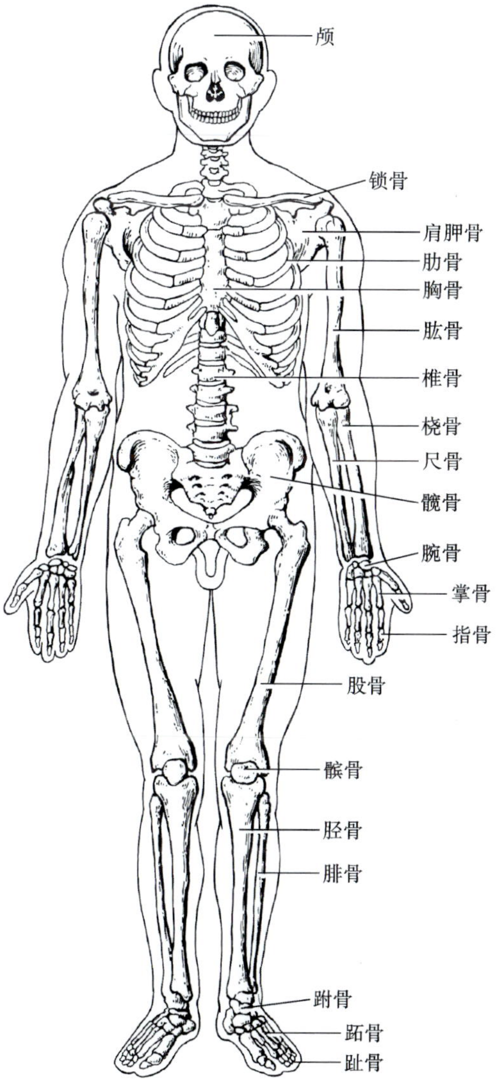

图 2-1 全身骨骼

图中标注:颅、锁骨、肩胛骨、肋骨、胸骨、肱骨、椎骨、桡骨、尺骨、髋骨、腕骨、掌骨、指骨、股骨、髌骨、胫骨、腓骨、跗骨、跖骨、趾骨

Note

1.骨的形态和分类　骨按形态可分为长骨、短骨、扁骨和不规则骨四类(图 2-2)。

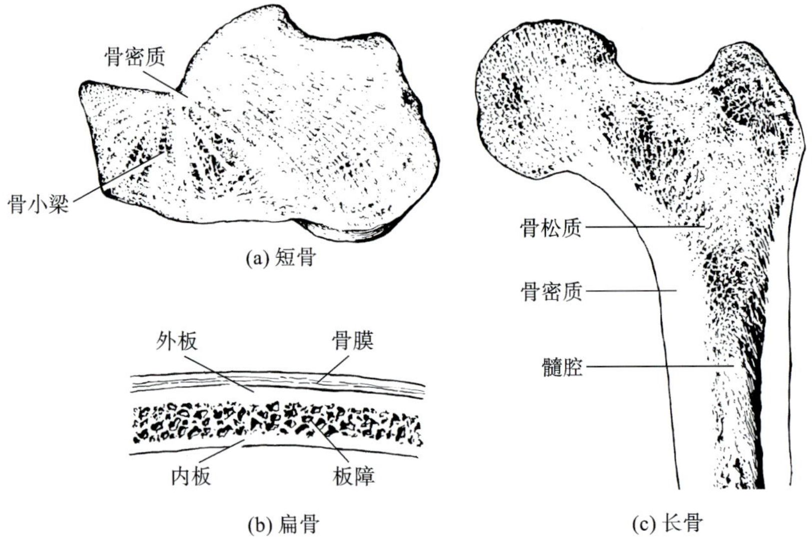

(a) 短骨

(b) 扁骨

(c) 长骨

图 2-2　骨的形态分类

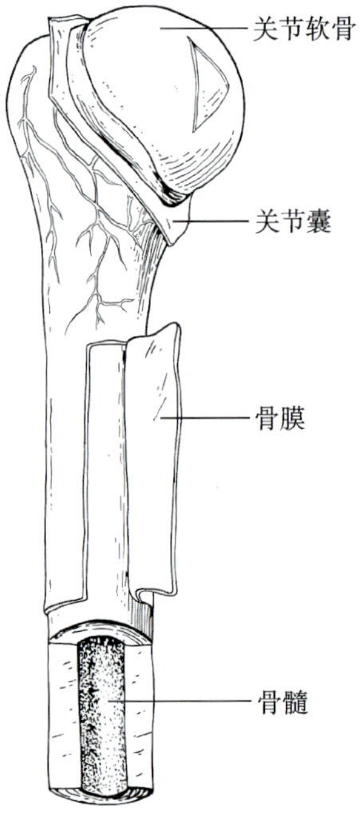

图 2-3　骨的构造

(1)**长骨**:呈长管状,分为一体两端。体称骨干,位于中部,骨质致密,内有空腔称**骨髓腔**,容纳骨髓;两端膨大称**骺**,有光滑的关节面,面上有关节软骨附着。骨干与骨骺相接的部分称**干骺端**,幼年时为骺软骨,其软骨细胞不断分裂繁殖并骨化,使骨加长;成年后,骺软骨骨化,骨干与骺融为一体,其间遗留的痕迹称**骺线**。长骨主要分布于四肢,如肱骨、指骨等。

(2)**短骨**:呈立方形,多成群分布于连结牢固且运动灵活的部位,如腕骨、跗骨等。

(3)**扁骨**:呈板状,主要构成颅腔、胸腔和盆腔的壁,对内脏器官起保护作用,如顶骨、肋骨等。

(4)**不规则骨**:形状不规则,主要分布于躯干、颅底和面部,如躯干的椎骨、颅底的蝶骨等。有些不规则骨内含有空腔,称含气骨,如上颌骨、额骨等。

此外,位于某些肌腱内的扁圆形小骨,称**籽骨**,如髌骨等。

2.骨的构造　骨由骨质、骨膜、骨髓三部分构成,并有血管、淋巴管和神经等结构分布(图 2-3)。

(1)**骨质**:由骨组织构成,分为骨密质和骨松质。骨密质分布于骨的表面,由紧密排列的骨板构成,结构致密坚硬,抗压性强。骨松质分布于长骨的两端和其他骨的内部,由骨小梁交织排列形成,结构疏松,其排列方向与骨所承受的压力和张力方向一致。颅盖骨内、外两层骨密质板中间的骨松质称**板障**,有板障静脉通过。

(2)**骨膜**:致密结缔组织膜,分骨内膜和骨外膜两种。骨内膜衬于骨髓腔内面或骨松质腔隙内,较薄;骨外膜被覆于除关节面外的骨表面,较厚。骨膜内富含血管、神经和淋巴管,贴近骨表面的骨膜内含有骨原细胞,它能增殖分化为骨细胞,对骨的生长、营养、改建和修复有重要作用。临床上处理骨折时,应尽可能保留骨膜,以利于骨的修复。

(3)**骨髓**:充填于骨髓腔和骨松质间隙内,分为**红骨髓**和**黄骨髓**。红骨髓呈红色,主要由网状组织和大量的血细胞构成,胎儿和幼儿的骨髓均为红骨髓,具有造血和免疫功能。5岁以后,长骨骨髓腔内的红骨髓逐渐被脂肪组织代替,呈黄色,称黄骨髓,失去造血功能。当大量失血或重度贫血时,部分黄骨髓仍可转化为红骨髓,恢复造血功能。一般在长骨两端、扁骨和不规则骨内终生保留有红骨髓。临床上常选髂前上棘、髂后上棘等处进行骨髓穿刺,检查骨髓象。

3. 骨的化学成分和物理特性 骨主要由无机质和有机质组成。有机质主要为骨胶原纤维和黏多糖蛋白,构成骨的支架,使骨具有韧性和弹性;无机质主要为碱性磷酸钙,使骨具有坚硬的特性。有机质与无机质的比例随年龄不同而发生变化,成人骨有机质和无机质比例约为 3∶7,此比例使骨既具有较大的硬度又具有一定的弹性和坚韧性。幼儿骨的有机质和无机质各占一半,骨柔韧易变形,外伤时不易骨折或折而不断;老年人骨的无机质比例相对较高,脆性大,易发生骨折。

(二)骨连结

骨与骨之间借纤维结缔组织、软骨或骨相连,形成骨连结。按照连结的方式不同,分为直接连结和间接连结两种。

1. 直接连结 骨与骨之间借纤维结缔组织、软骨或骨直接相连,其间没有间隙。直接连结较牢固,活动性较小或不活动,可分为纤维连结、软骨连结和骨性结合三种(图 2-4)。

(1)**纤维连结**:两骨之间借纤维结缔组织相连结,可分为韧带连结和缝两种,如椎骨之间的韧带、前臂骨间膜、颅骨之间的缝等。

(2)**软骨连结**:两骨之间借软骨相连结,如椎间盘、耻骨联合等。

(3)**骨性结合**:骨与骨之间借骨组织相连结,如骶椎椎骨之间的骨性结合以及髂骨、坐骨、耻骨三骨在髋臼处的骨性结合等。

2. 间接连结 又称滑膜关节(图 2-4),简称关节。骨与骨之间借膜性的结缔组织囊相连,相对骨面分离,其腔隙内有滑液,活动性较大。关节是骨连结的高级分化形式,也是连结的主要方式。

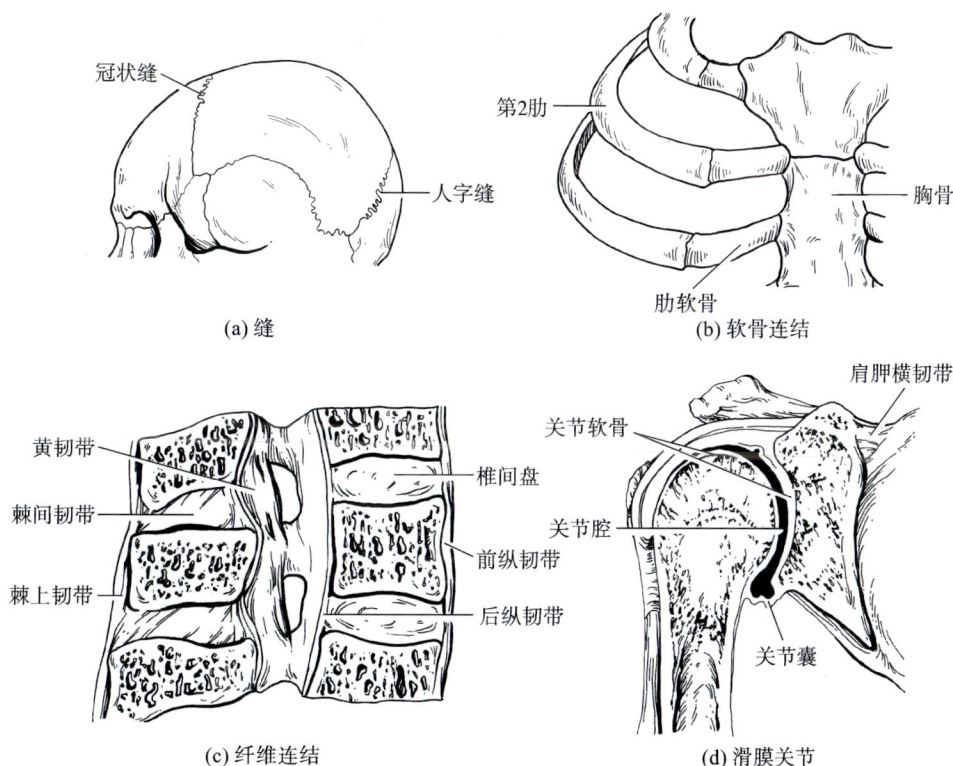

(a)缝

(b)软骨连结

(c)纤维连结

(d)滑膜关节

图 2-4 骨连结的形式

（1）**关节的基本结构**：包括关节面、关节囊和关节腔。

①**关节面**：构成关节的骨与骨间的相对接触面，每一关节至少包括两个关节面，常一凸一凹，凸者称为**关节头**，凹者称为**关节窝**。关节面覆盖一薄层透明软骨，称**关节软骨**，其表面光滑，富有弹性，可减少运动时的摩擦，还有缓冲震荡的作用。

②**关节囊**：结缔组织构成的膜性囊，附着于关节面周缘及其附近的骨面上，包围关节、封闭关节腔。关节囊分内、外两层，外层的**纤维层**由致密结缔组织构成，厚而坚韧，富含血管和神经；内层的**滑膜层**由疏松结缔组织构成，紧贴纤维层内表面，薄而光滑，能分泌滑液，有润滑关节和营养关节软骨等作用。

③**关节腔**：关节面与关节囊滑膜层围成的密闭腔隙。腔内呈负压，内含少量滑液，可增强关节的稳固性。

（2）**关节的辅助结构**：有些关节除具备基本结构外，还具有韧带、关节盘、关节唇等辅助结构，这些辅助结构对增强关节的稳固性和灵活性有重要作用。

①**韧带**：连于相邻两骨间的致密结缔组织束，有加强关节稳固性或限制关节过度运动的作用，分囊内韧带和囊外韧带。囊内韧带位于关节囊内，有滑膜包裹，如膝关节的交叉韧带；囊外韧带位于关节囊外，如髋关节的髂股韧带；有的囊外韧带是关节周围肌腱的延续，如髌韧带。

②**关节盘**：位于相邻关节面之间纤维软骨板，周缘附着于关节囊，使两骨关节面更加适配，可增强关节的稳固性。膝关节的关节盘呈半月形称关节半月板。

③**关节唇**：附着于关节窝周缘的纤维软骨环，可加深关节窝，增大关节面，可增强关节的稳固性。

（3）**关节的运动形式**：关节都是沿着运动轴进行运动的，围绕某一轴运动时，可产生两种方向相反的运动形式。

①**屈和伸**：关节围绕冠状轴进行的运动。运动时，形成关节的两骨角度变小为屈，角度变大为伸。足部踝关节的屈伸略有不同，足尖上抬、足背向小腿前面靠拢为踝关节的伸，称为背屈；足尖下垂为踝关节的屈，称为跖屈。

②**内收和外展**：关节围绕矢状轴进行的运动。骨向正中矢状面靠拢为内收，远离正中矢状面为外展。

③**旋转**：关节围绕垂直轴进行的运动。骨的前面向内侧旋转为旋内，向外侧旋转称为旋外。在前臂，手背转向前方的运动为旋前，手背转向后方的运动为旋后。

④**环转**：运动时，骨的近侧端在原位转动，远侧端做圆周运动，实际上是屈、展、伸、收四种形式不断转化的连续动作。

二、躯干骨及其连结

成人躯干骨共51块，包括椎骨（26块）、胸骨（1块）和肋（12对），参与构成脊柱和骨性胸廓。

（一）脊柱

1. 椎骨　幼年时为32～34块，包括颈椎7块、胸椎12块、腰椎5块、骶椎5块和尾椎3～5块。成年后5块骶椎融合成1块骶骨，3～5块尾椎融合成1块尾骨，故成年人椎骨共26块。

（1）**椎骨的一般形态**：椎骨由前方的椎体和后方的椎弓两部分构成（图2-5），椎体与椎弓共同围成**椎孔**，所有椎孔上下贯通构成**椎管**，椎管内容纳脊髓。椎体呈短圆柱状，是椎骨负重的主要部分，椎体表面的密质较薄，内部充满松质。椎弓呈弓状，与椎体相连接的部分较细称为**椎弓根**，其上方的浅切迹称椎上切迹，下方的深切迹称椎下切迹。相邻椎骨的椎上、下切迹共同围成**椎间孔**，内有脊神经和血管通过。椎弓向后内扩展变宽呈板状，称**椎弓板**。由椎弓板正中向后发出的1个突起称**棘突**，其尖端可在体表扪及，向两侧的1对突起称**横突**；向上、下各发出的1对突起分别称**上关节突**和**下关节突**。

微课
椎骨

Note

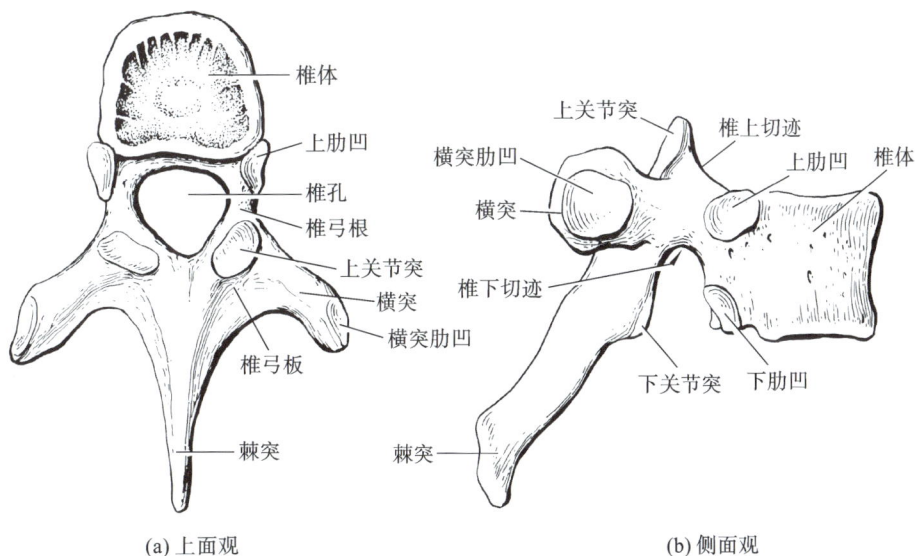

(a) 上面观   (b) 侧面观

图 2-5　椎骨

（2）**各部椎骨主要的形态特征**：

①**颈椎**（图 2-6）：椎体较小，横切面呈椭圆形，椎孔相对较大，呈三角形。横突上有**横突孔**，有椎动脉和椎静脉通过。上、下关节突的关节面呈水平位。第 2～6 颈椎的棘突短，末端分叉。第 3～7 颈椎体上面的两侧缘向上微突，称椎体钩，常与上一节颈椎相应处形成钩椎关节，若椎体钩过度增生，可使椎间孔狭窄，压迫脊神经。

图 2-6　颈椎

第 1 颈椎又称**寰椎**（图 2-7），呈环状，无椎体和棘突，由前弓、后弓及两个侧块组成。前弓后面正中有**齿突凹**，与枢椎的齿突形成关节。侧块连接前、后两弓，上面各有一椭圆形关节面，与枕髁形成关节。

第 2 颈椎又称**枢椎**（图 2-8），椎体向上伸出的指状突起称**齿突**，与寰椎齿突凹形成关节。

第 7 颈椎又称**隆椎**（图 2-9），棘突长，末端不分叉，活体易于触及，常作为计数椎骨序数的标志。

②**胸椎**（图 2-5）：椎体从上向下逐渐增大，横切面呈心形，椎孔相对较小。椎体两侧面上下缘的半圆形浅凹称上、下肋凹，与肋头形成关节。横突末端前面有横突肋凹，与肋结节形成关节。上、下关节突的关节面呈冠状位。棘突较长，向后下方倾斜，呈叠瓦状排列。

③**腰椎**（图 2-10）：椎体粗壮，横切面呈肾形，椎孔呈卵圆形或三角形。上、下关节突粗大，关节面近乎呈矢状位。棘突宽而短，呈板状，水平伸向后方。故腰椎棘突间隙较宽，临床上常选第 3～4 腰椎间隙或第 4～5 腰椎间隙穿刺。

Note

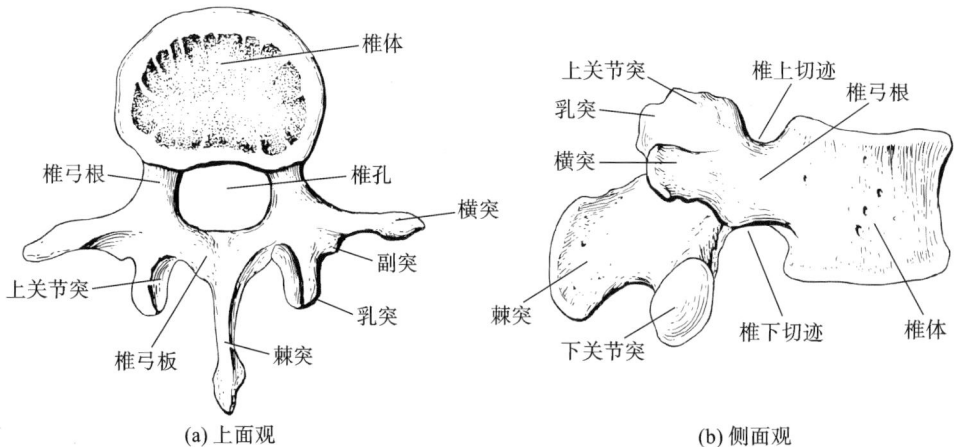

前结节
前弓
横突孔
横突
上关节凹
椎动脉沟
后弓
后结节
椎孔

(a) 上面观

齿突凹
下关节面
横突孔
侧块
椎孔

(b) 下面观

图 2-7　寰椎

齿突
上关节面
横突孔
横突
椎孔
椎弓
棘突

图 2-8　枢椎

椎体
横突孔
椎孔
关节面
椎弓
棘突

图 2-9　隆椎

椎体
椎弓根
椎孔
横突
副突
上关节突
乳突
椎弓板
棘突

(a) 上面观

上关节突
乳突
横突
椎上切迹
椎弓根
棘突
下关节突
椎下切迹
椎体

(b) 侧面观

图 2-10　腰椎

④**骶骨**(图 2-11)：由 5 块骶椎融合而成，呈倒三角形，参与构成骨盆。骶骨底向上，与第 5 腰椎相连；尖向下，与尾椎相接。骶骨上缘中份向前隆凸，称**岬**。前面光滑凹陷，可见四对**骶前孔**；后面粗糙隆起，正中线处为**骶正中嵴**，嵴外侧有与骶前孔相通的四对**骶后孔**。骶骨内有纵行的**骶管**，向上通椎管，向下开口于**骶管裂孔**，骶管裂孔两侧各有一向下的突起，称**骶角**，可在体表触及，是骶管麻醉时确定进针部位的标志。两侧部的上份有**耳状面**，耳状面后方骨面凹凸不平称**骶粗隆**。

⑤**尾骨**(图 2-11):上接骶骨,下端游离,称尾骨尖。

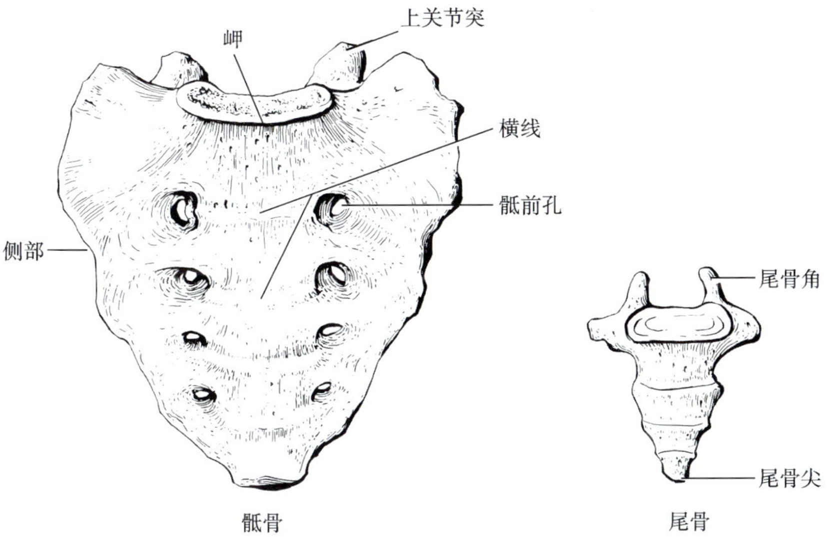

(a) 前面观

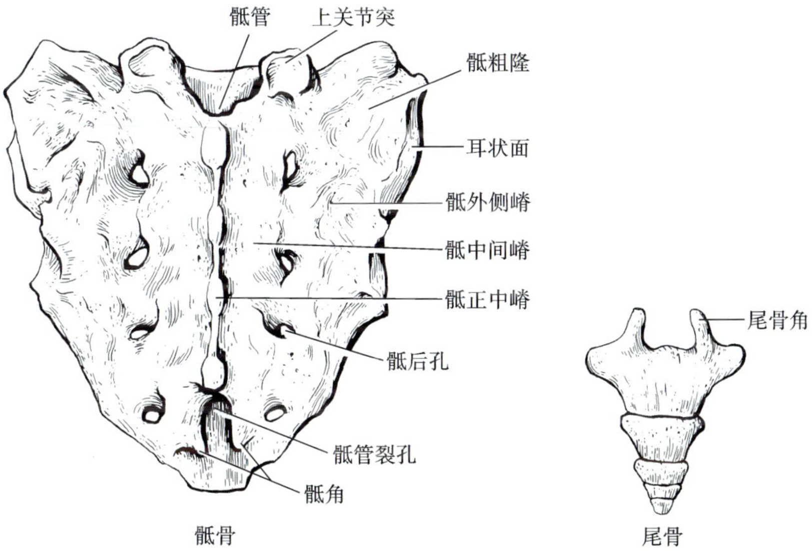

(b) 后面观

图 2-11　骶骨和尾骨

2. 椎骨的连结　各椎骨之间借椎间盘、韧带和关节相连,可分为椎体间连结和椎弓间连结。

(1)**椎体间连结**:椎体之间借椎间盘、前纵韧带和后纵韧带相连。

①**椎间盘**:连结相邻两椎体的纤维软骨,由髓核和纤维环两部分组成(图 2-12)。中央部为胶状物质,称**髓核**,柔软而富有弹性;周围部称**纤维环**,由多层呈同心圆排列的纤维软骨构成,纤维环前部较宽,后部较窄,除牢固连结相邻椎体外,还有保护和限制髓核向外膨出的作用。

椎间盘既坚韧又富有弹性,可缓冲震荡,起"缓冲垫"样保护作用,也可增加脊柱的运动幅度。椎间盘厚薄不一,胸部最薄、颈部较厚、腰部最厚,故腰椎的活动度最大。纤维环后部薄弱,且后外侧缺乏韧带保护,当猛力弯曲或劳损时易引起纤维环破裂,髓核易向后外侧脱出,压迫脊髓或脊神经根,临床上称椎间盘脱出症,多见于腰部,其次为颈部。

②**前纵韧带**:位于所有椎体和椎间盘前方的纵长韧带,可限制脊柱过度后伸和防止椎间盘向前脱出(图 2-13)。

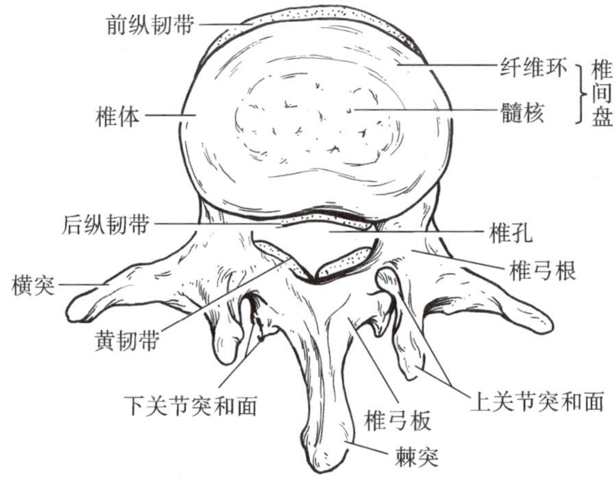

图 2-12　椎间盘

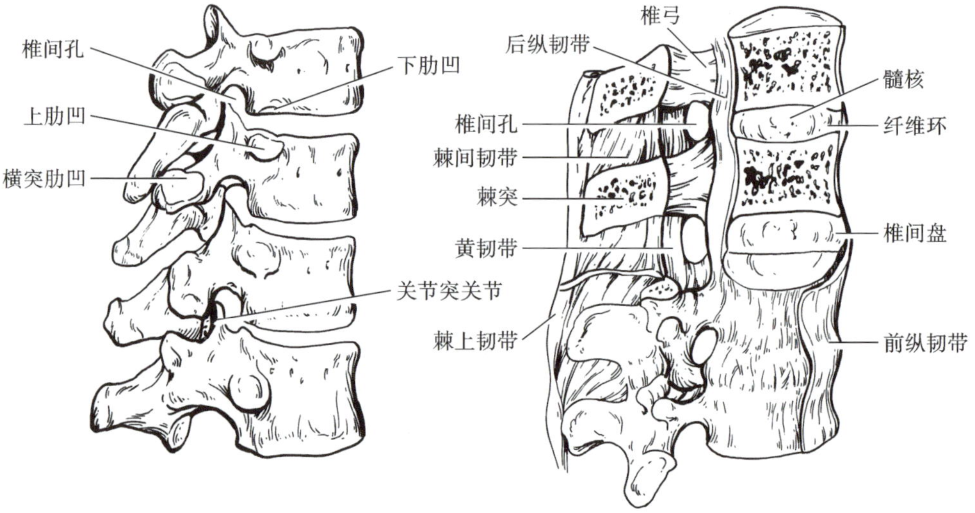

图 2-13　椎骨间连结

③后纵韧带:位于所有椎体和椎间盘后方的纵长韧带,参与构成椎管前壁,可防止脊柱过度前屈和防止椎间盘向后脱出(图 2-13)。

(2)椎弓间连结:椎弓借黄韧带、棘间韧带、棘上韧带、横突间韧带和关节突关节相连结(图 2-13)。

①黄韧带:连结相邻椎弓板间的短韧带,由黄色的弹性纤维构成,厚而坚韧,与椎弓板共同构成椎管后壁,可限制脊柱过度前屈。

②棘间韧带:连结相邻棘突间的短韧带,向前与黄韧带相接,向后与棘上韧带相移行,可限制脊柱过度前屈。

③棘上韧带:连结各椎骨棘突末端的纵长韧带,可限制脊柱过度前屈。在颈部,称为项韧带。

④横突间韧带:位于相邻椎骨横突间的纤维索。

⑤关节突关节:由相邻椎骨的上、下关节突的关节面构成,属于微动关节。

(3)寰椎与枕骨及枢椎的关节:

①寰枕关节:寰椎侧块的上关节凹与两侧枕髁构成的联合关节,可使头做俯仰和侧屈运动。

②寰枢关节:由寰椎的齿突凹和枢椎的齿突以及寰椎横韧带构成,可使头左右旋转。

3. 脊柱的整体观(图 2-14)

(1)前面观:椎体自上而下逐渐增大,到骶骨上端最宽,并可见前纵韧带纵贯脊柱全长。

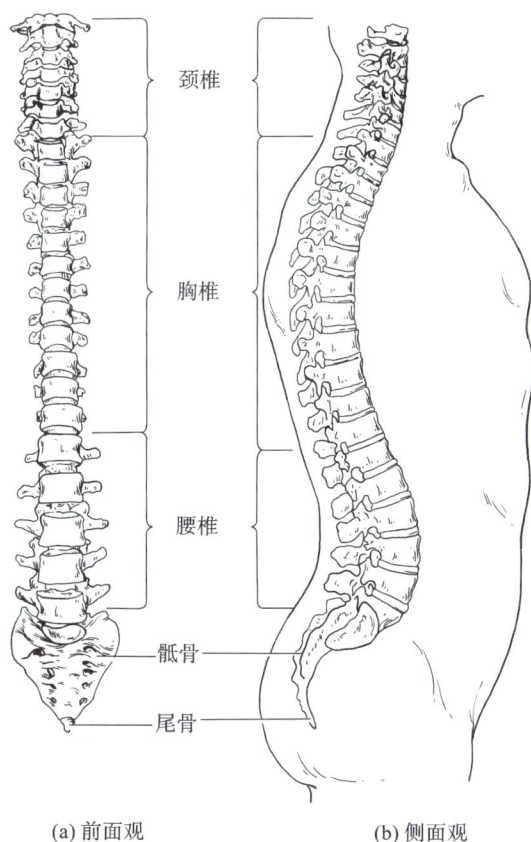

(a) 前面观   (b) 侧面观

图 2-14　脊柱的整体观

（2）后面观：棘突连贯形成纵嵴，有棘上韧带纵贯脊柱全长。各棘突形态各异，颈椎棘突短，末端分叉，隆椎棘突长而突出；胸椎棘突长，斜向后下方，呈叠瓦状排列；腰椎棘突呈板状，水平伸向后，棘突间隙较宽。

（3）侧面观：可见成人脊柱有颈曲、胸曲、腰曲、骶曲四个生理性弯曲。其中颈曲和腰曲凸向前，胸曲和骶曲凸向后。脊柱的这些弯曲增大了脊柱的弹性，有利于维持人体重心的平衡和减轻震荡。

4. 脊柱的功能　脊柱是人体的中轴，上承托颅，下连接下肢骨，具有支持体重、传递重力、缓冲震荡的作用；脊柱参与胸腔、腹腔和盆腔的构成，具有支持和保护内脏器官的作用；脊柱内有椎管，可容纳和保护脊髓和脊神经根；脊柱具有运动功能，相邻两椎骨之间的活动是有限的，但整个脊柱的活动度很大，可做屈、伸、侧屈、旋转和环转等运动。

（二）胸廓

胸廓由 12 块胸椎、12 对肋、1 块胸骨和它们之间的连结共同构成。

1. 肋　由肋骨和肋软骨两部分构成，共 12 对。

（1）**肋骨**（图 2-15）：属于扁骨，细长，呈弓形，分为体和前、后两端。肋后端膨大称肋头，有关节面与胸椎体肋凹形成关节。肋头外侧稍细的部分称肋颈。肋颈外侧的粗糙隆起称肋结节。肋颈再转向前方称肋体；肋体长而扁，分为内、外两面和上、下两缘，肋体内面近下缘处有**肋沟**，有肋间神经和血管行于其中。肋体的后份急转处，称**肋角**。肋前端稍宽，与肋软骨相接。

（2）**肋软骨**：属于透明软骨，位于各肋骨的前端，终生不骨化。

第 1～7 对肋前端直接与胸骨相连称**真肋**。第 8～10 对肋的前端不直接与胸骨相连称假肋，

Note

肋前端借肋软骨与上位肋软骨连结,形成**肋弓**。第 11～12 对肋的前端游离于腹壁肌层中称**浮肋**。

2. 胸骨 属于扁骨,长而扁,位于胸前壁正中,全长可从体表摸到。前面微凸,后面微凹,自上面下可分为**胸骨柄、胸骨体**和**剑突**三部分(图 2-16)。胸骨柄上宽下窄,上缘中份凹陷称**颈静脉切迹**;两侧的凹陷称**锁切迹**,与锁骨形成关节。胸骨柄与胸骨体相连处稍向前凸,称为**胸骨角**,可在体表扪及,两侧平对第 2 肋,是计数肋的重要标志。胸骨体呈长方形,外侧缘有 6 对肋切迹,分别与第 2～7 肋软骨相接。剑突扁而薄,下端游离。

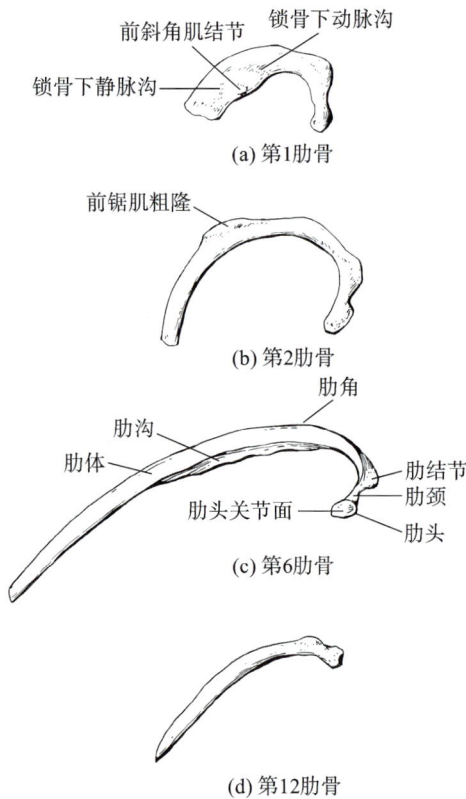

(a) 第1肋骨

(b) 第2肋骨

(c) 第6肋骨

(d) 第12肋骨

图 2-15 肋骨

图 2-16 胸骨

3. 胸廓的连结 包括肋椎关节和胸肋关节。

(1)**肋椎关节**:肋骨后端与胸椎之间形成肋椎关节,包括**肋头关节**和**肋横突关节**。肋头关节由肋头和相邻椎体的肋凹构成,肋横突关节由肋结节和相应椎骨的横突肋凹构成。这两个关节在功能上属联合关节,运动时可使肋上升或下降,从而改变胸腔容积,有助于呼吸。

(2)**胸肋关节**:由第 2～7 肋软骨与胸骨相应的肋切迹构成,属微动关节。第 1 肋与胸骨柄之间的连结,是特殊的不动关节。第 8～10 肋软骨依次相连构成肋弓,第 11、12 肋前端游离。

4. 胸廓的整体观 胸廓上窄下宽,前后扁平,成人胸廓近似圆锥形(图 2-17)。胸廓有上、下两口,分前壁、后壁和外侧壁。胸廓上口较小,由第 1 胸椎体、第 1 对肋和胸骨柄上缘围成,是颈部和胸腔之间的通道;胸廓下口较大,由第 12 胸椎体、第 12 对肋、第 11 对肋前端、肋弓和剑突围成。两侧肋弓在中线构成向下开放的夹角,称**胸骨下角**。相邻两肋之间的间隙称**肋间隙**。

5. 胸廓的功能 胸廓除有保护和支持功能外,主要参与呼吸运动。吸气时,在呼吸肌作用下,肋的前部上提,胸骨抬高,肋体向外扩展,从而加大了胸廓的前后径和横径,使胸腔容积增大;呼气时则相反,使胸腔容积减小。

图 2-17　胸廓

三、颅骨及其连结

颅骨(图 2-18)共 23 块(中耳的 3 对听小骨未计算在内),可分脑颅骨和面颅骨两部分。除下颌骨和舌骨外,其他各骨之间主要借缝或软骨相连结形成颅,对脑、感觉器官以及消化系统和呼吸系统的起始部分起保护和支持作用。

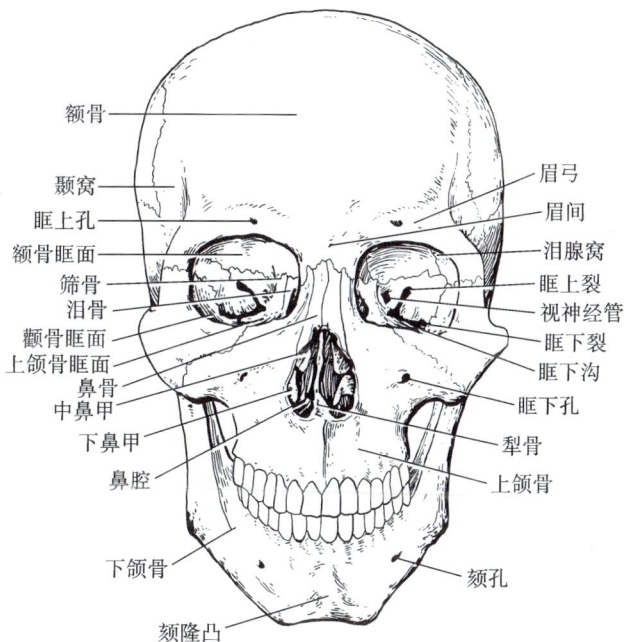

图 2-18　颅骨(前面观)

(一)颅的组成

1. 脑颅骨　位于颅的后上部,有 8 块骨,参与构成颅腔,容纳脑。其中不成对的有**额骨**、**筛骨**、**蝶骨**和**枕骨**,成对的有**颞骨**和**顶骨**。额骨位于颅的前上方,突出向前。筛骨位于颅底前部,额骨和蝶骨之间,参与构成鼻腔上部、鼻腔外侧壁和鼻中隔,分为筛板、垂直板和筛骨迷路三部分。

微课
颅的组成

43

蝶骨位于颅底中部,形似蝴蝶,可分为蝶骨体、蝶骨大翼、蝶骨小翼和蝶骨翼突四部分。枕骨位于颅的后部,呈勺状,前下部有枕骨大孔。顶骨位于颅顶中部,左、右各一。颞骨位于颅腔两侧,居顶骨的外下方,参与构成颅腔的侧壁和颅底。

2. 面颅骨 位于颅的前下部,共 15 块骨,构成面部支架,并围成眼眶、骨性鼻腔和骨性口腔。成对的面颅骨包括**上颌骨、腭骨、颧骨、鼻骨、泪骨**及**下鼻甲骨**,不成对的包括**犁骨、下颌骨**和**舌骨**。上颌骨位于面部正中,口腔上方、鼻腔两侧,其内上方邻接两骨,内侧是鼻骨,外侧是泪骨;上颌骨外上方是颧骨;后内接腭骨;鼻腔外下壁有下鼻甲骨,鼻腔正中有犁骨;上颌骨的下方是下颌骨;下颌骨的后下方是舌骨。

(1)**下颌骨**(图 2-19):最大的面颅骨,分为一体两支。**下颌体**有上、下两缘和内、外两面,上缘构成牙槽弓,有可容纳牙根的牙槽;下缘圆钝,称下颌底。下颌体外面正中前凸形成颏隆凸,其前外侧有一对**颏孔**,内有颏神经和颏血管通过。**下颌支**为下颌体后方的方形骨板,上端有两个突起,前方的称**冠突**,后方的称**髁突**,髁突上端膨大称**下颌头**,与下颌窝形成关节;下颌头下方较细处为**下颌颈**。下颌支后缘与下颌底交界处形成的突起称**下颌角**,其外面下部粗糙面称咬肌粗隆,下颌角可在体表触及。下颌支内面中部有**下颌孔**,借下颌体内的下颌管通向颏孔,内有下牙槽神经和血管通过。

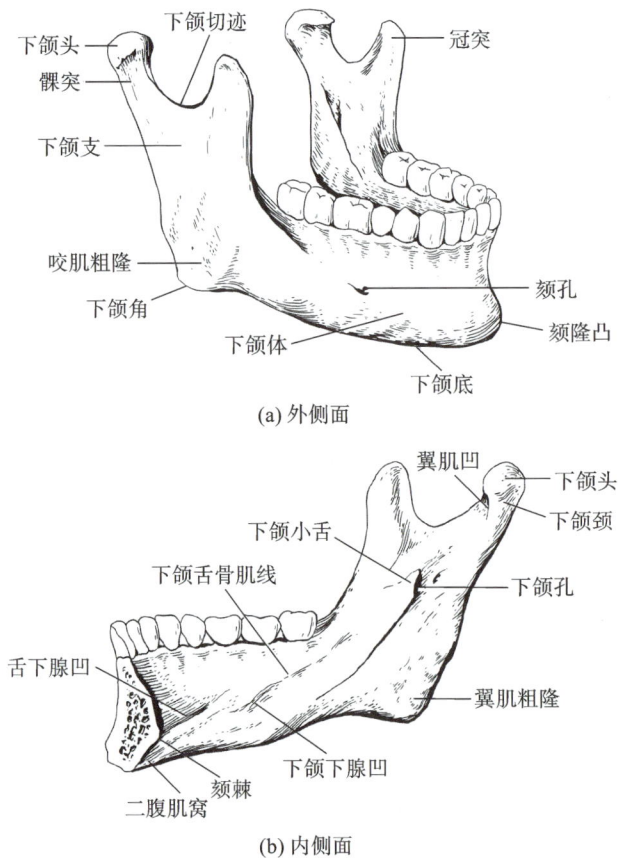

(a) 外侧面

(b) 内侧面

图 2-19 下颌骨

(2)**舌骨**:呈马蹄铁形,位于下颌骨下后方。中间部称为舌骨体,舌骨体向后延伸的长突称为舌骨大角,舌骨体向上的短突称为舌骨小角。舌骨体和舌骨大角可在体表扪及。

(3)**上颌骨**:与下颌骨对应,可分为 1 体和 4 突。上颌体内的含气空腔称上颌窦。额突突向上方,接额骨、鼻骨、泪骨;颧突伸向外侧,接颧骨;牙槽突突向下,其下缘有牙槽,可容纳上颌牙根;腭突向内水平伸出,组成骨腭的前份。

（二）颅的整体观

1.颅的顶面观　光滑隆凸，由顶骨、额骨、枕骨上部和部分颞骨构成。额骨与两侧顶骨连结构成**冠状缝**；两侧顶骨连结构成**矢状缝**；两侧顶骨与枕骨连结构成**人字缝**。

2.颅的侧面观（图2-20）　颅的侧面中部有外耳门，向内通外耳道。外耳门前方的弓形骨桥称**颧弓**，后下方的突起为**乳突**，二者均可在体表扪及。颧弓的内上方有一大而浅的凹陷称**颞窝**，颞窝前下部较薄，在额骨、顶骨、蝶骨、颞骨汇合处最薄弱，此四骨相交处常构成"H"形的缝，称为**翼点**，此处内面有脑膜中动脉前支通过，骨折时易伤及该动脉，形成硬膜外血肿。

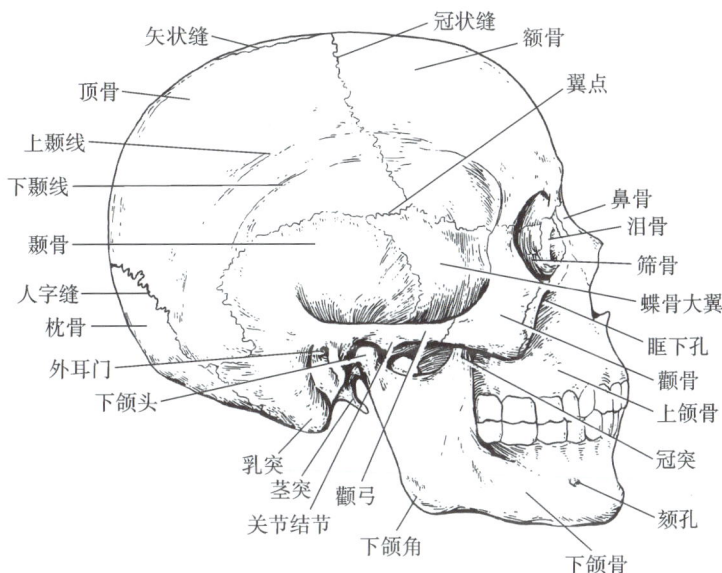

图2-20　颅的侧面观

3.颅的前面观（图2-18）　可见脑颅的额骨和面颅骨，主要有眶、骨性鼻腔和骨性口腔。颅前面上部为额骨的额鳞，其下方有一对弓形隆起称眉弓，左、右眉弓之间较平坦称眉间；眉弓和眉间都是重要的体表标志。

（1）眶：一对呈四棱锥形的深腔，容纳眼球及其附属结构。底朝前即眶口，略呈四边形，眶上缘中、内 1/3 交界处有**眶上孔**或**眶上切迹**，眶下缘中点下方有**眶下孔**。尖朝向后内即眶尖，有**神经管**通入颅中窝。眶有四个壁：上壁由额骨和蝶骨构成，与颅前窝相邻，前外侧有一深窝称**泪腺窝**，容纳泪腺；内侧壁最薄，由上颌骨、泪骨、筛骨和蝶骨组成，与筛窦和鼻腔相邻，其前下部有**泪囊窝**，容纳泪囊，此窝向下经鼻泪管通鼻腔；下壁主要由上颌骨构成，下壁和外侧壁交界处后部，有**眶下裂**；外侧壁较厚，由颧骨和蝶骨构成，外侧壁和上壁交界处的后部有**眶上裂**，向后通颅中窝。

（2）**骨性鼻腔**：位于面颅中央，由犁骨和筛骨垂直板构成的骨性鼻中隔将其分为左、右两个鼻腔。鼻腔前方开口称梨状孔，后方开口称鼻后孔，通向鼻咽部。鼻腔顶主要由筛骨的筛板构成，借筛孔通颅前窝。鼻腔底为骨腭，与口腔顶相邻。鼻腔的外侧壁自上而下有三个向下弯曲的突出骨片，分别称**上鼻甲**、**中鼻甲**和**下鼻甲**，各鼻甲下方分别有**上鼻道**、**中鼻道**和**下鼻道**。上鼻甲后上方与蝶骨体之间的间隙称**蝶筛隐窝**（图2-21）。

（3）**鼻旁窦**：位于鼻腔周围颅骨内的含气空腔，包括额窦、筛窦、蝶窦和上颌窦，其名称和位置与所在颅骨的名称一致，它们均开口于鼻腔，具有发音共鸣和减轻颅骨重量的作用（图2-21）。

（4）**骨性口腔**：由上颌骨、腭骨和下颌骨围成。顶即骨腭，前壁和外侧壁由上、下颌骨牙槽及牙周围成，向后通咽，底由软组织封闭。

4.颅底的内面观　颅底内面凹凸不平，自前向后有三个呈阶梯状加深的陷窝，分别称颅前窝、颅中窝和颅后窝（图2-22）。窝内有很多孔裂，有血管或神经通过。

Note

图 2-21　鼻腔外侧壁与鼻旁窦

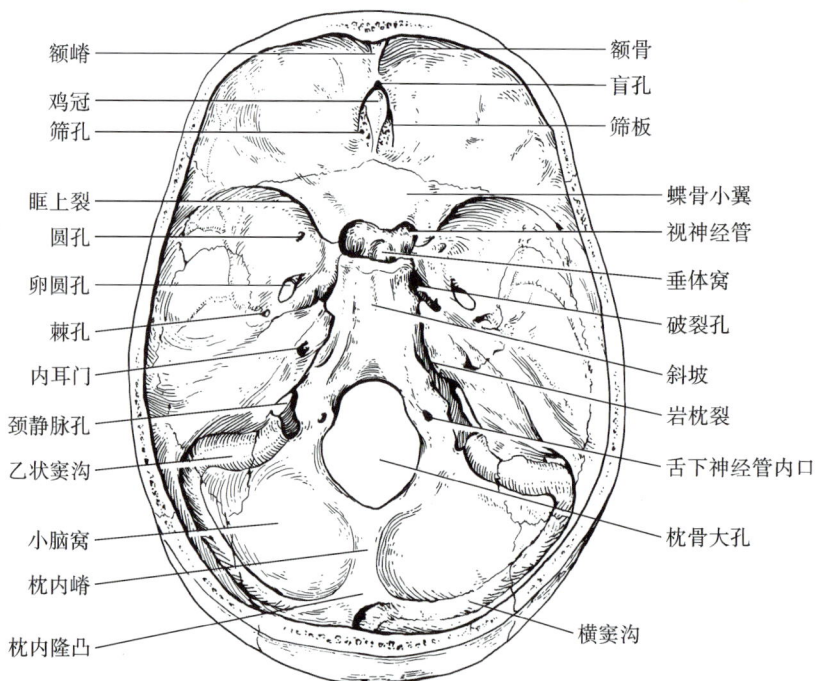

图 2-22　颅底内面观

（1）**颅前窝**：由额骨、筛骨和蝶骨的部分构成。窝正中有一向上的突起称**鸡冠**,其两侧的筛板上有许多小孔称**筛孔**,向下通鼻腔。

（2）**颅中窝**：由蝶骨和颞骨的部分构成。窝正中为蝶骨体,上面有**垂体窝**,窝前是横行的交叉前沟,此沟向两侧通向视神经管;窝后的横位隆起称鞍背,垂体窝和鞍背合称**蝶鞍**,其两侧的浅沟称**颈动脉沟**,此沟向前通眶上裂,向后通**破裂孔**,续于颈动脉管内口。蝶鞍两侧,由前内向后外依次排列有**圆孔**、**卵圆孔**和**棘孔**。卵圆孔和棘孔后方的骨突为颞骨岩部,其尖端的浅窝称三叉神经压迹;岩部外侧较平坦的地方称为鼓室盖,为中耳鼓室的上壁。

（3）**颅后窝**：由枕骨和颞骨岩部构成,窝中央有**枕骨大孔**,孔前上方的平坦斜面称**斜坡**。孔前外缘有**舌下神经管内口**,孔后的十字隆起称**枕内隆凸**,由此向上延续为**上矢状窦沟**,向两侧续于横窦沟。横窦沟转向前下呈"S"形的沟称**乙状窦沟**,末端终于**颈静脉孔**。颞骨岩部后面有向前内的开口,称**内耳门**,通入内耳道。

5. 颅底外面观 颅底外面(图 2-23)高低不平,裂孔甚多。颅底外面前部为上颌骨与腭骨构成的骨腭,骨腭前缘和两侧为牙槽弓。骨腭前部正中有一孔称**切牙孔**,骨腭近后缘两侧有**腭大孔**。颅底外面中部有鼻后孔,鼻后孔两侧的垂直骨板即翼突内、外侧板,翼突外侧板根部后外方,有较大的卵圆孔和较小的棘孔。颅底外面后部正中有枕骨大孔,孔两侧的椭圆形关节面称**枕髁**,枕髁前外侧稍上有**舌下神经管外口**,枕髁外侧有颈静脉孔,其前方的圆孔为颈动脉管外口,向前内侧通颈动脉管续于破裂孔。颈静脉孔的后外侧的细长突起称**茎突**,茎突和乳突之间有一小孔称**茎乳孔**,向内通**面神经管**。颧弓根部后方为**下颌窝**,与下颌头形成关节,窝前的横行突起称**关节结节**。

图 2-23 颅底外面观

(三)新生儿颅的特征

新生儿脑颅大于面颅。新生儿面颅占全颅的 1/8,而成人面颅占全颅的 1/4。新生儿颅顶各骨尚未完全发育,颅盖各骨之间尚存在结缔组织膜,多骨交接处间隙的膜较大,称**颅囟**。其中位于矢状缝与冠状缝交接处的称**前囟**,最大,呈菱形,一般在 1～2 岁时闭合。位于矢状缝与人字缝汇合处的称**后囟**,呈三角形,生后不久即闭合(图 2-24)。

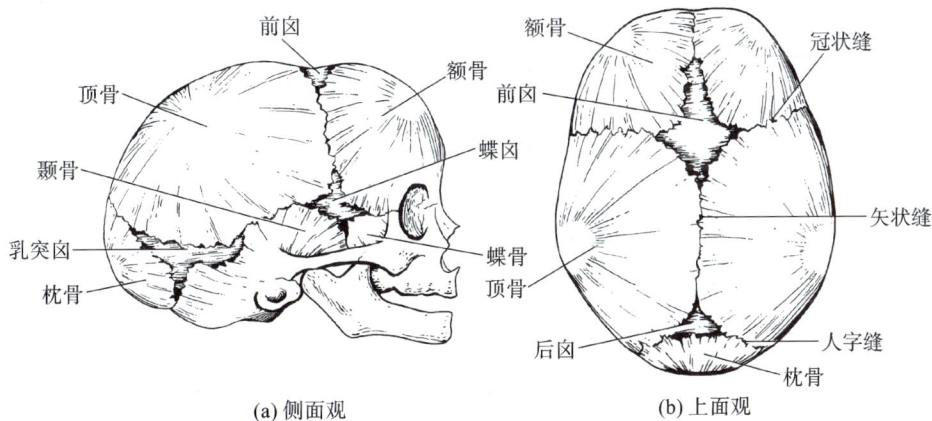

(a) 侧面观   (b) 上面观

图 2-24 新生儿颅

颅的生长变化

　　从出生到 7 岁是颅的生长期,此期颅生长最快,因出牙和鼻旁窦相继出现,面颅迅速扩大。从 7 岁到性成熟是相对静止期,颅生长缓慢,但逐渐出现性别差异。性成熟期到 25 岁为成长期,性别差异更明显,额部向前突出,眉弓、乳突和鼻旁窦发育迅速,下颌角显著,骨面的肌和筋膜附着痕迹明显。年老时则因骨质被吸收,颅骨变薄,伴随牙的脱落,牙槽被吸收变平,面部又变得短小。

(四)颅骨的连结

　　1.颅骨的纤维连结和软骨连结　颅盖各骨之间,大多借结缔组织膜相连结构成缝;颅底各骨之间多为软骨连结。随着年龄增长,有些缝和软骨可发生骨化转化成骨性结合。舌骨与颞骨茎突间借韧带连结。

　　2.颅骨的滑膜关节　颅骨的滑膜关节即**颞下颌关节**(图 2-25),又称**下颌关节**,由颞骨的下颌窝、关节结节和下颌骨的下颌头构成。关节囊松弛,前部薄弱,后部坚韧,外侧有韧带加强,故颞下颌关节容易向前脱位。关节囊内有关节盘,呈椭圆形,将关节腔分为上、下两腔。颞下颌关节属于联合关节,两侧同时运动,可使上颌骨上提、下降、向前、向后和侧方运动。

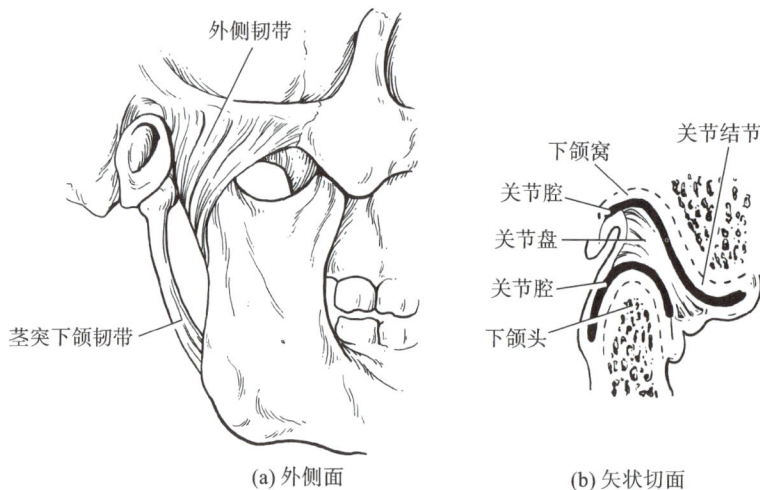

(a) 外侧面　　　　　(b) 矢状切面

图 2-25　颞下颌关节

四、四肢骨及其连结

　　四肢骨又称附肢骨,骨连结以关节为主,主要功能是支持和运动人体。上肢骨相对细小,关节灵活,适合于完成各种精细活动;下肢骨相对粗壮,利于支撑体重和行走。上、下肢骨的分布相似,通过肢带骨将自由四肢骨连在躯干上。

(一)上肢骨及其连结

　　1.上肢骨　每侧 32 块,共 64 块,包括锁骨、肩胛骨、肱骨、桡骨、尺骨和手骨。锁骨和肩胛骨称上肢带骨,其余称自由上肢骨。

　　(1)**锁骨**(图 2-26):位于胸廓前上部两侧,呈"～"形弯曲,全长均可在体表摸到。锁骨内侧端粗大,为胸骨端,有关节面与胸骨柄形成关节;外侧端扁平,为肩峰端,有小关节面与肩胛骨肩峰形成关节。锁骨上面光滑,下面粗糙。内侧 2/3 凸向前,呈三棱形;外侧 1/3 凸向后,呈扁平形。锁骨的外、中 1/3 交界处较细,易骨折。锁骨是唯一直接与躯干相连的上肢骨。

图 2-26 锁骨

（2）**肩胛骨**（图 2-27）：位于胸廓后外侧的外上方,为三角形扁骨,可分两面、三缘和三角。前面有一大而浅的窝称**肩胛下窝**;后面上方有一横嵴称**肩胛冈**,肩胛冈向外侧延伸的扁平突起称**肩峰**,与锁骨外侧端相连,是肩部的最高点,冈上、下方的窝分别称**冈上窝**和**冈下窝**。上缘短而薄,外侧有一小切迹称肩胛切迹,自切迹外侧向前伸出的指状突起称**喙突**;内侧缘薄而锐利,邻近脊柱又称脊柱缘;外侧缘肥厚,邻近腋窝又称腋缘。上角在内上方,平对第 2 肋;下角平对第 7 肋或第 7 肋间隙,体表易摸到,是计数肋的标志;外侧角膨大,有一朝外侧方的梨形浅窝,称**关节盂**,与肱骨头形成关节,关节盂的上、下方各有一粗糙隆起,分别称**盂上结节**和**盂下结节**。

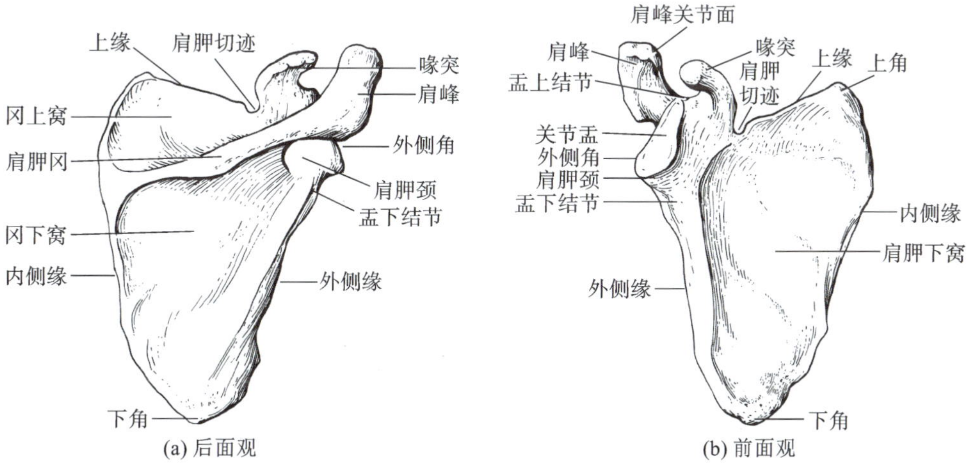

图 2-27 肩胛骨

（3）**肱骨**（图 2-28）：位于臂部,为典型的长骨,分一体两端。上端有朝向后内方半球形的**肱骨头**,与肩胛骨的关节盂形成关节;头周围的环形浅沟,称**解剖颈**;肱骨头的外侧和前方分别有隆起的**大结节**和**小结节**,两结节向下分别延伸为大结节嵴和小结节嵴,两结节间的纵沟称为结节间沟,内有肱二头肌长头腱通过;上端与体交界处稍细,称**外科颈**,较易发生骨折。肱骨体中部外侧面有粗糙的**三角肌粗隆**,后面中部有自内上斜向外下的浅沟称**桡神经沟**,桡神经和肱深动脉经过此沟,肱骨中段骨折易损伤桡神经。肱骨下端内、外侧各有一突起,分别称**内上髁**和**外上髁**,二者在体表易扣及,内上髁后方的浅沟称**尺神经沟**,有尺神经通过;在下端的远侧面,外侧有呈半球形的**肱骨小头**,内侧有状如滑车的**肱骨滑车**,滑车前上方有一小窝称**冠突窝**,滑车后上方有一大窝称**鹰嘴窝**。

图 2-28 肱骨

(4)**桡骨**(图 2-29):位于前臂外侧,分一体两端。上端稍膨大称**桡骨头**,头上面有关节凹与肱骨小头形成关节,周围的环状关节面与尺骨形成关节。桡骨头下方缩细称**桡骨颈**,颈下方前内侧有**桡骨粗隆**。桡骨体呈三棱柱形,内侧缘薄锐称骨间缘,与尺骨骨间缘相对。下端较大,外侧向下突起称**桡骨茎突**,在体表可触及,内侧有关节凹称**尺切迹**,与尺骨头形成关节,下面有腕关节面,与腕骨形成桡腕关节。

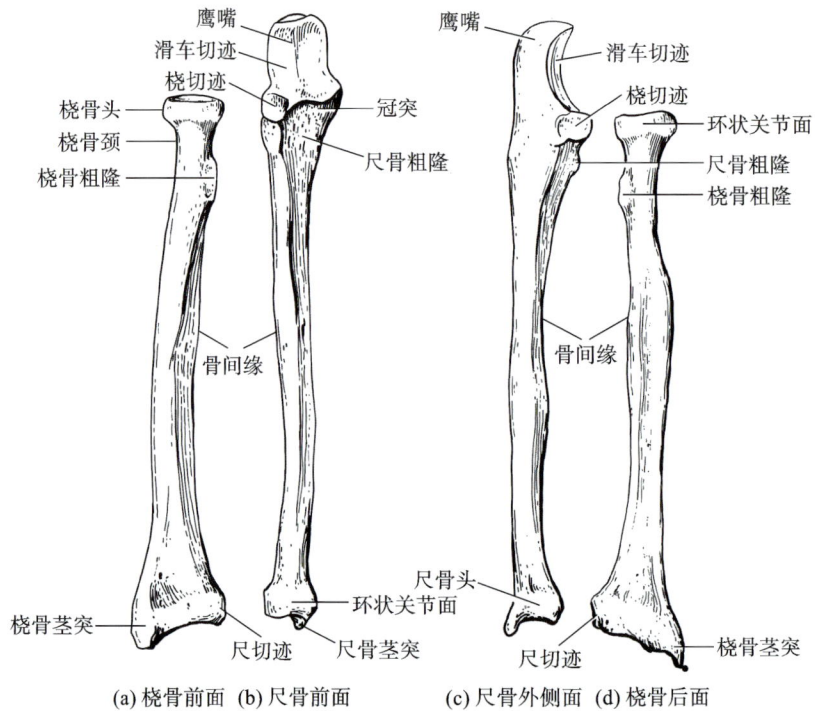

(a) 桡骨前面 (b) 尺骨前面　(c) 尺骨外侧面 (d) 尺骨后面

图 2-29 桡骨和尺骨

(5)**尺骨**(图 2-29):位于前臂内侧,分一体两端。上端粗大,前面有半月形的深凹称**滑车切迹**,与肱骨滑车相关节,切迹后上方的突起称**鹰嘴**,在体表易触及,切迹前下方的突起称**冠突**,冠突外侧面有一小关节面称**桡切迹**,与桡骨头相关节,冠突下方有一粗糙隆起称**尺骨粗隆**。尺骨体外缘锐利为骨间缘,与桡骨骨间缘相对。下端称**尺骨头**,其后内侧有向下的突起称**尺骨茎突**。

(6)**手骨**(图 2-30):包括腕骨、掌骨和指骨。

①腕骨:属于短骨,共 8 块,排列成近、远两列。近侧列由桡侧向尺侧依次为**手舟骨**、**月骨**、**三角骨**和**豌豆骨**;远侧列依次为**大多角骨**、**小多角骨**、**头状骨**和**钩骨**。8 块腕骨并列,不在同一平面上,形成腕骨沟。

②掌骨:属于长骨,共 5 块。由桡侧向尺侧依次为第 1 至第 5 掌骨。掌骨近端为底,接腕骨;远端为尖,接指骨;中间部为体。

③指骨:属于长骨,共 14 块。除拇指为 2 节外,其余均为 3 节。由近侧到远侧依次称近节指骨、中节指骨和远节指骨。每节指骨近端为底,远端为滑车,中间部为体。

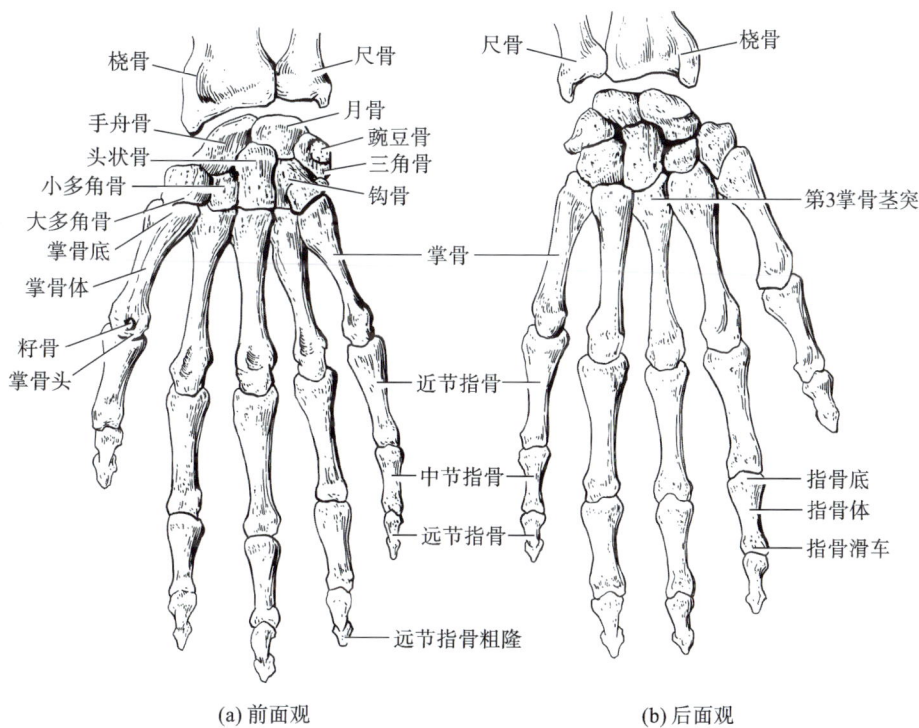

(a) 前面观　　　　　　　　　(b) 后面观

图 2-30　手骨

2. 上肢骨的连结　上肢骨的连结主要有胸锁关节、肩锁关节、肩关节、肘关节、尺桡骨连结和手关节。

(1)**胸锁关节**(图 2-31):上肢骨与躯干骨之间唯一的关节,由锁骨的胸骨端与胸骨的锁切迹及第 1 肋软骨上面共同构成。关节囊坚韧并有韧带加强,囊内有关节盘。胸锁关节可使锁骨外侧端小幅度地向上、下、前、后运动以及做旋转和环转运动。

(2)**肩锁关节**:由肩胛骨的肩峰与锁骨的肩峰端构成,属于平面微动关节。

(3)**肩关节**(图 2-32):由肱骨头和肩胛骨的关节盂构成。肱骨头大,关节盂小而浅,周围附有**盂唇**加深关节窝。关节囊松弛,囊内有肱二头肌长头腱通过。关节囊的上壁有喙肱韧带加强,前壁和后壁有肌腱加强,囊下方无韧带和肌加强,是关节的薄弱部位,故肩关节易向前下方脱位,表现为方肩畸形。

肩关节为全身最灵活、运动幅度最大的关节,可做屈、伸、收、展、旋转及环转运动。

Note

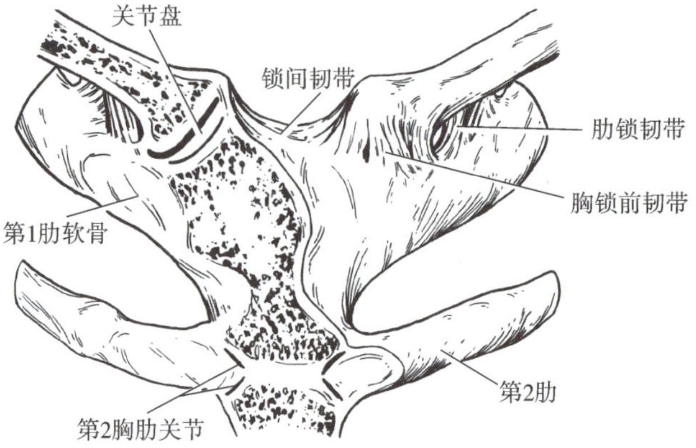

图 2-31 胸锁关节

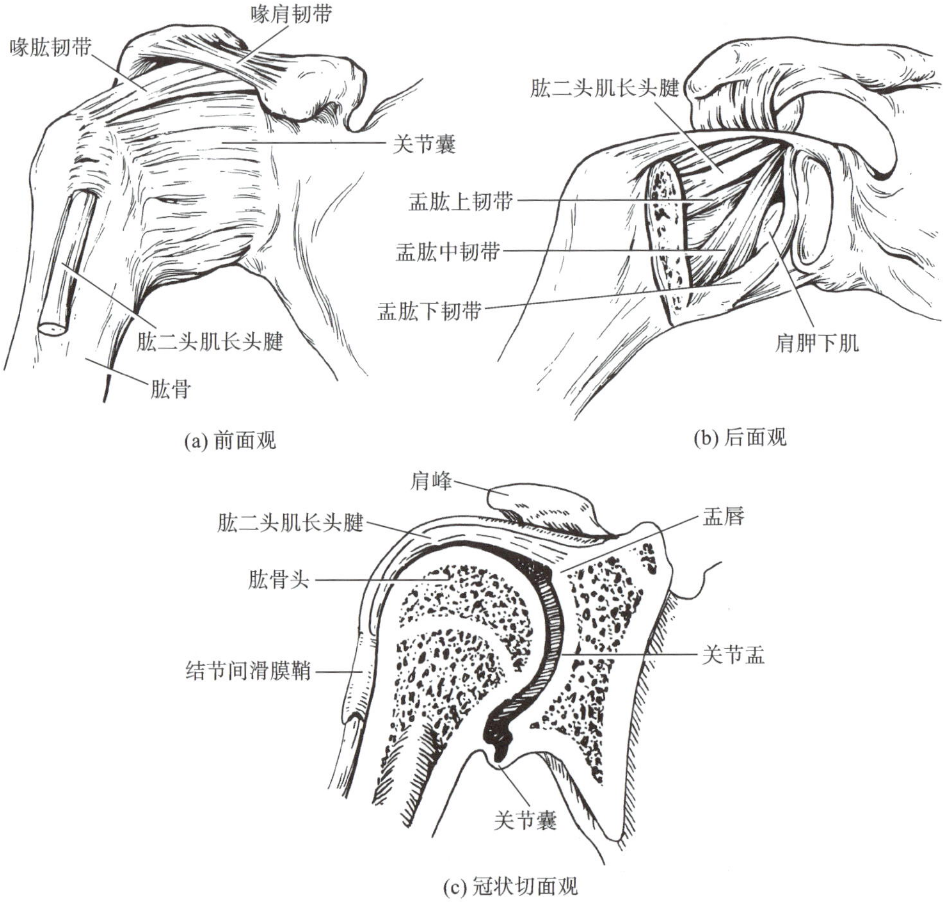

(a) 前面观

(b) 后面观

(c) 冠状切面观

图 2-32 肩关节

(4)肘关节(图 2-33)：由肱骨下端与尺骨、桡骨上端构成，包括三个关节：①肱尺关节：由肱骨滑车和尺骨的滑车切迹构成。②肱桡关节：由肱骨小头和桡骨头关节凹构成。③桡尺近侧关节：由桡骨环状关节面和尺骨桡切迹构成。

上述三个关节包在一个关节囊内，关节囊的前、后壁薄而松弛，后壁最薄弱，故肘关节脱位时，常见桡、尺骨向后脱位。关节囊的两侧壁厚而紧张，并有尺侧副韧带和桡侧副韧带加强。桡骨环状关节面的周围有桡骨环状韧带，可防止桡骨头脱出。幼儿桡骨头尚在发育之中，易发生桡骨头半脱位。

肱骨

关节腔

关节囊

肱骨滑车

鹰嘴

桡骨

尺骨

(a) 矢状切面观

肱骨

桡侧副韧带

桡骨环状韧带

桡骨

尺侧副韧带

尺骨

(b) 前面观

肱骨

肱骨外上髁

肱骨小头

桡骨头 桡骨 尺骨

滑车切迹

(c) 侧面观

图 2-33 肘关节

肘关节可做屈、伸运动。当肘关节伸直时,肱骨内、外上髁与尺骨鹰嘴三点位于一条直线上;当肘关节屈至90°时,此三点的连线组成一等腰三角形。当肘关节脱位时,三点位置关系发生改变;当肱骨髁上骨折时,三点的位置关系不变。

(5)尺桡骨连结:尺骨和桡骨借桡尺近侧关节、前臂骨间膜、桡尺远侧关节相连。桡尺近侧关节和桡尺远侧关节是联合关节,可使前臂做旋前和旋后运动。

(6)**手关节**(图2-34):包括桡腕关节、腕骨间关节、腕掌关节、掌指关节、指骨间关节。

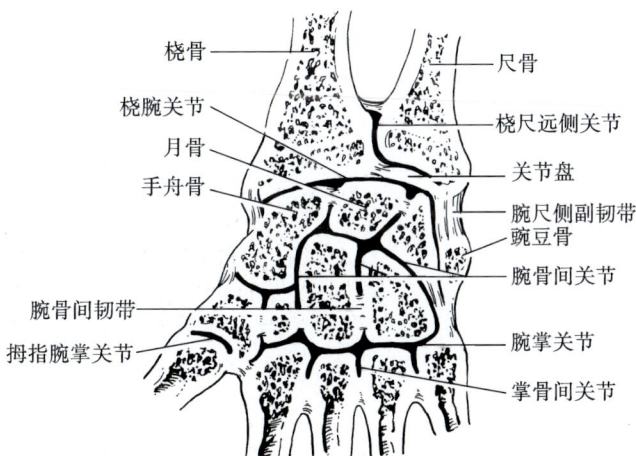

桡骨

尺骨

桡腕关节

桡尺远侧关节

月骨

关节盘

手舟骨

腕尺侧副韧带

豌豆骨

腕骨间关节

腕骨间韧带

腕掌关节

拇指腕掌关节

掌骨间关节

图 2-34 手关节

Note

①桡腕关节:又称**腕关节**,由手舟骨、月骨和三角骨近侧的关节面共同组成的关节头,桡骨的腕关节面和尺骨头下方关节盘共同构成的关节窝组成。关节囊松弛,关节的周围有韧带加强,其中掌侧韧带最为坚韧,故腕的后伸运动受限。桡腕关节可做屈、伸、收、展和环转运动。

②腕骨间关节:腕骨之间的连结,只能做微小的运动。

③腕掌关节:由远侧列的腕骨和五块掌骨底构成。其中拇指腕掌关节运动灵活,可做屈、伸、收、展、环转和对掌运动。对掌运动是拇指与其他各指掌侧面的相对运动。

④掌指关节:由掌骨头与近节指骨底构成,可做屈、伸、收、展和环转运动。

⑤指骨间关节:由各指相邻两节指骨构成,可做屈、伸运动。

(二)下肢骨及其连结

1. 下肢骨 每侧 31 块,共 62 块,包括髋骨、股骨、髌骨、胫骨、腓骨和足骨。髋骨又称下肢带骨,其余称自由下肢骨。

(1)**髋骨**(图 2-35):不规则骨,由髂骨、坐骨和耻骨组成,16 岁左右骨间的软骨连结逐渐骨化使三骨完全融合。髋骨上部扁阔,中部窄厚。髋骨外侧有一大而深的窝,称**髋臼**,与股骨头相关节。髋臼内的半月形关节面称月状面,髋臼下缘缺损处称髋臼切迹。髋臼前下部的大孔称**闭孔**。

髂骨构成髋骨的上部,分为肥厚的髂骨**体**和扁阔的髂骨**翼**。髂骨翼上缘肥厚呈弓形,称**髂嵴**,两侧髂嵴最高点的连线约平对第 4 腰椎棘突,是计数椎骨的标志。髂嵴前、后端的突起分别为**髂前上棘**和**髂后上棘**。在髂前上棘后方 5～7 cm 处,髂嵴向外侧突起,称**髂结节**,是重要的体表标志,临床上常选择此处进行骨髓穿刺。髂骨翼内面的浅窝称**髂窝**,髂窝下界有斜行的圆钝骨嵴称**弓状线**。髂骨翼后下方为粗糙的耳状面,与骶骨耳状面相关节。

坐骨位于髋骨后下部,分为体和支两部分。坐骨体后下部的粗大隆起称**坐骨结节**,是坐骨的最低部,可在体表扪及。坐骨体后缘有一突起称**坐骨棘**,其上方的切迹大而深,称**坐骨大切迹**,下方切迹小而浅,称**坐骨小切迹**。坐骨体下后部向前内上延伸为较细的坐骨支,末端与耻骨下支结合。

耻骨位于髋骨前下部,分为体、上支、下支三部分。耻骨体与髂骨融合处的前面形成**髂耻隆起**,由此向前内伸出耻骨上支,末端急转向下称为耻骨下支,二者移行处的内侧有一椭圆形的粗糙面称**耻骨联合面**。耻骨上支上面锐薄的嵴称**耻骨梳**,向后与弓状线相连,向前终于**耻骨结节**。耻骨结节至耻骨联合面上缘之间的骨嵴称**耻骨嵴**。

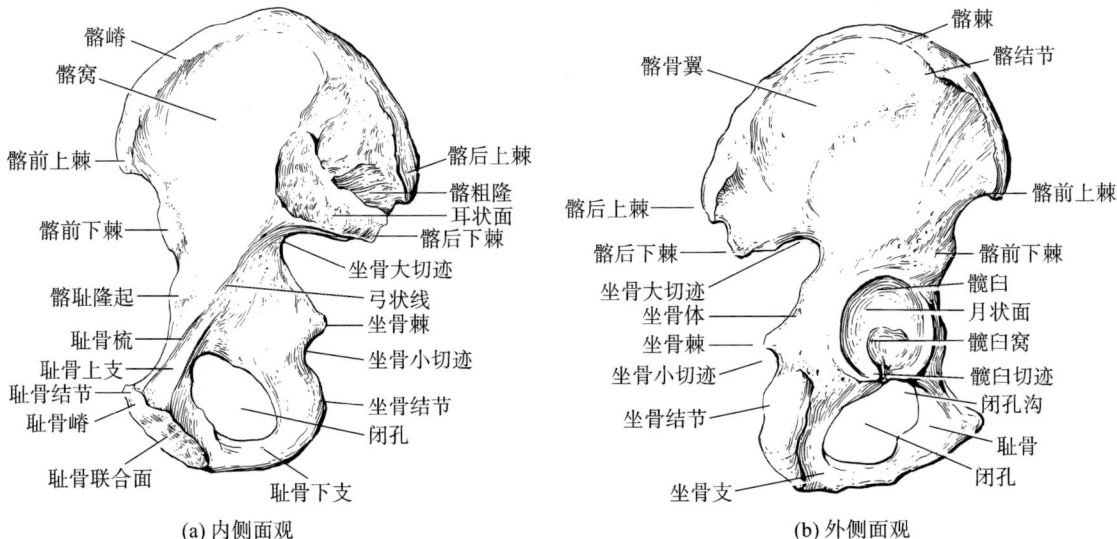

(a) 内侧面观　　(b) 外侧面观

图 2-35　髋骨

（2）**股骨**（图 2-36）：位于股部，是人体最长、最结实的长骨，其长度约为身高的 1/4，分一体两端。上端有朝向内上前方的球状膨大，称**股骨头**，与髋臼相关节。股骨头中央稍下方有股骨头凹，有股骨头韧带附着。头外下缩细部称**股骨颈**，颈与体交界处上外侧的隆起称**大转子**，后内侧的隆起称**小转子**，都有肌肉附着。大小转子间，前面有**转子间线**，后面有**转子间嵴**。股骨体略向前弓，体后有纵行的骨嵴，称**粗线**，粗线向上延续为粗糙的突起，称**臀肌粗隆**，有臀大肌附着。下端有两个向后突的膨大，分别称**内侧髁**和**外侧髁**，两髁间的深窝称**髁间窝**，两髁前面的关节面称**髌面**，与髌骨相关节。两髁侧面上方的小突起分别称**内上髁**和**外上髁**。

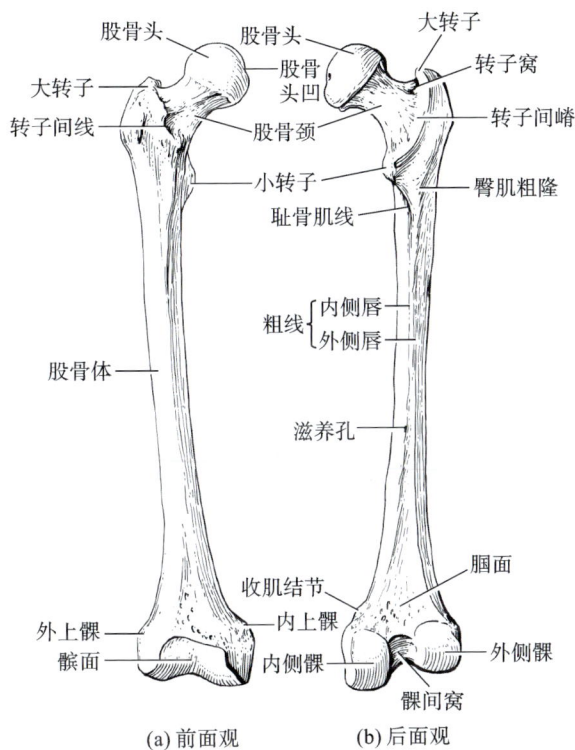

图 2-36 股骨

（3）**髌骨**：位于股骨下端前面股四头肌腱内，是人体最大的籽骨。略呈三角形，前面粗糙，后面光滑有关节面，与股骨髌面相关节。

（4）**胫骨**（图 2-37）：位于小腿内侧，分为一体两端。上端粗大，向两侧突出，形成**内侧髁**和**外侧髁**，两髁上面有关节面，与股骨内、外侧髁相对应。两髁间向上的隆起称**髁间隆起**。外侧髁后下方有一小关节面称**腓关节面**，与腓骨头相关节。上端前面的隆起，称**胫骨粗隆**。内、外侧髁和胫骨粗隆均可在体表扪及。胫骨体呈三棱柱形，前缘锐利。胫骨下端稍膨大，内侧向下的突起称**内踝**，下端的下面有关节面与距骨相关节，下端的外侧面有腓切迹与腓骨相接。

（5）**腓骨**（图 2-37）：位于小腿的后外侧，分为一体两端。上端膨大称**腓骨头**，与胫骨相关节，头下方缩细称**腓骨颈**。体较细，内侧有骨间缘。下端膨大称**外踝**。

（6）**足骨**：包括跗骨、跖骨和趾骨（图 2-38）。

跗骨共 7 块，属于短骨，可分为前、中、后三列，后列包括上方的**距骨**和下方的**跟骨**；中列为位于距骨前方的**足舟骨**；前列由内侧向外侧依次为**内侧楔骨**、**中间楔骨**、**外侧楔骨**和**骰骨**。

跖骨共 5 块，属于长骨。由内侧向外侧依次称第 1~5 跖骨，每块跖骨由近及远可分为底、体和头三部分。

趾骨共 14 块，一般拇趾为 2 节，其余各趾为 3 节。

图 2-37　胫骨和腓骨

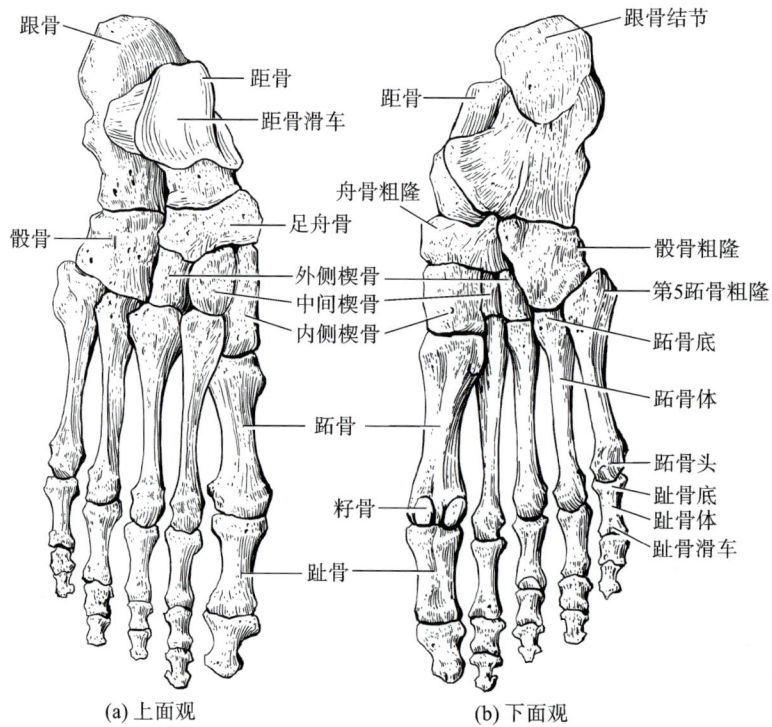

（a）前面观
（b）后面观

腓骨头关节面
髁间隆起
腓关节面
腓骨头尖
腓骨头
腓骨颈
腓骨头
腓骨颈
胫骨粗隆
比目鱼肌线
骨间缘
外侧面
前缘
内侧面
外侧面
前缘
内侧面
腓切迹
外踝
内踝
外踝
外踝窝
胫骨
腓骨
腓骨
外踝关节面
胫骨

图 2-38　足骨

（a）上面观
（b）下面观

跟骨
距骨
距骨滑车
跟骨结节
距骨
舟骨粗隆
足舟骨
骰骨
外侧楔骨
中间楔骨
内侧楔骨
骰骨粗隆
第5跖骨粗隆
跖骨底
跖骨体
跖骨
籽骨
趾骨
跖骨头
趾骨底
趾骨体
趾骨滑车

2. 下肢骨的连结　包括骨盆、髋关节、膝关节、胫骨和腓骨的连结、足关节。

（1）**骨盆**（图 2-39）：由左右髋骨、骶骨、尾骨及其间的骨连结构成。骨盆各骨之间主要靠骶髂关节、韧带和耻骨联合连结。

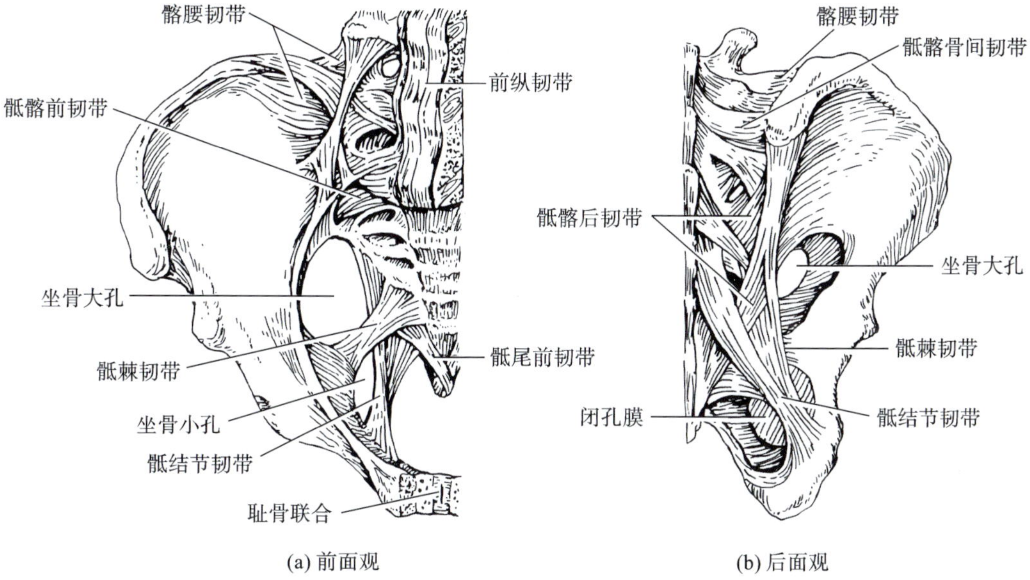

| (a) 前面观 | (b) 后面观 |

图 2-39 骨盆

骶髂关节由骶骨耳状面与髂骨的耳状面构成，关节面彼此结合紧密，关节囊紧张，周围有韧带加强。骶髂关节稳定性较强，以适应支撑体重的功能。

韧带连结包括三条：① **髂腰韧带**：强韧且厚，由第 5 腰椎横突横行放射至髂嵴的后上部。② **骶结节韧带**：位于骨盆后方，自骶、尾骨侧缘，呈扇形向外下集中，附着于坐骨结节内侧缘。③ **骶棘韧带**：位于骶结节韧带的前方，起自骶、尾侧缘，呈三角形止于坐骨棘。骶棘韧带与坐骨大切迹围成**坐骨大孔**，骶结节韧带、骶棘韧带与坐骨小切迹围成**坐骨小孔**，有肌肉、血管和神经等从盆腔经坐骨大孔和坐骨小孔达臀部和会阴。

耻骨联合由两侧耻骨联合面借耻骨间盘连接而成。间盘内往往有一矢状位裂隙，女性耻骨间盘较厚，分娩时稍分离，有利于胎儿娩出。

骨盆以界线为界分为上方的大骨盆和下方的小骨盆。**界线**由骶骨岬经两侧弓状线、耻骨梳、耻骨结节至耻骨联合上缘的环形线围成。界线以上为大骨盆，又称假骨盆，较宽大，呈向前倾斜状，参与腹腔的构成。界线以下为小骨盆，又称真骨盆，可分为骨盆上口、骨盆下口和骨盆腔。骨盆上口由界线围成；骨盆下口由尾骨尖、骶结节韧带、坐骨结节、坐骨支、耻骨下支和耻骨联合下缘围成。两口之间的腔隙称为**骨盆腔**。两侧的坐骨支与耻骨下支连成**耻骨弓**，它们之间的夹角称为**耻骨下角**。

骨盆具有承受、传递重力和保护盆内器官的作用，女性骨盆还是胎儿娩出的产道。故成年女性骨盆与男性骨盆有明显的差别（表 2-1）。

表 2-1 男、女性骨盆形态的主要差别

项目	男性	女性
骨盆形状	窄而长	宽而短
骨盆上口	心形	椭圆形
骨盆下口	狭小	宽大
骨盆腔	漏斗形	圆筒形
耻骨下角	70°～75°	90°～100°

（2）**髋关节**（图 2-40）：由髋臼和股骨头构成。髋臼深，周缘附有纤维软骨构成的髋臼唇，髋臼切迹由髋臼横韧带封闭。关节囊厚而坚韧，股骨颈的前面全部包在关节囊内，后面仅包股骨颈的内侧 2/3，后面外侧 1/3 露于囊外，故股骨颈骨折分囊内骨折和囊外骨折。关节囊内有**股骨头韧**

Note

带,连于股骨头凹和髋臼横韧带之间,内有营养股骨头的血管通过。关节囊周围有韧带加强,以前方的**髂股韧带**最为坚韧,可加强关节囊前部并限制髋关节过伸,对维持人体直立姿势有很大作用,关节囊后下部较为薄弱,发生脱位时,易向后下方脱出。

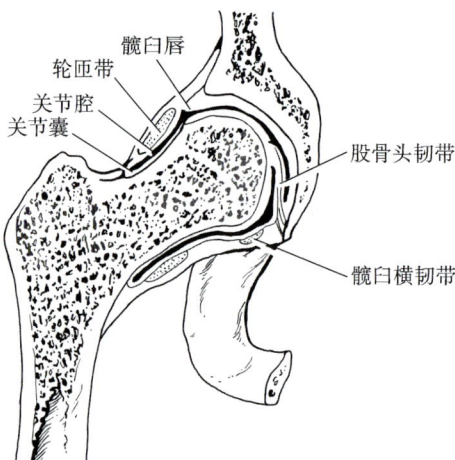

图 2-40 髋关节

髋关节可做屈、伸、收、展、旋转和环转运动,髋关节的运动幅度不及肩关节,但稳固性较大,以适应下肢负重行走的功能。

(3)**膝关节**(图 2-41):由股骨下端、髌骨和胫骨上端构成,是人体最大、最复杂的关节。关节囊薄而松弛,周围有韧带加强,以增加关节的稳定性,前方有股四头肌腱延续而成的**髌韧带**,此韧带扁平而坚韧,自髌骨向下止于胫骨粗隆;两侧有**胫侧副韧带**和**腓侧副韧带**。关节囊内有**前交叉韧带**和**后交叉韧带**,前交叉韧带起自胫骨髁间隆起的前方内侧,斜向后上方外侧,附着于股骨外侧髁的内侧面,可防止胫骨前移;后交叉韧带起自胫骨髁间隆起的后方,斜向前上方内侧,附着于股骨内侧髁的外侧面,可防止胫骨后移。关节囊内股骨与胫骨相对关节面之间垫有两块纤维软骨板,分别称**内侧半月板**和**外侧半月板**,内侧半月板较大,呈"C"形;外侧半月板较小,呈"O"形;半月板上面微凹,下面平坦,可使两骨的关节面更加适应,从而增加关节的稳固性和灵活性。

膝关节可做屈、伸运动。在半屈膝时,还可做轻微的旋转运动。

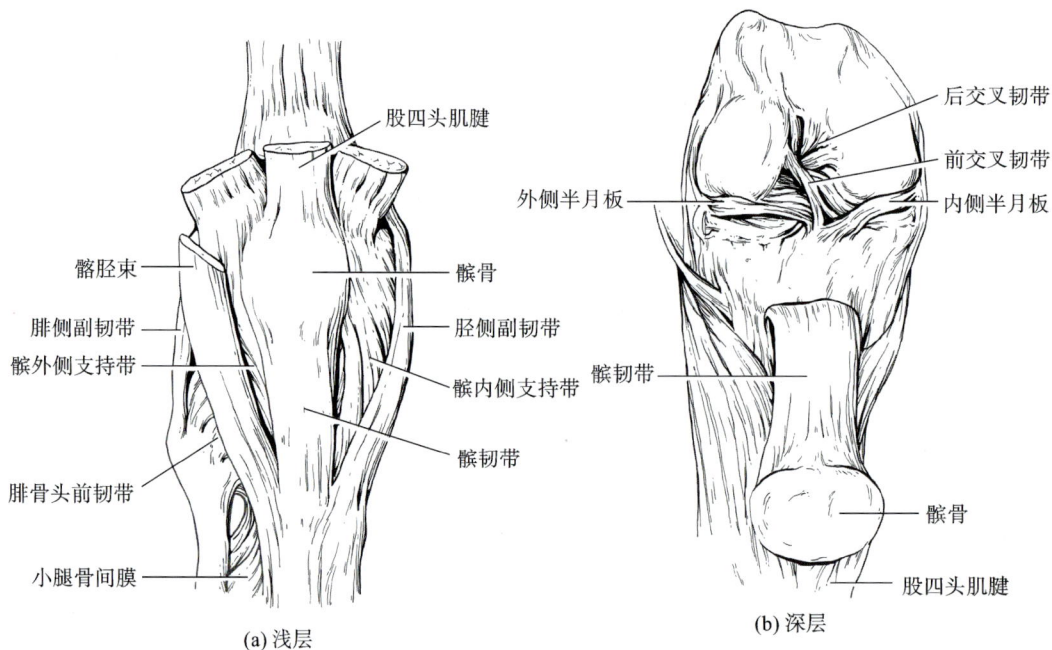

(a)浅层　　　　(b)深层

图 2-41 膝关节

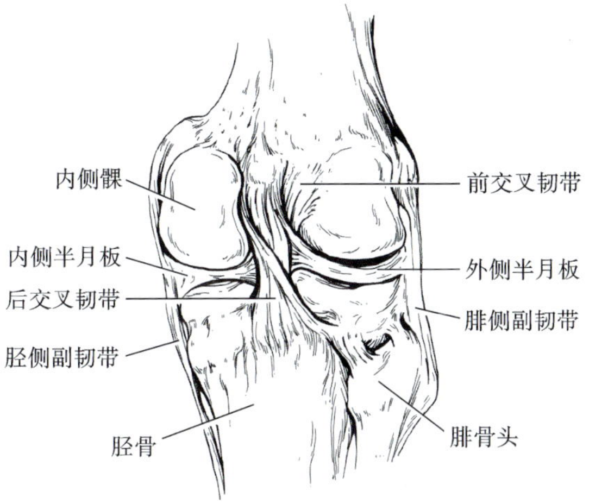

内侧髁

内侧半月板

后交叉韧带

胫侧副韧带

胫骨

前交叉韧带

外侧半月板

腓侧副韧带

腓骨头

(c) 后面观

续图 2-41

(4)胫骨和腓骨的连结：胫、腓骨上端由胫骨外侧髁的腓关节面与腓骨头构成微动的胫腓关节；两骨干之间由小腿骨间膜相连；下端借胫、腓前后韧带连结。

(5)足关节(图 2-42)：包括距小腿关节、跗骨间关节、跗跖关节、跖趾关节、趾骨间关节。

腓骨

距跟关节

距腓后韧带

距跟骨间韧带

跟骨

分歧韧带

跟骰关节

骰骨

楔骰关节

跖骨间关节

胫骨

踝关节

内侧韧带

距骨

距跟舟关节

楔舟关节

跗跖关节

跖趾关节

趾骨间关节

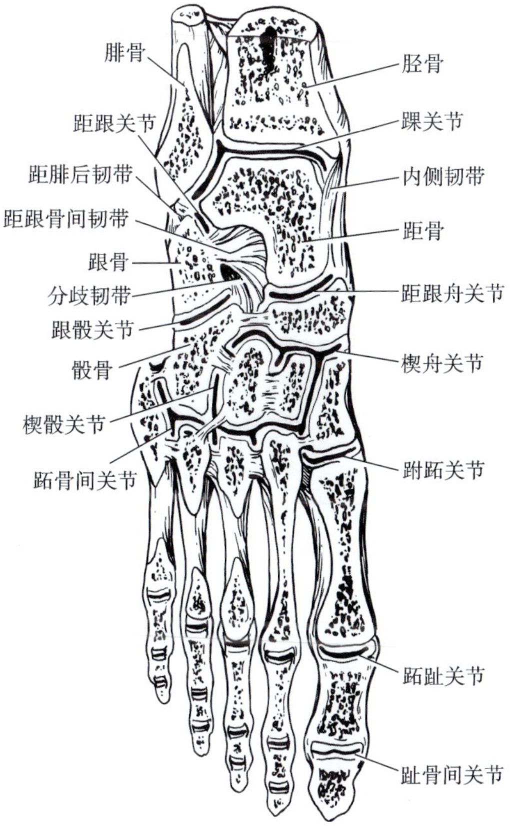

图 2-42 足关节

①距小腿关节：又称**踝关节**，由胫骨、腓骨下端与距骨滑车构成。关节囊前、后壁薄弱而松弛；两侧有韧带加强，其中内侧韧带强大，外侧的韧带较薄弱。踝关节可做背屈(伸)和跖屈(屈)运动。因外踝比内踝低，故踝关节在过度跖屈时，易导致内翻损伤。

59

②跗骨间关节:各跗骨之间的关节。跗骨间关节联合运动可使足内翻或外翻。足底朝向内侧称足内翻;足底朝向外侧称足外翻。

③跗跖关节:由3块楔骨及骰骨与5块跖骨底构成,属于微动关节。

④跖趾关节:由跖骨头与近节趾骨底构成,可做轻微的屈、伸、收和展运动。

⑤趾骨间关节:同指骨间关节,能做屈、伸运动。

足弓是跗骨和跖骨借关节和韧带紧密连结形成的凸向上的弓,可分为前后方向的内、外侧纵弓和内外方向的横弓(图 2-43)。足弓增加了足的弹性,有利于行走、跳跃和缓冲震荡,还可保护足底血管、神经免受压迫。除了各骨间的连结,足底的韧带及足底的肌腱的牵引对维持足弓也有重要作用,一旦被拉长或损伤,足弓便有可能塌陷,称为扁平足。

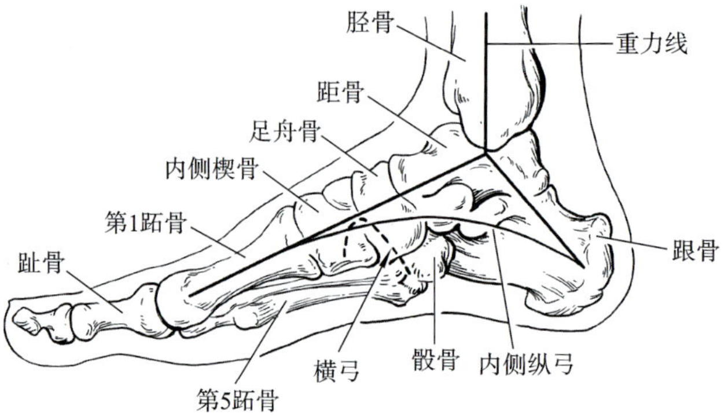

图 2-43　足弓

知识链接

扁平足

在正常情况下,人的足骨呈现一个弓背向上的弓形,这样的足纵弓除有一定的高度外尚有很好的弹性,这使得人类在行走负重时可以缓冲体重对人体的冲击,吸收振荡,保护足部。扁平足,又称平足症,由于脚的结构发生异常,下肢负重的着力点改变,导致出现足外翻畸形、行走疼痛等症状。扁平足的早期症状为踝关节前内侧疼痛,长时间站立或步行时加重,休息后可减轻。站立位时表现为足跟外翻,足内缘饱满,足纵弓低平或消失,足印明显肥大。扁平足一般不需特殊治疗,当合并有疼痛等症状时,才需要治疗,可以通过功能锻炼、穿矫形鞋或垫矫形鞋垫及手术等进行治疗,一般预后良好。

第二节　肌

一、概述

人体全身有 600 多块骨骼肌,约占体重的 40%。每块骨骼肌都有一定的位置、形态和结构,都含有丰富的血管和淋巴管,受混合神经的支配,执行一定的功能,所以每块肌都可以被看作一个器官。全身骨骼肌按部位分为头颈肌、躯干肌、四肢肌。

(一)肌的形态和构造

骨骼肌按形态可分为长肌、短肌、扁肌和轮匝肌四种(图 2-44)。长肌呈长梭形或带状,多分布于四肢,收缩时肌显著缩短,可引起大幅度的运动。短肌外形短小,具有明显的节段性,多分布于躯干深层,收缩幅度较小。扁肌形态宽扁,呈薄片状,多分布于胸腹壁,除运动功能外,还有保护内脏器官的作用。轮匝肌呈环形,位于头面部孔裂周围,收缩时可以关闭孔裂。

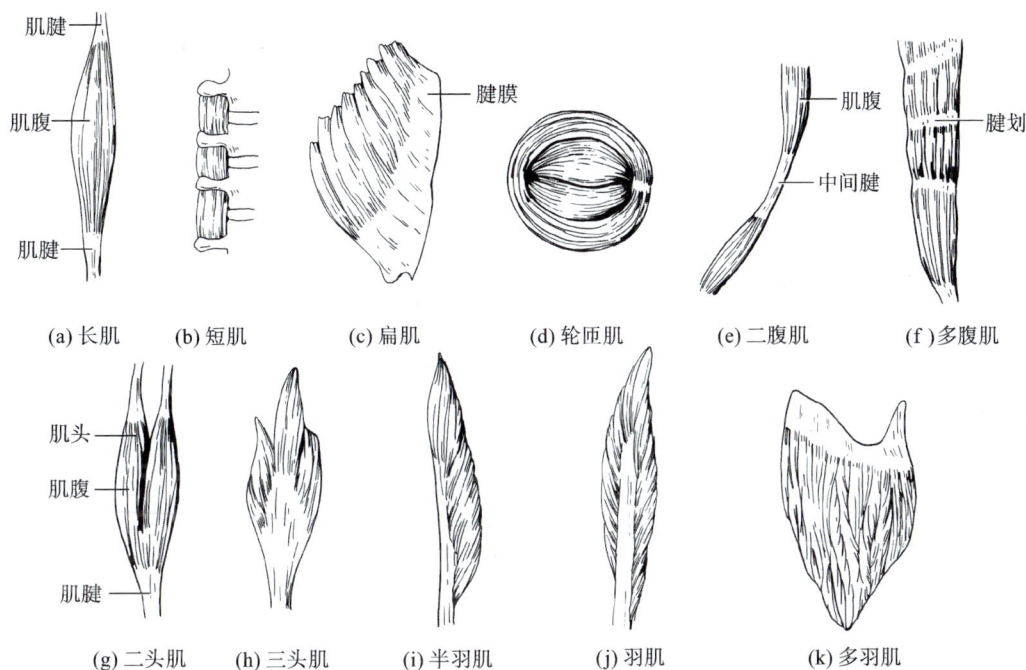

(a) 长肌　　(b) 短肌　　(c) 扁肌　　(d) 轮匝肌　　(e) 二腹肌　　(f) 多腹肌

(g) 二头肌　　(h) 三头肌　　(i) 半羽肌　　(j) 羽肌　　(k) 多羽肌

图 2-44　肌的形态

骨骼肌一般由**肌腹**和**肌腱**两部分组成。肌腹位于肌的中部,主要由肌纤维组成,色红而柔软,具有收缩和舒张的能力;肌腱位于肌的两端,主要由致密结缔组织构成,色白而坚韧,无收缩功能,肌多借肌腱附着于骨骼。长肌的肌腱多呈条索状;扁肌的肌腱薄而宽阔,呈膜状,称**腱膜**。

(二)肌的起止和配布

肌通常以两端附于两块或两块以上的骨,中间跨过一个或多个关节。骨骼肌收缩时,牵引两块骨彼此靠近或远离从而产生关节运动,在这个过程中,其中一块骨的位置相对固定,而另一块骨位置相对移动。肌在固定骨上的附着点称**起点**或**定点**,在移动骨上的附着点称**止点**或**动点**(图 2-45)。通常把靠近身体正中面或四肢部近侧端的附着点看作起点,另一端为止点。起点和止点是相对的,在一定条件下可以互相转换。

肌一般配布在关节的周围,每个关节运动轴的两侧至少配布有两组作用相反的肌,这些肌在功能上相互对抗,称为**拮抗肌**;而位于关节运动轴同侧的肌作用相同,称为**协同肌**。

(三)肌的辅助装置

肌的周围有筋膜、滑膜囊、腱鞘等辅助装置,它们具有保护肌和辅助肌运动的作用。

1.筋膜　由结缔组织构成,分为浅筋膜和深筋膜两种(图 2-46)。

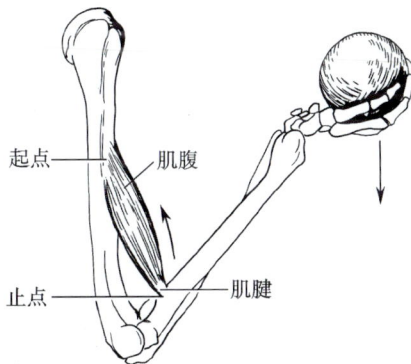

图 2-45　肌的起点和止点

Note

61

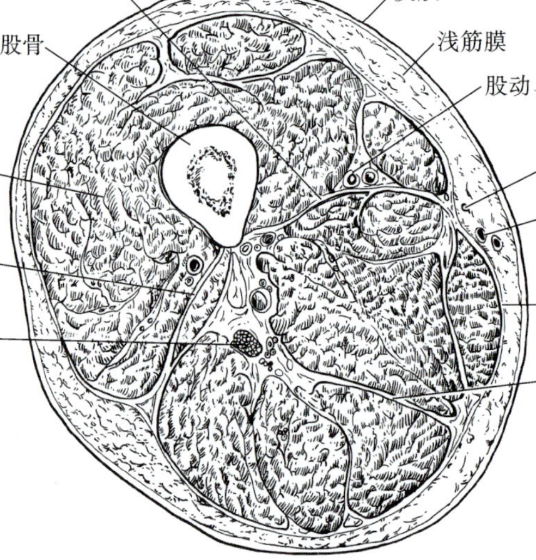

图 2-46 大腿横切面示意图(示筋膜)

(1)浅筋膜:又称皮下筋膜或皮下脂肪,位于真皮下,遍布全身各处,由疏松结缔组织构成,富含脂肪、浅动脉、皮下静脉、神经及淋巴管等。浅筋膜可以缓冲外力,保护深部器官。皮下注射就是将药物注射到此层。

(2)深筋膜:又称固有筋膜,位于浅筋膜的深面,由致密结缔组织构成,包裹肌、血管和神经等。深筋膜插入肌群之间,并附着于骨,形成肌间隔,肌间隔与包裹肌群的深筋膜构成筋膜鞘,起保护和增强肌的作用。在肌腱集中的腕部和踝部,深筋膜增厚形成支持带,对经过深部的肌腱有支持和约束作用。

2. 滑膜囊 滑膜囊为封闭的结缔组织扁囊,内含滑液,多位于肌腱和骨面之间,以减小两者之间的摩擦。滑膜囊炎症可影响肢体局部的运动功能。

3. 腱鞘 腱鞘为包围在肌腱外面的鞘管,多存在于活动性较大的腕、踝、手指和足趾等处。腱鞘分为外层的纤维层和内层的滑膜层两层,纤维层由深筋膜增厚形成,起约束、固定肌腱的作用;滑膜层由滑膜构成,分为脏层和壁层,脏层紧贴于肌腱表面,壁层紧贴在纤维层的内面和骨面,脏、壁两层相互移行,形成滑膜腔,内含少量滑液,起润滑作用。腱滑膜鞘从骨面移行到肌腱的部分,称为腱系膜,肌腱的血管由此通过。腱鞘感染或损伤时,产生疼痛并影响肌腱的滑动,称为腱鞘炎,是临床常见病。

二、头肌

头肌可分为面肌和咀嚼肌两部分。

(一)面肌

面肌为扁薄的皮肌,大多起自颅骨的不同部位,止于面部皮肤,主要分布在睑裂、口裂和鼻孔周围,有环形肌和辐射肌两种。面肌收缩时开大或闭合面部孔裂,同时牵动面部皮肤显示各种表情,故又称表情肌。

面肌主要有枕额肌、眼轮匝肌、口轮匝肌和颊肌等(图 2-47)。

1. 枕额肌 位于颅顶部,由枕腹、额腹及连接 2 个肌腹的帽状腱膜组成。枕腹收缩可向后牵拉帽状腱膜,使其紧张;额腹收缩可形成额部皮肤横向皱纹并上提上睑。

2. 眼轮匝肌 位于上、下眼睑皮下,肌纤维围绕睑裂呈环形排列,分眶部、睑部、泪囊部,收缩时,可使睑裂闭合。

3. 口轮匝肌 位于口唇皮下,肌纤维环绕口裂排列,收缩时可闭口。

4. 颊肌 位于面颊深部,收缩时可使唇、颊紧贴牙齿,帮助咀嚼和吸吮,也可鼓腮。

图 2-47 面肌

(二)咀嚼肌

咀嚼肌位于颞下颌关节周围,参与咀嚼运动,包括咬肌、颞肌(图 2-47)、翼内肌和翼外肌(图 2-48)。

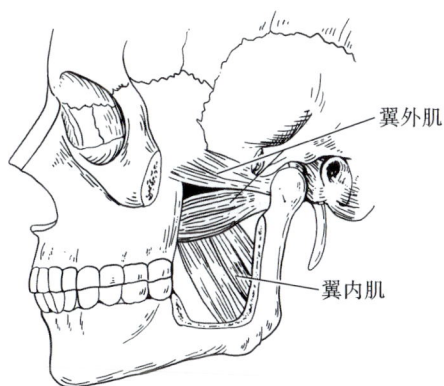

图 2-48 咀嚼肌

1. 咬肌 位于下颌支外面,起自颧弓的下缘和内面,肌束行向后下,止于下颌支和下颌角外面的咬肌粗隆。作用:上提下颌骨,牙咬合。

2. 颞肌 位于颞窝内,起自颞窝,肌束呈扇形,经颧弓深面止于下颌骨冠突。作用:上提下颌骨,牙咬合。

3. 翼内肌 位于下颌支内面,起自翼突窝,行向后外下,止于下颌支与下颌角内面的翼内肌粗隆。作用:一侧收缩,使下颌骨向对侧移动;两侧同时收缩,可上提下颌骨,使牙咬合。

4. 翼外肌 起自蝶骨大翼和翼突的外侧板,行向后外,止于下颌颈和下颌关节囊。作用:一侧收缩,下颌骨向对侧移动;两侧同时收缩,下颌骨前移。

三、颈肌

颈肌依其位置分为浅、深两群肌。

(一)颈浅群肌

1. 颈阔肌 位于颈部浅筋膜内的皮肌,薄而宽阔(图 2-49)。起自胸大肌和三角肌表面的筋膜,向内上止于口角。作用:拉口角向下并使颈部皮肤出现皱褶。

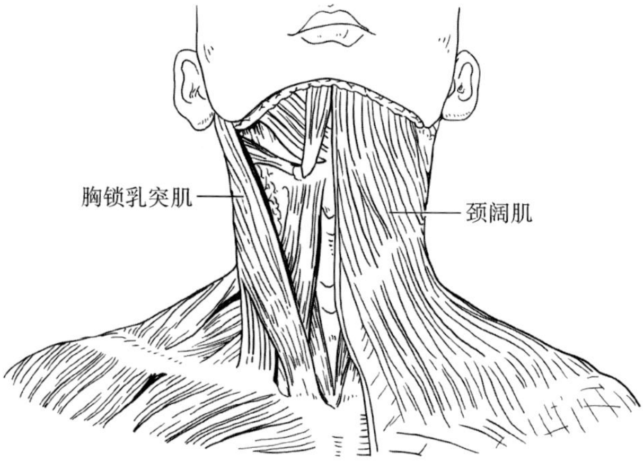

图 2-49 颈阔肌和胸锁乳突肌

2. 胸锁乳突肌 颈部浅层的一对强有力的长肌。起自胸骨柄前面和锁骨的胸骨端,两个头汇合后向后外上走行,止于颞骨乳突(图 2-49)。作用:单侧肌收缩使头颈向同侧侧屈,面转向对侧并上仰;两侧肌同时收缩可使头后仰。在分娩难产时胎儿一侧胸锁乳突肌易受损伤,致病理性斜颈,该肌是临床颈丛、臂丛麻醉时的重要肌性标志。

3. 舌骨上肌群 位于舌骨与下颌骨和颅底之间,参与构成口腔底,并运动舌骨和下颌骨,包括二腹肌、下颌舌骨肌、颏舌骨肌和茎突舌骨肌各 1 对。作用:上提舌骨,举舌,协助吞咽;当舌骨固定时,可降下颌骨协助张口。

4. 舌骨下肌群 位于舌骨和胸骨、肩胛骨之间,喉、气管、甲状腺的前方,包括胸骨舌骨肌、肩胛舌骨肌、胸骨甲状肌和甲状舌骨肌各 1 对。作用:降舌骨,运动喉,协助吞咽。

(二)颈深群肌

颈深肌群位于脊柱颈段的前方及两侧,包括前斜角肌、中斜角肌和后斜角肌,它们均起自颈椎横突,其中前、中斜角肌止于第 1 肋,后斜角肌止于第 2 肋。前、中斜角肌与第 1 肋之间的间隙为**斜角肌间隙**,内有锁骨下动脉和臂丛神经通过。作用:一侧收缩,颈侧屈;两侧收缩,上提第 1、2 肋助深吸气;固定时,可使颈前屈。

四、躯干肌

躯干肌包括背肌、胸肌、膈、腹肌和盆底肌。

(一)背肌

背肌位于背部,分为浅群和深群(图 2-50)。

1. 浅群肌 主要有斜方肌和背阔肌。

(1)**斜方肌**:位于项背部的浅层,一侧呈三角形,两侧合在一起呈斜方形,起自上项线、枕外隆凸、项韧带、第 7 颈椎棘突及全部胸椎棘突,肌束分上、中、下三部分,止于锁骨外侧 1/3、肩峰和肩胛冈。作用:拉肩胛骨向脊柱靠拢;上部肌束上提肩胛骨,下部肌束下降肩胛骨;两侧同时收缩可使头后仰。该肌瘫痪时,可产生"塌肩"症状。

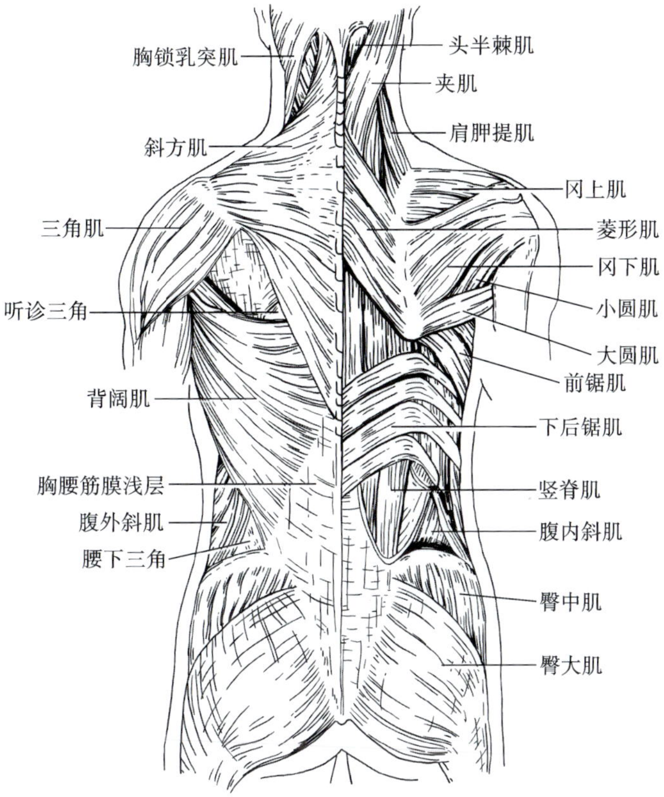

图 2-50 背肌

（2）**背阔肌**：位于背的下半部、腰部及胸的后外侧，是全身最大的扁肌，起自下 6 个胸椎、全部腰椎棘突、骶正中嵴和髂嵴后部等，止于肱骨小结节嵴。作用：使肩关节内收、后伸及旋内；当上肢上举并固定时，可引体向上。

（3）**肩胛提肌**：位于项部两侧、斜方肌的深面，呈带状长条形，起自上 4 个颈椎横突，止于肩胛骨上角内侧缘。作用：上提肩胛骨；当肩胛骨固定时，可使颈屈向同侧。

（4）**菱形肌**：位于斜方肌的深面，呈菱形的扁肌，起自第 6、7 颈椎和第 1～4 胸椎的棘突，止于肩胛骨内侧缘。作用：使肩胛骨向后内上靠拢脊柱。

2. 深群肌　主要有**竖脊肌**，位于脊柱棘突两侧的纵沟内。起自骶骨背面、腰椎棘突和髂嵴后部，沿途止于肋骨、椎骨棘突、横突及颞骨乳突等。作用：单侧收缩使脊柱向同侧屈；两侧同时收缩使脊柱后伸和仰头。

（二）胸肌

胸肌分为胸上肢肌和胸固有肌。胸上肢肌起自胸廓，止于上肢，可运动上肢，参与呼吸运动；胸固有肌起自胸廓，止于胸廓，构成胸壁，参与呼吸运动（图 2-51）。

1. 胸上肢肌　包括胸大肌、胸小肌和前锯肌。

（1）**胸大肌**：位于胸前壁上部的浅层，呈扇形，起自锁骨内侧半、胸骨和第 1～6 肋软骨，止于肱骨大结节嵴。作用：使肩关节内收、旋内、前屈；当上肢固定时，可引体向上，也可提肋助吸气。

（2）**胸小肌**：位于胸大肌深面，呈三角形，起自第 3～5 肋骨，止于肩胛骨的喙突。作用：拉肩胛骨向前下方紧贴胸壁；当肩胛骨固定时，可提肋助吸气。

（3）**前锯肌**：位于胸廓侧壁，以肌齿起自上第 8、9 肋骨外侧面，止于肩胛骨内侧缘和下角。作用：拉肩胛骨向前紧贴胸廓，下部肌束可使肩胛骨下角旋外，助臂上举；肩胛骨固定时，可提肋助吸气。若此肌瘫痪，可产生"翼状肩"症状。

Note

图 2-51　胸肌

2.胸固有肌　包括肋间外肌和肋间内肌。

（1）肋间外肌：位于肋间隙的浅层，起自上位肋骨的下缘，肌束斜向前下，止于下位肋骨的上缘。作用：提肋，助吸气。

（2）肋间内肌：位于肋间外肌的深面，起自下位肋骨的上缘，肌束斜向前上，止于上位肋骨的下缘。作用：降肋，助呼气。

（三）膈

膈位于胸腔和腹腔之间，呈穹隆状的扁薄阔肌，是重要的呼吸肌。膈肌周边为肌部，起自胸廓下口的周缘和上 2、3 个腰椎前面，肌束向中央集中移行为**中心腱**（图 2-52）。

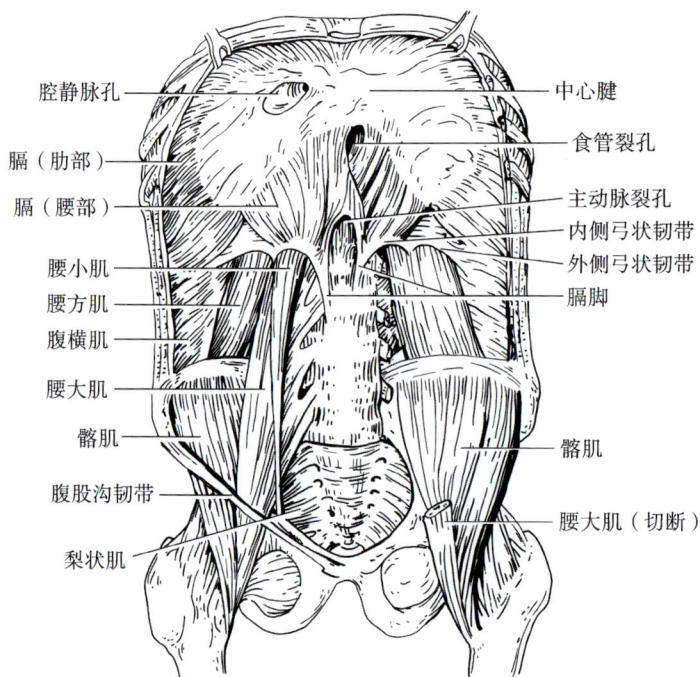

图 2-52　膈

膈肌上有 3 个裂孔。①**主动脉裂孔**：位于第 12 胸椎前方，有主动脉和胸导管通过。②**食管裂孔**：位于主动脉裂孔左前上方，约平第 10 胸椎，有食管和迷走神经通过。③**腔静脉孔**：位于食管裂孔右前上方的中心腱内，约平第 8 胸椎，有下腔静脉通过。

膈是主要的呼吸肌，收缩时，膈穹隆下降，胸腔容积扩大，助吸气；舒张时，膈穹隆上升，胸腔容积减小，助呼气。膈肌与腹肌同时收缩，可增大腹压，协助排便、呕吐、分娩等活动。

（四）腹肌

腹肌位于胸廓下部与骨盆之间，参与腹壁的组成，可分为前外侧群和后群两部分（图 2-53）。

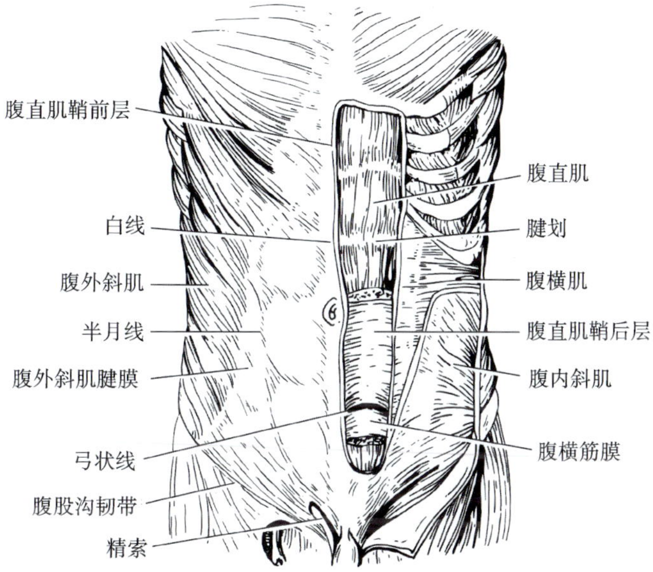

微课
腹肌

图 2-53 腹肌

1. 前外侧群 构成腹腔的前外侧壁，包括腹直肌、腹外斜肌、腹内斜肌和腹横肌。

（1）腹直肌：位于腹前壁正中线两侧的腹直肌鞘中，上宽下窄。起自耻骨联合上缘和耻骨嵴，肌束向上止于胸骨剑突和第 5～7 肋软骨的前面。腹直肌是多腹肌，肌的全长被 3～4 条腱划分成多个肌腹。

（2）腹外斜肌：位于腹前外侧部最浅层，为宽阔扁肌。起自下 8 根肋骨的外面，肌纤维斜向前内下，止于髂嵴前部，近腹直肌外侧缘移行为腱膜，经腹直肌前面，参与构成腹直肌鞘前层，止于白线。

腹外斜肌腱膜下缘游离、卷曲增厚形成**腹股沟韧带**，连于髂前上棘与耻骨结节之间。在耻骨结节外上方，腹外斜肌腱膜形成三角形的裂孔，称**腹股沟管浅环**（皮下环）。

（3）腹内斜肌：位于腹外斜肌深面。起自胸腰筋膜、髂嵴和腹股沟韧带外侧 1/2，肌纤维呈扇形斜向前内上，近腹直肌外侧缘移行为腱膜，分为前、后两层包裹腹直肌，参与构成腹直肌鞘的前层及后层，止于白线。

（4）腹横肌：位于腹内斜肌深面。起自下 6 对肋软骨的内面、胸腰筋膜、髂嵴和腹股沟韧带外侧 1/3，肌纤维横行向前内，近腹直肌外侧缘移行为腱膜，参与构成腹直肌鞘后层，止于白线。

腹内斜肌下部肌束呈弓形行向前下，越过男性精索或女性子宫圆韧带后移行为腱膜，在此处与腹横肌腱膜融合，形成**腹股沟镰**，又称**联合腱**，止于耻骨梳。腹内斜肌与腹横肌下部分离出一些散在肌束，一起包绕精索和睾丸，称为**提睾肌**，可升、降睾丸。

腹前外侧群肌构成腹壁，保护腹腔脏器，维持腹压；与膈肌同时收缩时，增加腹压，协助排便、呕吐、分娩等；可使脊柱做前屈、侧屈和旋转等运动。

2. 后群 有腰大肌和腰方肌，腰大肌将在下肢肌中叙述。

腰方肌位于腹后壁脊柱两侧,呈长方形,起自髂嵴,止于第 12 肋和第 1~4 腰椎横突。作用:下降第 12 肋并使脊柱侧屈。

3.腹肌形成的结构

（1）**腹直肌鞘**(图 2-54):位于腹前壁,由腹前外侧壁三层扁肌的腱膜包绕腹直肌构成,分前、后两层。前层由腹外斜肌腱膜与腹内斜肌腱膜的前层构成;后层由腹内斜肌腱膜的后层与腹横肌腱膜构成。在脐下 3~4 cm 处,三层扁肌的腱膜全部行于腹直肌前面,构成鞘的前层,因而腹直肌鞘后层下部缺如,下缘游离形成一凸向上方的弧形缘,称**弓状线**,此线以下腹直肌后面与腹横筋膜相贴。

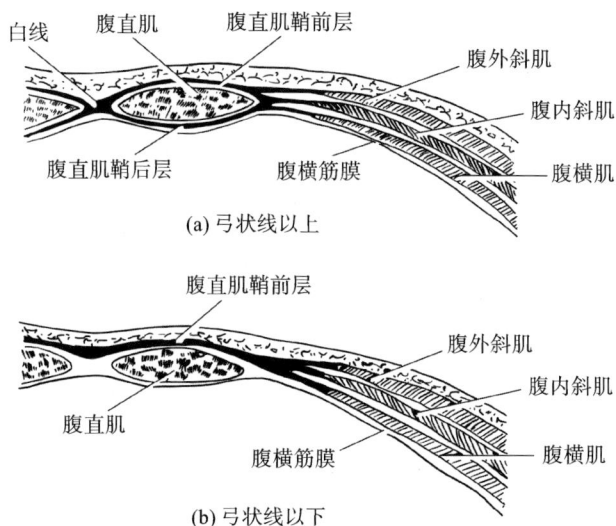

(a) 弓状线以上

(b) 弓状线以下

图 2-54　腹直肌鞘

（2）**白线**:位于腹前壁正中线,两侧腹直肌鞘之间,上宽下窄,由三层扁肌的腱膜交织而成,连于剑突和耻骨联合之间。白线坚韧且血管较少,中部有脐环,是腹壁的一个薄弱点,易发生脐疝。

（3）**腹股沟管**(图 2-55):腹前外侧壁三层扁肌之间的一条裂隙,位于腹前壁下部、腹股沟韧带内侧半上方,由外上斜向内下,长 4~5 cm,男性的精索或女性的子宫圆韧带由此通过。

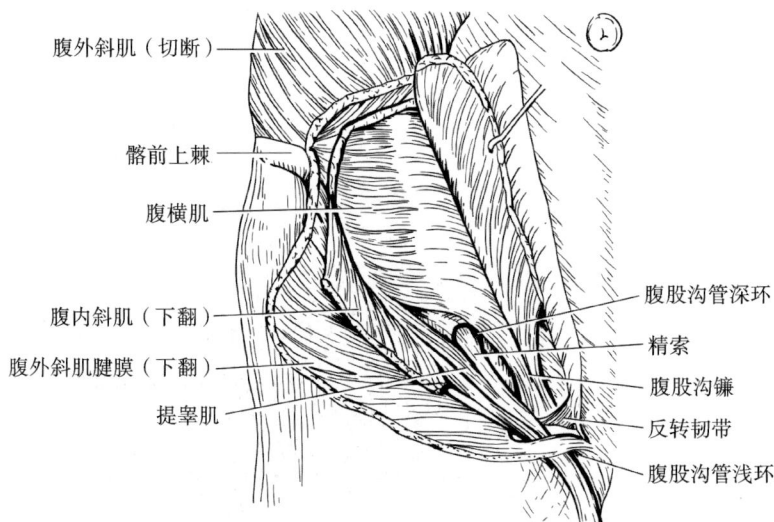

图 2-55　腹股沟管

腹股沟管有两口和四个壁。内口称**腹股沟管深环(腹环)**,位于腹股沟韧带中点上方约一横指处,为腹横筋膜向外凸而形成的卵圆形孔;外口即腹股沟管浅环(皮下环),位于耻骨结节外上方。前壁为腹外斜肌腱膜和腹内斜肌;后壁为腹横筋膜和腹股沟镰;上壁为腹内斜肌和腹横肌的弓状下缘;下壁为腹股沟韧带。

(4)**腹股沟三角**:又称**海氏三角**,位于腹前壁下部,是由腹壁下动脉、腹直肌外侧缘、腹股沟韧带内侧半围成的三角形区域。该区缺乏肌纤维,属于腹壁薄弱区,如果腹腔内容物由此突出,则形成腹股沟直疝。

(五)盆底肌

盆底肌是封闭小骨盆下口所有肌的总称,其中主要有肛提肌、会阴深横肌和尿道括约肌等。**肛提肌**起自小骨盆前外侧壁的内面,肌束行向后、内,止于直肠壁、阴道壁和尾骨尖,构成盆底,封闭小骨盆下口的大部分,承托盆腔器官,并对肛管和阴道有括约作用。**会阴深横肌**位于小骨盆下口的前下部,肌束横行,两侧附着于坐骨支。**尿道括约肌**位于会阴深横肌的前方,环绕在尿道周围,在女性则环绕尿道和阴道,有紧缩尿道和阴道的作用。

肛提肌上面、下面分别被覆盆膈上、下筋膜,三者共同构成盆膈。盆膈封闭小骨盆下口的大部分,对承托盆腔器官有重要作用,盆膈中部有直肠穿过。会阴深横肌上面、下面分别被覆尿生殖膈上、下筋膜,三者共同构成尿生殖膈。尿生殖膈位于盆膈的前下方,在前下方封闭小骨盆下口。在男性尿生殖膈中部有尿道穿过;在女性有尿道和阴道穿过。

五、四肢肌

(一)上肢肌

上肢肌按部位分为肩肌、臂肌、前臂肌和手肌。

1.肩肌 配布于肩关节周围(图 2-56),包括三角肌、冈上肌、冈下肌、小圆肌、大圆肌和肩胛下肌等。

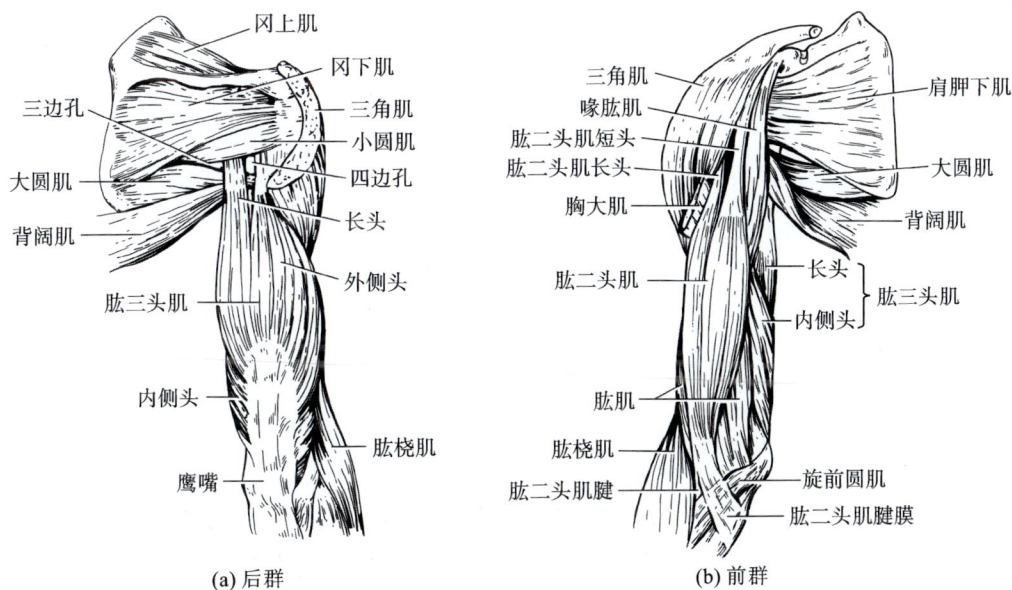

(a) 后群   (b) 前群

图 2-56 肩肌和臂肌

(1)**三角肌**:位于肩部,呈三角形,起自锁骨外侧、肩峰和肩胛冈,肌束包盖肩关节的前、上和后面,向外下集中,止于肱骨的三角肌粗隆。作用:外展肩关节,并可使臂前屈、后伸、旋内和旋外。三角肌萎缩会导致肩部失去浑圆的外形,出现"方肩"。

（2）冈上肌：位于冈上窝，斜方肌深面。作用：外展肩关节。

（3）冈下肌：位于冈下窝。作用：使肩关节旋外。

（4）小圆肌：位于冈下肌的下方。作用：使肩关节旋外。

（5）大圆肌：位于小圆肌下方。作用：使肩关节后伸、内收和旋内。

（6）肩胛下肌：位于胸廓后方，肩胛骨前面的肩胛下窝。作用：使肩关节内收、旋内。

2. 臂肌　配布于肱骨周围（图 2-56），分前、后两群，前群为屈肌，后群为伸肌。

（1）前群：包括肱二头肌、喙肱肌和肱肌。

①**肱二头肌**：位于臂前部，起端有两个头，长头起自肩胛骨的盂上结节，以长腱穿经肩关节囊后沿结节间沟下行；短头起自肩胛骨喙突，两头合成梭形肌腹，越过肘关节前面，止于桡骨粗隆。作用：屈肘关节；当前臂处于旋前位时，能使其旋后，此外，还能协助屈肩关节。

②**喙肱肌**：位于肱二头肌短头后内侧，起自肩胛骨喙突、止于肱骨体中部内侧面。作用：使肩关节前屈和内收。

③**肱肌**：位于肱二头肌深面，起自肱骨体下半部前面，行向内下，止于尺骨粗隆。作用：屈肘关节。

（2）后群：主要有**肱三头肌**，起端有 3 个头，长头起于肩胛骨的盂下结节，内侧头与外侧头分别起自桡神经沟外上方与内下方，3 个头向下聚合成一坚韧的腱，止于尺骨鹰嘴。作用：伸肘关节；长头可协助肩关节后伸和内收。

3. 前臂肌　位于尺、桡骨周围，分前、后两群，主要运动腕关节和指间关节等。

（1）前群：位于前臂前面，有 9 块肌，分浅、深两层排列（图 2-57）。

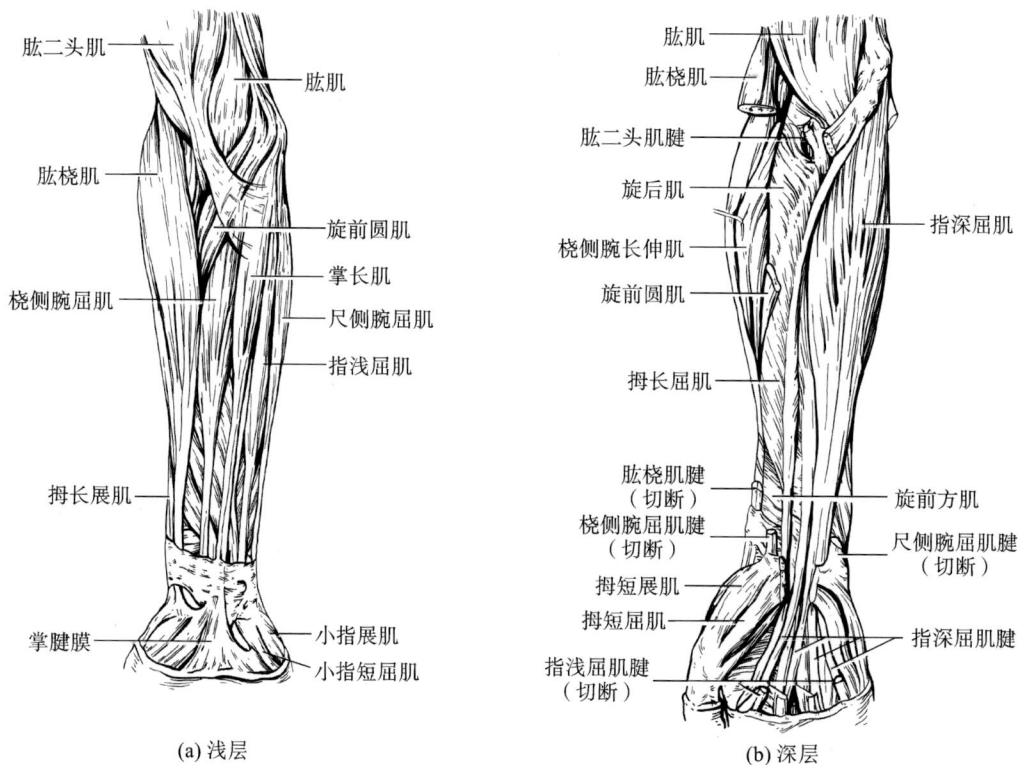

(a) 浅层　　(b) 深层

图 2-57　前臂肌前群

①浅层：有 6 块肌，从桡侧向尺侧依次为**肱桡肌**、**旋前圆肌**、**桡侧腕屈肌**、**掌长肌**、**指浅屈肌**和**尺侧腕屈肌**。肱桡肌起自肱骨外上髁，向下止于桡骨茎突，作用是屈肘关节。其余各肌均起自肱

骨内上髁及附近的前臂深筋膜,向下分别止于桡骨、腕骨、掌骨和指骨。

②深层:有 3 块肌,分别是**拇长屈肌**、**指深屈肌**和**旋前方肌**。

前臂前群肌的作用多数与名称一致,主要是屈肘、屈腕、屈指,还可使前臂旋前。

(2)后群:位于前臂后面,有 10 块肌,分成浅层和深层(图 2-58)。

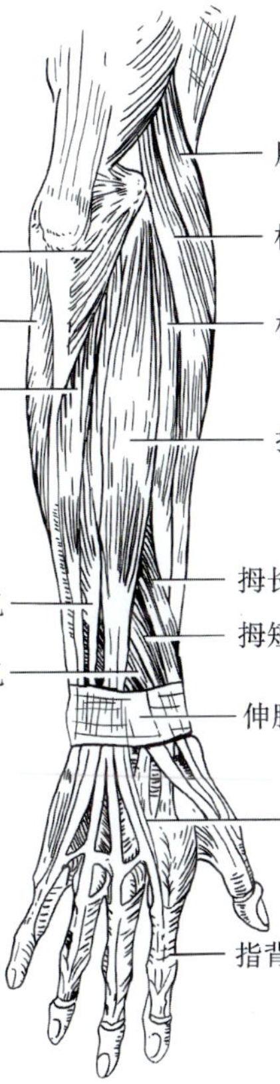

图 2-58 前臂肌后群

①浅层:有 5 块肌,自桡侧向尺侧依次为**桡侧腕长伸肌**、**桡侧腕短伸肌**、**指伸肌**、**小指伸肌**和**尺侧腕伸肌**。5 块肌以总肌腱起自肱骨外上髁和前臂深筋膜,其中桡侧腕长伸肌、桡侧腕短伸肌、尺侧腕伸肌分别止于第 2、3、5 掌骨底背面;指伸肌止于第 2~5 指中节和远节指骨底;小指伸肌止于小指的指背腱膜。

②深层:有 5 块肌,自上外向下内依次为**旋后肌**、**拇长展肌**、**拇短伸肌**、**拇长伸肌**和**示指伸肌**。除旋后肌起自肱骨外上髁,止于桡骨前面外,其余 4 块肌均起自尺、桡骨后面,分别止于拇指和示指。

前臂后群肌的作用与名称一致,主要是伸肘、伸腕、伸指,还可使前臂旋后,拇指外展。

4.手肌 位于手掌面的一系列短小肌肉群,包括外侧群、内侧群和中间群,这些肌肉群共同协作,完成手部的各种复杂动作(图 2-59)。

(1)外侧群:包括**拇短展肌**、**拇短屈肌**、**拇对掌肌**和**拇收肌**,它们位于手掌的拇指侧,形成一隆起,称为鱼际。各肌作用均与其名称一致。

(2)内侧群:包括**小指展肌**、**小指短屈肌**和**小指对掌肌**,它们位于手掌的小指侧,形成另一隆起,称为小鱼际。三肌作用与其名称一致。

(3)中间群:包括蚓状肌和骨间肌。蚓状肌的作用是屈掌指关节,伸指间关节;骨间肌的作用是外展第 2、4 指。

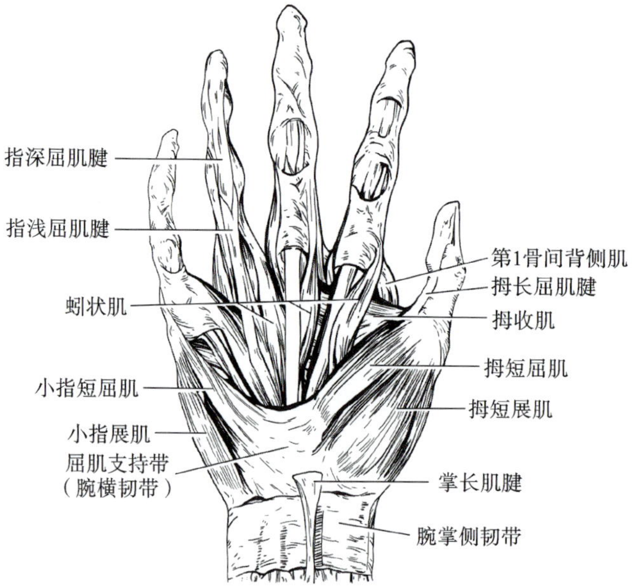

图 2-59　手肌

5.上肢的局部结构

（1）腋窝：位于臂上部和胸外侧壁之间的锥形腔隙，腔内有血管、神经、淋巴结等结构。

（2）肘窝：位于肘关节前方呈三角形的凹陷区域。其上界为肱骨内、外上髁的连线；下外侧界为肱桡肌；下内侧界为旋前圆肌。窝内有血管、神经和肌腱等结构。

（3）腕管：位于腕部前面，由腕横韧带和腕骨沟共同围成。腕管内有指浅屈肌腱、指深屈肌腱、拇长屈肌腱和正中神经通过。

（二）下肢肌

下肢肌按部位分为髋肌、大腿肌、小腿肌和足肌。

1.髋肌　起自骨盆内面和外面，包绕髋关节，止于股骨上端，可分为前、后两群。

（1）前群：包括髂腰肌和阔筋膜张肌，分别配布在髋关节前内侧和前外侧（图 2-60）。

①髂腰肌：由**髂肌**和**腰大肌**组成，髂肌起自髂窝，腰大肌起自腰椎体的侧面及横突，两肌向下经腹股沟韧带外侧部深面下行，经髋关节前面行向关节的内下方，止于股骨小转子。作用：使髋关节前屈和旋外，并协助内收；下肢固定时，可使躯干前屈或侧屈。

②阔筋膜张肌：位于大腿上部前外侧，起自髂前上棘，肌腹在阔筋膜两层之间，向下移行为髂胫束，止于胫骨外侧髁。作用：使阔筋膜紧张并屈髋关节。

（2）后群：又称臀肌（图 2-61），位于髋关节后方的臀部皮下组织深面，包括臀大肌、臀中肌、臀小肌、梨状肌等。

①**臀大肌**：位于臀部浅部，与皮下组织共同构成臀部膨隆外观。臀大肌起自髂骨翼外面和骶骨背面，肌束斜向下外，止于髂胫束和股骨臀肌粗隆。作用：使大腿后伸和外旋，并参与维持身体平衡，防止躯干前倾。此肌外上 1/4 处为临床常用的肌内注射部位。

②**臀中肌和臀小肌**：臀中肌位于臀部外上方，大部分被臀大肌覆盖，臀小肌位于臀中肌深面。两肌都起自髂骨翼外面，止于股骨大转子。作用：两肌同时收缩可使髋关节外展。

③**梨状肌**：位于臀中肌内下方，起自骶骨前面，肌束向外穿坐骨大孔出盆腔至臀部，止于股骨大转子。作用：使髋关节外展和旋外。此肌将坐骨大孔分隔为**梨状肌上孔**和**梨状肌下孔**，孔内均有血管、神经走行，尤其梨状肌下孔，有坐骨神经穿行，如有占位性病变，将压迫坐骨神经。

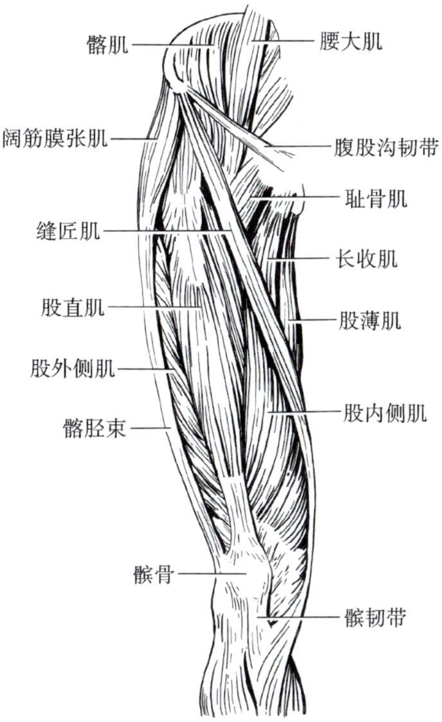

图 2-60 髋肌前群和大腿肌前群

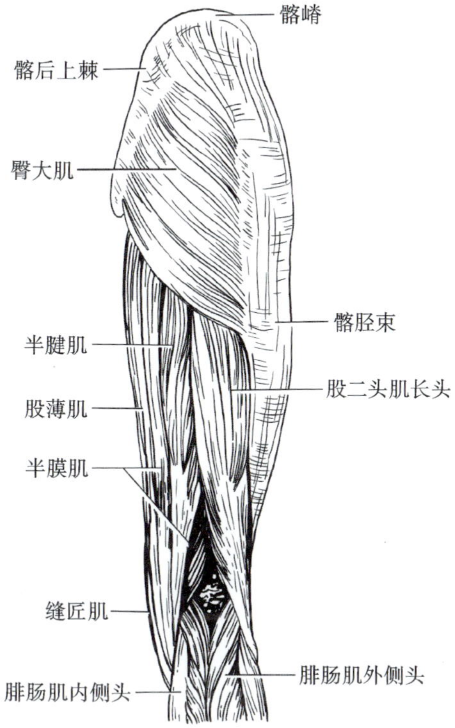

图 2-61 髋肌后群和大腿肌后群

2. 大腿肌 位于股骨周围,分为前群、内侧群和后群。

(1)前群:位于大腿前面(图 2-60),包括缝匠肌和股四头肌。

①缝匠肌:全身最长的肌,呈扁带状,起自髂前上棘,经大腿前面斜行向内下方,止于胫骨上端的内侧面。作用:屈髋关节,屈膝关节,并使已屈的膝关节旋内。

②股四头肌:全身体积最大的肌,有 4 个头,分别称**股直肌、股内侧肌、股外侧肌**和**股中间肌**。股直肌起自髂前上棘,其余 3 个头均起自股骨,4 个头合并向下形成股四头肌腱,包绕髌骨的前面和两侧,继而向下延续为**髌韧带**,止于胫骨粗隆。作用:伸膝关节,股直肌还可屈髋关节。

(2)内侧群:位于大腿内侧,共 5 块肌,自外上向内下分层排列。浅层自外向内依次为**耻骨肌、长收肌**和**股薄肌**,在耻骨肌和长收肌的深面为**短收肌**,诸肌的深面为**大收肌**。作用:内收髋关节。

(3)后群:位于大腿后面,包括股二头肌、半腱肌和半膜肌(图 2-61)。

①**股二头肌**:位于大腿后面外侧,长头起自坐骨结节,短头起自股骨粗线,两头合并向下,以长腱止于腓骨头。作用:屈膝关节、伸髋关节,屈膝关节时可使小腿旋外。

②**半腱肌和半膜肌**:位于大腿后面内侧,两肌均起自坐骨结节,向下止于胫骨上端内侧。作用:屈膝关节、伸髋关节,屈膝关节时可使小腿旋内。

3. 小腿肌 位于胫骨、腓骨周围,分为前群、外侧群和后群。

(1)前群:位于小腿骨的前面(图 2-62(a)),共 3 块,由胫侧向腓侧依次为**胫骨前肌、蹞长伸肌**和**趾长伸肌**。3 块肌均起自胫、腓骨上端和骨间膜,下行经踝关节前方至足背。胫骨前肌止于内侧楔骨和第 1 跖骨底,可使足背屈和内翻。蹞长伸肌止于蹞趾远节趾骨,趾长伸肌分成 4 条长腱止于第 2～5 趾,两肌的作用与名称一致,并可使足背屈。

(2)外侧群:位于腓骨的外侧面(图 2-62(b)),包括浅层的**腓骨长肌**和深层的**腓骨短肌**。两肌均起自腓骨外侧面,肌腱均经外踝后方至足底,前者止于内侧楔骨和第 1 跖骨底,后者止于第 5 跖骨粗隆。作用:两肌均可使足跖屈并外翻。

Note

(a) 前群

股内侧肌
缝匠肌
腓骨头
腓骨长肌
胫骨前肌
趾长伸肌
腓肠肌
比目鱼肌
踇长伸肌
趾短伸肌
踇短伸肌

(b) 外侧群

股二头肌
髂胫束
腓骨头
腓肠肌
比目鱼肌
腓骨长肌
趾长伸肌
胫骨前肌
腓骨短肌
第3腓骨肌
伸肌上支持带
伸肌下支持带
趾短伸肌

图 2-62 小腿肌前群和外侧群

(3)后群:位于小腿骨的后面,分浅、深两层(图 2-63)。

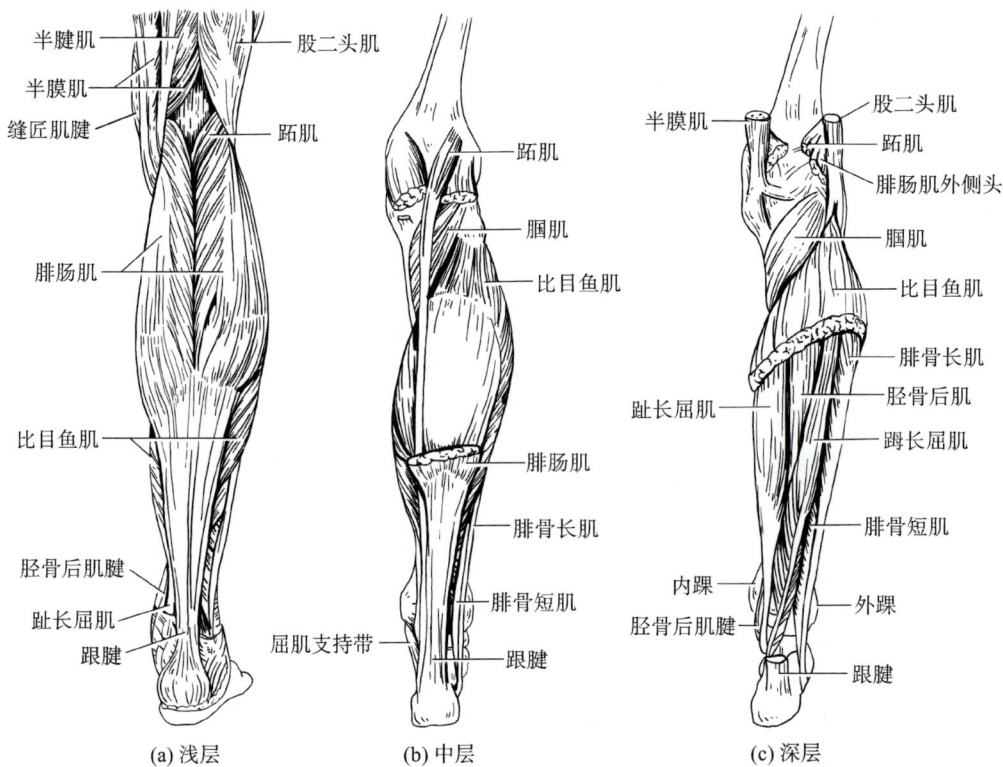

(a) 浅层

半腱肌
半膜肌
缝匠肌腱
股二头肌
跖肌
腓肠肌
比目鱼肌
胫骨后肌腱
趾长屈肌
跟腱

(b) 中层

跖肌
腘肌
比目鱼肌
腓肠肌
腓骨长肌
腓骨短肌
屈肌支持带
跟腱

(c) 深层

半膜肌
股二头肌
跖肌
腓肠肌外侧头
腘肌
比目鱼肌
腓骨长肌
胫骨后肌
踇长屈肌
趾长屈肌
腓骨短肌
内踝
外踝
胫骨后肌腱
跟腱

图 2-63 小腿肌后群

Note

①浅层:主要是**小腿三头肌**,由**腓肠肌**和**比目鱼肌**组成。腓肠肌内、外侧头分别起自股骨内、外侧髁的后面,比目鱼肌位于腓肠肌的深面,起自胫、腓骨上端的后面,3个头会合后向下移行为粗大的**跟腱**,止于跟骨结节。作用:使足跖屈,并屈膝关节;在站立时,能固定膝关节和踝关节,防止身体前倾。

②深层:主要有3块肌,由胫侧向腓侧依次为**趾长屈肌**、**胫骨后肌**和**跛长屈肌**。它们均起自胫、腓骨后面和骨间膜,肌腱均经内踝后方至足底。胫骨后肌止于足舟骨和楔骨,作用:使足跖屈和内翻。趾长屈肌腱分成4条止于第2~5趾,跛长屈肌止于跛趾,两肌的作用为使足跖屈和屈趾。

4.足肌 分为足底肌和足背肌。

(1)足背肌:有**跛短伸肌**和**趾短伸肌**,分别伸跛趾和第2~4趾。

(2)足底肌:其配布和作用与手肌相似,也分外侧群、内侧群和中间群3群,但没有对掌肌。主要作用是运动足趾和维持足弓。

5.下肢的局部结构

(1)股三角:位于大腿前面的上部,呈倒置的三角形。其上界为腹股沟韧带,内侧界为长收肌的内侧缘,外侧界为缝匠肌内侧缘。股三角向上经腹股沟韧带的深面与髂窝相通,尖端向下后通收肌管。股三角内有股神经、股动脉、股静脉和淋巴结等。

(2)收肌管:位于大腿中部,在缝匠肌深面,大收肌与股内侧肌之间。管的上口通向股三角尖,下口为收肌腱裂孔,通向腘窝,管内有隐神经、股动脉和股静脉通过。

(3)腘窝:位于膝关节后方,呈菱形。窝的上外侧界为股二头肌,上内侧界为半腱肌和半膜肌,下外侧界为腓肠肌外侧头,下内侧界为腓肠肌内侧头。腘窝内有腘动脉、腘静脉、胫神经、腓总神经和淋巴结等。

知识链接

重症肌无力

重症肌无力是一种自身免疫性疾病,影响神经肌肉接头处的信号传递。了解神经肌肉接头的结构和功能,有助于理解重症肌无力的发病机制。骨骼肌的疲劳性是重症肌无力的重要表现之一。正常情况下,骨骼肌在持续收缩后会出现疲劳,但重症肌无力患者的疲劳感更为明显,且休息后不能完全恢复。治疗重症肌无力通常涉及使用免疫抑制剂、胆碱酯酶抑制剂等药物,这些药物的作用机制与骨骼肌的神经支配和收缩机制相关。

小 结

运动系统由骨、骨连结和骨骼肌三部分构成,全身各骨借骨连结相连构成人体的支架,骨骼肌附着于骨。运动系统对人体具有支持、保护和运动等功能。

成人躯干骨共51块,借骨连结构成脊柱和骨性胸廓。成人椎骨26块,各部椎骨各有形态特点,脊柱由椎骨借椎间盘、韧带和关节连结而成,可做前屈、后伸、侧屈、旋转和环转等运动。胸廓由12块胸椎、12对肋和1块胸骨借肋椎关节和胸肋关节连结而成,主要参与呼吸运动,同时具有支持、保护胸腔脏器的功能。颅由23块颅骨组成,分脑颅和面颅两部分,颅的各面观都有重要的结构。颅连结唯一的关节是颞下颌关节,属于联合关节。上肢骨64块,包括锁骨、肩胛骨、肱骨、桡骨、尺骨和手骨,借胸锁关节、肩锁关节、肩关节、肘关节和手关节等连结起来。下肢骨 62 块,包括髋骨、股骨、髌骨、胫骨、腓骨和足骨,借髋骨的连结、髋关节、膝关节和足关节等连结起来。

全身骨骼肌按部位分为头颈肌、躯干肌、四肢肌。头肌可分为面肌和咀嚼肌两部分;颈肌主要包括颈阔肌、胸锁乳突肌、前斜角肌、中斜角肌和后斜角肌。躯干肌可分为背肌、胸肌、膈、腹肌和盆底肌。背肌主要有斜方肌、背阔肌和竖脊肌等;胸肌主要有胸大肌、胸小肌、前锯肌、肋间外肌、肋间内肌等;膈位于胸腔和腹腔之间,为主要的呼吸肌;腹肌主要有腹直肌、腹外斜肌、腹内斜肌和腹横肌等,腹肌形成的结构有腹直肌鞘、白线和腹股沟管等。上肢肌可分为肩肌、臂肌、前臂肌和手肌,上肢的局部结构有腋窝和肘窝等。肩肌主要有三角肌等;臂肌包括肱二头肌、喙肱肌、肱肌和肱三头肌等;前臂肌配布于尺、桡骨的周围,前群有 9 块,后群有 10 块;手肌集中配布于手的掌侧面,分为外侧群、内侧群和中间群。下肢肌分为髋肌、大腿肌、小腿肌和足肌。髋肌主要有髂腰肌、阔筋膜张肌、臀大肌、臀中肌、臀小肌和梨状肌等;大腿肌主要有缝匠肌、股四头肌、股二头肌、半腱肌和半膜肌等;小腿肌配布于胫骨、腓骨的周围,分为前群、外侧群和后群;足肌分为足底肌和足背肌,下肢的局部结构有股三角、收肌管、腘窝。

(罗宝英　徐立华　刘晓景)

思政课堂

目标检测

Note

第三章 消化系统

学习目标

知识目标：

1. 说出消化系统的组成；食管的位置、分部及狭窄；小肠的分部；十二指肠的分部及结构；大肠的位置；阑尾的位置及其根部的体表投影；肝的位置及分叶；肝外胆道的组成；胰的位置及分部。

2. 描述牙的分类、构造及牙周组织；舌的基本形态；咽的分部和交通；胃的位置、形态和分部，大肠的形态特点及分部；肛管的形态特点；肝的形态；胆汁的排出途径。

3. 识别消化管的一般结构；口腔的境界及分区；唾液腺的位置及开口部位；空肠、回肠的形态、位置及主要区别；胃、小肠、肝、胰的微细结构。

4. 解释上消化道、下消化道、咽峡、麦氏点、齿状线的概念。

能力目标：

1. 结合标本或模型能够辨别消化管的各个结构。

2. 学会在活体画出胸部的标志线和腹部分区线。

3. 能在活体描画阑尾根部和胆囊底的体表投影。

素质目标：

学以致用，健康宣讲，具有应用消化系统解剖学知识解释临床实际和生活实际，解决实际问题的能力。

第一节 内脏学概述

一、内脏的概念

通常把消化、呼吸、泌尿、生殖四个系统的器官合称为**内脏**。研究内脏各器官形态结构和位置的科学，称**内脏学**。内脏大部分器官位于胸腔、腹腔和盆腔内，借孔道直接或间接地与外界相通，其主要功能是保障机体与外界的物质交换，以满足机体新陈代谢和繁殖后代的需要。

内脏各器官的形态不尽相同，根据其结构可分为中空性器官和实质性器官两大类。

（一）中空性器官

中空性器官呈管状或囊状，内部均有空腔，如胃、肠、气管、支气管、输尿管、膀胱、输卵管、子宫等。其管壁一般由 3～4 层构成，以消化管为例，其管壁由内向外依次为黏膜、黏膜下层、肌层和外膜。

(二)实质性器官

实质性器官内部没有特定的空腔,表面包以结缔组织被膜或浆膜,如肝、胰、肾及生殖腺等。结缔组织被膜伸入器官实质内,将器官的实质分割成若干个小单位(称小叶),如肝小叶等。实质性器官的血管、神经、淋巴管及导管等出入器官之处,常为一凹陷,此处称为器官的门,如肺门、肝门等。

二、胸腹部标志线和腹部分区

内脏大部分器官在胸腔、腹腔、盆腔内占据相对固定的位置。为了便于描述各器官的位置、毗邻及体表投影,通常人为地在胸腹部的体表确定若干标志线和分区(图 3-1)。

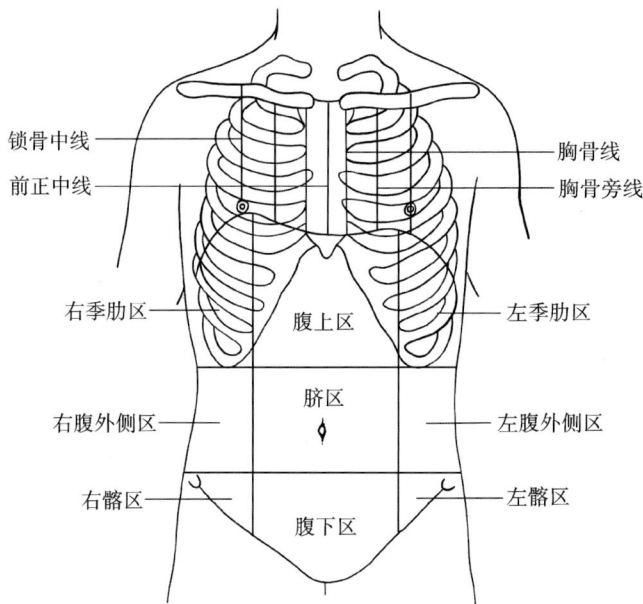

图 3-1 胸腹部标志线及腹部分区

(一)胸部标志线

1. 前正中线 沿胸骨前面正中所作的垂直线。

2. 胸骨线 沿胸骨最宽处的外侧缘所作的垂直线。

3. 锁骨中线 经锁骨中点所作的垂直线。

4. 胸骨旁线 经胸骨线与锁骨中线之间连线的中点所作的垂直线。

5. 腋前线 沿腋前襞向下所作的垂直线。

6. 腋后线 沿腋后襞向下所作的垂直线。

7. 腋中线 沿腋前、后线之间连线的中点所作的垂直线。

8. 肩胛线 经肩胛骨下角所作的垂直线。

9. 后正中线 沿人体后面正中所作的垂直线。

(二)腹部分区

为了便于描述腹腔脏器的位置,可将腹部分成若干区域,方法较多。临床上常用的简便方法是四分法,即通过脐各作一水平线和垂直线,将腹部分为左上腹、右上腹、左下腹和右下腹 4 个区。然而,更实用的是 9 区分法,即通过两侧肋弓最低点(或第 10 肋的最低点)所作的肋下平面和通过两侧髂结节所作的结节间平面将腹部分成上腹部、中腹部和下腹部,再由经两侧腹股沟韧带中点所作的两个矢状面,将腹部分成 9 个区域,包括上腹部的腹上区和左、右季肋区,中腹部的脐区和左、右腹外侧(腰)区,下腹部的腹下(耻)区和左、右髂(腹股沟)区(图 3-1)。

三、消化系统概述

消化系统包括消化管和消化腺两部分(图 3-2)。**消化管**是指从口腔到肛门的管道,包括口腔、咽、食管、胃、小肠(十二指肠、空肠、回肠)和大肠(盲肠、阑尾、结肠、直肠、肛管)。临床上通常把从口腔到十二指肠的一段消化管称为**上消化道**;把空肠及以下的消化管称为**下消化道**。**消化腺**包括大消化腺和小消化腺。大消化腺独立于消化管壁外,分泌的消化液经导管流入消化管腔内,如大唾液腺、肝、胰等;小消化腺分布于消化管壁的黏膜层或黏膜下层,如食管腺、胃腺、肠腺等。

消化系统的基本功能是摄取食物,进行物理和化学消化,经消化管黏膜上皮细胞吸收营养物质,最后将食物残渣以粪便的形式排出体外。

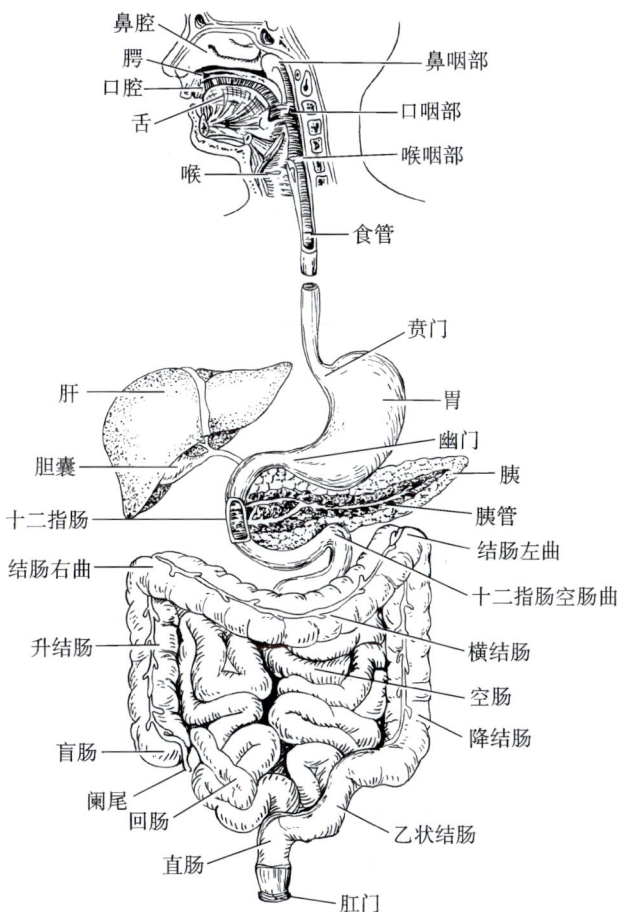

图 3-2 消化系统概观

第二节 消 化 管

案例 3-1

患者,女,34 岁,10 h 前出现脐周持续性钝痛,伴腹泻。此后,腹痛不断阵发性加剧,逐渐转移至右下腹,伴恶心、呕吐、发热,右下腹麦氏点压痛、反跳痛,肌紧张度增高。临床诊断:急性阑尾炎。

问题:

1. 阑尾的位置和阑尾根部的体表投影在哪里?

2. 在手术中如何寻找阑尾?

微课
消化管概述、
消化管壁的
一般结构

一、消化管壁的一般结构

消化管壁(除口腔和咽外)由内向外依次为黏膜、黏膜下层、肌层和外膜4层(图3-3)。

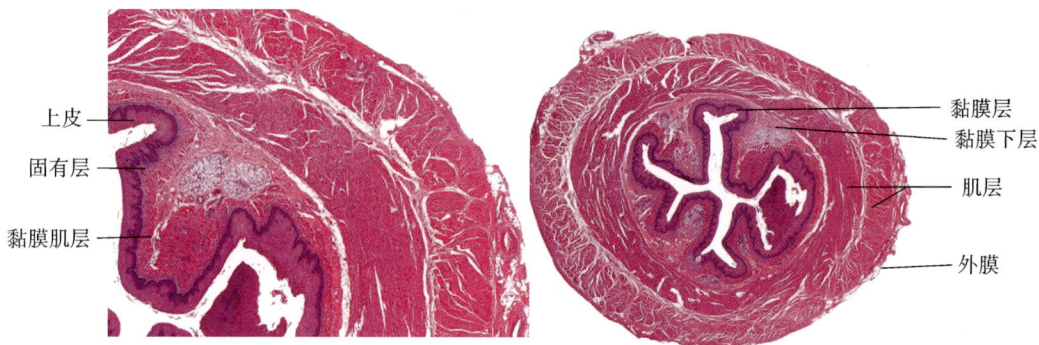

图 3-3　消化管壁一般结构

(一)黏膜

黏膜是消化管壁的最内层,由内向外依次为上皮、固有层和黏膜肌层。

1.上皮　上皮的类型依部位而异。消化管两端(口腔、咽、食管和肛门)的上皮为复层扁平上皮,以保护功能为主;其余部分的上皮为单层柱状上皮,以消化吸收功能为主。

2.固有层　固有层为疏松结缔组织,细胞成分较多,有丰富的毛细血管和淋巴管。胃、肠固有层内富含腺体和淋巴组织。

3.黏膜肌层　黏膜肌层为薄层平滑肌,其收缩可促进固有层内的腺体分泌物排出和血液运行,有利于物质吸收和转化。

(二)黏膜下层

黏膜下层是疏松结缔组织,含有小动脉、小静脉和淋巴管。在食管和十二指肠的黏膜下层内分别含有食管腺和十二指肠腺。在食管、胃和小肠等部位,黏膜与黏膜下层共同向管腔内突起形成纵行或环形的皱襞,可扩大黏膜的表面积。

(三)肌层

肌层位于黏膜下层深面,除口腔、咽、食管上段和肛门处的肌层为骨骼肌外,其余大部分为平滑肌。肌层一般排列为内环形、外纵形两层。在消化管的某些部位,环形肌增厚形成括约肌。

(四)外膜

外膜位于消化管的最外层。消化管(如食管、直肠下段等处)的外膜由薄层结缔组织构成者称纤维膜。消化管壁的外膜由薄层结缔组织和间皮共同构成者称浆膜。

二、口腔

口腔是消化管的起始部,其前壁为上、下唇,侧壁为颊,上壁为腭,下壁为口腔底。口腔向前经口裂通向外界,向后经咽峡与咽相通。口腔借上、下牙弓和牙龈分为**口腔前庭**和**固有口腔**两部分。

（一）口唇和颊

口唇分上唇和下唇，由皮肤、口轮匝肌和黏膜组成。口唇的游离缘是皮肤与黏膜的移行部，称**唇红**，内含丰富的毛细血管，色泽红润，缺氧时呈绛紫色，临床称为**发绀**。上、下唇之间的裂隙称为**口裂**，两侧结合处称**口角**。上唇外面中线有一纵行浅沟，称**人中**，为人类所特有，急救时常在此处进行针刺，为人体穴位之一。上唇两侧与颊部交界处，各有一浅沟，称**鼻唇沟**。

颊位于口腔两侧，由皮肤、颊肌和黏膜组成。在上颌第 2 磨牙牙冠相对的颊黏膜处有**腮腺管乳头**，其上有腮腺管的开口。

（二）腭

腭是口腔的上壁，分隔鼻腔与口腔。其前 2/3 由骨腭表面覆以黏膜构成，称**硬腭**；后 1/3 主要由骨骼肌和黏膜构成，称**软腭**。软腭的前份呈水平位；后份斜向后下称**腭帆**。腭帆后缘游离，其中部有垂向下方的突起，称**腭垂**或悬雍垂。自腭帆两侧各向下方分出两条弓形黏膜皱襞，前方的一对为**腭舌弓**，延续于舌根的外侧；后方的一对为**腭咽弓**，向下延至咽侧壁。两弓间的三角形凹陷区称扁桃体窝，窝内容纳腭扁桃体。腭垂、腭帆游离缘、两侧的腭舌弓及舌根共同围成**咽峡**，咽峡是口腔和咽之间的狭窄部，也是两者的分界（图 3-4）。

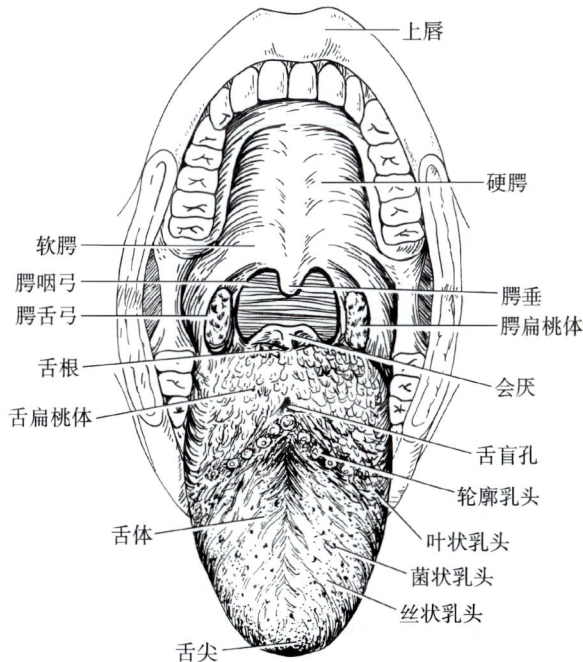

图 3-4　口腔与咽峡

（三）牙

牙是人体内最坚硬的器官，镶嵌于上、下颌骨的牙槽内，分别排列成上牙弓和下牙弓，具有咀嚼食物和辅助发音等作用。

1. 牙的形态　牙可分为牙冠、牙根和牙颈三部分（图 3-5）。**牙冠**是暴露于口腔，露出于牙龈以外的部分，**牙根**是嵌入牙槽内的部分，**牙颈**是牙冠与牙根之间的部分，被牙龈所包绕。牙冠和牙颈内部的腔隙较宽阔，称**牙冠腔**，牙根内的细管称**牙根管**，此管开口于牙根尖端的**牙根尖孔**。牙的血管和神经通过牙根尖孔和牙根管进入牙冠腔。牙根管与牙冠腔合称**牙腔**或髓腔，其内容纳牙髓。

2. 牙的构造　牙由牙质、牙釉质、牙骨质和牙髓组成。**牙质**构成牙的主体，呈淡黄色；覆盖在牙冠部的牙质表面呈白色而坚硬的为**牙釉质**；牙根及牙颈的牙质外面包有**牙骨质**。**牙髓**位于牙腔内,由结缔组织、神经和血管等共同组成(图 3-5)。由于牙髓内含有丰富的感觉神经末梢,所以牙髓发炎时,可引起剧烈的疼痛。

3. 牙周组织　牙周组织包括**牙槽骨**、**牙周膜**和**牙龈**,对牙起保护、固定和支持作用。牙槽骨即牙槽周围的骨质,属于上、下颌骨的一部分;牙周膜是介于牙槽骨与牙根之间的致密结缔组织膜,具有固定牙根和缓解咀嚼时所产生的压力的作用。牙龈是口腔黏膜的一部分,紧贴于牙颈周围及邻近的牙槽骨上,血管丰富,呈淡红色,坚韧而有弹性(图 3-5)。

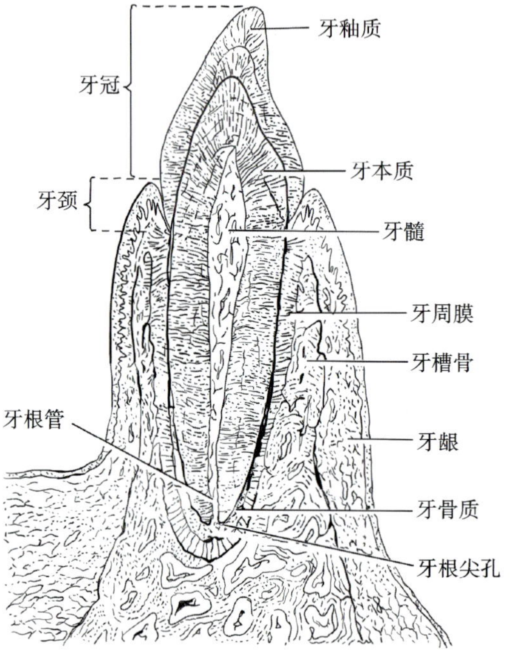

图 3-5　牙的形态及构造

4. 牙的种类和排列　人的一生,牙按萌发顺序,先后有**乳牙**和**恒牙**。乳牙分为**切牙**、**尖牙**和**磨牙**三类,共 20 个,用罗马数字 Ⅰ～Ⅴ 表示(图 3-6)。恒牙分为**切牙**、**尖牙**、**前磨牙**和**磨牙**四类,全部出齐共 32 个,用阿拉伯数字 1～8 表示(图 3-7)。乳牙一般在出生后 6～7 个月开始萌出,3 岁左右全部出齐。6～7 岁左右乳牙开始陆续脱落,逐渐更换成恒牙,在 12～13 岁恒牙基本出齐。但第三磨牙萌出时间最晚,有的要迟至 28 岁或更晚,故又称**迟牙**,有的人甚至终生不萌出。临床上为了记录牙的位置,以被检查的方位为准,用"＋"记号划分 4 个区表示左、右侧及上、下颌的方位,并用罗马数字 Ⅰ～Ⅴ 表示乳牙,用阿拉伯数字 1～8 表示恒牙。例如,"Ⅲ|"表示右下颌乳尖牙,"|6"表示左上颌第一磨牙。

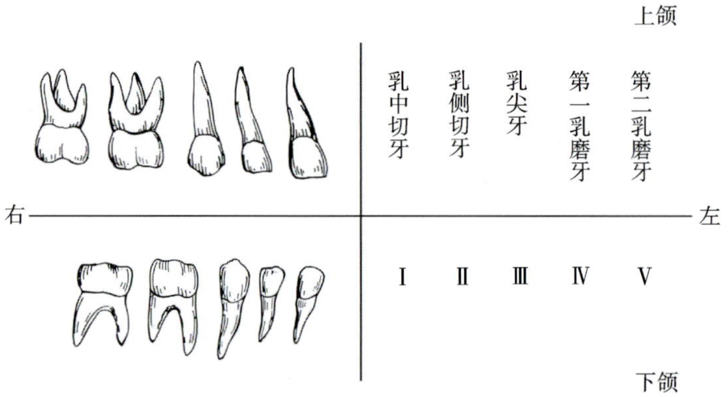

图 3-6　乳牙的名称及标记

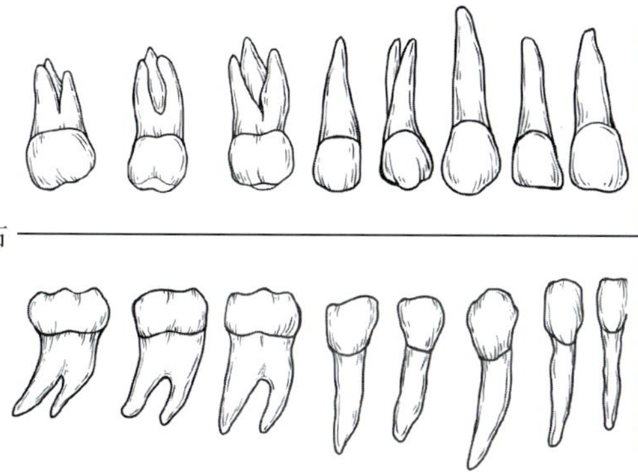

图 3-7 恒牙的名称及标记

上颌：中切牙 侧切牙 尖牙 第一前磨牙 第二前磨牙 第一磨牙 第二磨牙 第三磨牙

右 —— 左

下颌：1 2 3 4 5 6 7 8

(四)舌

舌位于口腔底,由骨骼肌被覆黏膜构成(图 3-8、图 3-9),具有搅拌食物、感受味觉、协助吞咽和辅助发音等功能。

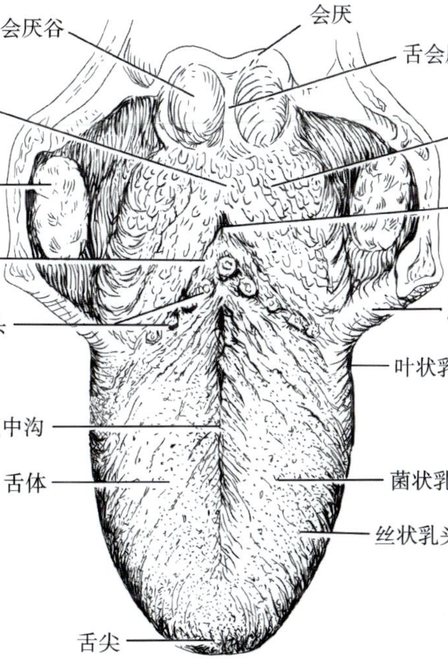

图 3-8 舌的背面观

会厌谷　会厌　舌会厌正中襞　舌根　腭扁桃体　舌扁桃体　舌盲孔　界沟　腭舌弓　轮廓乳头　叶状乳头　舌正中沟　菌状乳头　舌体　丝状乳头　舌尖

1. 舌的形态　舌有上、下两面,上面称为**舌背**,后面可见向前开放的"V"形的**界沟**,将舌分为前 2/3 的**舌体**和后 1/3 的**舌根**,舌体前端为**舌尖**。舌的下面正中有一黏膜皱襞,向下连于口腔底前部,称**舌系带**。在舌系带根部的两侧各有一小黏膜隆起,称**舌下阜**,由舌下阜向口底后外侧延续的带状黏膜皱襞,称**舌下襞**,其深面藏有舌下腺。

2. 舌黏膜　舌体背面黏膜呈淡红色,其表面可见许多小突起,统称为舌乳头,包括丝状乳头、菌状乳头、叶状乳头和轮廓乳头 4 种。①丝状乳头数目最多,体积最小,呈白色丝绒状,遍布于舌背前 2/3;②菌状乳头数目较少,呈红色,散在于丝状乳头之间,多见于舌尖和舌侧缘;③叶状乳头位于舌侧缘的后部,人类不发达;④轮廓乳头体积最大,有 7~11 个,排列于界沟前方。丝状乳头具有感受一般感觉的功能,其他乳头均含有味蕾,为味觉感受器,能感受酸、甜、苦、咸等味觉刺激。

Note

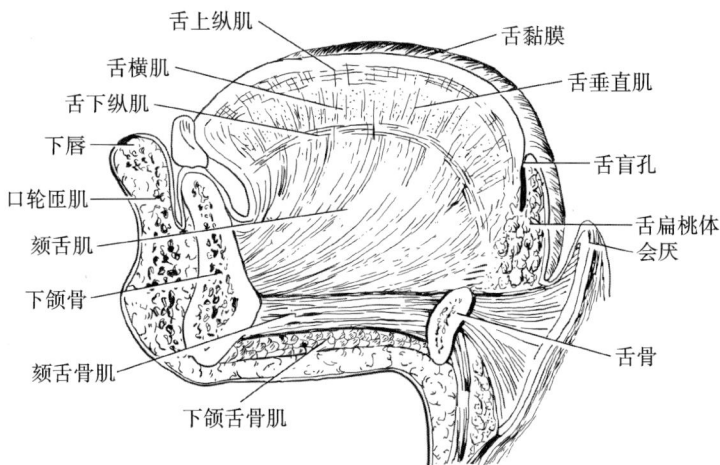

图 3-9　舌的下面观

3. 舌肌　舌肌为骨骼肌,分为**舌内肌**和**舌外肌**(图 3-10)。舌内肌收缩时可改变舌的形态。舌外肌收缩时可改变舌的位置。舌外肌以**颏舌肌**较为重要,其起自下颌体后面的颏棘,肌纤维呈扇形向后上方分散,止于舌正中线两侧。两侧颏舌肌同时收缩,拉舌向前下方,即伸舌;一侧收缩使舌尖伸向对侧;若一侧瘫痪,则伸舌时舌尖偏向瘫痪侧。

图 3-10　舌肌

(五)口腔腺

　　口腔腺又称**唾液腺**,分泌并排出唾液。它可分为大、小唾液腺两类,小唾液腺分布于口腔黏膜内,如唇腺、颊腺等;大唾液腺有腮腺、下颌下腺和舌下腺 3 对(图 3-11)。

　　1. 腮腺　最大的一对唾液腺,略呈三角形,位于耳郭的前下方。腮腺导管自腮腺前缘穿出,在颧弓下一横指处横过咬肌的表面,穿过颊肌开口于平对上颌第二磨牙的颊黏膜。

　　2. 下颌下腺　呈卵圆形,位于下颌骨体内面的下颌下腺凹内,其导管开口于舌下阜。

　　3. 舌下腺　位于舌下襞的深面。腺管分大、小两种,舌下腺大管 1 条,与下颌下腺导管共同开口于舌下阜;舌下腺小管 10 条左右,开口于舌下襞。

Note

图 3-11 唾液腺

三、咽

(一)咽的位置和形态

咽位于第 1～6 颈椎的前方,上端起自颅底,下端至第 6 颈椎体下缘或环状软骨的高度与食管相续。咽为上宽下窄、前后略扁的漏斗形肌性管道,长约 12 cm,其内腔称**咽腔**。咽的前壁不完整,自上而下分别与鼻腔、口腔和喉腔相通;后壁平坦;两侧与颈部大血管和甲状腺侧叶等相邻(图 3-12)。

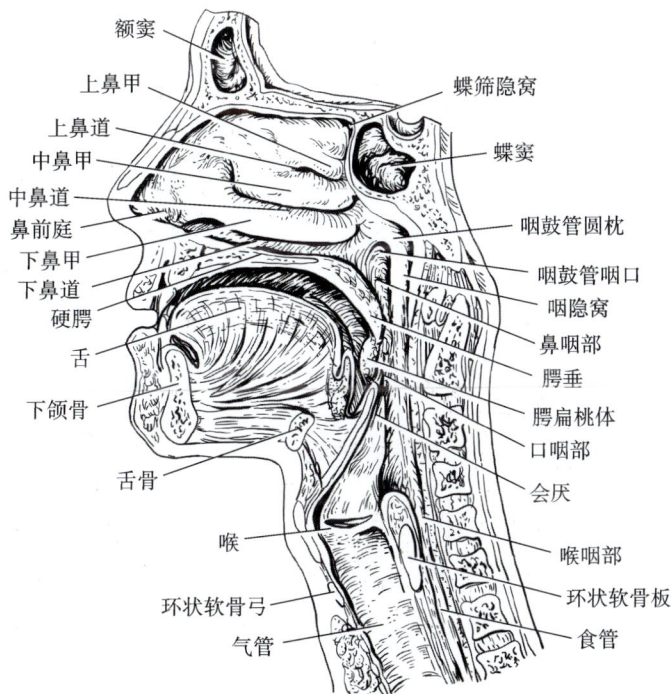

图 3-12 头颈部正中矢状面

(二)咽的分部和结构

咽以软腭下缘和会厌上缘平面为界,自上而下分为鼻咽、口腔和喉咽三部分(图 3-12)。

1. 鼻咽 位于鼻腔后方,介于颅底与软腭平面之间,向前经鼻后孔通鼻腔。在鼻咽的两侧壁上距下鼻甲后方约 1.5 cm 处,各有一三角形的**咽鼓管咽口**,咽腔经此口通过咽鼓管与中耳的鼓室相通,以维持鼓膜两侧的气压平衡。咽鼓管咽口的前、上和后方的弧形隆起称**咽鼓管圆枕**,其是寻找咽鼓管咽口的标志。咽鼓管圆枕后方与咽后壁之间的纵行深窝称**咽隐窝**,是鼻咽癌的好发部位。鼻咽上壁后部的黏膜内有丰富的淋巴组织,称**咽扁桃体**。

2. 口咽 介于软腭与会厌上缘平面之间,上续鼻咽,下通喉咽,向前经咽峡与口腔相通。口咽的侧壁上可见扁椭圆形的**腭扁桃体**。咽扁桃体、腭扁桃体和舌扁桃体共同构成咽淋巴环,对消化道和呼吸道具有防御功能。

3. 喉咽 位于会厌上缘与第 6 颈椎体下缘平面之间,向下与食管相续,向前经喉口与喉腔相通。在喉口的两侧各有一深窝称**梨状隐窝**,其是异物易于滞留之处。

四、食管

(一)食管的位置和分部

食管为一前后略扁的肌性管道,上端在第 6 颈椎体下缘平面与咽相接,向下走行于脊柱前面,经胸廓上口入胸腔,穿膈的食管裂孔进入腹腔,下端约在第 11 胸椎体左侧与胃的贲门相续,全长约 25 cm(图 3-13)。

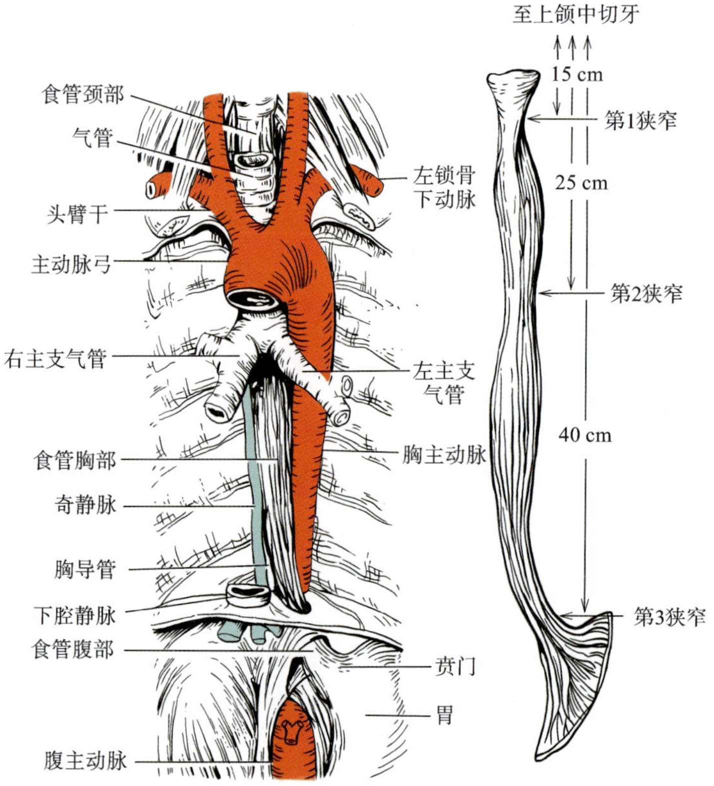

图 3-13 食管位置及三处狭窄

食管按其行程可分为颈部、胸部和腹部三部分。颈部较短,自食管起始端至胸骨颈静脉切迹平面,长约 5 cm;胸部最长,自胸骨颈静脉切迹平面至膈肌的食管裂孔,长 18～20 cm;腹部最短,自食管裂孔至贲门,长 1～2 cm。

(二)食管的狭窄

食管全长有三处生理性狭窄:第1狭窄为食管的起始处,约平第6颈椎体下缘,距上颌中切牙约15 cm;第2狭窄为食管与左主支气管交叉处,约平第4胸椎体下缘,距上颌中切牙约25 cm;第3狭窄为食管穿过膈肌的食管裂孔处,约平第10胸椎,距上颌中切牙约40 cm。这些狭窄处是异物容易滞留处和肿瘤好发部位,临床上进行食管插管或胃镜检查时,需注意这些狭窄处(图3-13)。

(三)食管壁的组织结构

食管壁具有消化管壁典型的4层结构,即黏膜、黏膜下层、肌层和外膜(图3-14)。食管腔面有7~11条纵行的黏膜皱襞,当食物通过时,管腔扩张,皱襞展平消失。食管黏膜上皮为复层扁平上皮,具有保护作用。黏膜下层的结缔组织中含有黏液性的食管腺,其分泌的黏液涂抹于食管表面,利于食物通过。肌层分内环形和外纵行两层,上1/3段为骨骼肌,中1/3段为骨骼肌和平滑肌,下1/3段为平滑肌。食管的外膜为纤维膜。

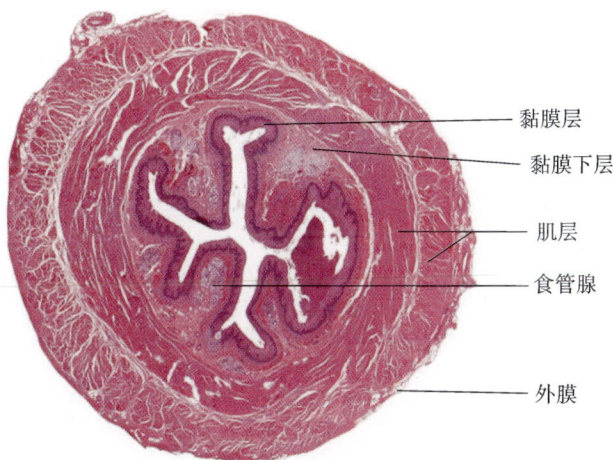

图 3-14 食管壁的组织结构

五、胃

胃是消化管中最膨大的部分,为中空的肌性囊性器官,上接食管,下续十二指肠(图3-15)。成人胃容量约1500 mL,具有受纳食物、分泌胃液和初步消化食物的功能。

(一)胃的形态和分部

1.胃的形态 胃有两壁、两弯和两口。胃前壁朝向前上方,后壁朝向后下方。**胃小弯**凹向右上方,其最低点的弯度明显折转处称**角切迹**,**胃大弯**大部分凸向左下方。胃的入口称**贲门**,与食管相接,出口称**幽门**,与十二指肠相续(图3-15)。

2.胃的分部 胃通常分为贲门部、胃底部、胃体部和幽门部四部分。贲门附近的部分称**贲门部**,界域不明显;贲门平面以上向左上方膨出的部分为**胃底部**;自胃底向下至角切迹处的中间大部分称**胃体部**;角切迹与幽门之间的部分称**幽门部**。幽门部的大弯侧有一不明显中间沟将幽门部分为右侧的**幽门管**和左侧的**幽门窦**。幽门窦近胃小弯处是胃溃疡和胃癌的好发部位。

(二)胃的位置和毗邻

胃的位置随体位、胃的充盈度、体形及性别的不同而有所变化。中等程度充盈的胃大部分位于左季肋区,小部分位于腹上区。贲门位于第11胸椎体左侧,幽门位于第1腰椎体右侧。

胃的前壁右侧与肝左叶贴近;左侧与膈相邻,被肋弓掩盖;在剑突下方的胃前壁与腹前壁相贴,该处在临床上是触诊胃的部位。胃后壁与左肾上部、左肾上腺、胰、横结肠相邻,胃底与膈、脾相贴。

87

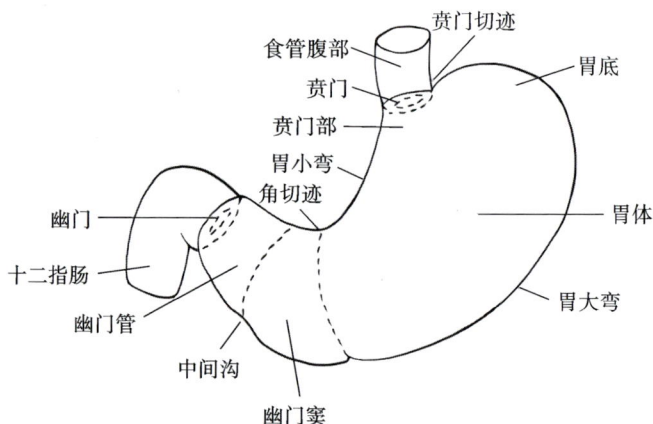

图 3-15　胃的形态和分部

（三）胃壁的组织结构

胃壁的结构包含黏膜、黏膜下层、肌层和外膜 4 层（图 3-16）。

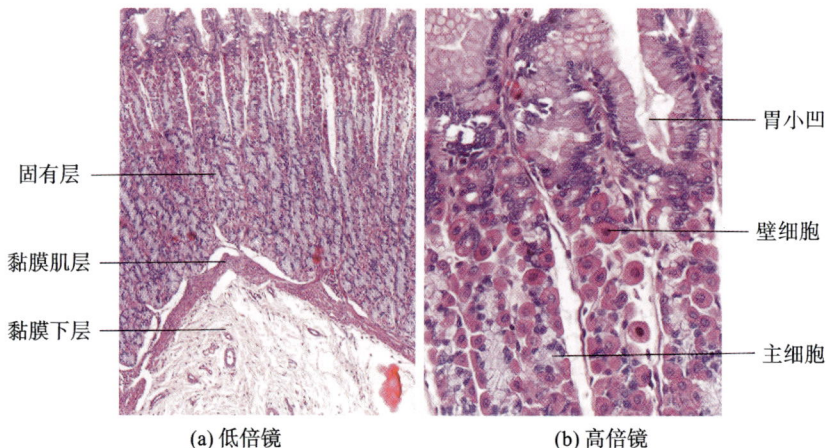

（a）低倍镜　　　　　（b）高倍镜

图 3-16　胃壁的组织结构

1.黏膜　活体胃黏膜富含血管，呈淡红色。胃空虚时，胃黏膜上可见许多纵行皱襞，充盈时变平坦。胃黏膜表面有许多不规则的小凹，称**胃小凹**，是胃腺的开口。

（1）上皮：单层柱状上皮，主要由表面黏液细胞组成，其胞核位于细胞基底部，顶部胞质内充满黏原颗粒，HE 染色着色浅，呈透明状。此细胞分泌含高浓度 HCO_3^- 的不可溶性黏液，覆盖于上皮表面，可防止胃液对胃黏膜的腐蚀破坏。

（2）固有层：结缔组织，内含大量排列紧密的管状腺，称**胃腺**。根据所在部位不同，胃腺可分为贲门腺、幽门腺和胃底腺。

①贲门腺和幽门腺：分别位于贲门部和幽门部的固有层内，均为黏液腺，主要分泌黏液和溶菌酶等。

②胃底腺：又称泌酸腺，位于胃底部和胃体部的固有层内，是产生胃液的主要腺体，主要由主细胞、壁细胞和颈黏液细胞 3 种细胞组成。

主细胞又称**胃酶细胞**，数量较多，主要分布于胃底腺的体部和底部。细胞呈柱状，胞核圆形，近基底部，胞质呈强嗜碱性，顶部充满酶原颗粒。主细胞分泌胃蛋白酶原，经盐酸激活后转变成胃蛋白酶，可初步分解食物中的蛋白质；婴儿时期主细胞还分泌凝乳酶，可凝固乳汁，有利于乳汁的分解吸收。

壁细胞又称**泌酸细胞**,数量较少,主要分布于胃底腺的颈部和体部,细胞多呈圆锥形,胞核圆形,位于细胞中央,胞质呈嗜酸性。壁细胞分泌盐酸和内因子,盐酸有杀菌和激活胃蛋白酶原的作用,内因子可促进回肠对维生素 B_{12} 的吸收。如内因子缺乏,可致维生素 B_{12} 吸收障碍而影响红细胞生成,引起恶性贫血。

颈黏液细胞数量较少,位于胃底腺的颈部,细胞呈柱状,胞核扁圆,胞质内有黏原颗粒。颈黏液细胞可产生黏液,对胃黏膜起保护作用。

（3）黏膜肌层:由薄层平滑肌构成。

2. 黏膜下层　黏膜下层为较致密的结缔组织,含血管、淋巴管和神经丛等。

3. 肌层　胃的肌层较厚,由内斜、中环和外纵 3 层平滑肌构成。环形肌在幽门处增厚,形成**幽门括约肌**,有延缓胃内容物排空和防止肠内容物逆流至胃的作用。

4. 外膜　外膜为浆膜。

六、小肠

小肠是消化管中最长的一段,全长 5～7 m。上端起自幽门,下端接盲肠,分为十二指肠、空肠、回肠三部分。小肠是食物消化与吸收的重要器官,并具有某些内分泌功能。

（一）十二指肠

十二指肠是小肠的起始段,全长约 25 cm,呈"C"形弯曲包绕胰头,可分为上部、降部、水平部和升部四部分(图 3-17)。

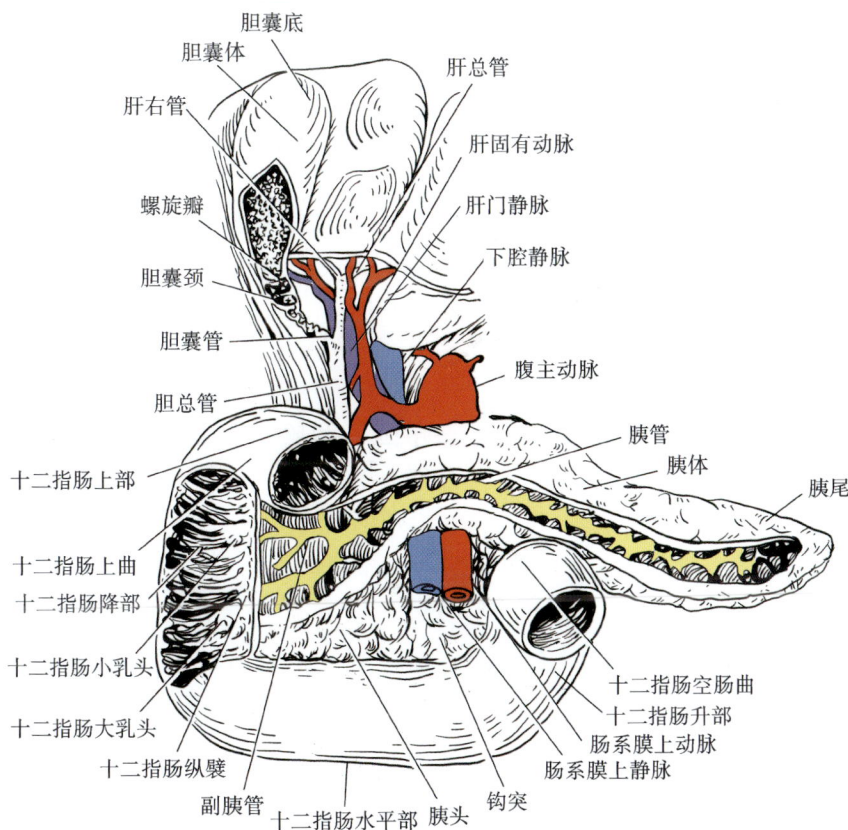

图 3-17　胆道、十二指肠和胰(前面)

1. 上部　较短,在第 1 腰椎的右侧起自幽门,水平行向右后方至肝门下方、胆囊颈的后下方,急转向下移行为降部。上部与降部转折处形成的弯曲称**十二指肠上曲**。十二指肠上部近侧与幽门相连接的一段肠管,长约 2.5 cm,其肠壁薄,管径大,黏膜面光滑平坦,无环状襞,临床上称**十二指肠球**,是十二指肠溃疡及穿孔的好发部位。

2.降部　起自十二指肠上曲,垂直下行于第 1～3 腰椎体和胰头的右侧,至第 3 腰椎体下缘平面弯向左行,移行为水平部,转折处的弯曲称**十二指肠下曲**。降部内面黏膜环状襞发达,其中份后内侧壁上有一纵行皱襞称**十二指肠纵襞**,其下端的圆形隆起称**十二指肠大乳头**,距上颌中切牙约 75 cm,是胆总管和胰管的共同开口处。部分人在大乳头上方可见到**十二指肠小乳头**,是副胰管的开口处。

3.水平部　起自十二指肠下曲,横过下腔静脉和第 3 腰椎体的前方,至腹主动脉前方第 3 腰椎体左前方,移行于升部。肠系膜上动、静脉紧贴此部前面下行,在某些情况下,肠系膜上动脉可压迫该部引起十二指肠梗阻。

4.升部　自第 3 腰椎左侧斜向左上方,至第 2 腰椎体左侧转向前下,移行为空肠。十二指肠与空肠转折处形成的弯曲称**十二指肠空肠曲**。十二指肠空肠曲借十二指肠悬肌固定于腹后壁,十二指肠悬肌和包绕于其下段表面的腹膜皱襞共同构成**十二指肠悬韧带**,又称 **Treitz 韧带**,腹部外科手术时其可作为确定空肠起始的重要标志。

(二)空肠和回肠

空肠上端连十二指肠空肠曲,**回肠**下端续盲肠,盘曲于腹腔中下部。空肠和回肠之间无明显界限,一般空肠占全长近侧的前 2/5,位于腹腔的左上部,管径较粗,管壁较厚,血管较多,颜色较红,呈粉红色,肠腔内黏膜环状襞密而高,黏膜内有许多散在的**孤立淋巴滤泡**。回肠占全长远侧的后 3/5,位于腹腔右下部,管径较细,管壁较薄,血管较少,颜色较浅,呈粉灰色,肠腔内黏膜环状襞疏而低,黏膜内除有孤立淋巴滤泡以外,还有**集合淋巴滤泡**(图 3-18)。这些淋巴滤泡具有防御功能,肠伤寒时细菌侵犯回肠集合淋巴滤泡,可致肠穿孔或肠出血。

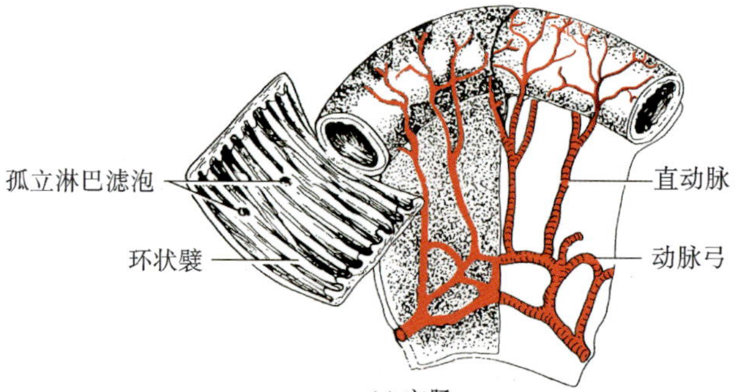

(a) 空肠

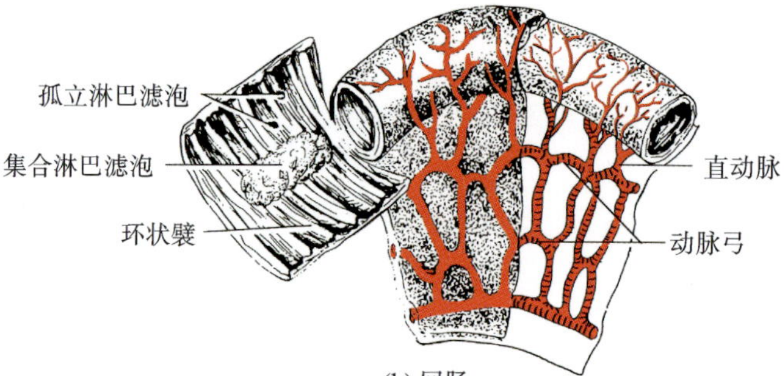

(b) 回肠

图 3-18　空肠与回肠

(三)小肠壁的组织结构(图 3-19)

1.黏膜　黏膜的结构特点是参与构成环状襞,形成绒毛和微绒毛,其固有层内有大量肠腺。

小肠的黏膜和黏膜下层共同突入肠腔,形成**环状襞**。黏膜表面粗糙不平,黏膜上皮和固有层向肠腔突出形成的指状突起,称**肠绒毛**。肠绒毛表面为单层柱状上皮,在其游离面,由上皮细胞的细胞质和细胞膜共同形成的微细突起,光镜下称**纹状缘**,电镜下称**微绒毛**。环状襞、肠绒毛和微绒毛扩大了小肠的表面积,有利于小肠充分吸收营养物质。

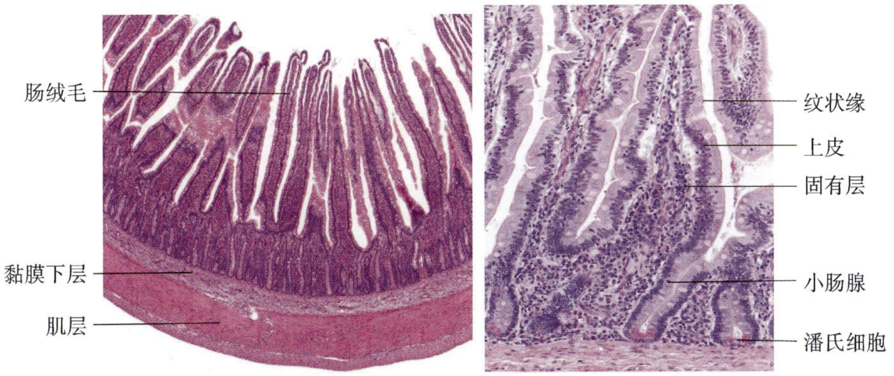

图 3-19　小肠壁的组织结构

(a) 低倍镜　　　(b) 高倍镜

(1)上皮:单层柱状上皮,由吸收细胞、杯状细胞和少量内分泌细胞组成。吸收细胞数量最多,呈高柱状,核椭圆形,位于细胞基底部,细胞游离面可见**纹状缘**,由密集而规则排列的微绒毛构成。杯状细胞散在于吸收细胞间,具有分泌黏液、润滑和保护肠黏膜的作用。从十二指肠至回肠末端,杯状细胞逐渐增多。

(2)固有层:由细密的结缔组织组成,在绒毛中轴的固有层结缔组织内有1～2条纵行的毛细淋巴管,称**中央乳糜管**。中央乳糜管管腔较大,内皮细胞间隙宽,没有基膜,通透性大,其周围有丰富的毛细血管和散在的平滑肌纤维,其收缩使肠绒毛变短,有利于淋巴和血液运行。肠腺是黏膜上皮向固有层内陷而形成的单管状腺,开口于绒毛根部之间。肠腺主要由柱状细胞、杯状细胞和**潘氏细胞**组成,其中柱状细胞数量最多,分泌多种消化酶;杯状细胞分泌黏液;潘氏细胞是小肠腺的特征性细胞,常三五成群位于肠腺底部,细胞呈锥体形,细胞核呈椭圆形,位于基底部,顶部胞质内充满粗大的嗜酸性分泌颗粒,可分泌防御素和溶菌酶等,对肠道微生物有杀灭作用。

(3)黏膜肌层:由薄层平滑肌组成。

2.黏膜下层　黏膜下层为含较多血管和淋巴管的较致密的结缔组织。十二指肠的黏膜下层内含有十二指肠腺,其分泌的碱性黏液可保护十二指肠黏膜免受酸性胃液的侵蚀。

3.肌层　由内环形、外纵行两层平滑肌组成。

4.外膜　除十二指肠的大部分为纤维膜外,其余各段均为浆膜。

七、大肠

大肠是消化管的下段,围绕于空肠、回肠的周围,全长约 1.5 m。大肠续自回肠末端,止于肛门,可分为盲肠、阑尾、结肠、直肠和肛管五部分。大肠的主要功能是吸收水分、维生素和无机盐,将食物残渣形成粪便排出体外。

结肠和盲肠具有 3 个特征性结构(图 3-20),即结肠带、结肠袋和肠脂垂。**结肠带**有 3 条,由肠壁的纵行肌增厚形成,沿大肠的纵轴平行排列,汇聚于阑尾根部;**结肠袋**是肠壁向外呈囊袋状膨出的部分;**肠脂垂**为沿结肠带两侧的脂肪组织突起。这 3 个特征性结构可作为腹部手术中识别结肠和盲肠的标志。

Note

图 3-20　结肠的特征性结构

(一)盲肠

盲肠是大肠的起始部,位于右髂窝内,长 6～8 cm,其下端为盲端,上续升结肠,左侧与回肠末端相连接。回肠末端突向盲肠的开口,称**回盲口**,此处肠壁内的环形肌增厚并覆以黏膜而形成上、下两片半月形的黏膜皱襞,称**回盲瓣**(图 3-21)。回盲瓣既可阻止小肠内容物过快地流入大肠,使食物在小肠内充分消化吸收,又可防止盲肠内容物逆流回小肠。在回盲口下方约 2 cm 处,有阑尾的开口。

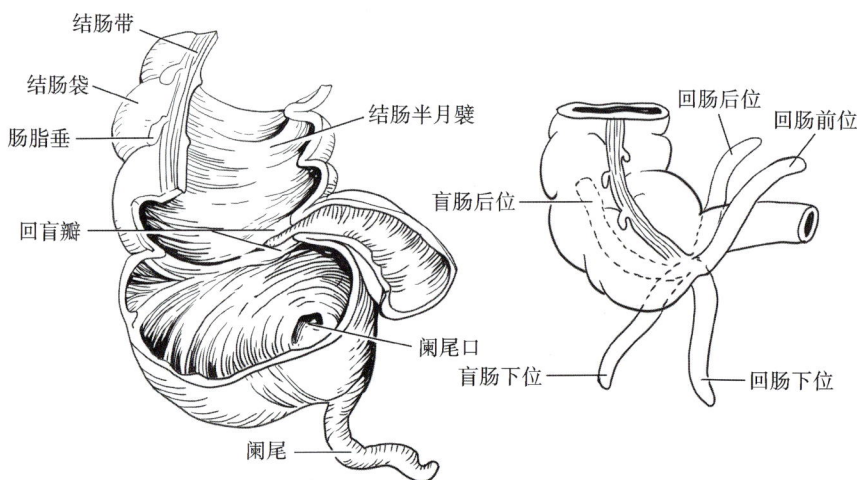

图 3-21　盲肠和阑尾

(二)阑尾

阑尾为一蚓状突起,是一条细长的盲管,连于盲肠下端的后内侧壁,远端游离,长 5～7 cm(图 3-21)。阑尾末端的位置变化较大,但根部位置较固定,3 条结肠带汇集于此,手术时可沿结肠带向下寻找阑尾。阑尾根部的体表投影,通常在脐与右髂前上棘连线的中、外 1/3 交界处,此点称**麦氏点**(McBurney 点)。急性阑尾炎时,此点常有明显的压痛和反跳痛,对临床诊断阑尾炎有重要意义。

(三)结肠

结肠介于盲肠与直肠之间,整体呈"M"形围绕在空、回肠周围,可分为升结肠、横结肠、降结肠和乙状结肠四部分(图 3-22)。

1. 升结肠　在右髂窝处起自盲肠,沿右腹侧后壁上升,至肝右叶下方转向左移行为横结肠。转折处的弯曲称**结肠右曲**或**肝曲**。

2. 横结肠　起自结肠右曲,向左横行至脾下方转折向下移行为降结肠。转折处的弯曲称**结**

肠左曲或脾曲。

3.降结肠 起自结肠左曲,沿左腹后壁向下至左髂嵴处移行为乙状结肠。

4.乙状结肠 在左髂窝内呈"乙"字形弯曲,至第3骶椎平面移行为直肠。乙状结肠借乙状结肠系膜连于骨盆侧壁,活动度较大,若系膜过长,可造成乙状结肠扭转。

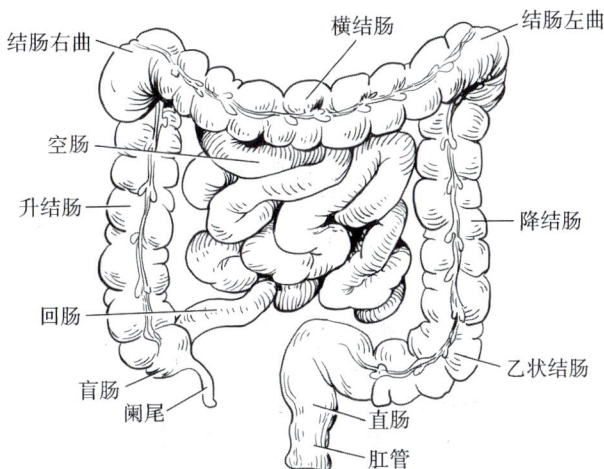

图 3-22 小肠和大肠

知识链接

先天性巨结肠

先天性巨结肠多见于乙状结肠,主要表现为受损段结肠处于麻痹状态,致使近段结肠内粪便淤积,久之造成肠壁极度扩张。这是由神经嵴细胞未能迁移至肠壁内,使肠壁内副交感神经节后神经元缺如所致。

(四)直肠

直肠位于盆腔内,全长 10~14 cm。上端在第 3 骶椎前方起自乙状结肠,沿骶骨和尾骨前面下行,穿过盆膈移行为肛管。直肠并不直,在正中矢状面上形成 2 个明显的弯曲,即**骶曲**和**会阴曲**。骶曲是直肠上段沿着骶、尾骨的前面下降形成的凸向后方的弯曲;会阴曲是直肠末段绕过尾骨尖转向后下方形成凸向前方的弯曲(图 3-23)。临床上直肠镜、乙状结肠镜检查时,应注意这些弯曲,避免损伤肠壁。

直肠下端肠腔显著膨大,称**直肠壶腹**,直肠内面有 3 个由黏膜和环形肌构成的直肠横襞。其中最大且位置恒定的一个,位于直肠壶腹稍上方的直肠右前壁上,距肛门约 7 cm,在乙状结肠镜检查中,确定肿瘤与腹膜腔的位置关系时常以该直肠横襞为标志。

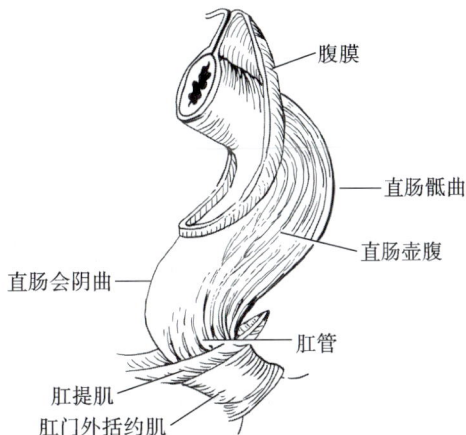

图 3-23 直肠的外形

(五)肛管

肛管是消化管的末端,长4～5 cm,位于盆膈以下,上端接续直肠,下端终于肛门(图3-24)。肛管内面有6～10条纵行的黏膜皱襞,称**肛柱**。肛柱下端彼此借半月形黏膜皱襞相连,此襞称**肛瓣**。每一肛瓣与其相邻的两个肛柱下段之间有形成开口向上的隐窝,称**肛窦**。肛窦内往往有积存粪便,感染后易致肛窦炎,严重者可形成肛门周围脓肿或肛瘘等。

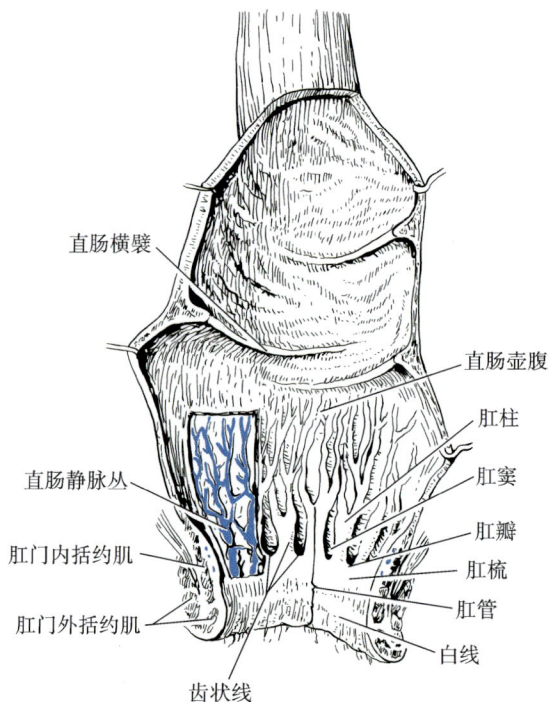

图 3-24 直肠和肛管腔面的形态

通常将连接各肛柱下端与各肛瓣边缘的锯齿状环形线称**齿状线**或**肛皮线**。齿状线以上肛管内表面为黏膜,黏膜上皮为单层柱状上皮,癌变时为腺癌;齿状线以下肛管内表面为皮肤,被覆上皮为复层扁平上皮,癌变时为鳞状细胞癌。齿状线下方有一宽约1 cm的环状区域,称**肛梳**或**痔环**。肛梳下缘有一不甚明显的环形线称**白线**,其是肛门内、外括约肌的分界处。

肛门是肛管的下口,为一前后纵行的裂孔,周围有内、外括约肌环绕。**肛门内括约肌**属平滑肌,由肠壁的环形肌在肛管上3/4段增厚而成,有协助排便的作用;**肛门外括约肌**属骨骼肌,受意识支配,有较强的控制排便作用,手术时应注意防止损伤该处肌纤维,以免导致大便失禁。肛门周围皮肤富含色素,呈暗褐色,并有汗腺(肛周腺)和丰富的皮脂腺。

知识链接

痔

肛梳部的皮下组织和肛柱部的黏膜下层内含有丰富的静脉丛,有时可因某种病理原因而形成静脉曲张,向肛管腔内突起形成痔。发生在齿状线以上的痔称内痔,发生在齿状线以下的称外痔,跨越于齿状线上、下的称混合痔。由于神经的分布不同,所以内痔者不疼,而外痔者常感疼痛。

Note

第三节 消 化 腺

消化腺除唾液腺、胃腺、肠腺外,主要有肝和胰,消化腺的主要功能是分泌消化液,参与食物消化。

一、肝

肝是人体最大的消化腺,具有分泌胆汁、参与代谢、储存糖原、解毒和吞噬防御等功能,在胚胎时期还有造血功能。我国成人肝的重量,男性平均为 1300 g,女性平均为 1200 g。

(一)肝的形态

肝的血管丰富,呈红褐色,质软而脆,受暴力打击时易破裂出血。肝呈楔形,通常分为前、后两缘和上、下两面。肝的前缘锐利,后缘圆钝。肝的上面膨凸,与膈相接触,称为**膈面**,膈面的前部借镰状韧带分为厚而大的**肝右叶**和薄而小的**肝左叶**。膈面的后部没有腹膜被覆的部分称为**裸区**。在下腔静脉前壁有数条肝静脉开口,此处称为**第二肝门**。肝的下面凹陷与腹腔脏器邻接,称为**脏面**,脏面有近似"H"形的沟,左纵沟窄而深,其前部是**肝圆韧带**,为胎儿时期脐静脉闭锁后的遗迹;后部是**静脉韧带**,为胎儿时期静脉导管的遗迹。右纵沟宽而浅,其前部为一浅窝,容纳胆囊,称为**胆囊窝**。后部为**腔静脉沟**,有下腔静脉通过。横沟称为**肝门**,是肝管、肝固有动脉、肝门静脉和神经等出入之处,这些结构被结缔组织包绕,共同构成**肝蒂**。肝的脏面借"H"形的沟分为四叶,左纵沟的左侧为**肝左叶**;右纵沟的右侧为**肝右叶**;左、右纵沟之间、横沟的前方为**方叶**;横沟后方为**尾叶**(图 3-25 和图 3-26)。

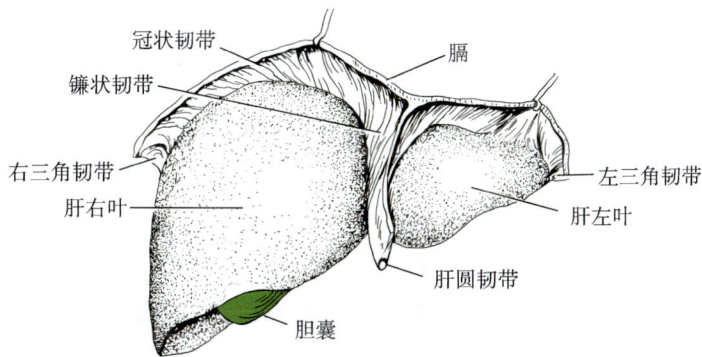

图 3-25 肝的膈面

冠状韧带
膈
镰状韧带
右三角韧带
左三角韧带
肝右叶
肝左叶
肝圆韧带
胆囊

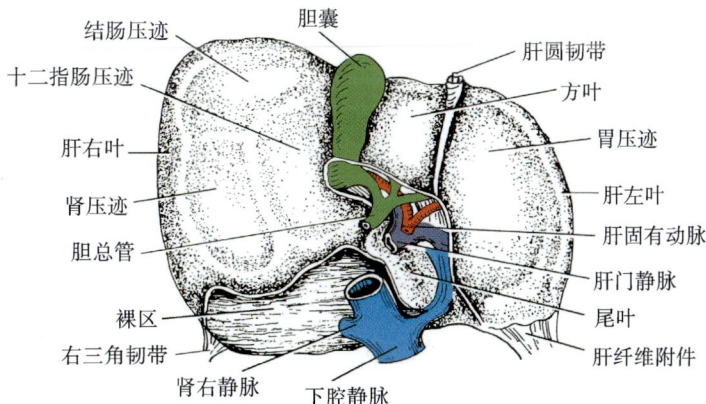

图 3-26 肝的脏面

结肠压迹
胆囊
肝圆韧带
十二指肠压迹
方叶
肝右叶
胃压迹
肾压迹
肝左叶
胆总管
肝固有动脉
裸区
肝门静脉
右三角韧带
尾叶
肾右静脉
肝纤维附件
下腔静脉

(二)肝的位置

肝大部分位于右季肋区及腹上区,小部分位于左季肋区,肝大部分被胸廓掩盖,仅在腹上区左、右肋弓之间直接与腹前壁接触。

肝的上界与膈穹隆一致,其右侧最高点在右锁骨中线与第 5 肋的交点处,左侧相当于左锁骨中线与第 5 肋间隙的交点。成人肝下界即肝下缘,右侧与右肋弓一致,在腹上区位置较低,可达剑突下 3～5 cm。7 岁以下的儿童,肝下界可超出肋弓下缘 2 cm 以内。肝的位置可随膈的运动而上、下移动,平静呼吸时肝可上、下移动 2～3 cm。

(三)肝的组织结构

肝的表面大部分有浆膜覆盖,肝门处的结缔组织随血管、神经、肝管等伸入肝内,将肝实质分隔成许多肝小叶(图 3-27)。

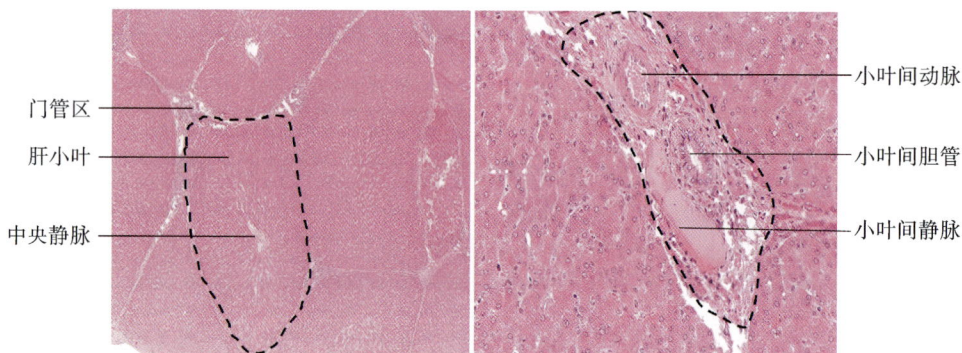

图 3-27　肝的组织结构

1. 肝小叶　肝小叶是肝结构和功能的基本单位,呈多面棱柱体,主要由肝细胞组成。成人肝有 50 万～100 万个肝小叶。肝小叶以结缔组织分隔,人的肝小叶结缔组织很少,故肝小叶分界不明显。肝小叶的中央有一条沿其长轴走行的**中央静脉**,围绕中央静脉向周围呈放射状排列的凹凸不平的板状结构称**肝板**,其断面呈索状故称**肝索**。相邻肝细胞之间有胆小管,肝板之间有肝血窦。

(1)**肝细胞**:构成肝实质的主要细胞。肝细胞呈多边形,体积较大,核圆形,位于细胞中央,核仁明显。肝细胞内含有各种细胞器,线粒体为肝细胞功能活动提供能量;粗面内质网成群分布,能合成多种蛋白质,如血浆中的白蛋白、纤维蛋白原等;滑面内质网具有合成胆汁、参与脂肪代谢、解毒及代谢固醇类激素等功能;溶酶体是细胞的消化器,能消化分解肝细胞吞饮的物质,对肝细胞结构的更新和正常功能的维持起着重要的作用;高尔基复合体很发达,与肝细胞的分泌密切相关。另外,肝细胞内还含有糖原、脂肪滴。

(2)**肝血窦**:位于肝板之间的不规则腔隙,连接成网状管道,其内充满血液。窦壁由内皮细胞构成,内皮细胞有孔,之间有较大的间隙,内皮外面无基膜,因此肝血窦壁的通透性较大,有利于肝细胞与血液之间的物质交换。肝血窦内有散在的多突起**肝巨噬细胞(库普弗细胞,Kupffer cell)**,此细胞具有很强的吞噬能力,能吞噬血中的异物(细菌和衰老的红细胞等),是很重要的防御装置。肝血窦的血液来自肝固有动脉和肝门静脉,血液在肝血窦内从小叶的周边流向中央,汇入中央静脉。

(3)**窦周隙**:又称狄氏腔(Disse cavity),其是肝细胞与肝血窦内皮细胞之间的狭窄间隙,只能在电镜下观察。其内充满来自血窦的血浆,肝细胞血窦面上的微绒毛浸于其中,是肝细胞与血液之间进行物质交换的场所。窦周隙内有散在的贮脂细胞,主要功能是贮存脂肪和维生素 A。

(4)**胆小管**:位于相邻肝细胞之间局部细胞膜凹陷形成的微细小管,彼此吻合成网状。肝细胞分泌的胆汁,直接进入胆小管。胆小管以盲端起自中央静脉附近,呈放射状通向肝小叶周围,然后出肝小叶汇集成小叶间胆管。

2. 门管区 在几个相邻的肝小叶之间的区域,结缔组织较多,内有小叶间胆管、小叶间动脉和小叶间静脉通过,此区称为**门管区**。小叶间胆管是胆小管出肝小叶后汇集而成的小管,管壁为单层立方上皮,管径小;小叶间动脉是肝固有动脉的分支,管壁厚,管径小,由内皮细胞和少量环形平滑肌组成;小叶间静脉是肝门静脉在肝内的分支,管腔大,管壁甚薄。小叶间动脉、静脉在肝小叶的边缘分支与肝血窦相通。

3. 肝内的血液循环 肝有两套血管,血液供应丰富,门静脉是肝的功能性血管,将胃肠吸收的营养物质送入肝内供肝细胞代谢和转化;肝固有动脉含氧量高,是肝的营养血管。出肝的是肝静脉。血液在肝的循环途径如下:

$$\left.\begin{array}{l}\text{肝门静脉}\rightarrow\text{小叶间静脉}\\\text{肝固有动脉}\rightarrow\text{小叶间动脉}\end{array}\right\}\text{肝血窦}\rightarrow\text{中央静脉}\rightarrow\text{小叶下静脉}\rightarrow\text{肝静脉}$$

二、胆囊和输胆管道

1. 胆囊 位于肝脏面的胆囊窝内,具有贮存和浓缩胆汁的功能,容积为 $40\sim60$ mL。上面借结缔组织与肝相连,下面游离,与横结肠的起始部和十二指肠上段相邻。

胆囊呈梨形,可分为胆囊底、胆囊体、胆囊颈和胆囊管四部分(图 3-28)。胆囊前端圆钝称**胆囊底**,中间膨大称**胆囊体**,后端变细称**胆囊颈**,胆囊颈移行为**胆囊管**。胆囊管长 $3\sim4$ cm,直径约 0.3 cm。胆囊内衬有黏膜,胆囊颈和胆囊管的黏膜形成**螺旋襞**,有控制胆汁出入的作用。胆囊管、肝总管和肝的脏面围成的三角区称为**胆囊三角**,其是胆囊手术中寻找胆囊动脉的标志。胆囊底常露于肝的前缘,并与腹前壁相贴,其体表投影在右锁骨中线与右肋弓交点处。胆囊炎时,此处常出现压痛。

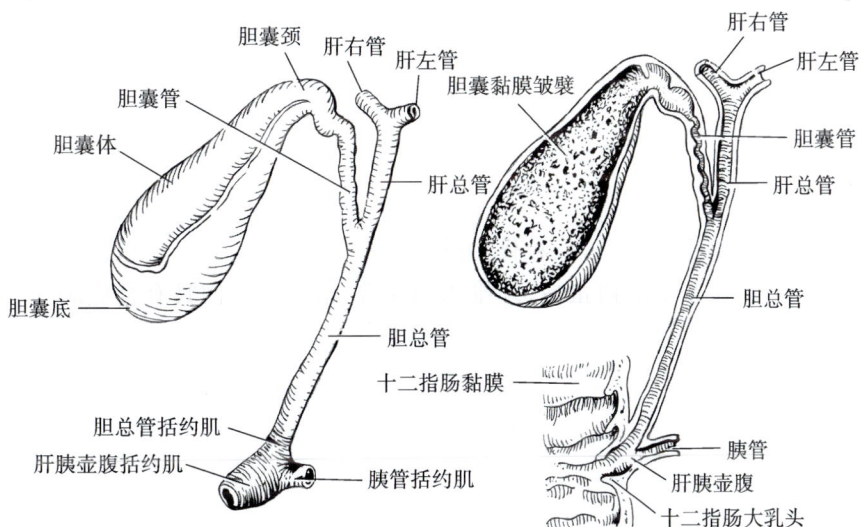

图 3-28 胆囊及输胆管道

知识链接

胆囊炎

胆囊炎是由胆囊结石或其他原因引起的在胆囊内发生炎症反应的疾病,包括急性胆囊炎和慢性胆囊炎。该疾病主要是由胆道梗阻、胆汁淤积引起的感染,胆道结石是导致胆道梗阻的主要原因。胆囊炎是一种常见的消化系统疾病,发病高风险人群主要为中老年人,并与性别、饮食习惯等因素有关。

2. 输胆管道　简称胆道,是将胆汁输送到十二指肠的管道,可分为肝内和肝外两部分。肝内部分包括胆小管和小叶间胆管,肝外部分由肝左管、肝右管、肝总管、胆囊管和胆总管组成。肝内胆小管先合成小叶间胆管,以后逐渐汇合,最后分别形成肝左管和肝右管,两管出肝门后合成肝总管,肝总管下行与胆囊管汇合成胆总管(图 3-28)。

胆总管长 4~8 cm,直径 6~8 mm,在十二指肠韧带游离缘内下行,经十二指肠上部后方至十二指肠降部与胰头之间,斜穿十二指肠降部中份后内侧壁,在此与胰管汇合成**肝胰壶腹**,开口于十二指肠大乳头。在肝胰壶腹周围及胆总管、胰管的末端,有增厚的环形平滑肌,而形成肝胰壶腹括约肌(Oddi 括约肌)。肝胰壶腹括约肌的收缩和舒张,可控制胆汁和胰液的排出。

胆汁的排出途径:

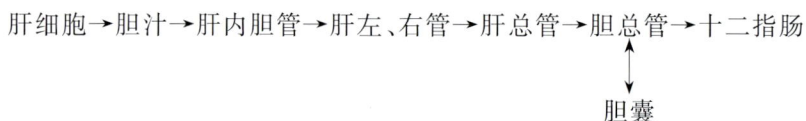

$$肝细胞 \rightarrow 胆汁 \rightarrow 肝内胆管 \rightarrow 肝左、右管 \rightarrow 肝总管 \rightarrow 胆总管 \rightarrow 十二指肠$$

$$\uparrow$$

$$胆囊$$

三、胰

胰是人体第二大消化腺,可分泌胰液,在消化过程中发挥重要作用;胰同时还可分泌多种激素,参与糖代谢的调节。

(一)胰的位置和形态

胰位于胃的后方,于第 1~2 腰椎水平横贴于腹后壁,前面有腹膜被覆,后借结缔组织连于腹后壁。

胰呈长条形,质软,灰红色,可分为头、体、尾三部分。胰右端膨大称为**胰头**,被十二指肠环绕;中间呈棱柱状称为**胰体**;左端细小伸入脾门称为**胰尾**。在胰的实质内,有一条贯穿胰的全长、沿胰尾向右行的输出管,称为**胰管**,它与胆总管汇合成肝胰壶腹,开口于十二指肠大乳头。胰管上方常有一条**副胰管**,开口于十二指肠小乳头。

(二)胰的组织结构

胰的表面覆有薄层结缔组织被膜并伸入胰实质分隔成许多小叶。胰实质由外分泌部和内分泌部组成(图 3-29)。

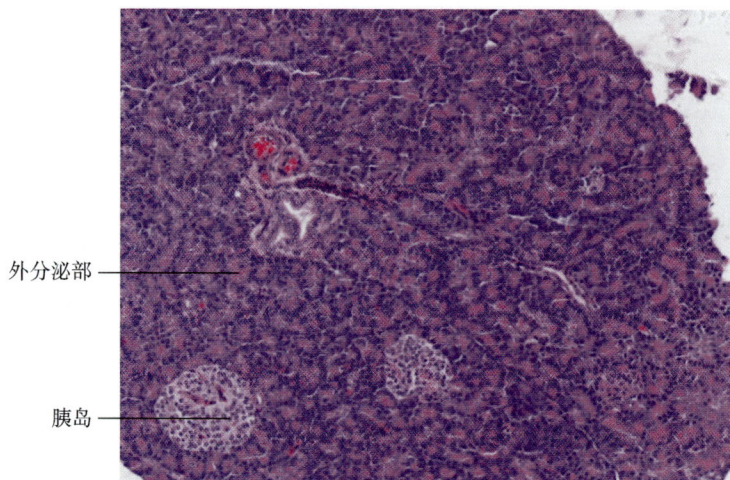

图 3-29　胰的组织结构

1. 外分泌部 外分泌部占胰实质大部分,由腺泡和导管两部分组成。腺泡由浆液性腺细胞构成,细胞呈锥体形,核圆形,位于基底部。导管始于腺泡腔,由单层扁平上皮或低立方上皮构成,逐级汇合形成胰管。外分泌部分泌胰液,胰液含多种酶,排入十二指肠,参与糖、脂肪、蛋白质的消化。

2. 内分泌部 内分泌部又称**胰岛**,是散在于腺泡之间大小不等的细胞团。胰岛主要有 A 细胞、B 细胞和 D 细胞三种内分泌细胞。**A 细胞**分布在胰岛外周,约占总数的 20%,分泌**胰高血糖素**,可促进糖原分解,使血糖增高。**B 细胞**分布于胰岛中央,占总数的 75% 左右,分泌**胰岛素**,可促进血糖转化为糖原,使血糖降低。**D 细胞**最少,散在于 A、B 细胞之间,约占总数的 5%,分泌生长抑素,以调节 A、B 两种细胞的分泌活动。

小 结

消化系统包括消化管和消化腺两部分,其基本功能是摄取食物,吸收营养物质,最后将食物残渣以粪便的形式排出体外。

消化管壁(除口腔和咽外)由内向外依次为黏膜、黏膜下层、肌层和外膜。口腔为消化管的起始部,内含牙、舌和唾液腺等结构。咽是呼吸道和消化道的共同通道,分为鼻咽、口咽和喉咽三部分。食管分为颈部、胸部和腹部三部分,全长有 3 处狭窄。胃可分为贲门部、胃底部、胃体部和幽门部四部分。小肠分为十二指肠、空肠和回肠三部分,十二指肠分为上部、降部、水平部和升部四部分,空肠和回肠是食物消化和吸收的主要场所,其结构特点是有环状襞、肠绒毛和微绒毛。大肠分为盲肠、阑尾、结肠、直肠和肛管五部分,其中盲肠和结肠具有结肠带、结肠袋和肠脂垂 3 种特征性结构。结肠分为升结肠、横结肠、降结肠和乙状结肠四部分。直肠位于盆腔内,在矢状面上有骶曲和会阴曲两个弯曲。肛管是消化管的末端,终止于肛门。

肝是人体最大的消化腺,具有分泌胆汁、参与代谢、贮存糖原、解毒和吞噬防御等功能。肝有上、下两面和前、后两缘。肝小叶是肝结构和功能的基本单位,每个肝小叶中央有一条中央静脉,肝板、肝血窦、窦周隙及胆小管以中央静脉为中轴,组成肝小叶的复杂构型。胆囊位于肝脏面的胆囊窝内,分为底、体、颈、管四部分,有贮存和浓缩胆汁的作用。胆道分肝内胆道和肝外胆道两部分,最终开口于十二指肠大乳头。胰位于胃的后方,分头、体、尾三部分,由外分泌部和内分泌部构成,外分泌部分泌胰液,内分泌部分泌多种激素。

(侯良绢 秦道静)

思政课堂

目标检测

Note

第四章　呼　吸　系　统

学习目标

知识目标：

1.描述呼吸系统的组成,喉肌的作用,喉腔的围成,气管的位置,肺内各级支气管的组成,肺和胸膜的体表投影,胸膜的分部,纵隔的境界和分区。

2.识别鼻腔的分部及固有鼻腔的结构,喉的位置,喉腔的结构和分部,气管的结构和分部,气管权和气管隆嵴的位置,肺的形态、分叶和结构,胸膜、胸膜腔和肋膈隐窝的位置,纵隔的内容。

3.解释上呼吸道、下呼吸道、鼻旁窦、蝶筛隐窝、前庭襞、声襞、前庭裂、声门裂、支气管树、肺门、肺段、胸膜、胸膜腔、胸膜隐窝、纵隔的概念。

4.比较四对鼻旁窦的位置及开口位置,四种喉软骨的形态,左、右主支气管的形态,左、右肺的形态和分叶,肺下界和胸膜下界的位置。

能力目标：

1.会观察辨认鼻、咽、喉、气管、主支气管、肺、胸膜和纵隔的形态和结构,确认其位置。

2.能运用喉的结构的知识、肺段支气管和支气管肺段的知识、胸膜和胸膜腔解剖的知识分析临床病例,能运用呼吸系统的解剖知识指导临床实践工作。

素质目标：

1.具有尊重生命、敬畏生命、感恩奉献、救死扶伤、不辞艰辛、执着追求的精神。

2.弘扬严谨认真、爱岗敬业的职业精神和追求卓越的创新精神。

呼吸系统由呼吸道和肺组成。**呼吸道**包括鼻、咽、喉、气管和左、右支气管及肺内各级支气管。临床上通常将鼻、咽、喉称为**上呼吸道**,将气管和左、右支气管及肺内各级支气管称为**下呼吸道**(图4-1)。**肺**由**肺实质**(包括肺内各级支气管和肺泡)及**肺间质**(包括结缔组织、血管、淋巴管和神经等)组成,表面被胸膜包裹。呼吸系统的主要功能是进行气体交换,即吸入氧气、呼出二氧化碳,此外,还有发音、产生嗅觉、内分泌、协助静脉血回流入心等功能。

案例 4-1

患者,女,72岁,因"反复咳嗽、咳痰伴痰中带血7天"入院。患者7天前受凉后出现咳嗽、咳痰,伴痰中带血,痰为白色黏痰,量中,易咳出,自服感冒颗粒,3天后在社区医院经头孢类抗生素治疗3天未缓解。

查体:T 36.4 ℃,P 70次/分,R 19次/分,BP 120/70 mmHg,双肺呼吸音粗,右肺可闻及干、湿啰音。

检查:血常规、血沉、凝血、血气、肿瘤标志物均正常,痰培养＋涂片、痰脱落细胞学、肺泡灌洗液涂片＋培养检查和结核菌基因扩增直接试验均为阴性。

CT检查示:右肺下叶胸膜下见团状实变影,右下肺见大片状边缘模糊渗出影,内见支气管充

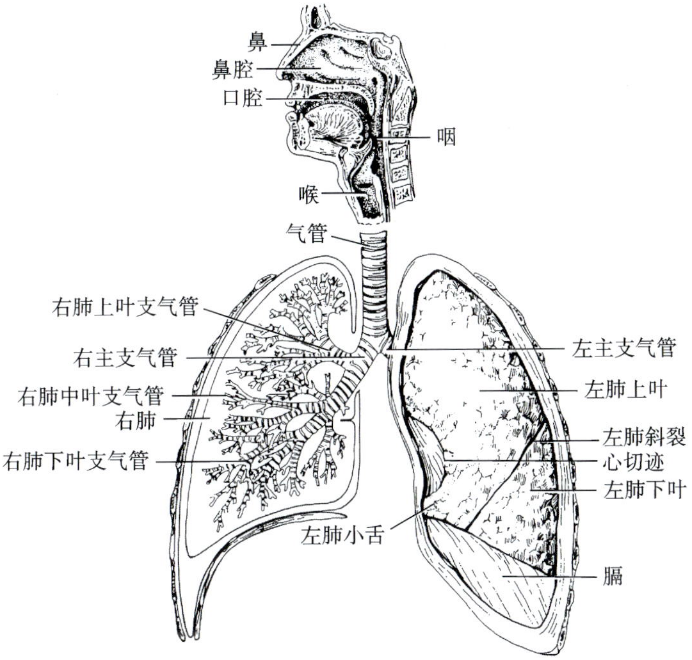

图 4-1　呼吸系统概观

气征,右侧胸腔少量积液。行经皮肺穿刺活检术,病理检查诊断为机化性肺炎。

临床诊断:大叶性肺炎。

问题:

1.右肺分为几叶?

2.胸膜分为哪几部分?

第一节　呼　吸　道

一、鼻

鼻是呼吸道的起始部,具有嗅觉、调节吸入空气的温度和湿度、产生共鸣和辅助发音等功能。鼻包括外鼻、鼻腔和鼻旁窦三部分。

(一)外鼻

外鼻位于面部中央,似锥形,以鼻骨和鼻软骨为支架,外被皮肤和少量皮下组织,内衬黏膜,分为骨部和软骨部。软骨部的皮肤因富含皮脂腺和汗腺,发生炎症时可出现疼痛,常为疖肿的好发部位。外鼻上端较狭窄,与额部相连,称鼻根,向下延续为鼻背,末端称鼻尖,鼻尖向两侧扩大呈半球形隆起称鼻翼,当呼吸困难时,可出现鼻翼扇动。鼻翼向外下方到口角之间的浅沟称鼻唇沟。如出现面肌瘫痪,可出现患侧鼻唇沟变浅或消失。

(二)鼻腔

鼻腔以骨和软骨为基础,内面被覆黏膜和皮肤而构成,被鼻中隔分为左、右两部分。鼻腔向前借鼻孔与外界相通,向后经鼻后孔通鼻咽部。每侧鼻腔以鼻阈为界分为鼻前庭和固有鼻腔两部分。

1.鼻前庭 位于鼻腔的前下部,相当于鼻翼所遮盖部分,内面衬以皮肤,并生有鼻毛,可过滤空气和阻挡异物。鼻前庭处缺乏皮下组织且富有皮脂腺和汗腺,故是疖肿的好发部位,发病时疼痛较为剧烈。

2.固有鼻腔 位于鼻腔的后上部,是鼻腔的主要部分,内面被覆黏膜。鼻腔底即口腔顶由腭构成;顶为颅前窝的底,当颅前窝骨折时,脑脊液或血液可经鼻腔流出;内侧壁为鼻中隔,由筛骨垂直板、犁骨和鼻中隔软骨覆以黏膜构成;鼻腔外侧壁的形态不规则,有 3 个鼻甲突向鼻腔,自上而下依次为上鼻甲、中鼻甲和下鼻甲。各鼻甲下方的裂隙分别称为上鼻道、中鼻道和下鼻道,上鼻甲后上方与蝶骨体之间的凹陷称蝶筛隐窝(图 4-2)。

图 4-2 鼻腔外侧壁

固有鼻腔的黏膜根据结构和功能的不同分为嗅区和呼吸区两部分。**嗅区**位于上鼻甲内侧面以及与其相对应的鼻中隔上部黏膜,活体呈苍白色或淡黄色,内含嗅细胞,具有嗅觉功能。**呼吸区**范围较大,是固有鼻腔黏膜覆盖的除嗅区以外的部分,活体呈淡红色,黏膜内含有丰富的静脉丛和腺体,能产生分泌物,对吸入的空气起湿润、温暖及净化的作用。鼻中隔前下部的黏膜内有丰富的血管丛,受外伤或干燥空气刺激时血管易破裂出血,故称为**易出血区**。

(三)鼻旁窦

鼻旁窦是鼻腔周围颅骨内的含气空腔,内衬黏膜,能调节吸入空气的温度和湿度,并对发音起共鸣作用,又称**副鼻窦**。鼻旁窦有 4 对,即额窦、上颌窦、筛窦、蝶窦,分别位于其同名颅骨内(图 4-3 和图 4-4)。**额窦**位于额骨眉弓内侧深面,左、右各一,开口于中鼻道;**筛窦**为位于筛骨迷路内筛窦小房的总称,分前、中、后三群,前、中群开口于中鼻道,后群开口于上鼻道;**蝶窦**位于蝶骨体内,开口于蝶筛隐窝;**上颌窦**位于上颌骨体内,呈锥形,是鼻旁窦中最大的一对,开口于中鼻道。

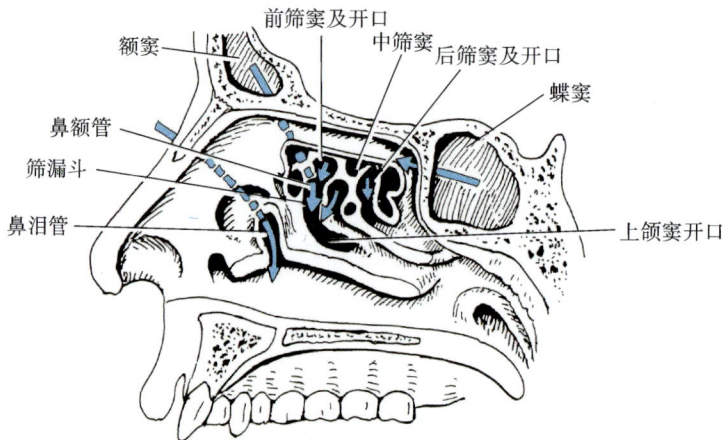

图 4-3 鼻旁窦及其开口

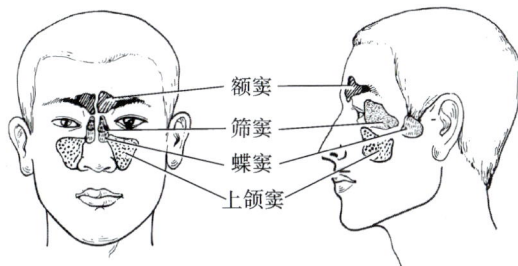

图 4-4　鼻旁窦的体表投影

知识链接

鼻窦炎

　　发生在鼻旁窦的炎症称为鼻窦炎。上颌窦是鼻旁窦中最大的一对。由于上颌窦的窦口高于窦底,所以当上颌窦发生化脓性炎症时,常出现引流不畅。上颌窦窦腔大,窦底邻近上颌的磨牙牙根,此处骨质薄弱,牙根感染常波及上颌窦,引起牙源性上颌窦炎。因此,临床上鼻窦炎以上颌窦炎最为多见。

二、咽

详见消化系统。

三、喉

喉是呼吸和发音的器官,主要由喉软骨和喉肌构成。

(一)喉的位置

喉位于颈前部中份正中,上借甲状舌骨膜与舌骨相连,下接气管。成人的喉相当于第 4～6 颈椎的高度,女性略高于男性,小儿略高于成人。喉前面被皮肤、筋膜和舌骨下肌群覆盖,后面是咽腔喉部,两侧有颈部的大血管、神经及甲状腺侧叶。由于喉与舌骨和咽紧密连结,故喉可随吞咽而上下移动。

(二)喉的结构

喉是复杂的中空性器官,以喉软骨为支架,借关节、韧带与肌肉连结,内衬黏膜。

1.喉软骨　包括不成对的甲状软骨、环状软骨、会厌软骨和成对的杓状软骨(图 4-5)。

(1)**甲状软骨**:最大的喉软骨,位于舌骨与环状软骨之间,构成喉的前外侧壁,由左、右两块甲状软骨板构成。两板在前方愈着形成前角,前角的上端为**喉结**,成年男性明显,为男性第二性征。两板后缘游离,向上、下各形成一对突起,分别称**上角**和**下角**。上角借韧带与舌骨大角相连,下角与环状软骨构成关节。

(2)**环状软骨**:位于甲状软骨的下方,下接气管,呈环形,构成喉的底座。其前部低而窄称**环状软骨弓**,后部宽而高称**环状软骨板**。环状软骨弓平对第 6 颈椎,是颈部重要的体表标志。环状软骨是喉软骨中唯一完整的软骨环,可维持呼吸道通畅,若损伤将造成喉狭窄。

(3)**会厌软骨**:位于舌骨体后方,上宽下窄形似树叶。上端游离,下端借韧带连于甲状软骨前角的后面。会厌软骨具有较高的弹性,外覆黏膜形成会厌。吞咽时喉上提并向前移动,会厌封闭

微课
喉

103

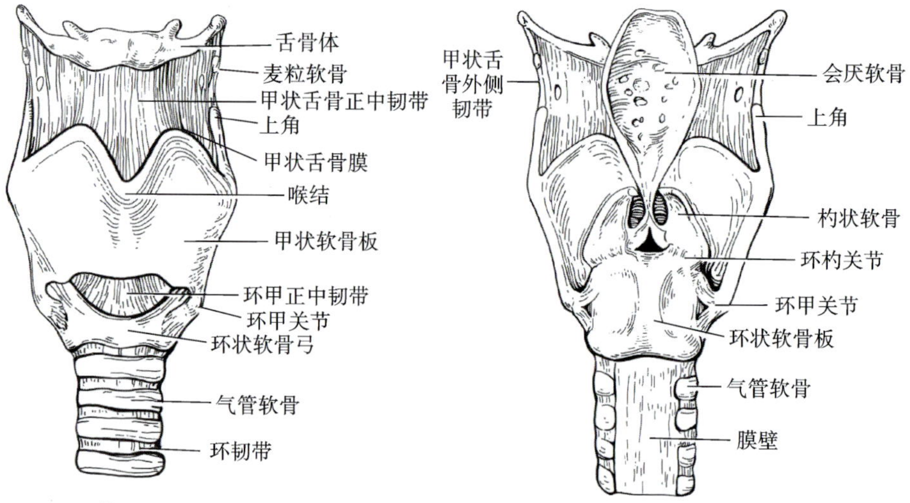

图 4-5　喉软骨及其连结

（a）前面观　　　　　　　　　　（b）后面观

喉口,防止食物入喉并引导其进入咽。

（4）**杓状软骨**:成对,位于环状软骨板的上方,中线两侧。形似三棱锥形,尖向上,底朝下,由底向前伸出的突起有声韧带附着,称**声带突**,向外侧伸出的突起有喉肌附着,称**肌突**。

2.喉软骨的连结　喉软骨的连结包括关节和膜性连结两种。关节有环甲关节和环杓关节,膜性连结主要有弹性圆锥和甲状舌骨膜(图4-5)。

（1）**环甲关节**:由环状软骨侧方关节面和甲状软骨下角构成。甲状软骨在冠状轴上可做前倾和复位运动,前倾时声带紧张,复位时声带松弛。

（2）**环杓关节**:由环状软骨板上缘的关节面和杓状软骨底的关节面构成。杓状软骨可沿此关节在垂直轴上做旋转运动,使声带突向内、外侧转动,因而能缩小和开大声门。

（3）**弹性圆锥**:喉腔内呈圆锥形的弹性结缔组织膜,又称**环甲膜**,起自甲状软骨前角的后面,向下向后附于环状软骨上缘和杓状软骨声带突。此膜上缘游离,紧张于甲状软骨前角与杓状软骨声带突之间,称**声韧带**,声韧带连同声带肌及覆盖于其表面的喉黏膜一起称**声带**,是发音的主要结构。

弹性圆锥前部较厚,位于甲状软骨下缘与环状软骨弓上缘之间,称**环甲正中韧带**,体表易于触及,当发生急性喉梗死时可在此行穿刺或切开,建立临时通道,以抢救患者生命。

（4）**甲状舌骨膜**:连接于甲状软骨上缘与舌骨之间的结缔组织膜。

3.喉肌　喉肌是发音的动力器官,属于横纹肌,按功能不同可分为两群:一群作用于环甲关节,使声带紧张或松弛;另一群作用于环杓关节,使声门裂、喉口开大或缩小。喉肌的运动可控制发音的强弱,调节音调的高低,主要有环甲肌、环杓后肌、环杓侧肌、甲杓肌等。

（三）喉腔

喉腔是由喉软骨、韧带、纤维膜、喉肌和喉黏膜等共同围成的管腔,向上经喉口通喉咽,向下通支气管和肺。**喉口**是喉腔的上口,朝向后上方,由会厌上缘、杓会厌襞和杓间切迹围成。喉腔中部的侧壁上有上、下两对黏膜皱襞,上方为**前庭襞**,在活体上呈粉红色,两侧前庭襞间的裂隙称为**前庭裂**;下方为**声襞**,比前庭襞更为突向喉腔,在活体上颜色较白,两侧声襞间的裂隙称为**声门裂**,是喉腔中最狭窄的部位。

喉腔借前庭裂和声门裂分为三部分:①喉口至前庭裂之间的部分称**喉前庭**;②前庭裂和声门

裂之间的部分称**喉中间腔**,是喉腔中容积最小的部分,喉中间腔向两侧突出的隐窝称**喉室**;③声门裂至环状软骨下缘之间的部分称**声门下腔**,此区黏膜下组织比较疏松,故炎症时易引起水肿,婴幼儿因其喉腔窄小,水肿时易引起喉腔阻塞,出现呼吸困难。

四、气管与主支气管

气管与主支气管是连于喉与两肺之间的通气管道(图 4-6)。

(一)气管

气管为后壁略扁的圆筒状管道,上端在第 6 颈椎下缘平面接环状软骨,经颈前部正中下行入胸腔,在胸骨角平面(第 4 胸椎体下缘水平)分为左、右主支气管,分叉处称**气管杈**,在气管杈内面有一凸向上的半月状嵴,称**气管隆嵴**,气管隆嵴常偏向左侧,是做支气管镜检查时重要的定位标志(图 4-6)。

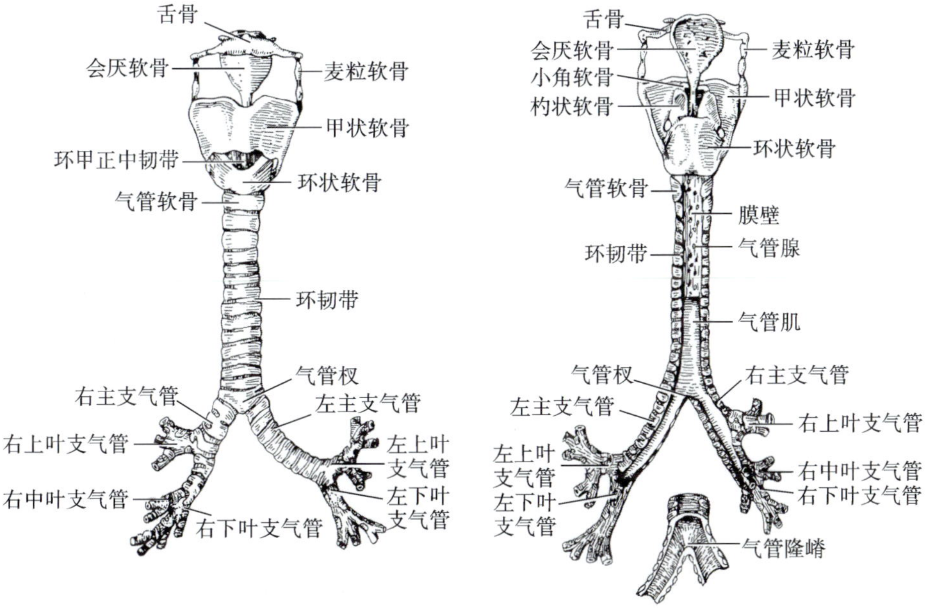

(a) 前面观   (b) 后面观

图 4-6 气管及主支气管

气管由 14～17 个呈"C"形、缺口向后的透明软骨环以及连接各软骨之间的平滑肌和结缔组织构成,内衬黏膜。气管软骨环后面的缺口由结缔组织膜封闭,称**膜壁**,有利于食管的吞咽动作。气管根据行程和位置,可分为颈部和胸部。颈部位于颈部正中,位置表浅,可在体表触及。在第 2～4 气管软骨环前方有甲状腺峡横过,两侧有甲状腺侧叶相贴,下部与颈总动脉及颈动脉鞘相邻,后方紧邻食管。临床上急性喉阻塞时常在第 3～5 气管软骨环处进行气管切开术。胸部位于上纵隔内,两侧胸膜腔之间,前面与胸骨柄之间有胸腺和大血管,后面与食管相邻。

知识链接

气管切开术

临床上急性喉阻塞时常在第 3～5 气管软骨环处进行气管切开术。气管切开时经过的层次由浅入深依次为皮肤、浅筋膜、深筋膜、舌骨下肌群、颈筋膜气管前层(气管前筋膜)和气管软骨环。在第 2～4 气管软骨环前方有甲状腺峡横过,其下部有甲状腺下静脉、甲状腺奇静脉丛，小儿还可能有胸腺、左头臂静脉甚至主动脉弓越过气管颈部，因此小儿行低位气管切开时需特别注意。在气管颈部上份的两侧有甲状腺侧叶相贴，下部与颈总动脉及颈动脉鞘相邻，后方紧邻食管，二者之间两侧的沟内有喉返神经，故在行气管切开术时不可偏离中线且不宜切得过深，以防损伤食管、血管和神经。

(二)主支气管

主支气管是由气管分出的第一级支气管，包括左主支气管和右主支气管(图 4-6)。左主支气管细而长，平均长 4～5 cm，通常有 7～8 个软骨环，走行较倾斜，经左肺门入左肺；右主支气管粗而短，平均长 2～3 cm，通常有 3～4 个软骨环，走行较陡直，经右肺门入右肺。临床上气管异物容易坠入右主支气管。

(三)气管与主支气管的组织结构

气管与主支气管的组织结构大致相同，管壁自内向外由黏膜、黏膜下层和外膜构成(图 4-7)。

1.黏膜 由上皮和固有层构成。上皮为假复层纤毛柱状上皮，由纤毛细胞、杯状细胞、基细胞、刷细胞等组成；固有层由结缔组织构成，内含弹性纤维、小血管、腺导管和淋巴组织。

2.黏膜下层 由疏松结缔组织构成，内有血管、淋巴管、神经及较多的混合腺。混合腺和杯状细胞分泌的黏液，覆盖在上皮的游离面，可黏附吸入的空气中的灰尘和细菌，经纤毛有规律地摆动，将黏附物排出。

3.外膜 由"C"形透明软骨和疏松结缔组织构成，软骨后面的缺口处，有横行的平滑肌束和结缔组织。

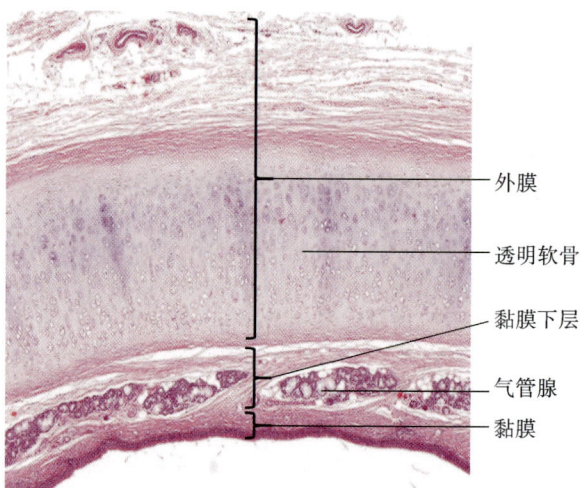

图 4-7　气管壁的组织结构

外膜
透明软骨
黏膜下层
气管腺
黏膜

第二节　肺

一、肺的位置和形态

(一)肺的位置

肺位于胸腔内，膈的上方，纵隔的两侧，左、右各一。由于膈的右侧较左侧为高以及心脏位置偏左,右肺因肝的影响而位置较高,外形较宽短,左肺因心的位置偏左而较狭长。

(二)肺的形态

肺质软而轻,呈海绵状,富有弹性,肺的表面覆以脏胸膜,光滑、湿润、有光泽。幼儿的肺呈淡红色,随着年龄增长和吸入空气中的尘埃沉积增多,肺的颜色逐渐变为灰暗色或蓝黑色,部分可呈棕黑色斑,吸烟者尤甚。

肺呈圆锥形,包括一尖、一底、两面和三缘(图 4-8)。**肺尖**是肺的上端,钝圆,经胸廓上口突至颈根部,高出锁骨内侧 1/3 的上方 2～3 cm,行穿刺从锁骨上方进针时,要避免损伤肺尖而造成气胸。**肺底**是肺的下端,宽大而凹陷,贴于膈上,故又称**膈面**。肺的外侧面隆凸,与肋和肋间肌相接触,又称**肋面**;内侧面与纵隔相对,又称**纵隔面**,此面中央凹陷称**肺门**,是主支气管、肺动脉、肺静脉、淋巴管及神经等出入肺的部位,这些进出肺门的结构被结缔组织包绕成束,称**肺根**。肺的前缘锐利,右肺前缘近于垂直,左肺前缘下份有向左凹陷的**心切迹**,心切迹下方的舌状突起称**左肺小舌**;后缘钝圆,贴于脊柱的两侧;下缘较锐利,伸向膈与胸壁之间。

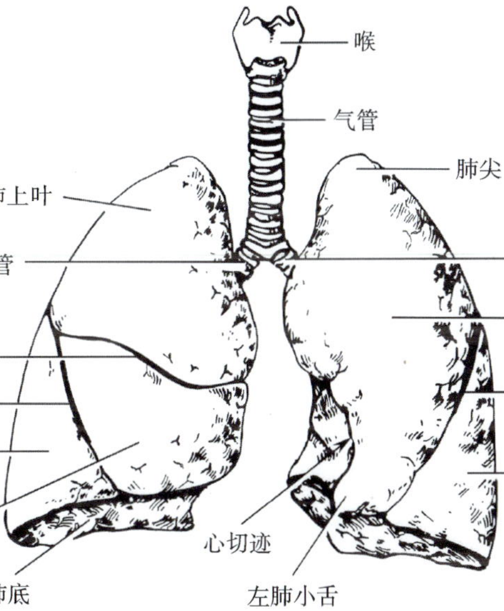

图 4-8 肺的外形

每侧肺都被深入肺的叶间裂分成多个肺叶。左肺被自后上斜向前下的斜裂分为上、下两叶;右肺除斜裂外,还有一条起自斜裂、呈水平位的水平裂,斜裂和水平裂将右肺分为上、中、下三叶。

二、肺段支气管和支气管肺段

左、右主支气管入肺门后分出**肺叶支气管**并进入相应肺叶。肺叶支气管在各肺叶内再分为**数支肺段支气管**。肺段支气管在肺内反复分支,形成树枝状,越分越细,直至连于肺泡,称**支气管树**。每一条肺段支气管及其分支连同其所属的肺组织,构成一个**支气管肺段**,简称**肺段**。各肺段呈圆锥形,尖朝向肺门,底朝向肺表面。左、右肺通常分为 10 个肺段,相邻肺段之间有薄层结缔组织相隔,故肺段的结构和功能有相对独立性,根据这些特点,临床上可做定位诊断和肺段切除。

三、肺的组织结构

肺组织分为肺实质和肺间质两部分。肺实质即肺内支气管的各级分支和其末端膨大的肺泡,肺间质是指肺内的结缔组织、血管、淋巴管和神经等。

肺叶支气管入肺后分为肺段支气管,肺段支气管又逐级分支,管径愈来愈细,管径小于 1 mm

Note

时称细支气管。细支气管继续分支,管径小于 0.5 mm 时称终末细支气管,终末细支气管再分支,直至肺泡(图 4-9)。每条细支气管连同它的各级分支和所属的肺泡构成一个**肺小叶**。

小叶性肺炎

小叶性肺炎是以肺小叶为单位的灶状急性化脓性炎症。由于病灶多以细支气管为中心,故又称支气管肺炎。此病主要发生于小儿和年老体弱者,临床上主要表现为发热、咳嗽、咳痰等症状。

肺实质根据其功能、部位不同可分为导气部和呼吸部(图 4-9)。

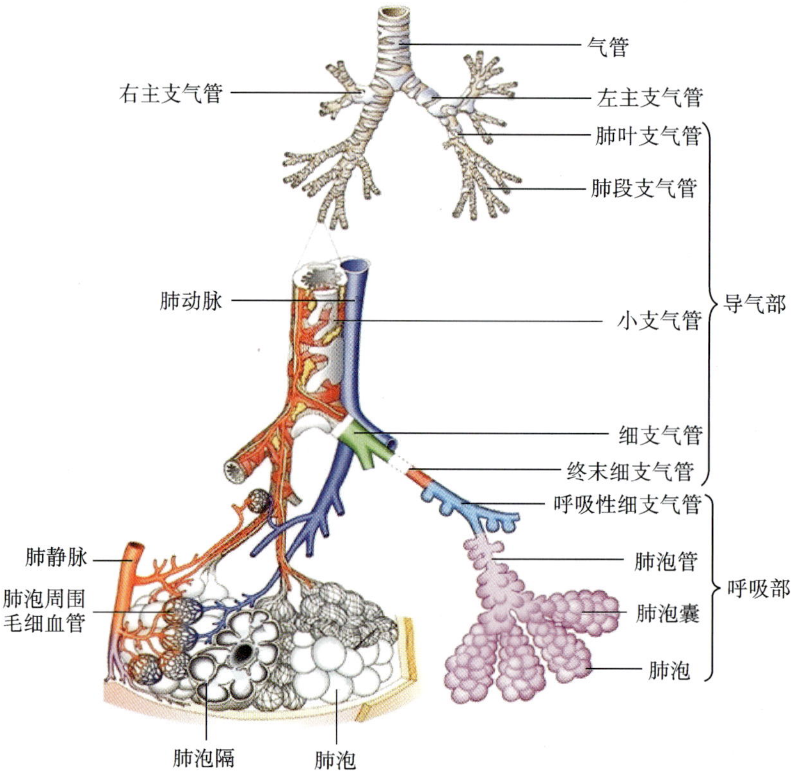

图 4-9 呼吸系统的分部示意图

(一)导气部

导气部是肺内传送气体的管道,包括终末细支气管以前的所有肺叶支气管的分支,此部只能传送气体,不能进行气体交换。

导气部各级支气管管壁的组织结构与主支气管基本相似,但随着分支的变细,管径变小,管壁变薄,其微细结构也发生了移行性变化。变化的主要特点:①黏膜逐渐变薄,上皮由假复层纤毛柱状上皮逐渐变为单层纤毛柱状上皮或单层柱状上皮,杯状细胞逐渐减少直至消失;②黏膜下层逐渐变薄,腺体逐渐减少,最后消失;③外膜中的软骨环逐渐变为软骨碎片,并逐渐减少,直至消失;④平滑肌相对增多。至终末细支气管,上皮已移行为单层柱状上皮,杯状细胞、腺体和软骨均消失,平滑肌已成为完整的环形层。

(二)呼吸部

呼吸部是肺进行气体交换的部分,包括呼吸性细支气管、肺泡管、肺泡囊和肺泡(图 4-10)。

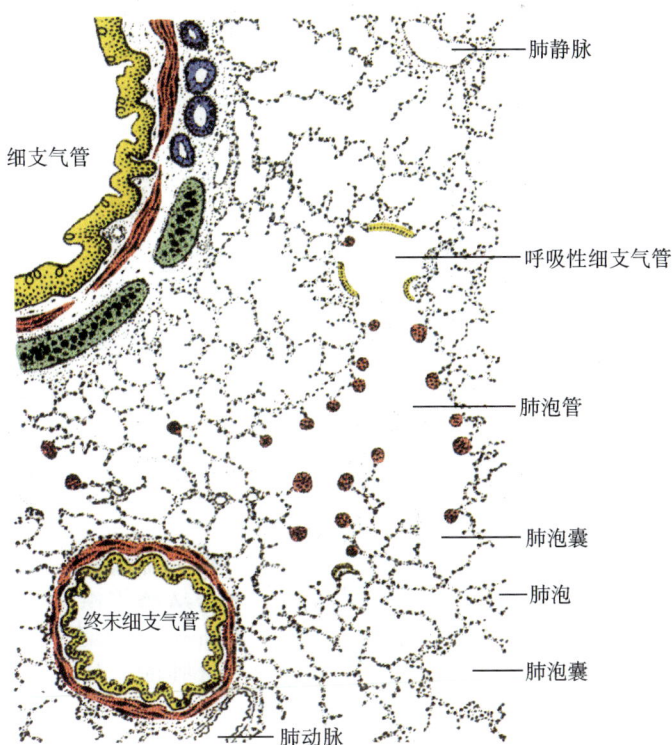

图 4-10　肺的呼吸部

1.呼吸性细支气管　呼吸性细支气管是终末细支气管的分支,管壁为单层立方上皮,周围有少量结缔组织和平滑肌。管壁上有少数肺泡的开口,管壁不完整。

2.肺泡管　肺泡管是呼吸性细支气管的分支,管壁连有许多肺泡,因此,管壁自身结构很少,仅存在于相邻肺泡开口处,在切片中呈结节状膨大。

3.肺泡囊　肺泡囊是肺泡管的分支,是若干肺泡共同开口而形成的囊腔,相邻肺泡开口处因无平滑肌,故无结节状膨大。

4.肺泡　呈大小不一的囊泡状,开口于肺泡囊、肺泡管和呼吸性细支气管,是进行气体交换的部位。肺泡壁极薄,由肺泡上皮和基膜构成(图 4-11)。

(1)肺泡上皮:单层上皮,由两种类型的细胞构成。①**Ⅰ型肺泡细胞**:扁平形细胞,数量多,构成广阔的气体交换面。②**Ⅱ型肺泡细胞**:呈立方形,数量少,夹在Ⅰ型肺泡细胞之间,它能分泌表面活性物质(磷脂类物质),分布于肺泡上皮的内表面,可降低肺泡表面张力、稳定肺泡直径。

(2)肺泡隔:相邻肺泡之间的薄层结缔组织称**肺泡隔**,内含有密集的毛细血管网、大量的弹性纤维和散在的肺巨噬细胞等。弹性纤维有助于保持肺泡的弹性,使吸气时扩大的肺泡在呼气时有良好的回缩力。肺巨噬细胞能吞噬吸入的灰尘、病原体、异物及渗出的红细胞。

(3)肺泡孔:相邻肺泡之间气体流通的孔道。肺泡孔可均衡肺泡间气体的含量,但肺部感染时,其也是炎症扩散的渠道。

(4)气-血屏障:肺泡内气体与毛细血管内气体分子交换所通过的结构,称**气-血屏障**,又称**呼吸膜**。此屏障由肺泡表面液体层、Ⅰ型肺泡上皮与基膜、薄层结缔组织、毛细血管基膜与内皮构成。

Note

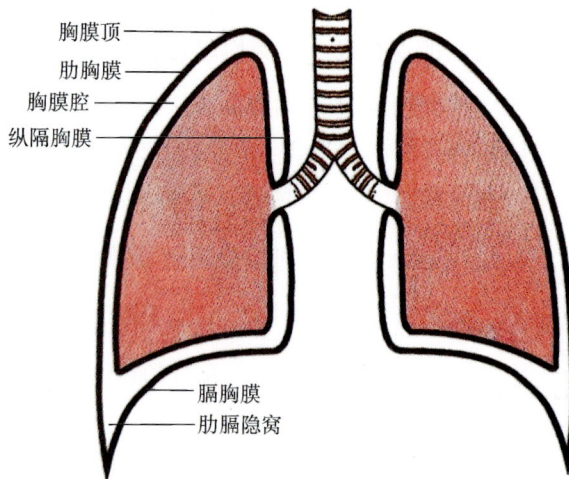

图 4-11　肺泡结构模式图

肺泡巨噬细胞

Ⅰ型肺泡细胞

毛细血管

弹性纤维

肺泡孔

尘细胞

Ⅱ型肺泡细胞

成纤维细胞

第三节　胸　　膜

一、胸膜与胸膜腔的概念

胸膜是覆于胸壁内面、膈上面、纵隔两侧和肺表面的薄而光滑的浆膜，可分为**脏胸膜**和**壁胸膜**两部分，二者在肺根处相互移行（图 4-12）。

胸膜顶

肋胸膜

胸膜腔

纵隔胸膜

膈胸膜

肋膈隐窝

图 4-12　胸膜与胸膜腔示意图

胸膜腔是位于脏胸膜与壁胸膜之间的潜在密闭腔隙，左、右各一，互不相通，腔内呈负压，仅有少量浆液，可减小呼吸时两层胸膜间的摩擦(图4-12)。

二、胸膜的分部及胸膜隐窝

(一)胸膜的分部

1.脏胸膜　脏胸膜紧贴于肺表面，与肺紧密结合而不能分离，并伸入肺的叶间裂内。

2.壁胸膜　壁胸膜根据贴附部位不同可分为四部分：①**膈胸膜**贴附于膈的上面，与膈紧密相连而不易剥离；②**肋胸膜**贴附于肋和肋间肌的内面，由于肋胸膜与肋和肋间肌之间有胸内筋膜存在，故较易剥离；③**纵隔胸膜**贴附于纵隔的两侧面；④**胸膜顶**是肋胸膜和纵隔胸膜向上的延续，伸向颈根部，覆盖于肺尖的上方，高出锁骨内侧1/3段上方2～3 cm。在针灸或行臂丛神经麻醉时，应注意胸膜顶的位置，勿穿破胸膜顶造成气胸。

(二)胸膜隐窝

壁胸膜相互移行转折处的胸膜腔，即使在深吸气时肺缘也不能伸入此空间，这一部分称**胸膜隐窝**。其中最大且最重要的胸膜隐窝在肋胸膜与膈胸膜相互转折处，称**肋膈隐窝**(图4-12)，深吸气时，即使肺下缘也不能伸入此隐窝。肋膈隐窝是胸膜腔的最低部位，胸腔积液常先积于此处。

知识链接

胸 腔 积 液

正常人胸膜腔内有3～5 mL液体，在呼吸运动时起润滑作用。胸膜腔内每天有500～1000 mL液体形成与吸收，任何病因导致胸膜腔内液体产生增多或吸收减少，即可引起胸腔积液。肋膈隐窝是人体在直立状态下胸膜腔的最低部位，故当发生胸腔积液时，液体首先积聚于此。

三、胸膜及肺的体表投影

胸膜的体表投影是指壁胸膜各部分相互移行所形成的返折线在体表的投影位置。胸膜前界即肋胸膜前缘和纵隔胸膜前缘之间的返折线。两侧均起自胸膜顶，向内下方经胸锁关节后方至胸骨柄后面，约在第2胸肋关节水平，左右侧靠拢并沿中线稍左垂直下行。左侧在第4胸肋关节处斜向外下，沿胸骨左缘外侧2.0～2.5 cm处下行，至第6肋软骨后方移行于胸膜下界；右侧在第6胸肋关节处右转，移行于胸膜下界。肺的前界几乎与胸膜前界相同。

左、右胸膜前返折线的上、下两端相互分开，在胸骨后面形成两个三角形间隙：上方的间隙称**胸腺区**，内有胸腺；下方的间隙称**心包区**，其间显露心和心包。临床上常在胸骨左缘第4～5肋间隙进行心包穿刺或心内注射，避免损伤肺和胸膜。

胸膜下界是肋胸膜与膈胸膜的返折线。右侧起自第6胸肋关节处，左侧起自第6肋软骨的后方，两侧均斜向外下方，在锁骨中线与第8肋相交，在腋中线与第10肋相交，并转向后内侧，在肩胛线与第11肋相交，在脊柱旁平第12胸椎棘突高度。肺下界体表投影比胸膜下界的返折线高出约两个肋骨，即在锁骨中线与第6肋相交，在腋中线与第8肋相交，在肩胛线与第10肋相交，在脊柱旁平第10胸椎棘突高度(图4-13、表4-1)。

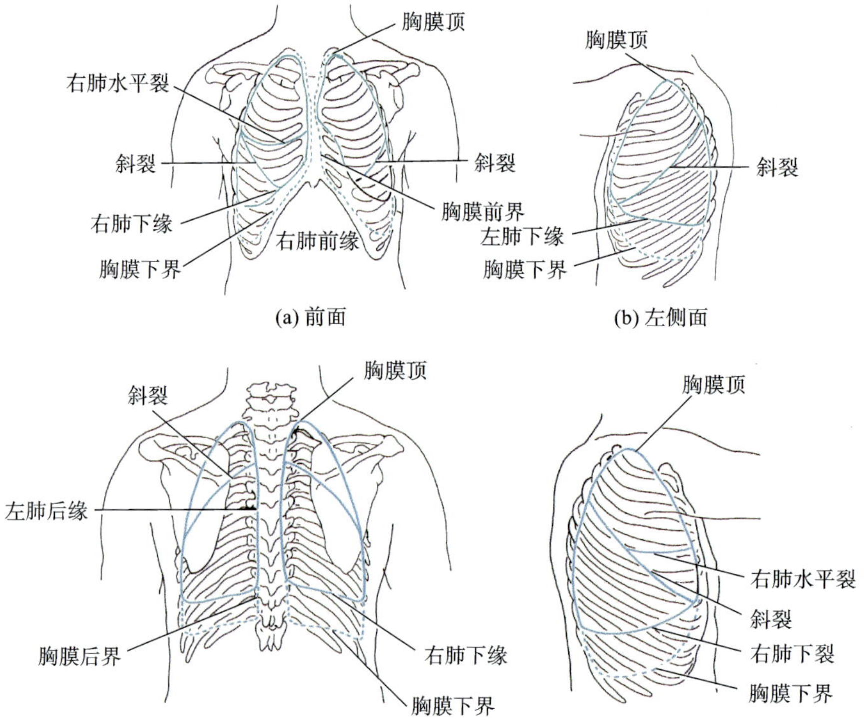

(a) 前面 (b) 左侧面

(c) 后面 (d) 右侧面

图 4-13　胸膜及肺的体表投影

表 4-1　肺下界和胸膜下界的体表投影

部位	锁骨中线	腋中线	肩胛线	后正中线
肺下界	第 6 肋	第 8 肋	第 10 肋	第 10 胸椎棘突
胸膜下界	第 8 肋	第 10 肋	第 11 肋	第 12 胸椎棘突

第四节　纵　　隔

纵隔是左、右纵隔胸膜之间所有器官、结构和结缔组织的总称。纵隔稍偏左,上窄下宽、前短后长,呈矢状位。

一、纵隔的境界

纵隔的前界为胸骨;后界为脊柱的胸段;两侧界为纵隔胸膜;上界为胸廓上口,与颈部器官和筋膜相连续,因此纵隔气肿可向上扩散至颈部,颈部病变也可向下蔓延至后纵隔;下界为膈。

二、纵隔的分部和内容

纵隔通常以胸骨角至第 4 胸椎体下缘平面为界,分为**上纵隔**和**下纵隔**;下纵隔以心包为界分为前纵隔、中纵隔和后纵隔三部分(图 4-14)。

(一)上纵隔

上纵隔上界为胸廓上口,下界为胸骨角至第 4 胸椎体下缘平面,前方为胸骨柄,后方为第 1~

4 胸椎体。上纵隔内自前向后有胸腺、头臂静脉、上腔静脉、膈神经、迷走神经、喉返神经、主动脉弓及其三大分支、气管、淋巴结、食管、胸导管等。

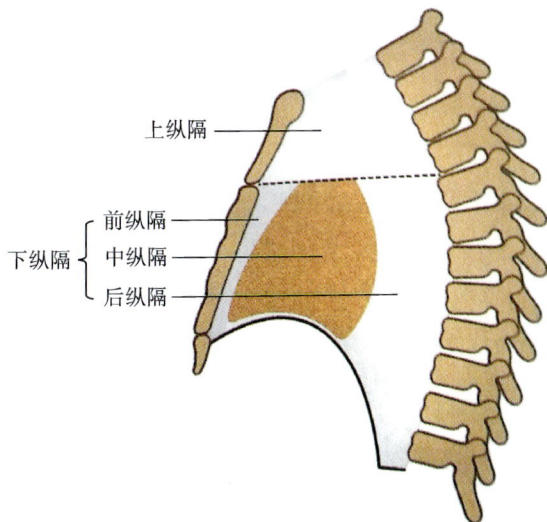

图 4-14 纵隔的分区示意图

(二)下纵隔

1.前纵隔 前纵隔位于胸骨与心包之间,内有胸腺、部分纵隔淋巴结、胸廓内动脉纵隔支和疏松结缔组织。

2.中纵隔 中纵隔位于前、后纵隔之间,内有心包、心和出入心的大血管、膈神经、奇静脉弓、心包膈血管和淋巴结等。

3.后纵隔 后纵隔位于心包与脊柱之间,内有气管权及主支气管、食管、胸主动脉、胸导管、奇静脉、半奇静脉、迷走神经、胸交感干和淋巴结。

🔲 小　结

呼吸系统由呼吸道和肺两部分组成。呼吸道包括鼻、咽、喉、气管、主支气管及肺内各级支气管。鼻包括外鼻、鼻腔和鼻旁窦三部分。喉以喉软骨为基础,借关节、韧带和肌肉连接而成。喉腔可分为喉前庭、喉中间腔和声门下腔三部分。气管与主支气管是连于喉与肺之间的通气管道。气管至胸骨角平面分为左、右主支气管,分别经左、右肺门入肺。

肺位于胸腔内,膈的上方、纵隔的两侧。肺实质可分为导气部和呼吸部,导气部是肺内传送气体的管道,包括终末细支气管以上的肺叶支气管的各级分支;呼吸部是进行气体交换的部分,包括呼吸性细支气管、肺泡管、肺泡囊和肺泡。

胸膜是覆于胸壁内面、膈上面、纵隔两侧和肺表面的浆膜,分为脏胸膜和壁胸膜两部分,两者之间的潜在密闭腔隙为胸膜腔。

纵隔是两侧纵隔胸膜之间所有器官、结构和结缔组织的总称。

(刘　锦)

思政课堂

目标检测

Note

113

第五章 泌尿系统

学习目标

知识目标：

1. 说出泌尿系统的组成和功能；肾的位置和被膜；输尿管的位置和分段；膀胱的位置和毗邻。

2. 描述尿液的排出途径；肾的形态及剖面结构，肾单位的组成；输尿管的3处狭窄及意义；膀胱的形态及结构；女性尿道的特点。

3. 解释肾门、肾区、滤过屏障、膀胱三角的概念。

能力目标：

1. 能在标本上辨认肾、肾区、膀胱三角的位置。

2. 能在标本和活体上准确指出肾区的位置。

3. 能在标本上辨认男、女性尿道。

素质目标：

具有良好的医学人文素养、职业道德，有较强的人际沟通能力和团队合作精神。

泌尿系统由肾、输尿管、膀胱和尿道4部分组成(图5-1)，其功能是排出机体新陈代谢产生的代谢废物、多余的水和无机盐，以保持机体内环境的平衡和稳定。肾产生尿液，经输尿管输送到膀胱暂时储存，储存到一定量后经尿道排出体外。肾出现功能障碍后，机体的代谢废物、多余的水和电解质会蓄积在体内，严重时可引起尿毒症，甚至危及生命。

案例 5-1

患者，男，42岁。左侧腰部突然感到阵发性剧痛，并向同侧下腹、会阴部放射，疼痛剧烈，不能忍受而收入院。

查体：T 38.2 ℃，P 101 次/分，R 22 次/分，BP 160/100 mmHg(21.3/13.3 kPa)。痛苦面容，大汗淋漓，腹部平坦，左上腹有深触痛，腹肌软。左侧肾区有明显压痛、叩击痛，其余正常。

检查：肾B超检查可见肾盂有 1.2 cm×0.8 cm 大小阴影，尿液检查可见血尿(＋＋＋＋)。

诊断：肾结石。

问题：

1. 肾区的位置在哪里？

2. 结石从尿路排出体外经过哪些通路？

Note

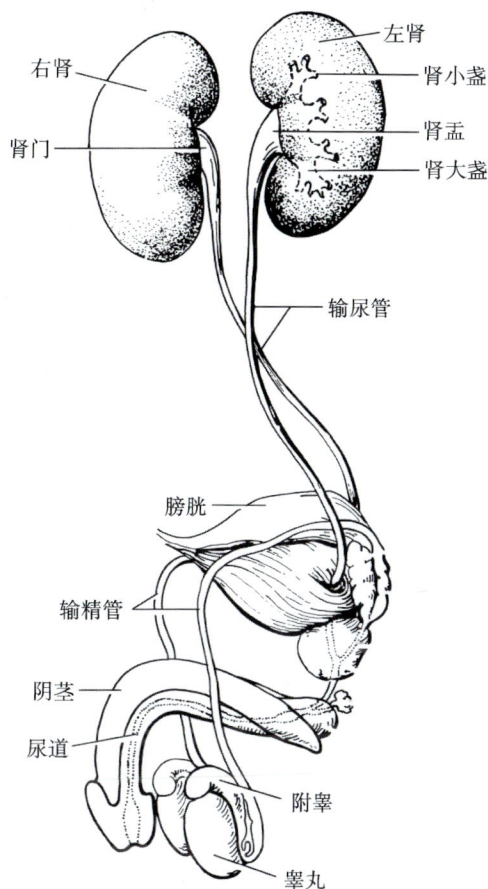

图 5-1 男性泌尿系统模式图

图中标注：右肾、肾门、左肾、肾小盏、肾盂、肾大盏、输尿管、膀胱、输精管、阴茎、尿道、附睾、睾丸

第一节　肾

一、肾的形态

肾是成对的实质性器官，形似蚕豆，表面光滑，呈暗红色。肾可分为上、下两端，前、后两面和内侧、外侧两缘。肾上端薄而宽大，下端厚而窄小；前面较隆凸，朝向前外侧，后面较平坦，紧贴膈和腹后壁；外侧缘隆凸，内侧缘中部凹陷，是肾动脉、肾静脉、肾盂、神经和淋巴管出入肾的部位，称**肾门**。出入肾门的结构及其周围包被的结缔组织合称**肾蒂**，右侧肾蒂较左侧短，故临床上右肾手术较左肾手术难度大。肾门向肾内凹陷并扩大形成的腔隙称**肾窦**，内含肾小盏、肾大盏、肾盂、肾血管、神经、淋巴管和脂肪组织等。

二、肾的位置

正常成人的肾位于腹膜后方、脊柱的两侧，紧贴腹后壁的上部，属于腹膜外位器官（图 5-2）。左肾上端平第 11 胸椎体下缘，下端平第 2 腰椎体下缘，第 12 肋斜过其后方中部；右肾受上方肝的挤压，位置较左肾低，上端平第 12 胸椎体上缘，下端平第 3 腰椎体上缘，第 12 肋斜过其后方上部。肾门约平第 1 腰椎平面，距正中线平均约 7.2 cm（图 5-3）。肾门在腹后壁的体表投影，位于腹后

微课
肾的形态和位置

Note

115

壁竖脊肌外侧缘与第12肋所形成的夹角内,临床上称此区为**肾区(或称脊肋角)**。对于某些肾病患者,临床上按压或叩击该处时,常有明显压痛或叩击痛。肾的位置存在个体差异,一般女性略低于男性、儿童低于成人。

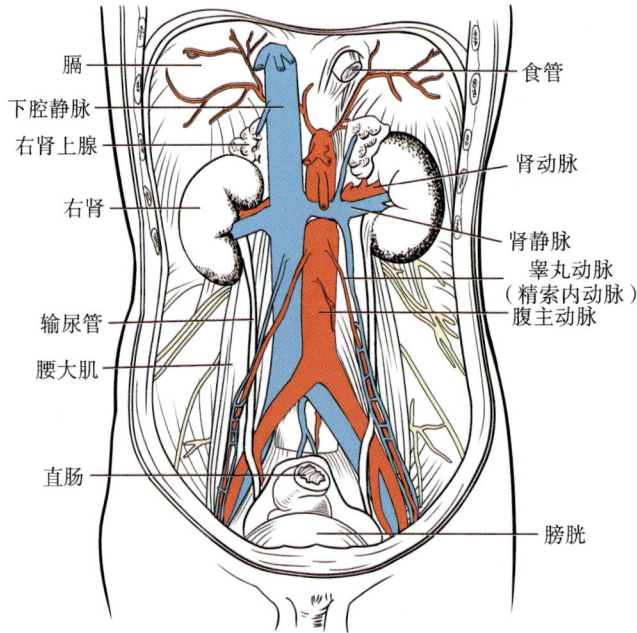

图 5-2 肾和输尿管

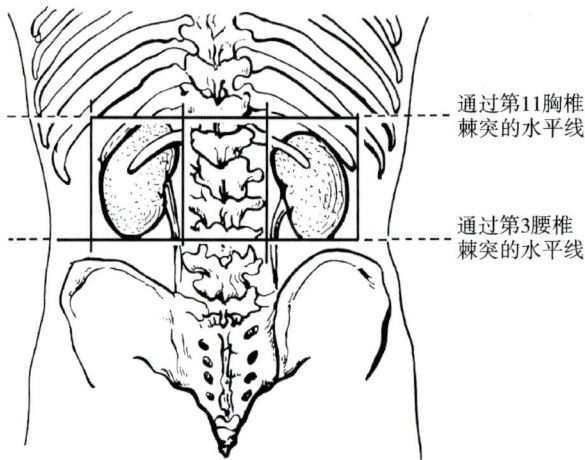

图 5-3 肾的体表投影(后面)

三、肾的被膜

肾的表面有 3 层被膜,由内到外依次是纤维囊、脂肪囊和肾筋膜(图 5-4、图 5-5)。

(一)纤维囊

纤维囊是贴附于肾表面的薄而坚韧的结缔组织膜。正常情况下,纤维囊与肾表面连接疏松,易剥离,发生某些肾疾病时可出现粘连,导致剥离困难。修复肾损伤或行部分肾切除术时需缝合此膜。

(二)脂肪囊

脂肪囊是位于纤维囊外周的脂肪组织层,并经肾门深入肾窦内,填充于各管道和神经之间。脂肪囊对肾有弹性垫样的保护作用,临床上进行肾囊封闭时,药物即注入脂肪囊。

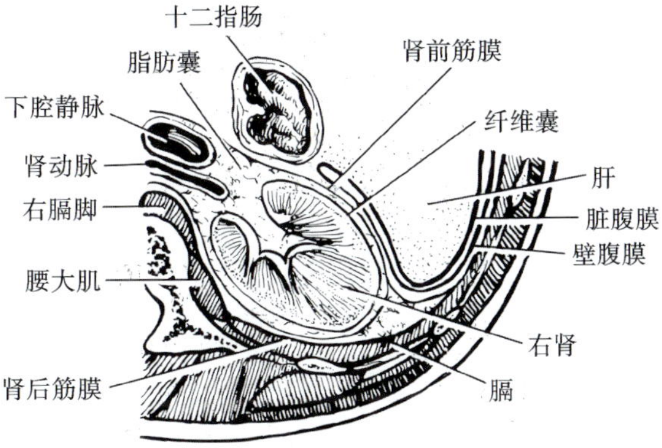

图 5-4 肾的被膜(平第 1 腰椎水平切面)

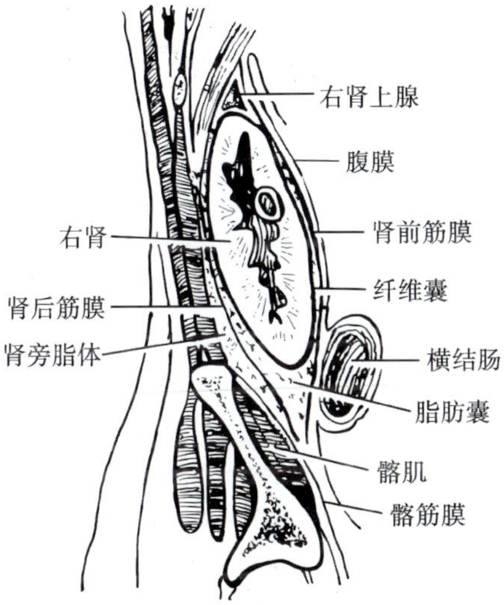

图 5-5 肾的被膜(经右肾矢状切面)

(三)肾筋膜

肾筋膜是位于脂肪囊外面的结缔组织膜,分前、后两层包裹肾和肾上腺。在肾上腺上方和肾的外侧处,前、后两层相互融合;在肾的下方两层相互分离,其间有输尿管通过;在肾的内侧,两侧前层于腹主动脉和下腔静脉的前面相互移行,后层与腰大肌筋膜相融合。肾筋膜向深部发出许多结缔组织小束,穿过脂肪囊连于纤维囊,对肾起固定作用。

四、肾的构造

在肾冠状切面上可见,肾实质分为肾皮质和肾髓质两部分(图 5-6)。

(一)肾皮质

肾皮质位于肾实质浅层,约占肾实质厚度的 1/3,富含血管,在新鲜标本上呈红褐色。肾皮质主要由肾小体和肾小管构成,是肾产生尿液的位置。肾皮质深入肾髓质的部分称**肾柱**。

(二)肾髓质

肾髓质位于肾皮质深面,约占肾实质厚度的 2/3,含血管少,在新鲜标本上呈淡红色。肾髓质主要由 15~20 个**肾锥体**构成。肾锥体呈圆锥形,底朝向皮质,尖端圆钝,朝向肾门,称为**肾乳头**,每个肾乳头有多个**乳头孔**,乳头孔周围接**肾小盏**,2~3 个肾小盏汇成 1 个**肾大盏**,2~3 个肾大盏会合成 1 个漏斗状的**肾盂**,肾盂出肾门后向下弯行并逐渐变细移行为输尿管。肾产生的尿液由肾锥体乳头孔流入肾小盏,再汇入肾大盏,最后汇入肾盂,通过输尿管流到膀胱暂时储存。

Note

图 5-6　肾冠状切面

五、肾的组织结构

肾由肾实质和肾间质两部分组成,肾实质主要由大量的肾单位和集合小管组成(图 5-7),其间少量结缔组织、血管和神经等是肾间质。

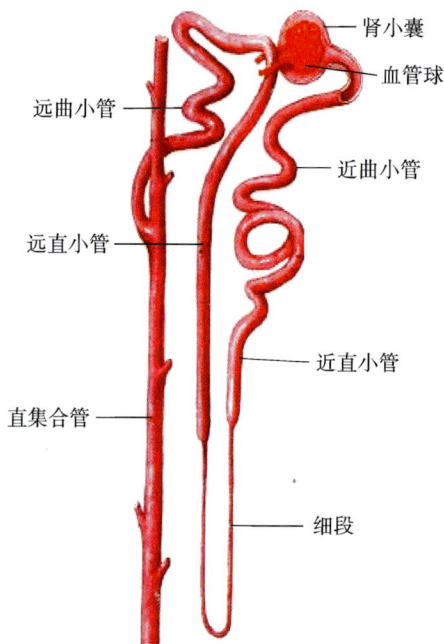

图 5-7　肾单位和集合小管模式图

(一)肾单位

肾单位是肾结构和功能的基本单位,每侧肾有 100 万～200 万个肾单位。肾单位由肾小体和肾小管两部分构成(图 5-8)。根据肾小体在肾皮质中的位置不同,肾单位分浅表肾单位和髓旁肾单位两种。浅表肾单位位于肾皮质浅层,数量多,约占肾单位总数的 85%,体积较小,髓袢短,作用是参与尿液的形成和肾素分泌;髓旁肾单位位于肾皮质深层,数量少,约占肾单位总数的 15%,体积较大,髓袢长,作用是参与尿液的浓缩与稀释。

图 5-8 肾单位及球旁复合体模式图

1.肾小体 肾小体呈球形,又称肾小球,直径约 $200\ \mu m$,由**血管球**和**肾小囊**两部分构成。肾小体有两个极:有微动脉出入的一端为血管极,另一端与肾小管相连,为尿极。

(1)血管球:连接入球微动脉与出球微动脉的一团盘曲成球状的毛细血管,被肾小囊包被。电镜下可见血管球毛细血管为有孔型,有利于血液滤出。

(2)肾小囊:肾小管起始处膨大凹陷、包被血管球的杯状双层囊。肾小囊分脏、壁两层,两层相互移行为**肾小囊腔**。肾小囊壁层是单层扁平上皮;脏层由**足细胞**构成。足细胞胞体(图 5-9)大,电镜下可见胞体发出几个大的初级突起,初级突起再发出许多指状的次级突起,次级突起相互嵌合紧贴在毛细血管壁上,排列呈栅栏状,其间有 $25\ nm$ 的裂隙,称**裂孔**,裂孔上覆有**裂孔膜**。从血管球滤出的液体经裂孔再透过裂孔膜进入肾小囊腔形成原尿。

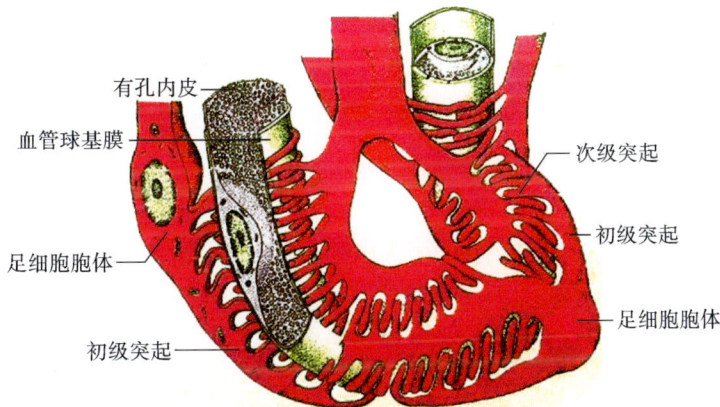

图 5-9 足细胞与毛细血管电镜模式图

毛细血管的有孔内皮细胞、基膜和足细胞裂孔膜,这三层结构合称**滤过膜**,又称**滤过屏障**。当血液从入球微动脉流经血管球时,血液中的水分子和小分子物质通过滤过膜滤出毛细血管外,然后进入肾小囊腔内形成原尿。成人双肾每 $24\ h$ 可产生约 $180\ L$ 原尿。原尿除不含大分子的蛋白质外,其成分与血浆相似。在病理情况下,如果滤过膜受损,可导致大分子血浆蛋白和红细胞漏出,形成蛋白尿或血尿。

2.肾小管 肾小管起于肾小囊腔,由单层上皮细胞构成,包括**近端小管**、**细段**和**远端小管** 3 部分。

(1)近端小管:肾小管中最长、最粗的一段肾小管,分近曲小管和近直小管两部分。近曲小管位于皮质和肾柱,盘曲在肾小体周围,管腔小而不规则,管壁上皮细胞呈单层立方形或锥体形,细胞核大而圆,位于细胞基底部。细胞基底部有大量纵行排列的纵纹,游离面有排列整齐的刷状缘。电镜下,纵纹为质膜内褶和线粒体;刷状缘为微绒毛,它们扩大了上皮细胞游离面的表面积,有利于近曲小管的重吸收。近直小管是近曲小管的延续,直行入髓质后,管腔突然变细,移行为细段。其结构类似近曲小管,但上皮细胞较矮,微绒毛和质膜内褶不如近曲小管发达。

近端小管的主要作用是重吸收,当原尿流经近曲小管,几乎全部的葡萄糖、氨基酸、多肽和小分子蛋白质,大部分的水、钠离子和尿素被重吸收。同时近端小管还可分泌氢离子、氨和肌酐等。

(2)细段:近端续接近直小管,向深处在髓放线和肾锥体走行,形成"U"形弯曲再浅行后接远直小管,三者形成"U"形髓袢可减缓原尿的流速。细段管径最小、管壁薄,由单层扁平上皮构成,有利于重吸收原尿中的水和离子。

(3)远端小管:分远直小管和远曲小管两部分。远直小管管腔较大而规则,管壁上皮细胞呈单层立方形,细胞质染色浅,细胞境界清楚,细胞核位于近腔侧。基底部纵纹明显,游离面无刷状缘。远曲小管是远直小管进入皮质后,盘曲在肾小体周围的部分,末端汇入集合管。远曲小管的结构和远直小管相似,但基底部纵纹不如远直小管发达,线粒体数量较少。

远端小管是离子交换的主要场所,可吸收原尿中的水和钠离子,排出钾离子、氢离子和氨,这对于维持体液的酸碱平衡有重要作用。抗利尿激素和醛固酮能促进远曲小管重吸收水和钠离子,以及排出钾离子,使尿液浓缩、尿量减少。

(二)集合小管

集合小管包括弓形集合小管、直集合小管和乳头管3段,各段之间无明显分界。弓形集合小管续于远曲小管末端,几个弓形集合小管汇合成直集合小管,经髓质进入肾乳头后称乳头管,开口于肾乳头上的乳头孔。集合小管由肾皮质行向肾髓质的过程中,其管径逐渐变粗、管腔变大、管壁变厚,管壁上皮细胞由单层立方上皮逐渐增高为单层柱状细胞,至乳头管变为高柱状细胞。

集合小管的主要作用是重吸收原尿中的水、钠离子和排出钾离子,进一步浓缩尿液,维持机体酸碱平衡。

原尿经肾小管和集合小管后,大部分水、营养物质和无机盐被重吸收回血液,而代谢废物、氢离子、钾离子和多余的水不吸收形成终尿,经乳头管排入肾小盏,再经肾大盏到肾盂,然后经输尿管输送到膀胱暂时储存,最后经尿道排出体外。

(三)球旁复合体

球旁复合体又称肾小球旁器,由球旁细胞、致密斑和球外系膜细胞3部分组成(图5-8)。

1.球旁细胞 球旁细胞是靠近肾小体血管极的入球微动脉处,管壁中膜的平滑肌细胞转化而成的上皮样细胞。细胞大,呈立方形,细胞核大而圆,细胞质弱嗜碱性,内含分泌颗粒,颗粒中含有肾素。肾素是一种蛋白水解酶,有收缩血管、升高血压的作用。

2.致密斑 致密斑是远端小管走行到肾小体血管极处,靠近肾小体的上皮细胞特化成的椭圆形隆起。致密斑细胞呈高柱状,排列紧密,细胞核呈椭圆形,靠近细胞顶部。致密斑是一种离子感受器,能感受肾小管原尿中钠离子浓度的变化,并将变化信息传递给球旁细胞,调节球旁细胞对肾素的分泌。

3.球外系膜细胞 球外系膜细胞是位于入球微动脉和出球微动脉之间的系膜细胞。其在球旁复合体中起信息传递作用。

六、肾的血液循环

肾的血液循环与肾功能密切相关,其特点如下:①血流量大、流速快,占心输出量的1/4。②90%的肾血流供应肾皮质,有利于原尿形成。③入球微动脉比出球微动脉粗,有利于血液滤过形成原尿。④肾内血管通路中两次形成毛细血管网,入球微动脉形成血管球毛细血管网,有利于血液的滤过;出球微动脉形成球后毛细血管网,有利于肾小管上皮细胞重吸收。⑤肾髓质内形成直小血管与"U"形髓袢伴行,有利于肾小管和集合小管重吸收和尿液浓缩。

知识链接

肾移植

肾移植是将健康者的肾移植给丧失肾功能的肾疾病患者,是治疗慢性肾功能衰竭的一项有效手段。肾移植因供肾来源不同,分为自体肾移植、同种肾移植和异种肾移植,习惯上将同种肾移植简称为肾移植,其他两种肾移植则冠以"自体"或"异种"字眼以供区别。

第二节 输 尿 管

一、输尿管的位置和分段

输尿管是一对细长的肌性管道,附于腹后壁,腹膜的后方,是腹膜外位器官。输尿管起于肾盂末端,终于膀胱,全长 25～30 cm,管径 0.5～1.0 cm,按照行程分腹部、盆部和壁内部三部分(图 5-2)。

(一)腹部

输尿管腹部起于肾盂下端,在腹后壁沿腰大肌前方下行,至小骨盆入口处,左侧输尿管跨过左髂总动脉末端的前方,右侧输尿管跨过右髂外动脉起始部前方,进入盆腔移行为盆部。

(二)盆部

输尿管盆部起于小骨盆入口处,沿骨盆侧壁向后下,约在坐骨棘水平转向前内侧达膀胱底,斜穿膀胱壁,移行为壁内部。男性输尿管在膀胱底与输精管交叉;女性输尿管在子宫颈外侧约 2.5 cm 处绕子宫动脉后下方前行。

(三)壁内部

输尿管壁内部是输尿管斜穿膀胱壁的部分,长 1.5～2 cm,以输尿管口开口于膀胱内面。该处狭窄,平时可以防止尿液逆流,但是输尿管的蠕动可以继续推动尿液不断流入膀胱。

二、输尿管的狭窄

输尿管全长有 3 处较明显的生理性狭窄:第 1 处狭窄位于肾盂与输尿管移行处,即输尿管起始部;第 2 处狭窄位于小骨盆上口与髂血管交叉处;第 3 处狭窄位于壁内部。尿路结石进入输尿管时,常滞留在这些狭窄处,可引起剧烈疼痛及尿路梗阻等症状。

第三节 膀 胱

膀胱是储存尿液的囊状肌性器官,其大小、形态和位置可随尿液充盈程度,机体年龄、性别不

微课
输尿管

Note

同而不同。正常成人膀胱容量为 350~500 mL,最大容量可达 800 mL;新生儿膀胱容量约为成人的 1/10,老年人因膀胱肌张力降低而容量增大。

一、膀胱的形态

膀胱充盈时呈卵圆形,空虚时呈三棱锥体形,可分为膀胱尖、膀胱体、膀胱底、膀胱颈 **4** 部分(图 5-10)。**膀胱尖**细小,朝向前上方;**膀胱底**朝向后下方;膀胱尖与膀胱底之间的部分为**膀胱体**;膀胱的最下部缩窄,称为**膀胱颈**。

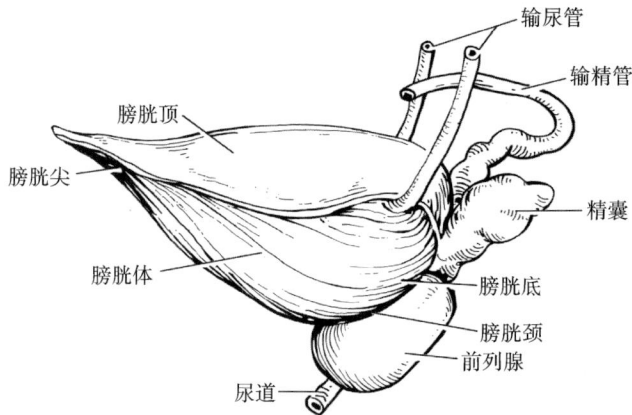

图 5-10 膀胱的形态

二、膀胱的位置和毗邻

成人的膀胱位于骨盆的前部。其前方为耻骨联合;其后方在男性邻近精囊、输精管壶腹和直肠,在女性邻近子宫前壁和阴道。膀胱的下方,在男性邻接前列腺,女性邻接尿生殖膈;膀胱上方有腹膜覆盖。

膀胱空虚时,膀胱尖一般不超过耻骨联合上缘;膀胱充盈时,膀胱尖高出耻骨联合上缘,其上面的腹膜转折部也随之上移,使膀胱前下壁直接与腹前壁相贴,此时,在耻骨联合上方行膀胱穿刺术,可避免伤及腹膜。新生儿的膀胱位于腹腔内,随着年龄增长,膀胱逐渐下降。老年人因盆底肌松弛,膀胱的位置更低。

三、膀胱壁的组织结构

膀胱是中空性器官,膀胱壁由内到外分为黏膜、肌层和外膜。

(一)黏膜

黏膜由上皮和固有层构成。黏膜的上皮是变移上皮,固有层内含有胶原纤维和弹力纤维。膀胱空虚时,黏膜形成皱襞;充盈时,黏膜皱襞消失。在膀胱底内面有一处三角形区域,位于两个输尿管口和尿道内口之间,称**膀胱三角**(图 5-11),此处黏膜始终保持光滑、无皱襞。临床上此处是膀胱肿瘤、结核和炎症的好发部位。两侧输尿管口之间的弧形皱襞,称**输尿管间襞**,呈苍白色,是膀胱镜检查时寻找输尿管口的标志。

(二)肌层

肌层由平滑肌构成,分为外纵、中环、内纵 3 层,这 3 层肌束相互交错,共同构成**膀胱逼尿肌**。在尿道内口处,环形肌层增厚形成**膀胱括约肌**,可以控制排尿。

(三)外膜

除膀胱上面覆以浆膜(腹膜)外,其余部分的外膜均为纤维膜。

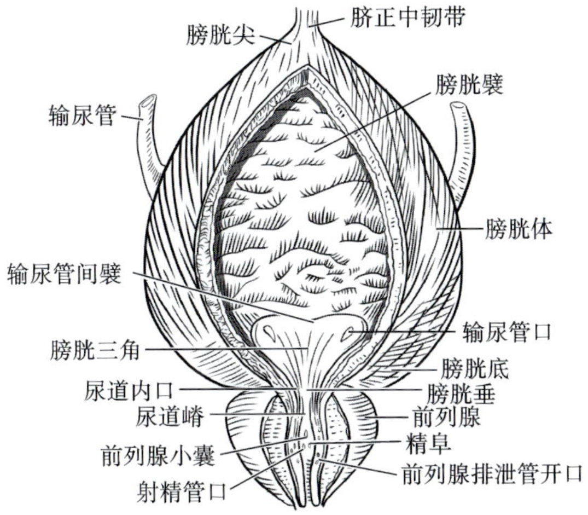

图 5-11 膀胱内面观

第四节 尿 道

尿道是膀胱连接体外的一段肌性管道。男性尿道既有排尿作用，又有排精作用，见男性生殖系统相关内容。女性尿道仅有排尿功能，长 3～5 cm，起于膀胱颈的尿道内口，向前下穿过尿生殖膈，以尿道外口开口于阴道前庭。女性尿道的特点是短、宽、直，易引起逆行性尿路感染。

小 结

泌尿系统由肾、输尿管、膀胱和尿道组成。

肾是形成尿液的器官，位于腹膜后方、脊柱的两侧，左肾上端平第 11 胸椎体下缘、下端平第 2 腰椎体下缘；右肾比左肾约低半个椎体的高度。肾形似蚕豆，可分为上、下两端，前、后两面和内侧、外侧两缘。肾由内向外有纤维囊、脂肪囊和肾筋膜 3 层被膜。肾实质主要由大量肾单位和集合小管组成。

输尿管起于肾盂，终于膀胱，分为腹部、盆部和壁内部。输尿管全长有 3 处生理性狭窄。膀胱是暂时储存尿液的肌性器官，其大小、形态、位置及壁的厚薄随尿液的充盈程度而异，毗邻关系男性与女性各不相同。尿道是膀胱与体外相通的管道，其中女性尿道的特点为短、宽、直。

（吕 斌）

思政课堂

目标检测

第六章 生殖系统

学习目标

知识目标：

1.说出男、女性生殖系统的组成、各器官的位置及功能。

2.描述睾丸、附睾的形态结构，精索的组成，射精管的构成及开口的位置，前列腺的形态结构，卵巢的形态结构，子宫的形态结构，月经周期，阴道后穹与直肠子宫陷凹的关系及其临床意义，乳房的形态结构。

3.识别输精管的分部及其临床意义，男性尿道分部，各部形态特点及三处狭窄、三处膨大和两个弯曲，卵巢的固定装置，输卵管的分部及其临床意义，子宫的固定装置。

4.解释精索、前尿道、后尿道、乳房悬韧带、广义会阴、狭义会阴的概念。

能力目标：

1.会观察辨认男、女性生殖系统的组成器官的位置和形态结构。

2.能运用男、女性生殖系统知识分析临床病例及进行临床实践工作。

素质目标：

具有良好的人文素养、职业道德和创新意识及精益求精的工匠精神，有较强的人际沟通能力和团队合作精神。

生殖系统包括男性生殖系统和女性生殖系统，具有产生生殖细胞、繁殖后代和形成并保持第二性征的功能。男、女性生殖系统包括内生殖器和外生殖器两部分。内生殖器由生殖腺、生殖管道和附属腺组成；外生殖器则以性交器官为主。

案例 6-1

患者，男，35岁，已婚，建筑工人。工作时不慎从脚手架上摔下，骑跨在横梁上。顿感会阴部剧痛，急送至医院救治。

查体：阴囊肿胀变色，触痛明显，并出现血尿。

初步诊断：尿道挫伤。

问题：

1.试述男性尿道的分部。

2.试述男性尿道的狭窄和弯曲部位。

案例 6-2

患者，女，48岁，已婚。因"6个月前在干重体力活时自觉阴道口有一肉团掉下来"前来就诊。

查体：阴道前壁中度膨出，用力时加重。立姿检查时，见子宫颈从阴道内突出至阴道前庭。

Note

仰卧时,子宫颈稍回缩,但仍未达正常位置。子宫颈变长,阴道壁及子宫颈有溃烂。

初步诊断:子宫脱垂。

问题:

1.试述子宫的位置。

2.试述子宫的固定装置。

第一节 男性生殖系统

男性生殖系统的内生殖器包括生殖腺(睾丸)、输精管道(附睾、输精管、射精管及男性尿道)和附属腺体(精囊、前列腺和尿道球腺)(图6-1)。外生殖器包括阴囊和阴茎。

微课
男性生殖系统

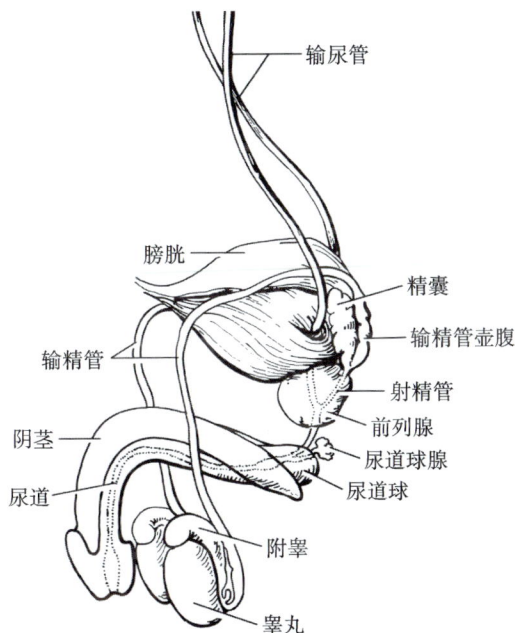

图6-1 男性生殖系统概观

一、男性内生殖器

(一)睾丸

1.睾丸的位置和形态 睾丸位于阴囊内,左、右各一,一般左侧略低于右侧。睾丸呈扁卵圆形,表面光滑,分前、后两缘,上、下两端和内、外两侧面。前缘游离;后缘有血管、神经和淋巴管出入,有附睾和输精管的起始段。上端被附睾头遮盖,下端游离。外侧面较隆凸,内侧面较平坦(图6-2)。

2.睾丸的组织结构 睾丸表面覆盖有一层浆膜,其深部有一层致密的结缔组织,为**白膜**。白膜在睾丸后缘增厚形成**睾丸纵隔**,继而发出许多睾丸小隔,伸入睾丸实质并与白膜相连,将睾丸实质分为100～200个**睾丸小叶**。每个睾丸小叶内含有2～4条盘曲的**生精小管**,生精小管之间的结缔组织称为睾丸间质。生精小管汇合成**精直小管**,进入睾丸纵隔相互吻合成**睾丸网**。睾丸网发出12～15条**睾丸输出小管**,经睾丸后缘上部进入附睾(图6-3)。

(1)生精小管:生精小管主要由生精上皮构成。生精上皮由支持细胞和生精细胞组成,上皮

Note

125

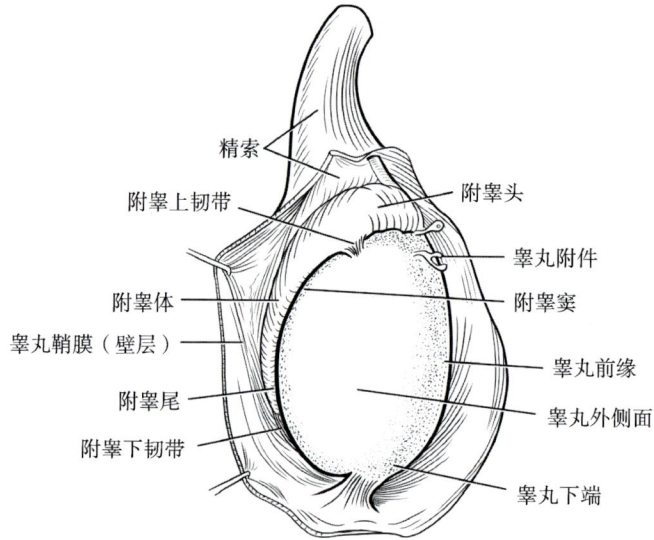

图 6-2　睾丸和附睾

图 6-3　睾丸和附睾的剖面结构

基膜外侧有胶原纤维和梭形的肌样细胞,肌样细胞收缩有助于精子排出(图 6-4)。

　　①生精细胞:生精小管管壁内可见不同发育阶段的生精细胞,自基底部至腔面依次为精原细胞、初级精母细胞、次级精母细胞、精子细胞和精子(图 6-5)。精原细胞形成精子的过程称为精子发生,人类精子发生约需 60 天。

图 6-4　生精小管与睾丸间质

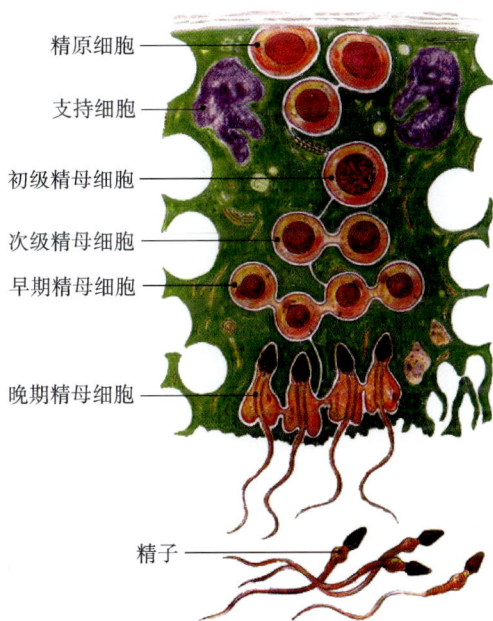

精原细胞

精子细胞

精子

支持细胞

睾丸间质细胞

初级精母细胞

肌样细胞

精原细胞

支持细胞

初级精母细胞

次级精母细胞

早期精母细胞

晚期精母细胞

精子

图 6-5　精子形成模式图

精原细胞是最幼稚的生精细胞,紧贴基膜,呈圆形或卵圆形。青春期以前生精上皮仅由精原细胞组成;自青春期开始,在垂体促性腺激素的作用下,精原细胞不断分裂增生,一部分作为干细胞存在,另一部分经多次分裂形成初级精母细胞,离开基膜向腔面移动。

初级精母细胞位于精原细胞的近腔面,体积较大,呈圆形,核多呈分裂状,核型为 46,XY。经过 DNA 复制后,其进行第一次减数分裂形成两个次级精母细胞。

次级精母细胞位于初级精母细胞近腔面,体积较小,数量多,细胞核圆、染色深,核型为 23,X 或 23,Y。由于次级精母细胞存在的时间短,故在生精小管的切面中不易见到。次级精母细胞不进行 DNA 复制后,迅速进入第二次减数分裂形成两个精子细胞。

精子细胞位于近腔面,体积小而圆,细胞核染色深。精子细胞不再分裂,经过复杂形态变化发育成为精子。

精子形似蝌蚪,分为头部和尾部两部分。精子头部主要是精子细胞高度浓缩的细胞核,细胞核前部大部分覆盖有顶体,内含多种水解酶,这些酶的释放在受精中起重要作用。精子尾部细长,可摆动,是精子的运动器官。

Note

②支持细胞：呈不规则锥体形，基底部附于基膜上，顶部伸向管腔，细胞核近似卵圆形或呈三角形，染色浅，核仁明显。支持细胞对生精细胞起支持和营养作用，并可吞噬精子形成过程中脱落的残余胞质。

（2）睾丸间质：位于生精小管之间，为富含血管和淋巴管的疏松结缔组织。其中有**睾丸间质细胞**，该细胞成群分布，呈圆形或多边形，细胞核圆，细胞质嗜酸性。其功能是分泌**雄激素**，促进精子发生和男性生殖器官发育及维持男性第二性征。

（二）附睾

附睾位于阴囊内，呈新月形，由睾丸输出小管和迂曲的附睾管组成，附于睾丸的上端和后缘。上端膨大为**附睾头**，中部为**附睾体**，下端为**附睾尾**（图6-2）。附睾尾向内上弯曲移行为输精管。附睾可储存精子，其分泌物具有营养精子、促进精子进一步成熟的作用。

（三）输精管和射精管

输精管是附睾管的直接延续，长度约50 cm，管壁较厚，肌层较发达，呈坚实的圆索状结构。输精管行程较长，依其行程可分为四部：①睾丸部最短，较迂曲，始于附睾尾，沿睾丸后缘、附睾内侧行至睾丸上端。②精索部介于睾丸上端与腹股沟管浅环（皮下环）之间，此段位置表浅，在体表易于触及，是临床实施输精管结扎的理想部位。③腹股沟管部全程位于腹股沟管的精索内。④盆部是最长的一段，经腹股沟管深环出腹股沟管后，沿盆侧壁弯向内下，越过髂外动、静脉，跨过输尿管末端前内方至膀胱底的后面和直肠前面，两侧输精管在此逐渐接近并膨大形成输精管壶腹。输精管壶腹末端变细，穿过前列腺，与精囊的输出管汇合成射精管（图6-3、图6-6）。

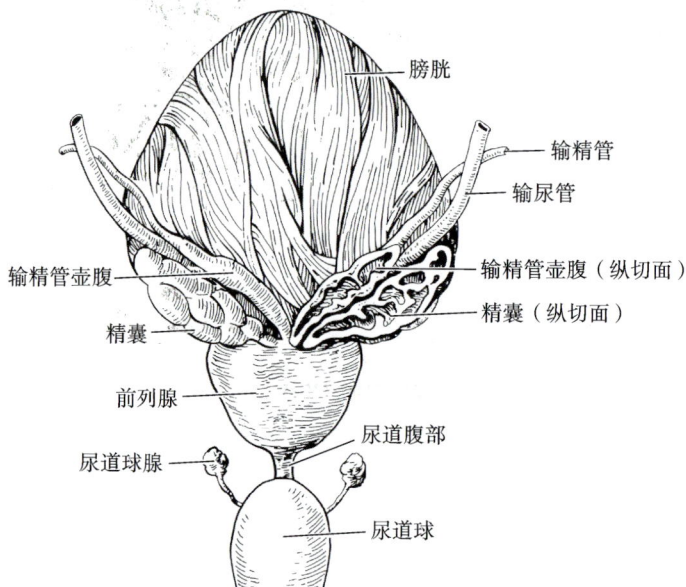

图 6-6　前列腺、精囊及输精管壶腹后面观

射精管长约2 cm，向前下方穿前列腺实质，开口于尿道前列腺部。射精管管壁有平滑肌纤维，可帮助精液的排出。

精索是位于睾丸上端至腹股沟管深环之间的一对柔软的圆索状结构，主要由输精管、睾丸动脉、蔓状静脉丛及包被在表面的精索内筋膜、提睾肌和精索外筋膜等构成。

（四）附属腺体

1. 精囊　精囊又称**精囊腺**，位于膀胱底的后方、输精管壶腹的下外侧，为一对长椭圆形的囊状器官，表面凹凸不平，其输出管与输精管壶腹的末端汇合成射精管（图6-6）。精囊的分泌物参与组成精液。

2.尿道球腺 尿道球腺是位于会阴深横肌内的一对豌豆大小的球形腺体,导管开口于尿道球部。其分泌物参与精液的组成。

3.前列腺 前列腺为不成对的实质性器官,由腺组织和平滑肌组织构成,表面包有筋膜鞘,称**前列腺囊**。前列腺的分泌物是精液的主要组成部分。

(1)位置与毗邻:前列腺位于膀胱与尿生殖膈之间,上端与膀胱颈、精囊和输精管壶腹相邻,前方为耻骨联合,后方为直肠壶腹。

(2)形态结构:前列腺外形似栗子,上端宽大,为前列腺底,邻接膀胱颈;下端尖细,为前列腺尖,与尿生殖膈相贴。前列腺底与尖之间的部分为前列腺体,其后面平坦,与直肠相邻,中间有一纵行浅沟,称**前列腺沟**;活体直肠指诊可触及此沟,前列腺肥大时,此沟消失。男性尿道在前列腺底近前缘处进入,经前列腺实质前部下行,由前列腺尖穿出。在近前列腺底的后缘处,射精管穿入前列腺,斜向前下方,开口于尿道前列腺部。前列腺的导管开口于尿道前列腺部后壁。

(3)分叶:前列腺分为5叶(图6-7),即前叶、中叶、后叶和两侧叶。前叶很小,位于尿道前方和左、右侧叶之间;中叶呈楔形,位于尿道和射精管之间;左、右侧叶分别位于尿道、中叶和前叶两侧;后叶位于中叶和侧叶的后方,是前列腺肿瘤易发部位。

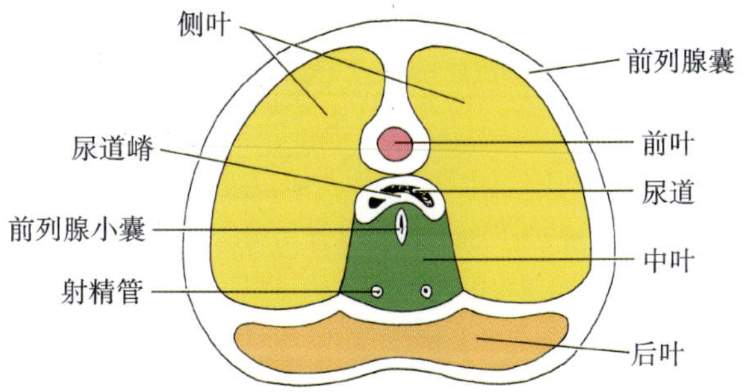

图 6-7 前列腺分叶

知识链接

前列腺增生

小儿前列腺较小,青春期前列腺迅速生长发育成熟,中年以后前列腺逐渐退化,结缔组织增生,常形成老年性前列腺肥大。前列腺肥大多发生在中叶和侧叶,压迫尿道。临床症状包括尿频、尿急、夜尿增多、排尿困难、间断性排尿、排尿不尽、尿后滴沥等。前列腺增生的危害性在于引起下尿路梗阻后所产生的病理生理改变。其病理生理改变个体差异性很大,而且不都呈进行性发展。一部分病变至一定程度即不再发展,所以即便出现轻度梗阻症状也并非均需手术治疗。

二、男性外生殖器

(一)阴囊

阴囊是位于阴茎根部后下方的皮肤囊袋,阴囊壁由皮肤和肉膜组成。阴囊皮肤薄而柔软,颜色较深,有少量阴毛。**肉膜**为浅筋膜,内含平滑肌纤维,可随外界温度变化而收缩与舒张,以调节阴囊内的温度,有利于精子的发育与生存。肉膜向深部发出阴囊中隔,将阴囊分为左、右两腔,内有睾丸、附睾及精索等(图 6-8)。

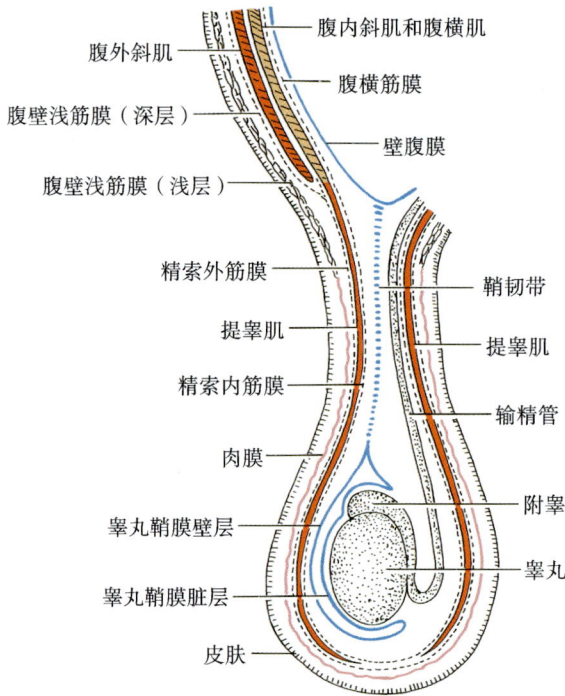

图 6-8　阴囊结构及其内容模式图

(二)阴茎

阴茎为男性性交器官,分为头、体和根 3 部分。后端为阴茎根,固定在耻骨下支和坐骨支;中部为阴茎体,被韧带悬于耻骨联合的前下方;前端膨大,称阴茎头,尖端有呈矢状位的尿道外口。

阴茎由两条阴茎海绵体和一条尿道海绵体构成,外面包以筋膜和皮肤(图 6-9)。**阴茎海绵体**为两端尖细的圆柱体,左、右各一,位于阴茎的背侧,两条阴茎海绵体紧密相连。阴茎海绵体的后端左、右分离,称**阴茎脚**。**尿道海绵体**位于阴茎海绵体的腹侧,内有尿道通过。其前端膨大为阴茎头,后端扩大为尿道球,位于两侧的阴茎脚之间,外面包绕球海绵体肌,固定在尿生殖膈的下面。阴茎的三个海绵体外面包裹深、浅筋膜和皮肤。阴茎的皮肤薄而柔软,颜色较深,富有伸展性,在阴茎颈游离向前形成双层皮肤皱襞,包绕阴茎头,称**阴茎包皮**。阴茎包皮与阴茎头腹侧中线处连有一条皮肤皱襞,称**包皮系带**。做包皮环切术时,注意勿损伤此系带。

三、男性尿道

男性尿道有排精和排尿功能,起自膀胱的尿道内口,终于阴茎头的尿道外口。成年男性尿道长 16～22 cm,管径平均为 5～7 mm,依其行程分为 3 部分(图 6-10)。①**前列腺部**:前列腺部为尿道穿过前列腺实质的部分,长约 2.5 cm,两侧的尿道黏膜上有前列腺导管和射精管的开口。②**膜部**:膜部为尿道穿过尿生殖膈的部分,长约 1.5 cm,周围有尿道外括约肌环绕,该肌有控制排尿的作用。膜部位置比较固定,当骨盆骨折时,易损伤此部。③**海绵体部**:海绵体部为尿道穿过尿道海绵体的部分,长 12～17 cm,长而弯曲,粗细不等。此部在尿道海绵体、尿道球内的尿道最宽,称**尿道球部**;在阴茎头内的尿道扩大,称为**尿道舟状窝**。临床上将尿道前列腺部和膜部合称为**后尿道**,将尿道海绵体部称为**前尿道**。

(a) 阴茎海绵体　　　(b) 尿道海绵体　　　(c) 阴茎海绵体和尿道海绵体

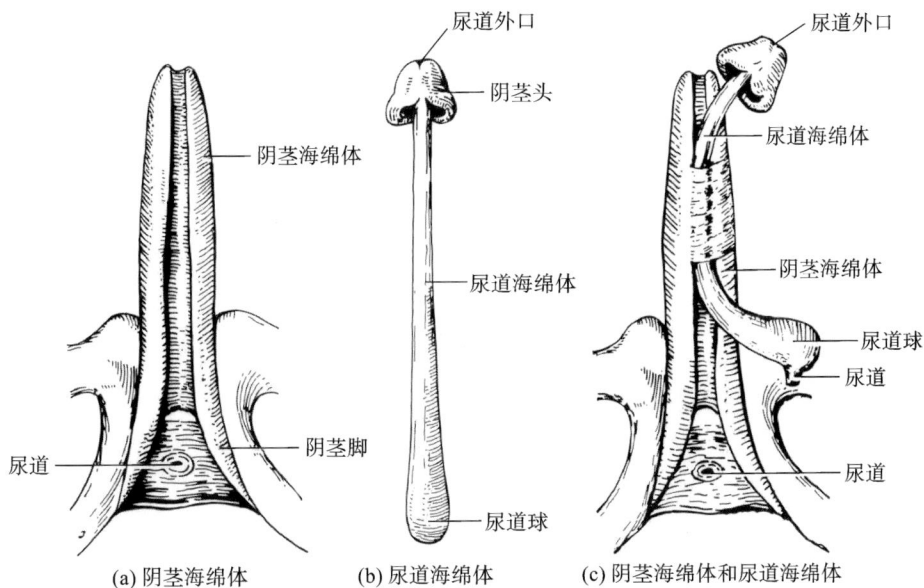

图 6-9　阴茎的构造

图 6-10　男性盆腔正中矢状切面

　　男性尿道在行程中粗细不一，有三处狭窄、三处膨大和两个弯曲。三处狭窄分别是尿道内口、尿道膜部和尿道外口，其中尿道外口最窄，呈矢状裂隙。三处膨大分别是尿道前列腺部、尿道球部和尿道舟状窝。两个弯曲分别是耻骨下弯和耻骨前弯。**耻骨下弯**凸向下后方，距耻骨联合下方 2 cm，此弯曲恒定不变，包括尿道前列腺部、尿道膜部和尿道海绵体部的起始段。**耻骨前弯**凸向前上方，此弯曲可变动，阴茎勃起或将阴茎向上提起时，此弯曲变直而消失（图 6-10）。临床上行膀胱镜检查或导尿时应注意这些解剖特点。

第二节　女性生殖系统

女性生殖系统的内生殖器包括生殖腺(卵巢)、输卵管道(输卵管、子宫及阴道)和附属腺体(前庭大腺)(图 6-11)。外生殖器即女阴。

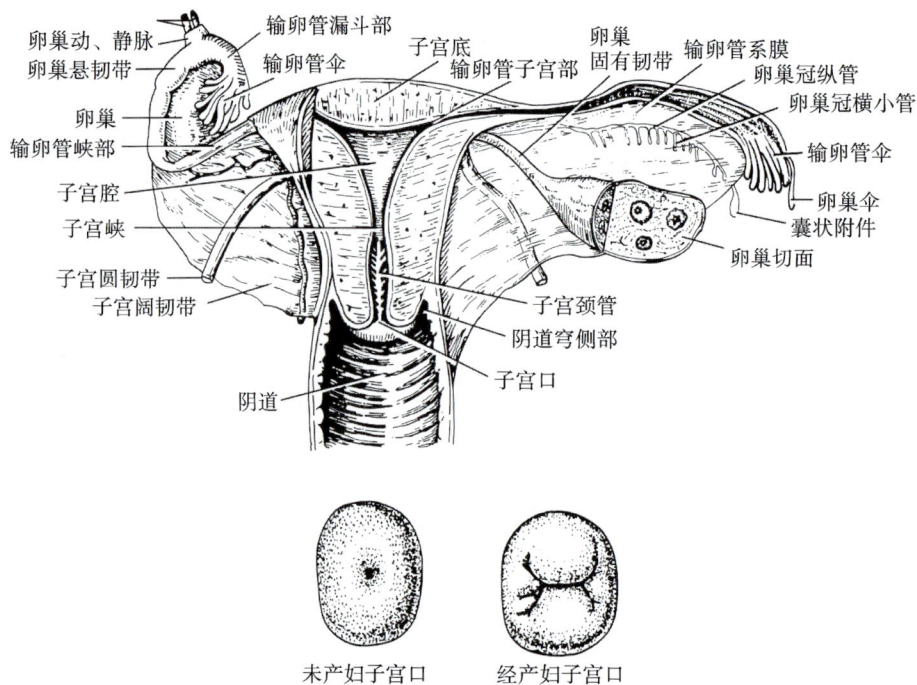

图 6-11　女性内生殖器

一、女性内生殖器

(一)卵巢

1.卵巢的位置　卵巢位于盆腔侧壁髂内、外动脉夹角处的卵巢窝内,左、右各一。卵巢在盆腔内的位置主要靠韧带来维持。卵巢悬韧带起自小骨盆侧缘,向内下至卵巢输卵管端的腹膜皱襞,内含卵巢血管、淋巴管、神经、结缔组织和平滑肌纤维,是寻找卵巢血管的标志。卵巢固有韧带自卵巢下端连至输卵管与子宫结合处的后下方。子宫阔韧带的后层覆盖卵巢和卵巢固有韧带,也起到固定卵巢的作用。

2.卵巢的形态与结构　卵巢呈扁卵圆形,略呈灰红色,分上、下端,前、后缘和内、外两侧面。上端与输卵管末端相接触,下端借卵巢固有韧带连于子宫;前缘借卵巢系膜连于子宫阔韧带,后缘游离,前缘中部有血管、神经等出入,称为卵巢门;内侧面朝向盆腔,与小肠相邻,外侧面贴着骨盆侧壁的卵巢窝。成年女性的卵巢大小约为 4 cm×2 cm×3 cm。幼年女性的卵巢较小,表面光滑。性成熟期卵巢最大,由于多次排卵,卵巢表面凹凸不平。更年期后卵巢萎缩缩小,到绝经期卵巢萎缩至 1.5 cm×0.75 cm×0.5 cm。

3.卵巢的组织结构　卵巢表面覆有单层扁平或单层立方上皮,其深部为薄层致密结缔组织构成的**白膜**。卵巢实质分为皮质和髓质,二者分界不明显。**皮质**位于周围,较厚,含不同发育阶段的卵泡、黄体和退变的闭锁卵泡;髓质位于中央,较薄,富含较多的弹性纤维、血管、淋巴管和神经等(图 6-12)。

图 6-12　卵巢的组织结构

（1）卵泡的发育：卵泡发育从胚胎时期已经开始，新生儿两侧卵巢有 100 万～200 万个原始卵泡，到青春期约存 4 万个卵泡，至绝经期时仅剩几百个卵泡。从青春期至更年期，在垂体分泌的促性腺激素影响下，卵巢按月经周期呈周期性排卵。

卵泡由位于中央的一个卵母细胞和周围的多个卵泡细胞组成。卵泡发育过程可分为 4 个阶段：原始卵泡、初级卵泡、次级卵泡、成熟卵泡，初级卵泡和次级卵泡合称为生长卵泡（图 6-13）。

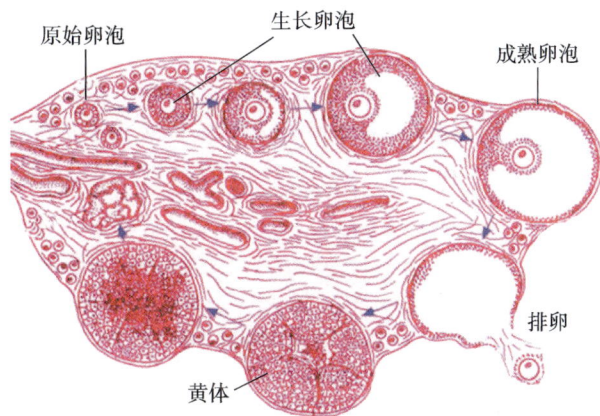

图 6-13　卵泡发育示意图

①原始卵泡：位于皮质的浅层，体积小，数量多，中央有一个初级卵母细胞，周围为单层扁平的卵泡细胞。初级卵母细胞呈圆形；细胞核大而圆，核仁清楚；细胞质丰富，嗜酸性。初级卵母细胞是在胚胎时期由卵原细胞分裂分化而来，随即进入第一次减数分裂并长期停留在分裂前期，直至排卵前才完成分裂。卵泡细胞单层排列，在初级卵母细胞周围，细胞呈扁平形，胞体小，细胞核扁圆，着色深。卵泡细胞与周围结缔组织之间有较薄的基膜，具有支持和营养初级卵母细胞的作用。

②初级卵泡：原始卵泡开始生长到出现卵泡腔之间的卵泡。卵泡细胞由单层扁平变为单层立方形或柱状，并增殖形成多层。初级卵母细胞体积增大，细胞质增多，细胞核变大且染色深。初级卵母细胞与卵泡细胞之间出现一层由它们产生的嗜酸性膜，称透明带。初级卵母细胞周围的结缔组织逐渐分化形成卵泡膜。

Note

③**次级卵泡**:由初级卵泡继续发育形成,卵泡体积进一步增大,卵泡细胞增至6~12层,开始出现卵泡腔,腔内充满卵泡液,对卵细胞有营养作用。随着卵泡液的增多及卵泡腔的扩大,初级卵母细胞及周围的一些颗粒细胞被挤到卵泡腔的一侧,形成突入卵泡腔的丘状突起,称**卵丘**。紧贴透明带的一层颗粒细胞增大成柱状,呈放射状排列,这层细胞称**放射冠**。分布于卵泡腔周围的卵泡细胞构成卵泡壁,称**颗粒层**。卵泡膜分为内、外两层,内层含有丰富的血管和分泌类固醇激素的膜细胞,外层以纤维和少量平滑肌为主。

④**成熟卵泡**:卵泡发育的最后阶段,体积增大,向卵巢表面突出,此时卵泡细胞数目不再增多,主要是卵泡液增多。颗粒细胞停止增殖,颗粒层变薄,卵丘与卵泡细胞出现裂隙,卵泡处于排卵前期。排卵前36~48 h,初级卵母细胞完成第一次减数分裂,形成次级卵母细胞和第一极体。第一极体很小,位于次级卵母细胞与透明带之间的卵周间隙内,随后进入第二次减数分裂并停滞在中期。

(2)排卵:随着卵泡液剧增,卵泡体积增大,突向卵巢表面部分的卵泡壁、白膜及上皮逐渐变薄,因局部缺血最终破裂,次级卵母细胞连同第一极体、透明带、放射冠和卵泡液一起从卵巢排入腹膜腔的过程称排卵(图6-13)。育龄女性通常每28天排卵一次,一般一次排一个卵,偶尔会排多个,排卵通常在月经周期的中期发生。排卵后,若在24 h内不受精,次级卵母细胞即退化;若与精子相遇受精,次级卵母细胞即完成第二次减数分裂,形成一个成熟卵细胞和一个第二极体。

(3)黄体的形成与退化:成熟卵泡排卵后,卵泡壁连同卵泡膜及其血管向卵泡腔内塌陷,在垂体分泌的黄体生成素的作用下,逐渐演化成一个体积较大且富含血管的内分泌细胞团,新鲜时呈黄色,称**黄体**。黄体由中央的颗粒黄体细胞和周边的膜黄体细胞构成,分别负责分泌孕酮和雌激素。黄体的发育状况取决于卵子是否成功受精。若未受精,黄体会在两周内退化,形成所谓的**月经黄体**;若受精成功,则黄体可维持6个月甚至更久,此时称为**妊娠黄体**。两种黄体最终都会退化并被增生的结缔组织所取代,称**白体**,白体存在的时间可从数月到数年不等。

(4)闭锁卵泡:青春期开始时,两侧卵巢约有4万个原始卵泡。进入青春期后,在垂体分泌的促性腺激素作用下,原始卵泡陆续开始发育,但每个月一般仅有1个卵泡发育成熟并排卵。女性一生排卵400~500个,其余约99%的卵泡在发育的不同阶段先后退化,退化后的卵泡称**闭锁卵泡**。

(二)输卵管

输卵管位于子宫阔韧带的上缘内侧,自卵巢的上端延伸至子宫底部的两侧,其主要功能为输送卵子以及为受精过程提供场所,两侧各有一条,长度为10~14 cm。输卵管由外侧向内侧分为四部分(图6-11)。

1.输卵管漏斗部　输卵管漏斗部为输卵管外侧端呈漏斗状膨大的部分,向后下方弯曲覆盖于卵巢的后缘及其内侧面。输卵管的末端中央开口于腹膜腔,即输卵管腹腔口,是卵巢排出的卵子进入输卵管的通道。输卵管腹腔口的边缘有许多细长的突起,称为**输卵管伞**,它们覆盖在卵巢表面,是手术时识别输卵管的标志。

2.输卵管壶腹部　输卵管壶腹部粗壮且弯曲,壁薄腔大,血流充沛,约占输卵管全长的2/3,向外延伸形成漏斗部。卵细胞通常在此部和精子结合形成受精卵,若受精卵未能迁移到子宫而在输卵管内继续发育,则会导致异位妊娠。

3.输卵管峡部　输卵管峡部短小而笔直,腔体狭窄,血管分布稀疏,水平向外移行为壶腹部。输卵管结扎手术常在此部施行。

4.输卵管子宫部　输卵管子宫部为输卵管穿过子宫壁的一段,其直径最小约为1 mm,通过输卵管子宫口与子宫腔相连通。

(三)子宫

子宫壁厚、腔小,富有延展性,是孕育胎儿和产生月经的肌性器官。

1.子宫的形态与分部 成人未孕子宫呈前后稍扁的倒置梨形,长为 7～9 cm,最宽径约 4 cm,厚 2～3 cm。子宫可分为底、体、颈 3 部分(图 6-11)。**子宫底**钝圆,为两侧输卵管子宫口以上的隆凸部分;**子宫颈**为子宫下端狭窄呈圆柱状的部分,为肿瘤的好发部位,子宫颈下 1/3 段突入阴道的部分为**子宫颈阴道部**,上 2/3 段位于阴道以上,为**子宫颈阴道上部**;子宫底与子宫颈之间的部分为**子宫体**。子宫颈上端与子宫体相接部较狭窄,称为**子宫峡**,长约 1 cm。在妊娠期间,子宫峡逐渐伸展变长,形成子宫下段;妊娠末期,可延长至 7～11 cm,峡壁逐渐变薄,产科常在此处进行剖宫产术。

子宫内腔分为 2 部分:上部在子宫体内,称为**子宫腔**,呈前后扁的倒三角形,上部两端通输卵管,尖端向下续至子宫颈内,即**子宫颈管**。子宫颈管呈梭形,下口通阴道,称为**子宫口**。未产妇的子宫口多为圆形;经产妇的子宫口为横裂状(图 6-11)。

2.子宫的位置 子宫位于小骨盆的中央,介于膀胱与直肠之间,其下端与阴道相连,两侧连接输卵管和卵巢。成年女性的子宫呈轻度前倾前屈位。**前倾**指整个子宫向前倾斜,子宫的长轴与阴道的长轴之间形成向前开放的钝角;**前屈**指子宫体与子宫颈之间形成向前开放的钝角(图 6-14)。在未妊娠状态下,子宫底位于小骨盆入口平面以下,朝向前上方;子宫颈的下端则位于坐骨棘平面的稍上方。当人体处于直立姿势时,子宫体伏于膀胱之上。

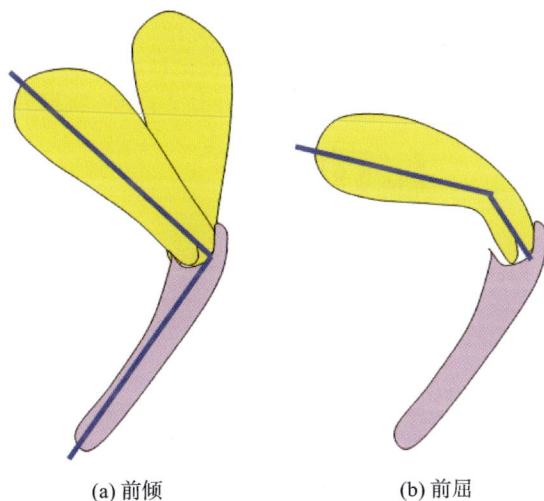

(a) 前倾　　　　　　　　　　(b) 前屈

图 6-14　子宫前倾、前屈示意图

3.子宫的固定装置 子宫主要靠韧带、盆膈和尿生殖膈的托持以及周围结缔组织的牵拉等作用维持在正常位置。子宫韧带主要有下列 4 对(图 6-11、图 6-15)。

(1)**子宫阔韧带**:覆盖于子宫前后的腹膜自子宫侧缘向两侧延伸至盆侧壁和盆底形成的双层腹膜皱褶,其位置略呈冠状位。子宫阔韧带上缘游离,包裹输卵管,其外侧 1/3 部分为卵巢悬韧带。子宫阔韧带的前层覆盖子宫圆韧带,后层覆盖卵巢和卵巢固有韧带。前、后两层之间有疏松结缔组织、血管、神经和淋巴管等结构。子宫阔韧带的作用是限制子宫向两侧移位。

(2)**子宫圆韧带**:一对呈长条形的圆索,由平滑肌和结缔组织构成。其起自子宫侧缘输卵管子宫口的前下方,在子宫阔韧带前层的覆盖下,向前外侧弯曲延伸,穿过腹股沟管,止于阴阜和大阴唇前端的皮下组织。子宫圆韧带的作用是维持子宫的前倾。

(3)**子宫骶韧带**:由平滑肌和结缔组织构成的扁索状韧带,自子宫颈后方的上外侧起始,向后弯曲绕过直肠两侧,最终止于第 2、3 骶椎前方的筋膜。其表面被腹膜覆盖,形成一个弧形结构,称为直肠子宫襞。该韧带向后上方牵引子宫颈,与子宫圆韧带协同作用,共同维持子宫的前倾前屈位。

(4)**子宫主韧带**:由结缔组织和平滑肌构成,位于子宫阔韧带下部,从子宫颈的两侧边缘延伸

图 6-15　女性盆底的韧带

至盆侧壁,具有较强的韧性。子宫主韧带的作用是固定子宫颈、防止子宫脱垂。

4.子宫壁的组织结构　子宫壁的结构由内向外可分为内膜、肌层和外膜 3 层(图 6-16)。

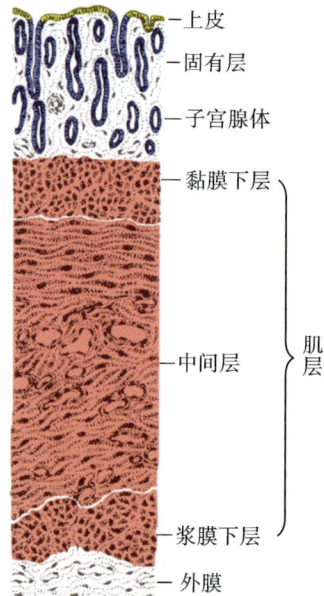

图 6-16　子宫壁的组织结构

（1）**内膜**:子宫内膜由上皮和固有层组成。上皮为单层柱状上皮,细胞包括纤毛细胞和分泌细胞。固有层由结缔组织、子宫腺体和血管构成,子宫腺体是上皮细胞形成的单管或分支状结构;子宫动脉分支形成螺旋动脉,对性激素敏感。子宫内膜可分为两层,紧邻子宫腔的为功能层,较厚,自青春期开始,在雌激素和孕激素的作用下,发生周期性剥脱出血,称为月经;紧贴肌层的为基底层,较薄,有显著的增生与修复能力,能够生成新的功能层。

（2）**肌层**:很厚,主要由平滑肌束和结缔组织构成,其中包含大量未分化间充质细胞。肌层分为黏膜下层、中间层和浆膜下层 3 层。黏膜下层与浆膜下层相对较薄,主要由纵行平滑肌束构成;中间层较厚,由环形和斜行平滑肌束构成,并富含血管。

（3）**外膜**：子宫底和子宫体部为薄层结缔组织和间皮组成的浆膜，子宫颈处为纤维膜。

5.子宫内膜的周期性变化　自青春期开始，子宫底和子宫体部的子宫内膜在卵巢分泌的雌激素和孕激素的作用下，出现周期性变化，每28天左右发生一次内膜的剥脱、出血、修复和增生，此过程称为**月经周期**。月经周期的计算从月经的第一天开始，直至下一次月经来临的前一天结束，其间可划分为月经期、增生期和分泌期3个阶段。

（1）月经期：月经周期的第1～4天。此时卵巢的黄体退化，体内雌激素和孕激素水平急剧下降，子宫内膜功能层的螺旋动脉持续收缩。这种收缩引起子宫内膜缺血，导致功能层萎缩和坏死。随后，螺旋动脉突然短暂扩张，导致功能层血管破裂出血。血液与坏死的内膜一起剥落，并通过阴道排出体外，形成月经。月经末期，子宫内膜基底层的残留子宫腺体上皮细胞开始迅速增生，并向子宫腔表面推进，子宫内膜修复进入增生期。

（2）增生期：月经周期的第5～14天。此期的卵巢中有若干次级卵泡开始发育，逐渐成熟并分泌雌激素。雌激素促使子宫内膜发生增生性变化，子宫内膜逐渐增厚，螺旋动脉伸长并盘曲成螺旋状，子宫腺体增长并弯曲。至增生末期，卵巢内的成熟卵泡排卵，子宫内膜进入分泌期。

（3）分泌期：月经周期的第15～28天。此时卵巢已经排卵，黄体形成。在黄体分泌的孕激素和雌激素的影响下，子宫内膜持续增厚，厚度可达到5～7 mm。此阶段，子宫腺体进一步伸长、弯曲，腺腔扩大，腺细胞内糖原含量增高，分泌活动增强。螺旋动脉持续增长并变得更加弯曲，深入子宫内膜表面。此时排出的卵子若受精，子宫内膜继续增厚；若未受精，子宫内膜的功能层会脱落，随之进入月经期。

（四）阴道

阴道为前、后略扁的肌性管道，连接子宫与外生殖器，是女性的性交器官，也是月经血液排出和胎儿分娩的通道。阴道由黏膜、肌层和外膜构成，具有极佳的伸展性，阴道壁分为前壁、后壁和两侧壁，通常前、后壁是贴合的。阴道下端较为狭窄，以阴道口开口于阴道前庭。处女的阴道口周缘有环形或半月形的处女膜。阴道的上端较为宽阔，环绕子宫颈阴道部，形成一个环形凹陷，称**阴道穹**。阴道穹分为前部、后部和两个侧部，其中后部最深，与直肠子宫陷凹紧密相邻，仅由阴道壁和一层腹膜隔开，在临床上可以通过阴道后穹进行引流，以诊断和治疗直肠子宫陷凹积液。阴道前方毗邻膀胱和尿道，后方紧邻直肠。

（五）前庭大腺

前庭大腺位于大阴唇后部的前庭球后端深面，形似豌豆，被球海绵体肌所覆盖。其导管开口于阴道前庭的内侧，分泌液体以润滑阴道。

知识链接

异位妊娠

异位妊娠，俗称"宫外孕"，是指受精卵在子宫腔以外的部位着床并发育的情况。常见的类型包括输卵管妊娠、卵巢妊娠等。异位妊娠是妇产科常见的急腹症，是妊娠早期导致孕妇死亡的主要原因之一。如果妊娠期的女性出现停经后阴道不规则出血、腹痛等症状，都应警惕异位妊娠的可能性。异位妊娠主要通过体格检查、B超检查和HCG测定等方式进行诊断。对于异位妊娠的治疗，通常取决于病情的严重程度，在无内出血或仅有少量内出血、无休克、病情较轻的情况下，可能会采用药物治疗或手术治疗；而在大量内出血、生命体征不稳定或有活动性腹腔内出血等情况下，急需手术治疗。

Note

二、女性外生殖器

女性外生殖器又称女阴,包括阴阜、大阴唇、小阴唇、阴道前庭、阴蒂和前庭球(图6-17)。

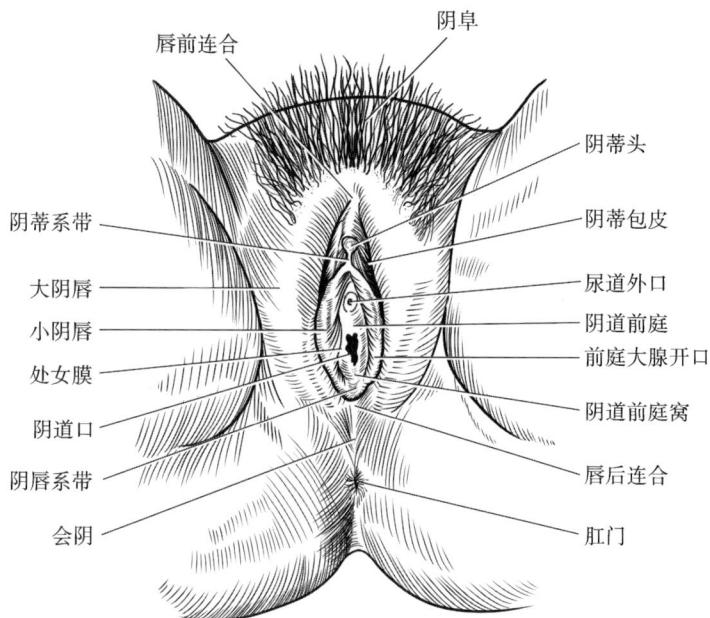

图 6-17　女性外生殖器

（一）阴阜

阴阜位于耻骨联合前方的皮肤隆起处,由富含皮下脂肪的结缔组织构成。在青春期,该区域的皮肤会生长出阴毛,其分布呈现出尖端向下的三角形。

（二）大阴唇

大阴唇是一对从阴阜向后伸展到会阴的纵长隆起的皮肤皱襞;外侧面颜色较深,前部长有阴毛;内侧面皮下有大量皮脂腺,光滑湿润。大阴唇前端和后端左右互相连合,形成唇前连合和唇后连合。

（三）小阴唇

小阴唇是位于大阴唇内侧的一对较薄的皮肤皱襞,光滑无阴毛。

（四）阴道前庭

阴道前庭是位于两侧小阴唇之间的菱形区域,前端有尿道外口,后端有阴道口,两侧有前庭大腺导管的开口。

（五）阴蒂

阴蒂由两个阴蒂海绵体组成,分为阴蒂脚、阴蒂体、阴蒂头 3 部分。阴蒂脚附着于耻骨下支和坐骨支,两侧向前汇合形成阴蒂体,表面盖以阴蒂包皮。露于表面的为阴蒂头,富有神经末梢,感觉敏锐。

（六）前庭球

前庭球位于阴道两侧的大阴唇皮下。其两侧前端狭窄并相连,位于尿道外口与阴蒂体之间的皮下;后端膨大与前庭大腺相邻。

第三节 乳房和会阴

一、乳房

乳房是人类及哺乳动物所特有的解剖结构。在儿童和男性中,乳房通常发育不完全;女性的乳房于青春期开始发育和生长,在妊娠期和哺乳期,乳房具备分泌功能。

(一)乳房的位置

乳房位于胸大肌和胸肌筋膜的表面,向上起始于第 2~3 肋骨,向下延伸至第 6~7 肋骨,内侧至胸骨旁线,外侧可至腋中线。

(二)乳房的形态

成年未哺乳女性的乳房呈半球形,质地紧致且富有弹性。乳房的中央有乳头,其一般位于第4肋间隙或第5肋与锁骨中线的交汇处,乳头顶端有输乳管的开口。乳头周围环绕着颜色较深的环形皮肤区域,称乳晕,其深面有乳晕腺,可分泌脂类物质润滑乳头(图 6-18)。在妊娠期和哺乳期,乳头和乳晕会发生色素沉着,导致颜色加深。

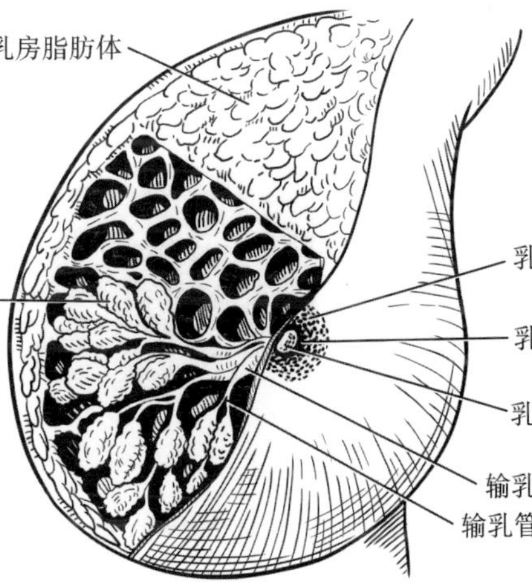

图 6-18 女性乳房

(三)乳房的结构

乳房由皮肤、脂肪组织、纤维组织以及乳腺构成。脂肪组织主要位于皮下,纤维组织包绕乳腺,并有纤维隔深入乳腺之间,将乳腺分隔成15~20个**乳腺叶**。每个乳腺叶都有一条排泄管,称**输乳管**。输乳管在接近乳头的区域扩张形成**输乳管窦**,其末端逐渐变细并开口于乳头。乳腺叶和输乳管都是以乳头为中心呈放射状排列。乳房皮肤和乳腺深面的胸壁浅筋膜之间,连有许多细小的纤维束,称**乳房悬韧带**(Cooper 韧带),对乳房起支持和固定作用(图 6-19)。

二、会阴

会阴有广义和狭义两种。广义上的会阴指的是盆膈以下封闭骨盆下口的全部软组织,形状呈菱形,其边界与骨盆下口相吻合。前方为耻骨联合下缘,两侧为耻骨下支、坐骨支、坐骨结节及

图 6-19　女性乳房矢状切面

骶结节韧带，后方为尾骨尖。两侧坐骨结节的连线将会阴分为前方的**尿生殖三角(尿生殖区)**和后方的**肛门三角(肛区)**。在男性，尿生殖区有尿道通过；在女性则有尿道和阴道通过，肛门区有肛管穿过(图 6-20)。

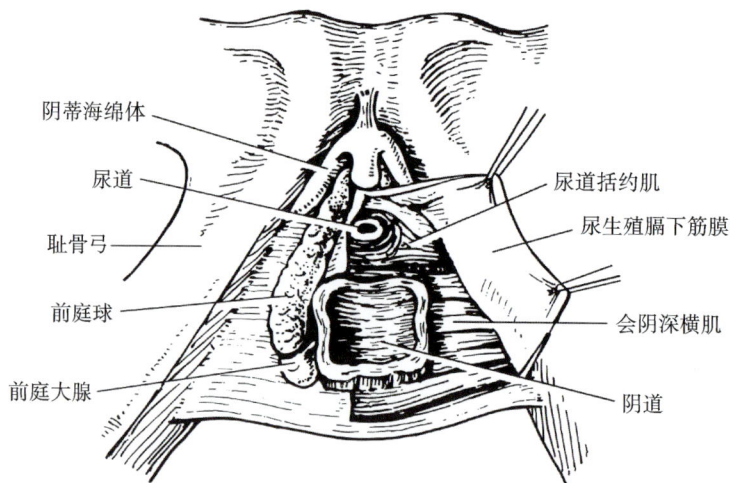

图 6-20　会阴

　　狭义上的会阴指的是外生殖器与肛门之间的区域，在女性中也被称为**产科会阴**。其长度一般为 2～3 cm，女性的会阴较男性短，其深部有重要的会阴中心腱。在产科分娩过程中，保护会阴或进行会阴切开术，即是指保护或切开该区域的软组织结构。

目小 结

生殖系统包括男性生殖系统和女性生殖系统。男、女性生殖系统都可分为内生殖器和外生殖器两部分。

男性生殖系统的内生殖器包括睾丸、附睾、输精管、射精管、男性尿道、精囊、前列腺和尿道球腺;外生殖器包括阴囊和阴茎。睾丸是生殖腺,主要功能是产生精子和分泌雄激素;附睾储存精子并促进精子进一步成熟;输精管、射精管和男性尿道的主要功能是输送精子;精囊、前列腺和尿道球腺分泌液体参与精液的组成。此外,男性尿道分为前列腺部、膜部和海绵体部三部分,有三处狭窄、三处膨大和两个弯曲,兼有排尿和排精的作用。

女性生殖系统的内生殖器包括卵巢、输卵管、子宫、阴道和前庭大腺;外生殖器即女阴。卵巢是生殖腺,主要功能是产生卵子和分泌性激素;输卵管、子宫和阴道为输卵管道;此外,子宫是受精卵着床、发育的场所;阴道为排出月经血液和娩出胎儿的管道。

会阴有狭义和广义之分。狭义的会阴是外生殖器与肛门之间的区域;广义的会阴指盆膈以下封闭骨盆下口的全部软组织。

(周 玉)

思政课堂

目标检测

Note

第七章 腹 膜

学习目标

知识目标：

1.记忆腹膜与脏器的位置关系,网膜囊与网膜孔的位置。

2.描述腹膜形成的结构,大网膜、小网膜的位置与分部,腹膜陷凹的临床意义。

3.解释腹膜、腹膜腔的概念。

能力目标：

1.会观察辨认壁腹膜和脏腹膜的位置,腹膜形成的结构的位置。

2.能运用相关知识分析临床病例,进行临床实践工作。

素质目标：

具有良好的人文素养、职业道德和创新意识及精益求精的工匠精神,有较强的人际沟通能力和团队合作精神。

案例 7-1

患者,女,29岁。突感全腹剧痛并伴恶心、呕吐来医院就诊。

查体：T 39.2 ℃,P 102次/分。腹胀明显,全腹压痛和反跳痛,叩诊有移动性浊音,经X线及B超检查确诊为"急性腹膜炎"。

问题：

1.什么是腹膜？

2.腹膜与被覆脏器关系有哪几种？

3.为什么急性腹膜炎患者宜取半卧位？

一、概述

腹膜为一层薄而光滑的浆膜,呈半透明状,由间皮及少量结缔组织构成,是全身面积最大、配布最复杂的浆膜(图7-1)。腹膜衬于腹、盆腔壁内的部分称**壁腹膜**或腹膜壁层,覆盖于腹、盆腔脏器表面的部分称**脏腹膜**或腹膜脏层。壁腹膜和脏腹膜相互延续、移行,共同围成不规则的潜在腔隙,称**腹膜腔**,腔内仅有少量浆液。男性腹膜腔为一封闭的腔隙;女性腹膜腔则借输卵管、子宫、阴道与外界相通。

腹膜具有分泌、吸收、保护、支持、防御和修复等功能：①腹膜能分泌少量浆液(正常情况下100～200 mL),起润滑脏器表面和减少器官间摩擦的作用。②腹膜可吸收腹腔内的液体和空气等,一般认为上腹部(特别是膈下区)的腹膜吸收能力较强,所以腹腔炎症或术后的患者多采取半卧位,使有害液体流至下腹部,以减缓腹膜对有害物质的吸收。③腹膜形成韧带、系膜等结构对脏器有支持和固定作用。④腹膜和腹膜腔浆液中含有大量巨噬细胞,可吞噬细菌和有害物质,起

142

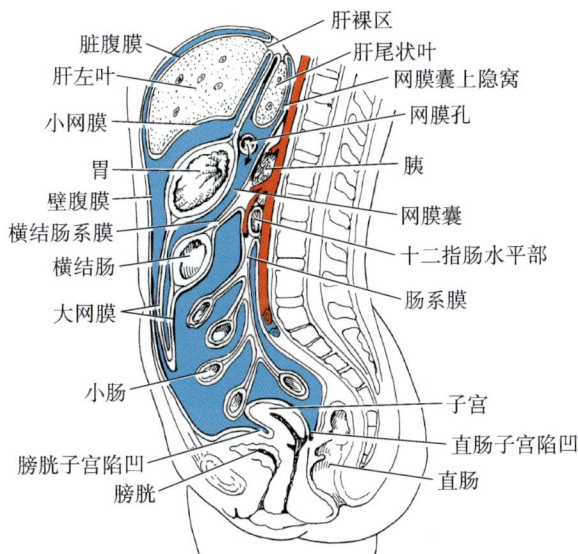

图 7-1　腹膜腔正中矢状切面模式图（女性）

到防御的作用。⑤腹膜有较强的修复和再生能力，所分泌的浆液含有纤维素，其粘连作用可以促进伤口的愈合和炎症的局限化。

二、腹膜与腹、盆腔脏器的关系

根据脏器被腹膜覆盖的情况，腹、盆腔脏器可分为 3 种类型，即腹膜内位器官、腹膜间位器官和腹膜外位器官（图 7-2）。

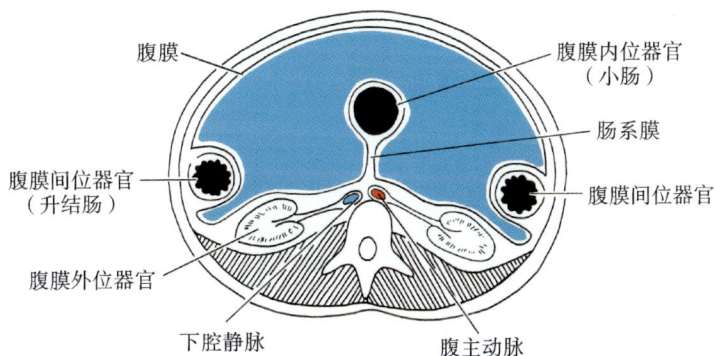

图 7-2　腹膜与腹、盆腔脏器的关系示意图（水平切面）

（一）腹膜内位器官

脏器表面几乎全部被腹膜所覆盖的为腹膜内位器官，如胃、十二指肠上部、空肠、回肠、盲肠、阑尾、横结肠、乙状结肠、脾、卵巢和输卵管等。

（二）腹膜间位器官

脏器表面大部分被腹膜所覆盖的为腹膜间位器官，如胆囊、肝、升结肠、降结肠、子宫、膀胱和直肠上段等。

（三）腹膜外位器官

脏器仅一面被腹膜所覆盖的为腹膜外位器官，如肾、肾上腺、输尿管、十二指肠降部和水平部、直肠中下段及胰等。

掌握脏器与腹膜的位置关系，对于临床手术入路的选择有重要的意义，如腹膜内位器官的手

143

术必须通过腹膜腔,而腹膜间位和外位器官的手术可不必打开腹膜腔,从而避免腹膜腔的感染和术后粘连。

三、腹膜形成的结构

壁腹膜与脏腹膜之间,或脏腹膜之间相互返折移行,形成许多结构,如网膜、系膜、韧带等,这些结构不仅对器官起着连接和固定作用,也是血管、神经等进入脏器的途径。

(一)网膜

网膜是与胃小弯和胃大弯相连的腹膜皱襞,两层间有血管、神经、淋巴管和结缔组织等,包括**小网膜**和**大网膜**(图 7-3)。

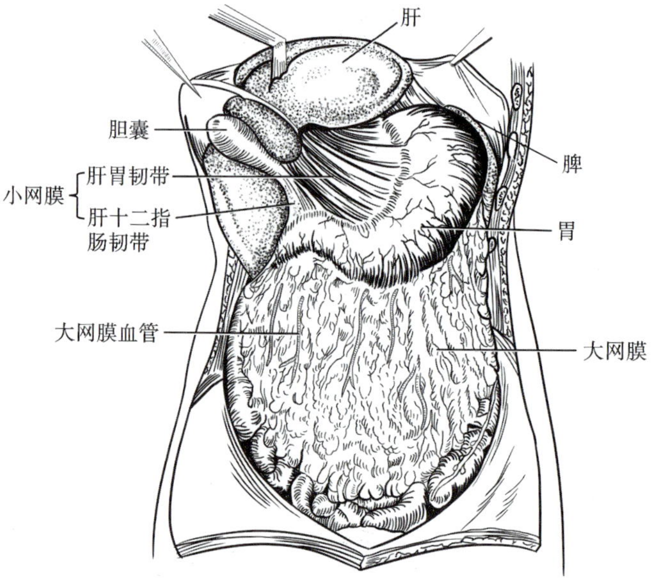

图 7-3　网膜

1. 小网膜　小网膜是由肝门移行于胃小弯和十二指肠上部的双层腹膜结构。由肝门连于胃小弯的部分为**肝胃韧带**;肝门连于十二指肠上部的部分为**肝十二指肠韧带**,其内有胆总管、肝固有动脉和肝门静脉通过。小网膜的右缘游离,后方为**网膜孔**,经此孔可进入网膜囊。

2. 大网膜　大网膜是连于胃大弯与横结肠之间的腹膜结构,形似围裙覆盖于空肠、回肠和横结肠的前方。大网膜由四层腹膜构成,前两层由胃前、后壁的腹膜自胃大弯和十二指肠上部下垂而成,下垂至脐平面稍下方后折返向上,形成大网膜的后两层,向后上包裹横结肠并与横结肠系膜相续。在成人体内,大网膜的前两层和后两层常愈合在一起。自胃大弯至横结肠的大网膜前两层称**胃结肠韧带**。

大网膜有重要的防御功能。当腹膜腔内有炎症时,大网膜的下垂部可向病变处移动,将病灶包裹,以限制炎症的蔓延扩散。故腹部手术时,可根据大网膜移动的位置探查病变的部位。小儿大网膜较短,当下腹部发生炎症或阑尾炎穿孔时,病灶不易被大网膜包裹,因而炎症易扩散而形成弥漫性腹膜炎。

3. 网膜囊　网膜囊是位于小网膜和胃后壁与腹后壁腹膜之间的扁窄间隙(图 7-4),又称**小腹膜腔**,是腹膜腔的一部分。网膜囊右侧经网膜孔与腹膜腔其余部分相通。网膜囊位置较深,当胃后壁穿孔时,胃内容物常积聚在囊内,给早期正确诊断带来困难。

(二)系膜

系膜是连于肠管与腹后壁之间的双层腹膜结构,两层之间有出入该器官的血管、神经、淋巴管、淋巴结和脂肪等。主要的系膜包括肠系膜、阑尾系膜、横结肠系膜和乙状结肠系膜等(图 7-5)。

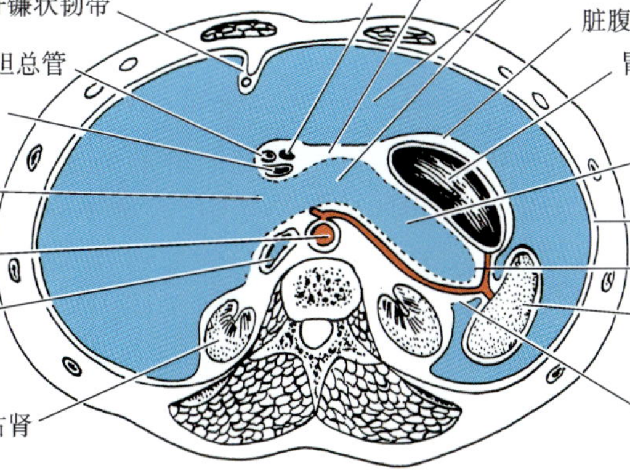

图 7-4 网膜孔与网膜囊

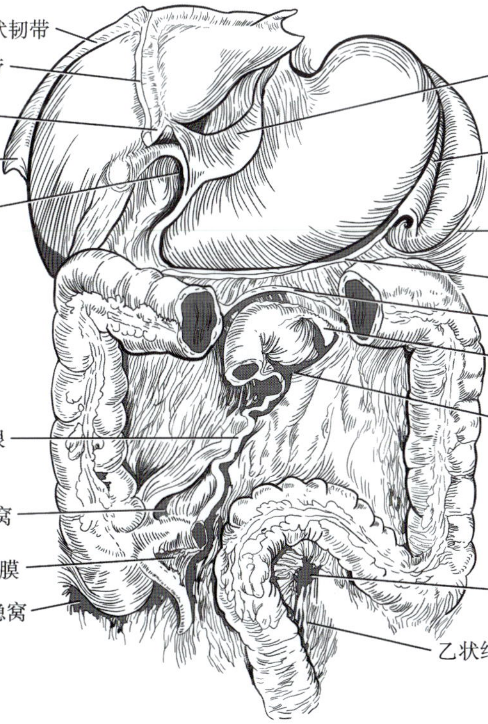

图 7-5 腹膜形成的结构

1. 肠系膜 肠系膜是将空肠、回肠连于腹后壁的双层腹膜结构,其附着于腹后壁的部分称肠系膜根,自第 2 腰椎左侧斜向右下方,止于右骶髂关节前方。肠系膜长而宽,因此空肠、回肠的活动度大,易发生系膜扭转,引起肠梗阻。

2. 阑尾系膜 阑尾系膜是连于阑尾与回肠末端之间的双层腹膜结构,其游离缘内有阑尾的血管、神经和淋巴管通过。行阑尾切除手术时,应从阑尾系膜游离缘进行血管结扎。

3. 横结肠系膜 横结肠系膜是连于横结肠与腹后壁之间的双层腹膜结构,其根部起于结肠右曲,止于结肠左曲。横结肠系膜内有中结肠血管、神经、淋巴管、淋巴结等。

4. 乙状结肠系膜 乙状结肠系膜是连于乙状结肠与腹后壁之间的双层腹膜结构,其根部附着于左髂窝和骨盆左侧壁。乙状结肠系膜内有乙状结肠动、静脉等。该系膜较长,使乙状结肠活动度大,易发生系膜扭转,引起肠梗阻。

Note

145

（三）韧带

韧带是连于腹、盆壁与脏器之间或连于相邻脏器之间的腹膜结构，对脏器起固定作用。其主要有肝的韧带和脾的韧带。

1. 肝的韧带　肝的下方有肝胃韧带和肝十二指肠韧带（前已叙述），肝的上方有**镰状韧带**、**冠状韧带**和**三角韧带**。镰状韧带呈矢状位，是位于膈穹隆与肝的膈面之间的双层腹膜结构，其游离缘内包有肝圆韧带。冠状韧带呈冠状位，位于肝的后上方，是连于膈和肝之间的腹膜结构，分前、后两层，两层之间无腹膜被覆的肝表面为**肝裸区**。冠状韧带左、右两端的前、后两层彼此相贴，形成左、右三角韧带。

2. 脾的韧带　脾的韧带包括胃脾韧带、脾肾韧带。**胃脾韧带**是连于胃底和脾门之间的双层腹膜结构，向下与大网膜左侧部相延续，韧带内含胃短血管、胃网膜左血管，以及脾和胰的淋巴管、淋巴结等。**脾肾韧带**是自脾门至左肾前面的双层腹膜结构，韧带内有胰尾及脾血管、淋巴管、神经丛等。

（四）隐窝和陷凹

腹膜皱襞是由腹、盆壁与脏器之间或脏器之间的腹膜形成的隆起，其深面常有血管走行。在皱襞之间或皱襞与腹、盆壁之间形成的腹膜凹陷称隐窝，较大的隐窝称陷凹。

腹膜陷凹主要位于盆腔内，是盆腔器官表面的腹膜相互移行折返形成的结构。男性在膀胱和直肠之间有**直肠膀胱陷凹**。女性在膀胱和子宫之间有**膀胱子宫陷凹**；子宫和直肠之间有**直肠子宫陷凹**，又称 Douglas 腔，位置较深，其底部的腹膜覆盖在阴道后穹上面（图 7-1）。坐位、站位或半卧位时，男性的直肠膀胱陷凹和女性的直肠子宫陷凹是腹膜腔的最低点，腹膜腔内的积液常积聚于此，临床上可经直肠前壁或阴道后穹进行穿刺或切开引流。

知识链接

胃后壁穿孔

胃后壁穿孔是胃溃疡的常见并发症，穿孔后胃内容物积聚于网膜囊内，继而经网膜孔—肝肾隐窝—右结肠旁沟—右髂窝—盆腔到达直肠膀胱陷凹或直肠子宫陷凹。胃后壁穿孔可波及与胃后壁相邻的胰、横结肠、左肾上腺、左肾等。手术切开腹壁后进入腹膜腔，可经胃结肠韧带或横结肠系膜进入网膜囊内处理穿孔部位，切开胃结肠韧带时应注意勿损伤胃网膜左、右动脉，切开横结肠系膜时应注意勿损伤中结肠动脉。

小　结

腹膜由壁腹膜和脏腹膜两部分组成，两者互相移行围成腹膜腔。腹膜具有分泌、吸收、保护、支持、防御和修复等多种功能。根据腹膜覆盖脏器表面的程度不同，腹、盆腔脏器可分为腹膜内位器官、腹膜间位器官和腹膜外位器官 3 类。腹膜形成的网膜包括小网膜、大网膜和网膜囊；系膜有肠系膜、阑尾系膜、横结肠系膜和乙状结肠系膜等；韧带有镰状韧带、冠状韧带、胃脾韧带和脾肾韧带等；陷凹有直肠膀胱陷凹、膀胱子宫陷凹、直肠子宫陷凹等。这些腹膜结构对脏器起着连接和固定作用，同时也具有重要的临床意义。

思政课堂

目标检测

Note

（陈小语）

第八章 脉管系统

学习目标

知识目标:

1.说出心血管系统和淋巴系统的组成;血管吻合的形式和侧支循环;毛细血管的类型;心的位置,心的传导系统的构成和功能,心包的构成及临床意义;全身主要动脉、静脉的名称;上腔静脉、下腔静脉、肝门静脉系的组成。

2.描述体循环和肺循环的循环途径;心的外形,心的体表投影;主动脉的位置、起止、行程和分部,全身主要动脉的行程、分支及分布;临床上测量血压、触摸脉搏的部位及常用的压迫止血点;上、下腔静脉各部分的属支及收集范围,肝门静脉与上、下腔静脉系间的交通途径及临床意义;淋巴导管的起始及收集范围,淋巴结、脾的组织结构。

3.识别心的各腔结构,心壁的组织结构;肺循环动脉的位置和分支;四肢浅静脉的名称、走行及其注入深静脉的位置;肝门静脉与上、下腔静脉系间的吻合部位;全身主要淋巴结的位置;脾的位置及结构。

4.解释血液循环、肺循环、体循环、三尖瓣复合体、动脉韧带、静脉角、危险三角的概念。

5.比较动脉和静脉的组织结构区别;左、右冠状动脉的起始、行程、分支与分布。

能力目标:

1.会观察辨认心的位置、形态、主要结构及血管,主要动脉的走行、分支及分布,主要静脉的主干、合成及收集范围,头颈部及四肢重要浅静脉的名称及走行。

2.能运用心血管系统和淋巴系统的解剖学知识进行临床实践工作,具有案例分析的能力。

3.能够准确辨认人体各部位的主要淋巴结和淋巴管走向。

4.能在人体表面描画心的体表投影,判断压迫止血点并进行压迫止血操作。

素质目标:

具有良好的人文素养和同理心、职业道德和创新意识及精益求精的工匠精神,尊重患者,保护患者隐私,有较强的人际沟通能力和团队合作精神。

脉管系统由心血管系统和淋巴系统两部分组成,是体内一系列连续封闭的管道系统,执行运输功能。心血管系统内流动着血液;淋巴系统内流动着淋巴,淋巴最后汇入静脉。

脉管系统的主要功能是将消化系统吸收的营养物质和肺吸收的氧运送到全身器官的组织和细胞,同时又将组织和细胞的代谢产物(二氧化碳、尿酸、尿素、肌酐等)运送到肺、肾、皮肤等器官排出体外,以保证机体新陈代谢的正常进行。此外,机体的内分泌器官与散在的内分泌细胞所分泌的激素及生物活性物质,也通过脉管系统运送到靶器官和靶细胞,以实现体液调节。脉管系统还具有重要的内分泌功能,能产生和分泌多种生物活性物质,参与机体多种功能的调节。

案例 8-1

患者,男,3天前无明显诱因出现恶心、呕吐,26 h前出现全腹部痛,呈持续性钝痛,伴有轻微腹胀,无明显发热、寒战,大便 2 次、成形,于医院门诊就诊。血常规检查示 WBC 9.19×10⁹/L,NEUT 59.4%,急诊生化未见明显异常。腹部 X 线平片可见少许肠积气,肠管略有扩张,可见气液平面。初步诊断为阑尾炎,建议手术。19 h 前患者腹痛逐渐转移至右下腹,无发热,恶心、呕吐 1 次,就诊于急诊科。血常规示 WBC 10.04×10⁹/L,NEUT 68.9%;尿常规未见明显异常。考虑急性阑尾炎,予以抗感染治疗,具体用药不详,现患者疼痛稍有缓解,为求手术治疗,由急诊以"急性阑尾炎"收入普外科,入院后先行输液治疗。

入院症见:患者神志清楚,右下腹麦氏点压痛、反跳痛,无肌紧张,无发热,无恶心、呕吐,小便正常,大便未行。

问题:

1.临床输液一般选取哪个部位?

2.输液时药物如何到达阑尾发挥疗效?

第一节　心血管系统

一、概述

(一)心血管系统的组成

心血管系统包括心、动脉、毛细血管和静脉。

1.心　心主要由心肌构成,是血液循环的动力器官。心借房间隔和室间隔分为左右互不相通的左半心和右半心,每侧半心又分为后上方的心房和前下方的心室,这样心被分成了 4 个腔,即左、右心房和左、右心室,同侧心房和心室之间借房室口相通。心房接纳静脉,心室发出动脉。在房室口和动脉口处均有瓣膜,瓣膜可顺血流开启、逆血流关闭,它们如同阀门,控制体内血液的定向流动。

2.动脉　动脉是输送血液离心的管道,从心室开始在离心行程中不断发出分支,越分越细,最后移行为毛细血管。动脉有多级分支,随着管径逐渐变细,管壁也逐渐变薄。根据管径大小,动脉可分为大动脉、中动脉、小动脉、微动脉 4 级。

3.毛细血管　毛细血管是连接动、静脉末梢间的微细血管。毛细血管数量多、管壁薄、通透性大,彼此吻合呈网状,是血液与组织、细胞进行物质交换的场所。

4.静脉　静脉是输送血液回心的血管。小静脉由毛细血管汇合而成,根据管径的大小,静脉也分为大静脉、中静脉、小静脉、微静脉 4 级。

(二)血液循环的途径

血液由心射出,流经动脉、毛细血管、静脉再返回心,这种周而复始的循环流动过程称**血液循环**(图 8-1)。根据其循环途径不同分为体循环和肺循环,两个循环同时进行,紧密联系。

1.体循环　体循环又称**大循环**,当心室收缩时,动脉血由左心室射出,经主动脉及其各级分支到达全身各部的毛细血管网,与周围组织、细胞进行物质交换和气体交换后,再经各级静脉,最后通过上、下腔静脉和冠状窦返回右心房。体循环的特点是由鲜红色的动脉血转变成暗红色的静脉血,路程长、流经范围广。

2.肺循环　肺循环又称**小循环**,当心室收缩时,静脉血由右心室射出,经肺动脉干及其各级分支到达肺泡周围的毛细血管网进行气体交换,再经肺静脉进入左心房。肺循环的特点是由暗

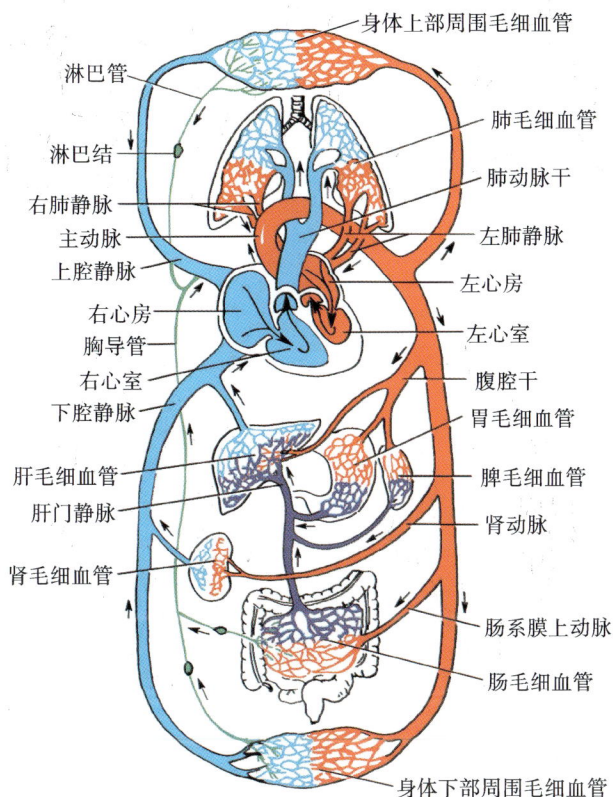

图 8-1　血液循环示意图

红色的静脉血转变成鲜红色的动脉血,路程短、流经范围小。

(三)血管吻合和侧支循环

人体的血管,除经动脉-毛细血管-静脉相通连外,动脉与动脉、静脉与静脉,甚至动脉与静脉之间,可借吻合支或交通支彼此相连,形成血管吻合。常见的血管吻合类型和形式如下(图 8-2)。

1.动脉间吻合　人体内许多部位两条不同来源的动脉干之间可借交通支相连,如脑底动脉环;在经常活动或易受压的部位,其邻近的多条动脉分支常相互吻合形成动脉网,如关节动脉网;在经常改变形态的器官中,两动脉末端或其分支可直接吻合形成动脉弓,如手、胃肠的动脉弓等。这些吻合均有缩短循环途径和时间,调节局部血流量的作用。

2.静脉间吻合　静脉间吻合远比动脉间吻合丰富,除具有与动脉相似的吻合形式外,常在容积容易变动的脏器壁内或脏器周围形成静脉丛,以保证在腔壁受压或脏器扩大时血流通畅。另外,浅静脉之间常吻合有丰富的静脉弓(网)。

3.动静脉吻合　人体内许多部位微动脉和微静脉之间借吻合管直接连通,形成动静脉吻合,如指尖、趾端、唇、鼻、消化道黏膜、生殖器勃起组织和甲状腺等处。这种吻合具有缩短循环途径、调节局部血流量和局部温度的作用。

4.侧支吻合　较大的血管主干在行程中发出与其平行的侧副管。侧副管与发自主干不同高度的返支彼此吻合,称侧支吻合。一般情况下,侧副管较细,但当主干血流受阻时,侧副管逐渐增粗,血流可经扩大的侧支吻合到达受阻远端的血管主干,使血流受阻部位缺血区的血液供应得到不同程度的代偿或恢复。这种通过侧支吻合建立的循环称侧支循环。侧支循环的建立,对于保证器官在病理状态下的血液供应具有十分重要的意义(图 8-2)。

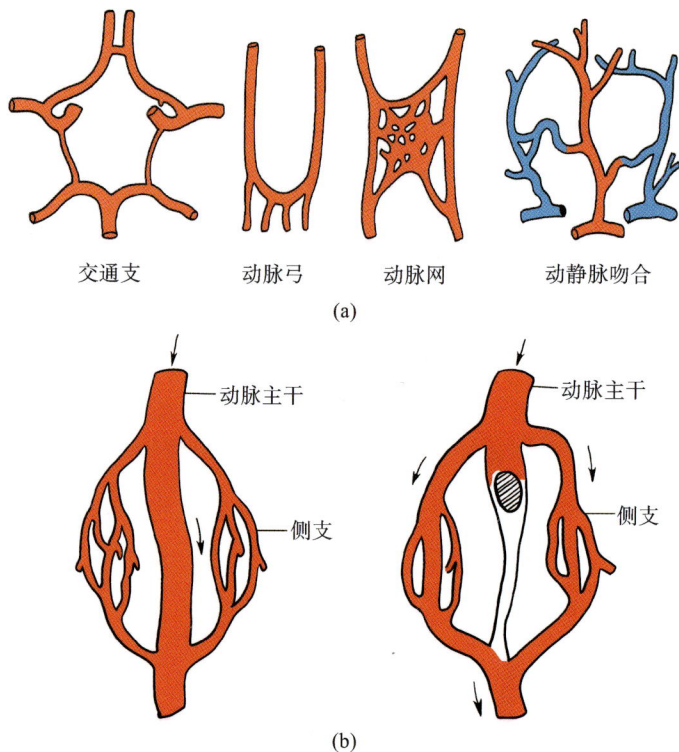

交通支　　　动脉弓　　　动脉网　　　动静脉吻合

(a)

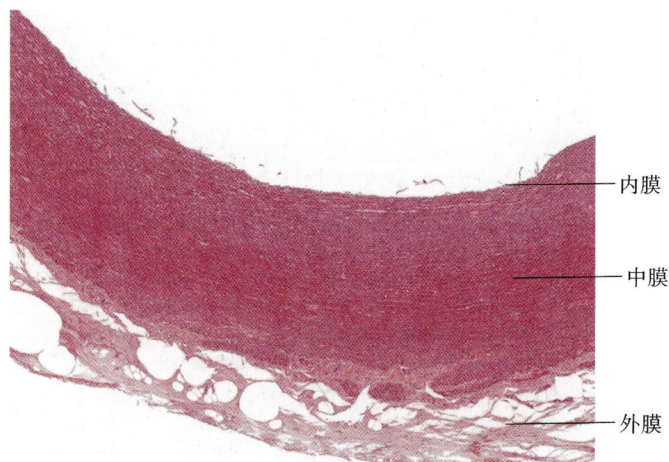

动脉主干　　　　　　　　动脉主干

侧支　　　　　　　　　　侧支

(b)

图 8-2　血管吻合的形式

(四)血管的组织结构

根据管径大小,动脉和静脉均可分为大、中、小、微 4 级。在形态上,这 4 级动、静脉之间并无明显界限。**大动脉**是指接近心的动脉,管腔大、管径大,如主动脉和肺动脉等;管径小于 1 mm 的动脉称**小动脉**;接近毛细血管、管径小于 0.3 mm 的动脉称**微动脉**;管径介于大、小动脉之间的动脉称**中动脉**,如桡动脉、股动脉等。管径大于 10 mm 的静脉称**大静脉**,如上腔静脉、下腔静脉等;管径小于 2 mm 的静脉称**小静脉**;与毛细血管相连、管径小于 0.2 mm 的静脉称**微静脉**;管径介于大、小静脉之间的静脉称**中静脉**。

除毛细血管外,血管的管壁从内向外依次分为内膜、中膜、外膜 3 层。

1. 动脉　管壁较厚,管径较小,弹性较大(图 8-3 至图 8-5)。

内膜

中膜

外膜

图 8-3　大动脉的组织结构

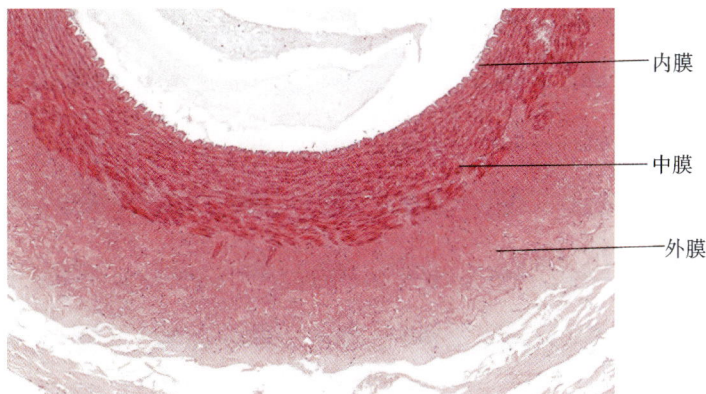

图 8-4 中动脉的组织结构

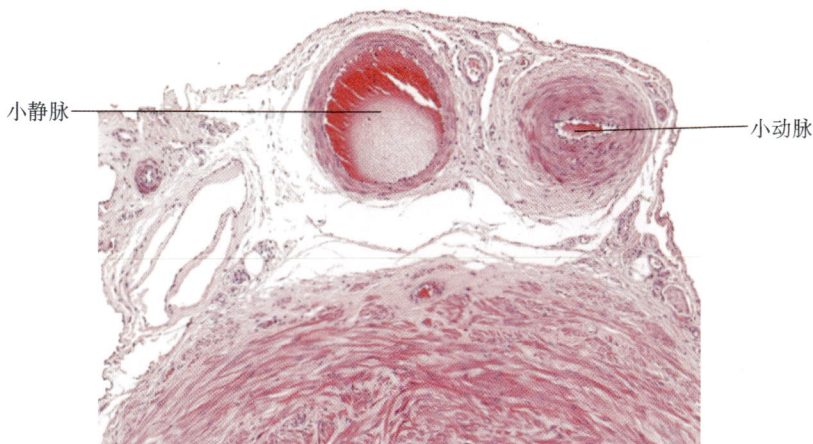

图 8-5 小动脉和小静脉的组织结构

(1)内膜:最薄,位于管壁最内层,由内皮、内皮下层、内弹性膜构成。内皮的游离面光滑,可减小血液流动时的阻力;内皮下层为薄层结缔组织;内膜在邻接中膜处形成一层由弹性蛋白构成的薄膜(弹性膜),称内弹性膜,中动脉的内弹性膜最为明显。

(2)中膜:最厚,由平滑肌和内弹性膜等构成。大动脉的中膜含 40～70 层内弹性膜,其管壁弹性较大,故也称**弹性动脉**,大动脉的弹性对于维持血液持续流动起重要作用。中、小动脉的中膜以平滑肌为主,平滑肌呈环形排列。中动脉的肌层较发达,故又称**肌性动脉**。小动脉也属于肌性动脉,肌层较薄弱,其收缩和舒张不仅可明显改变血管口径,影响器官的血液灌流量,而且可以改变血流的外周阻力,影响血压,故又称**外周阻力血管**。

(3)外膜:较厚,由结缔组织构成,内含血管和神经。

2. 静脉 与各级相应动脉比较,静脉的管径较大,管壁较薄且弹性差,常呈塌陷状,管腔变扁或呈不规则形。静脉管壁 3 层的分界不明显。内膜最薄,由内皮和内皮下层构成,管径在 2 mm以上的静脉管腔内有瓣膜,瓣膜由内膜凸入管腔折叠形成,有防止血液逆流的作用;中膜稍厚,有数层分布稀疏的环形平滑肌;外膜最厚,由结缔组织构成,内含血管和神经(图 8-5 至图 8-7)。

3. 毛细血管 毛细血管为管径最小、管壁最薄、通透性最高、数量最多、分布最广的血管,常互相吻合成网状。

(1)毛细血管的结构:管壁结构简单,由内皮和基膜等构成。毛细血管管径一般为 7～9 μm,只允许血细胞单行通过。

(2)毛细血管的分类:电镜下毛细血管可分为以下 3 类(图 8-8)。

Note

图 8-6 大静脉的组织结构

内膜
中膜
外膜

图 8-7 中静脉的组织结构

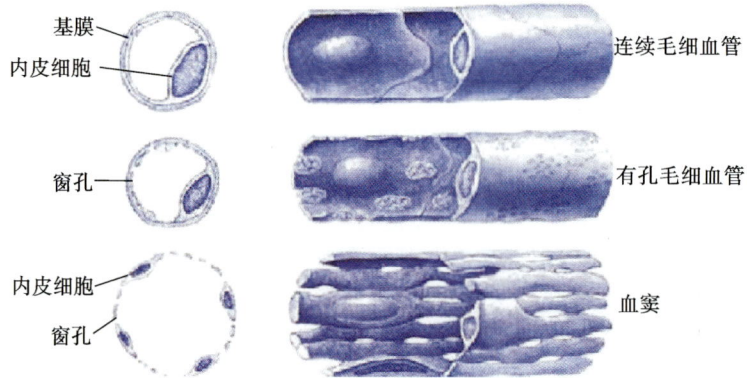

内膜
中膜
外膜

基膜
内皮细胞
连续毛细血管

窗孔
有孔毛细血管

内皮细胞
窗孔
血窦

图 8-8 毛细血管结构模式图

①**连续毛细血管**：内皮细胞连续排列，细胞间有紧密连接；含细胞核的部分较厚，凸向管腔；不含细胞核的部分很薄，细胞质内含有许多吞饮小泡；基膜完整。连续毛细血管主要分布在结缔组织、肌组织、肺和中枢神经系统等处。

②**有孔毛细血管**：内皮细胞连续排列，细胞间有紧密连接；内皮细胞不含细胞核的部分较薄，有许多贯穿细胞的小窗孔；内皮细胞基底面有连续的基膜。物质交换通过窗孔完成。有孔毛细血管主要分布于胃肠黏膜、某些内分泌腺和肾血管球等处。

③**窦状毛细血管**：又称**血窦**，管腔大而不规则，管壁薄，内皮细胞间有较宽的间隙，有或无窗

孔;基膜可以是连续的,也可以不完整甚至缺如。血窦主要分布于肝、脾、骨髓和一些内分泌腺等处。

(五)微循环

微动脉至微静脉之间的血液循环称**微循环**。微循环是血液循环的基本功能单位。微循环能调节局部组织血流量,以实现物质交换,对组织和细胞的营养供应及代谢产物的排出起着重要作用。微循环一般由微动脉、中间微动脉、真毛细血管、直捷通路、动静脉吻合和微静脉 6 部分组成。

二、心

(一)心的位置与毗邻

1.位置 心斜位于胸腔的中纵隔内,约 2/3 位于正中线的左侧,约 1/3 位于正中线的右侧(图 8-9)。

微课
心

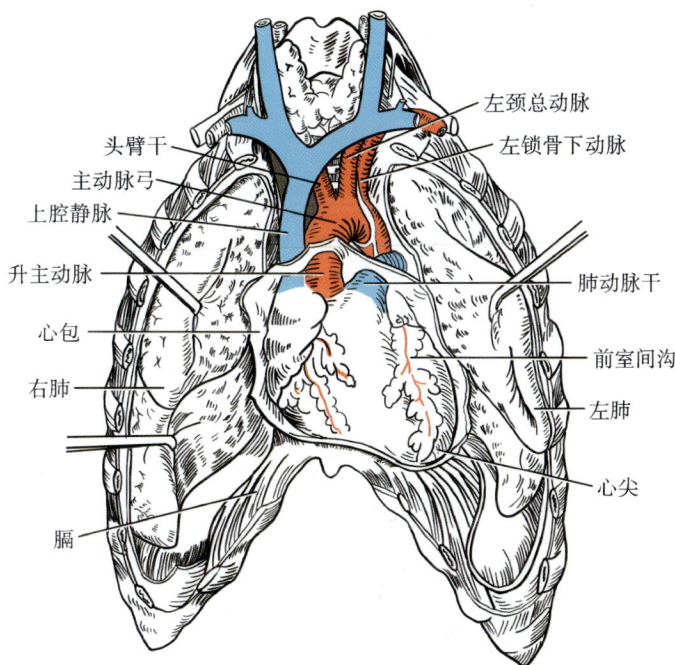

图 8-9 心的位置

2.毗邻 心的上方为出入心的大血管,下方为膈,前方平对胸骨体和第 2～6 肋软骨。心前方大部分被肺和胸膜所覆盖,但在左肺心切迹内侧的一小区域借心包前壁直接与胸骨体下部和左侧第 4～5 肋软骨相贴,此区称为**心包裸区**,临床上常在此区进行心内注射。后方平对第 5～8 胸椎,借心包后壁与食管、迷走神经和胸主动脉等相邻;两侧与胸膜腔和肺相邻。

知识链接

心内注射术

心内注射术是抢救心搏骤停患者时,将药物通过胸壁直接注入心室腔内的一种复苏术。进行心内注射时多在左侧第 4 肋间隙、距胸骨左缘 0.5～1 cm 处进针,沿肋骨上缘刺入右心室,这样不伤及肺和胸膜。垂直刺入右心室的深度为 3～4 cm,注射时一定

Note

要注意必须抽得回血方可注射药物,以免将药物注入心肌而引起心律失常或心肌坏死。
穿刺经过的结构由浅入深依次为皮肤、浅筋膜、肋间肌、胸内筋膜、心包至心室腔。

(二)心的外形

心近似前后略扁的倒置圆锥体,大小与本人的拳头相近。其有一尖、一底、两面、三缘和四条沟(图 8-10、图 8-11)。

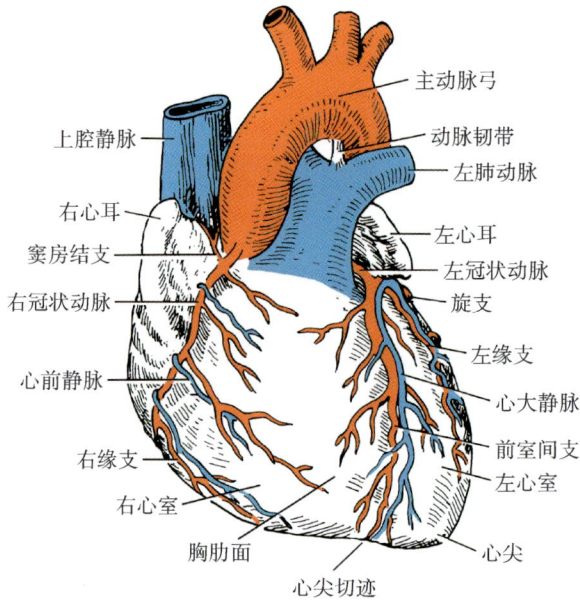

图 8-10　心的外形和血管(前面)

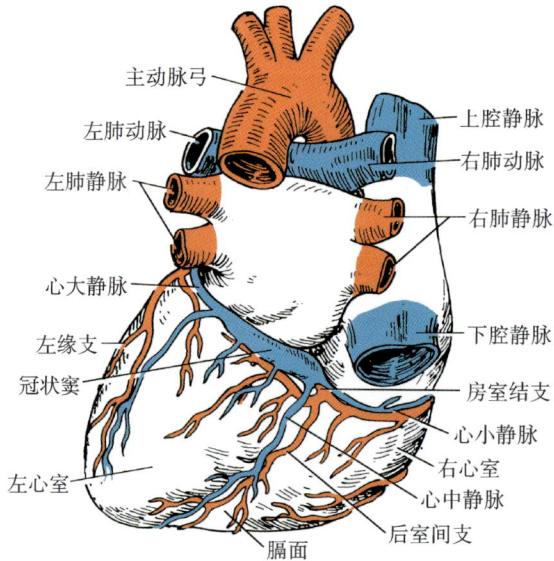

图 8-11　心的外形和血管(后面)

1.心尖　心尖朝向左前下方,圆钝、游离,主要由左心室构成,在左侧第 5 肋间隙、锁骨中线内侧 1~2 cm 处,可扪及心尖搏动。

2.心底　心底朝向右后上方,大部分由左心房构成,小部分由右心房构成,与出入心的大血管相连。

3.两面　心的胸肋面(前面)朝向前上方,大部分由右心房和右心室构成,小部分由左心耳和左心室构成。心的**膈面**(下面)朝向后下方,大部分由左心室构成,小部分由右心室构成,该面隔心包与膈紧贴。

4.三缘　心的左缘斜向左下,圆钝,绝大部分由左心室构成。心的右缘垂直圆钝,由右心房构成。心的下缘较锐利,近水平位,由右心室和心尖构成。

5.四条沟　冠状沟是呈额状位的环形沟,靠近心底处,其前方被肺动脉干隔断,为心房和心室在心表面的分界线。**前室间沟**是心的胸肋面从冠状沟走向心尖的浅沟,是左、右心室在心前面的分界线。**后室间沟**是心的膈面从冠状沟走向心尖的浅沟,是左、右心室在心下面的分界线。前、后室间沟在心尖右侧的汇合处稍凹陷,称**心尖切迹**。**房间沟**是心底部右肺上、下静脉与右心房交界处的纵行浅沟,是左、右心房在心表面的分界线。

(三)心的各腔结构

1.右心房　右心房位于心的右上部(图 8-12),腔大壁薄。其向左前方突出的部分称**右心耳**,腔内面有许多大致平行排列的肌隆起,称为**梳状肌**。右心房有三个入口:上方有上腔静脉口,下方下腔静脉口,分别导入人体上半身和下半身回流的血液;在下腔静脉口与右房室口之间有**冠状窦口**,是心壁的血液回流入右心房处。下腔静脉口的左前方有**右房室口**,通过此口,血液流向右心室。右心房的后内侧壁主要由房间隔形成,其中下部有一卵圆形的凹陷,称**卵圆窝**,为胚胎时期卵圆孔闭合后的遗迹。此处薄弱,是房间隔缺损的好发部位。

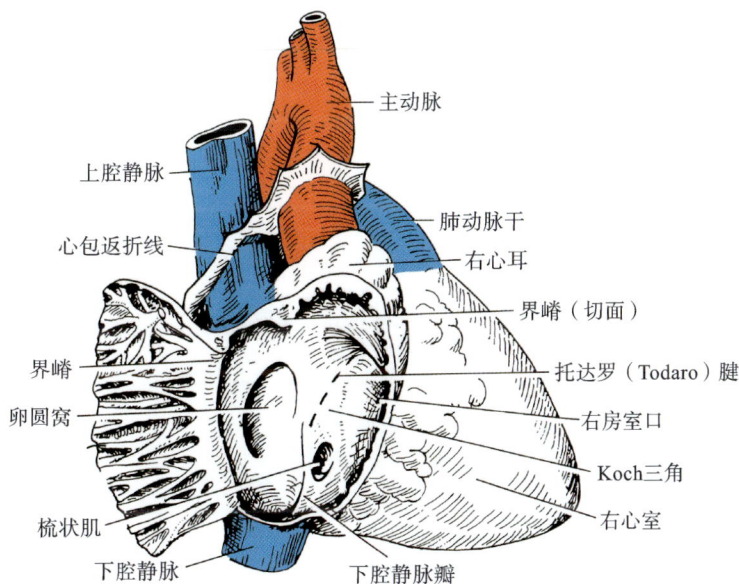

图 8-12　右心房

2.右心室　右心室位于右心房的左前下方(图 8-13),构成心胸肋面的大部分,室壁厚 3～4 mm。右心室腔呈尖端向下的锥体形,在右房室口与肺动脉口之间有一弓形肌性隆起,称**室上嵴**,右心室被室上嵴分成右后下方的**流入道**(窦部)和左前上方的**流出道**(漏斗部)两部分。

(1)流入道:流入道是右心室腔的主要部分。入口为**右房室口**,口周围环绕有由致密结缔组织构成的纤维环,环上附有 3 个三角形的瓣膜,称**三尖瓣**(**右房室瓣**),三尖瓣的游离缘借腱索连于乳头肌。乳头肌是尖端突入室腔的锥状肌性隆起,有前、后、内侧 3 个。在结构和功能上,纤维环、三尖瓣、腱索和乳头肌是 1 个整体,称**三尖瓣复合体**。当右心室收缩时,血流推动三尖瓣,使右房室口关闭,同时乳头肌收缩、腱索牵拉,使瓣膜不能翻向右心房,以防止血液逆流到右心房。

(2)流出道:又称**动脉圆锥**,位于右心室左前上方,形似倒置的漏斗,上端为**肺动脉口**,通向肺

155

动脉干,口周缘纤维环上附有3个袋口向上的半月形瓣膜,即**肺动脉瓣**。每个瓣膜游离缘的中央有1个半月瓣小结,在右心室舒张时有利于肺动脉口的闭合。当右心室收缩时,血液冲开肺动脉瓣向肺动脉射血;当右心室舒张时,肺动脉窦被倒流的血液充盈,3个瓣膜互相靠拢至肺动脉口关闭,以防止肺动脉内的血液逆流入右心室。

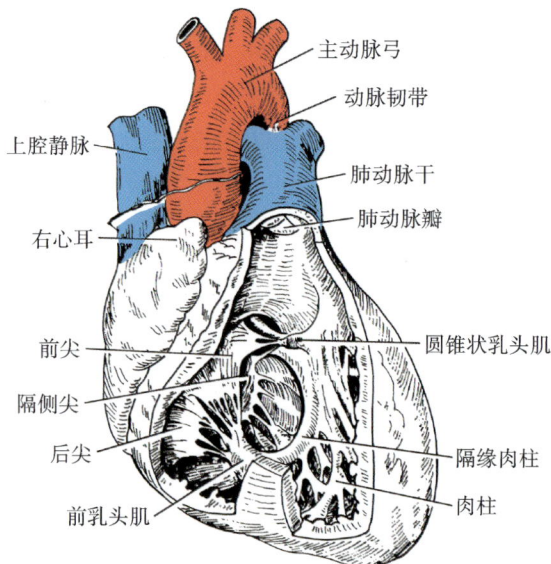

图 8-13　右心室

3.左心房　左心房位于右心房的左后方,构成心底的大部分(图 8-14)。其向右前方的突起称**左心耳**,左心耳较右心耳狭长且壁厚,其腔内结构与右心耳相似。左心房有 4 个入口,即**肺静脉口**,为成对肺上、下静脉的开口,导入肺静脉回流的动脉血。左心房的出口为**左房室口**,通向左心室。

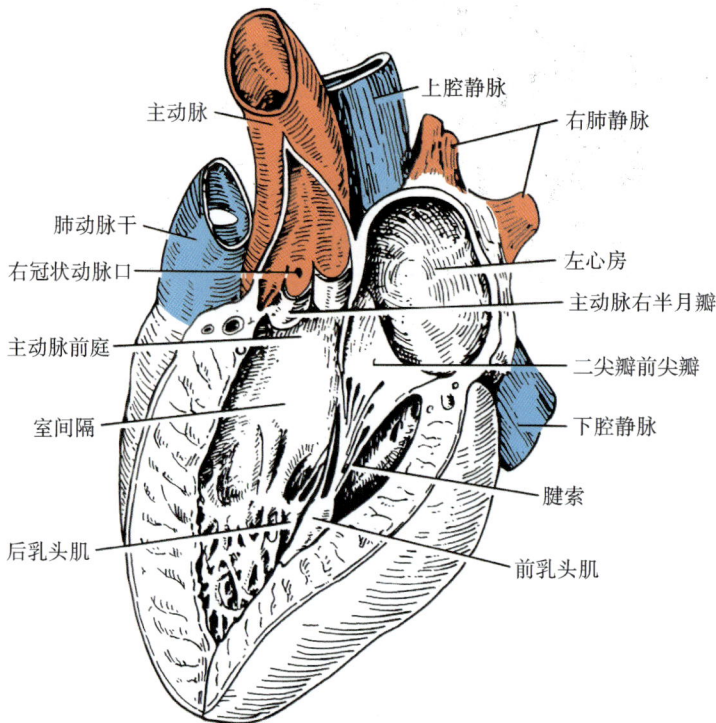

图 8-14　左心房与左心室

4. 左心室　左心室位于右心室的左后方(图 8-14),室腔呈圆锥形,壁厚 9～12 mm,为右心室的 3 倍。左心室腔以二尖瓣前瓣为界可分为左后方的流入道和右前方的流出道两部分。

(1)流入道:入口是**左房室口**,口周缘纤维环上附有 2 个近似三角形的瓣膜,称**二尖瓣(左房室瓣)**。二尖瓣借助腱索连于乳头肌上,左心室的乳头肌较右心室强大。在结构和功能上,纤维环、二尖瓣、腱索和乳头肌是 1 个整体,称**二尖瓣复合体**。

(2)流出道:又称**主动脉前庭**,壁光滑,其出口为**主动脉口**,口周缘纤维环上附有 3 个袋口向上的半月形瓣膜,称**主动脉瓣**。瓣膜与主动脉壁之间的袋状间隙称**主动脉窦**,可分为左、右、后 3 个主动脉窦,其中左、右主动脉窦的动脉壁上分别有左、右冠状动脉的开口。当左心室收缩时,二尖瓣关闭,同时血液冲开主动脉瓣向主动脉射血;当左心室舒张时,主动脉窦被倒流的血液充盈,主动脉瓣关闭,防止血液从主动脉反流入左心室。

心如一个"血泵",瓣膜类似泵的闸门,保证了心内血液的定向流动。左心房与右心房、左心室与右心室的收缩和舒张是同步的,但心房和心室的舒缩是交替进行的。心室收缩,二尖瓣和三尖瓣关闭,主动脉瓣和肺动脉瓣开放,血液由心室射入动脉;心室舒张,二尖瓣和三尖瓣开放,主动脉瓣和肺动脉瓣关闭,血液由心房射入心室(图 8-15)。

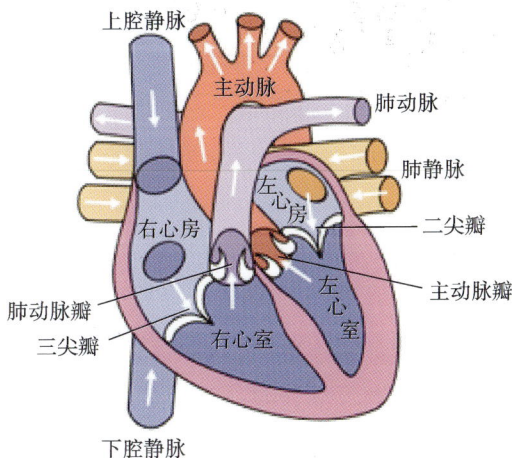

图 8-15　心腔内血流方向示意图

(四)心壁的组织结构

心壁由内向外由心内膜、心肌层和心外膜构成(图 8-16)。

1. 心内膜　心内膜是衬在心腔内面的一层光滑的薄膜,与血管的内膜相延续。心的各瓣膜就是由心内膜折叠而形成的。心内膜内表面衬有内皮;内皮外为内皮下层,由薄层结缔组织构成,含少量平滑肌纤维;内皮下层深面是心内膜下层,由疏松结缔组织构成,其中含血管、神经和心的传导系统的分支。

2. 心肌层　心肌层构成心壁的主体,主要由心肌纤维构成,分为心房肌和心室肌。心房肌较薄,心室肌较厚,左心室肌最发达。心房肌和心室肌不相延续,分别附着于纤维环和左、右纤维三角,因此心房肌和心室肌不同时收缩。纤维环和纤维三角由致密结缔组织构成,质地坚韧,是心的支架结构,称"心肌骨骼"。纤维环有 4 个,分别环绕左房室口、右房室口、主动脉口和肺动脉口,为心瓣膜附着的部位。

3. 心外膜　心外膜属浆膜性心包的脏层,被覆在心肌层外面,外覆间皮,间皮内面是薄层疏松结缔组织,其中含有血管、神经和少量脂肪组织。

4. 房间隔和室间隔　房间隔较薄,位于左心房和右心房之间,由 2 层心内膜夹少量心房肌和结缔组织构成,卵圆窝处最薄。室间隔较厚,位于左心室和右心室之间,分为肌部和膜部两部分。

Note

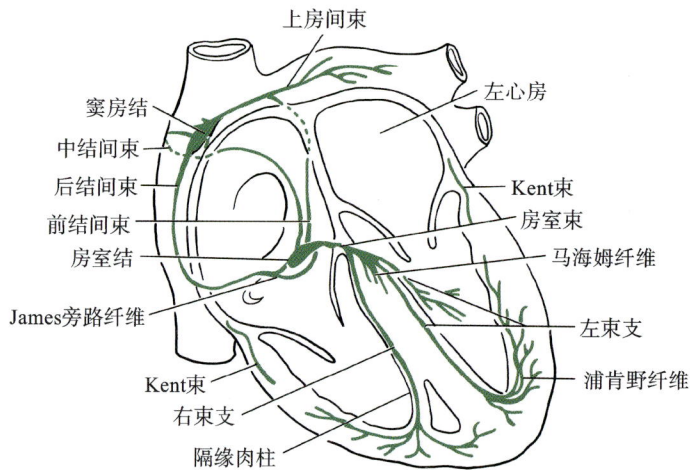

图 8-16　心壁的组织结构

肌部由心肌被覆心内膜构成,占据室间隔的前下大部分;膜部位于心房与心室交界处,此处缺乏心肌,是室间隔最薄的部分,故室间隔膜部是室间隔缺损的好发部位。

(五)心的传导系统

心的传导系统由特殊分化的心肌纤维组成,包括窦房结、房室结、房室束及其分支和浦肯野纤维网(图 8-17)。其主要功能是产生和传导冲动,维持心的正常节律性搏动。

图 8-17　心传导系统示意图

1. 窦房结　窦房结多呈长梭形,位于上腔静脉与右心耳交界处的心外膜深面。窦房结能自动发出节律性兴奋,是心的正常起搏点。

2. 房室结　房室结呈扁椭圆形,位于房间隔下部右侧,冠状窦口前上方的心内膜深面。房室结能将来自窦房结的兴奋延搁后传至心室,使心房肌和心室肌按先后顺序分别收缩。

3.房室束 房室束又称 His 束,传导速度最慢,起自房室结前端,向前下行至室间隔膜部的后下缘分为左、右束支。**左束支**呈扁带状,沿室间隔左侧心内膜深面走行,多在肌性室间隔上、中 1/3 交界处发出分支并交织成网,续于浦肯野纤维,分布于左心室内面。**右束支**呈细长圆索状,沿室间隔右侧心内膜深面向前下弯行,经隔缘肉柱至右心室发出分支形成浦肯野纤维网,分布于右室壁。

4.浦肯野纤维网 左、右束支的分支在心内膜下交织成心内膜下浦肯野纤维网,继续发出分支进入心室壁内侧,构成心肌内浦肯野纤维网,与心室肌相连,传导速度最快。

(六)心的血管

1.动脉 心的血液供应来自左、右冠状动脉(图 8-10、图 8-11)。

(1)**左冠状动脉**:起于主动脉左窦,经肺动脉干与左心耳之间走向左前方进入冠状沟,随即分为前室间支和旋支。前室间支又称前降支,是左冠状动脉主干的延续,沿前室间沟下行,绕心尖切迹至后室间沟与后室间支末梢吻合,分布于左心室前壁、小部分右心室前壁和室间隔前上 2/3 部。旋支沿冠状沟向左行,绕过心左缘至膈面,分布于左心房和部分左心室壁。

(2)**右冠状动脉**:起于主动脉右窦,经肺动脉干根部与右心耳之间,沿冠状沟向右下方走行,绕过心右缘至膈面,最后在后室间沟与冠状沟相交处分为左室后支和后室间支。左室后支较小,分布于左心室膈面心壁。后室间支为右冠状动脉主干的延续,沿后室间沟走行并与前室间支相吻合。右冠状动脉主要分布于右心房、右心室、室间隔后下 1/3 部及左心室后壁一部分。此外,其还分布于窦房结和房室结。

2.静脉 心的静脉多与动脉伴行,汇入冠状窦,再经冠状窦口注入右心房。冠状窦位于心膈面,左心房和左心室之间的冠状沟内,其右端借冠状窦口开口于右心房。心的静脉主要有心大静脉、心中静脉和心小静脉。

知识链接

冠心病

冠心病是由冠状动脉或其分支狭窄或阻塞,导致相应分布区域的心肌缺血(引起心绞痛),甚至坏死(引起心肌梗死)所引起的心脏病。冠状动脉的任何一支阻塞,都可能引起心传导系统不同部分的血供障碍,从而导致相应的心律失常或心绞痛。临床上常见的心传导系统异常如下:房室传导阻滞为右冠状动脉发出的房室结动脉阻塞,导致房室结或房室束受损,窦房结传来的兴奋不能到达心室;左、右束支传导阻滞通常由左冠状动脉的前室间支阻塞引起。

(七)心包

心包是包裹心及出入心的大血管根部的膜性囊(图 8-18),包括外层的纤维心包和内层的浆膜心包两部分。**纤维心包**包裹在心脏的外表面,其上方与出入心的大血管外膜相移行,下方与膈的中心腱相连。**浆膜心包**分为壁层和脏层,壁层紧贴纤维心包的内面,脏层紧贴心肌的表面,即心外膜。浆膜心包的壁层和脏层在出入心的大血管根部相互移行,两层之间的潜在腔隙称**心包腔**。心包腔内含少量浆液,起润滑作用,可减少心脏搏动时脏、壁两层浆膜心包之间的摩擦。

心包的功能:①作为屏障,防止邻近结构的感染波及心。②将心固定于正常位置,限制心过度扩张。③起润滑作用,减少心脏搏动时的摩擦。

Note

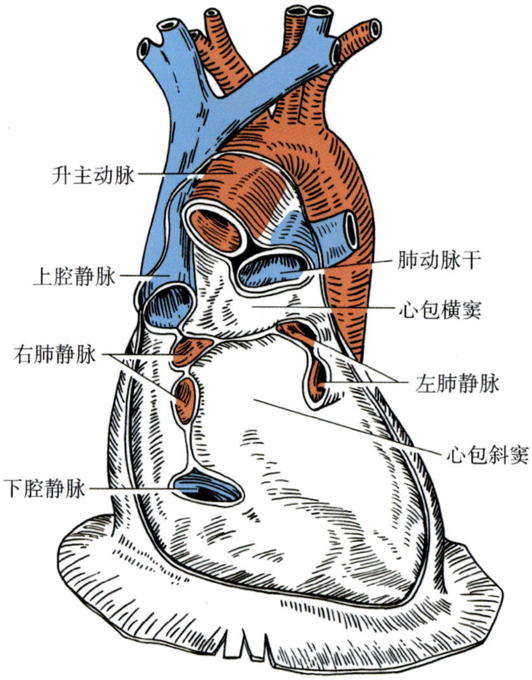

图 8-18　心包

(八)心的体表投影

心在胸前壁的体表投影通常采用 4 点连线法表示(图 8-19)。

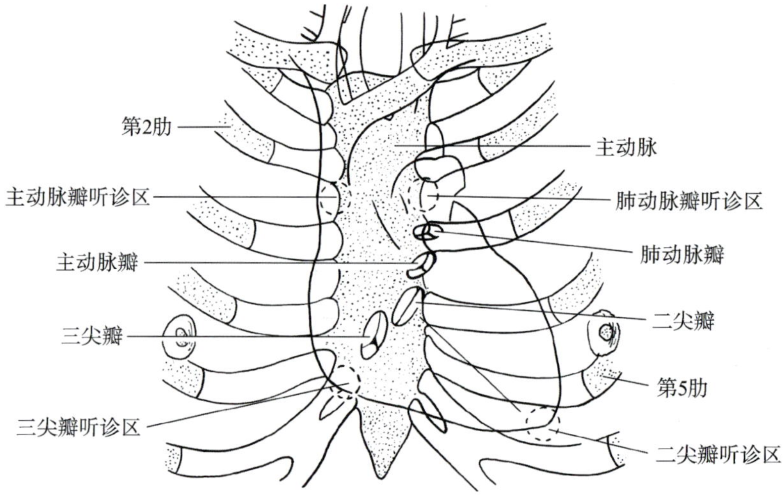

图 8-19　心的体表投影

①左上点:位于左侧第 2 肋软骨下缘,距胸骨左缘约 1.2 cm 处。

②右上点:位于右侧第 3 肋软骨上缘,距胸骨右缘约 1 cm 处。

③左下点:位于左侧第 5 肋间隙与左锁骨中线内侧 1～2 cm 处,距前正中线 7～9 cm 处,此处即心尖的体表投影。

④右下点:位于右侧第 6 胸肋关节处。

心上界为左、右上点之间的连线;心下界为左、右下点之间的连线;心的左界为左上、下点之间略向左凸的弧形连线;心的右界为右上、下点之间略向右凸的弧形连线。了解心在胸前壁的体表投影,对叩诊时判断心界是否扩大等具有临床意义。

三、肺循环的血管

(一)肺循环的动脉

肺动脉干为一短粗动脉干，是肺循环的动脉主干。肺动脉干起自右心室，在升主动脉的前方向左后上方斜行，至主动脉弓的下方，分为左肺动脉和右肺动脉。**左肺动脉**较短，横跨左主支气管前方横行向左至左肺门处，分 2 支进入左肺上叶和下叶。**右肺动脉**较长，经升主动脉和上腔静脉后方横行向右至右肺门处，分 3 支进入右肺上叶、中叶和下叶。

在肺动脉干分叉处稍左侧，有一短的纤维结缔组织索连于主动脉弓的下缘，称**动脉韧带**(图 8-10)，是胚胎时期动脉导管在出生后闭锁的遗迹。动脉导管在出生后 6 个月仍未闭锁，称为动脉导管未闭，是常见的先天性心脏病之一。

(二)肺循环的静脉

肺静脉起自肺泡周围毛细血管网，在肺内逐级汇合，每侧肺各形成两条静脉，分别为左上、左下肺静脉和右上、右下肺静脉，经肺门出肺，向内行注入左心房后部。

微课
肺循环的血管

四、体循环的动脉

体循环动脉分布的基本规律：①大部分动脉左、右对称分布于人体各部；②人体每一局部有一条动脉主干；③躯干部的动脉分为壁支和脏支；④动脉常与静脉、神经伴行，行于身体较隐蔽的部位(如肢体屈侧)或不易受损伤的部位；⑤动脉常以最短距离到达器官(图 8-20)。

微课
体循环的动脉

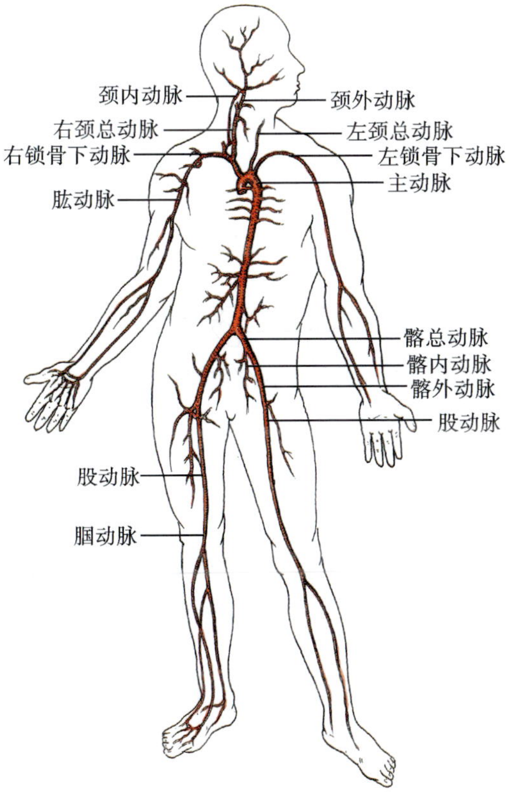

图 8-20　体循环动脉分布示意图

(一)主动脉

主动脉是体循环的动脉主干，自左心室发出后按走行部位分为升主动脉、主动脉弓和降主动脉 3 部分。其中降主动脉以膈的主动脉裂孔为界分为胸主动脉和腹主动脉两部分(图 8-21)。

Note

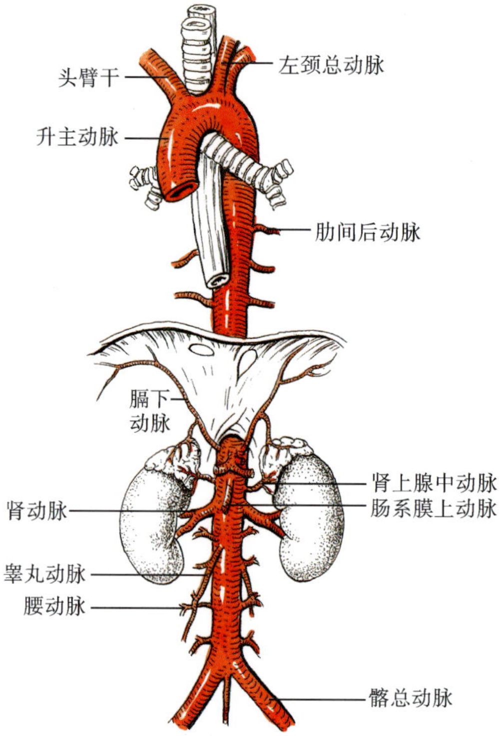

图 8-21　主动脉行程、分部及其主要分支

1. 升主动脉　升主动脉由左心室发出,在胸骨后方上腔静脉与肺动脉干之间向右前上方斜行,在右侧第 2 胸肋关节水平延续为主动脉弓。升主动脉根部发出左、右冠状动脉。

2. 主动脉弓　主动脉弓延续于升主动脉,在胸骨柄后面呈弓形弯向左后下方,平第 4 胸椎体下缘移行为降主动脉。主动脉弓的凸侧自右向左依次发出**头臂干、左颈总动脉和左锁骨下动脉** 3 大分支。头臂干为一短干,向右上方斜行至右胸锁关节的后方,分为**右颈总动脉**和**右锁骨下动脉**。主动脉弓壁内有压力感受器,可感受血压的变化。主动脉弓下方靠近动脉韧带处有 2～3 个粟粒状小体,称**主动脉小球**,为化学感受器,能感受血液中氧和二氧化碳浓度的变化。

3. 降主动脉　降主动脉沿脊柱的左侧下行并逐渐转至脊柱的前方,在第 12 胸椎水平穿膈的主动脉裂孔进入腹腔,移行为**腹主动脉**。腹主动脉沿脊柱的左前方下行,至第 4 腰椎体下缘处分为左、右髂总动脉。

(二)头颈部的动脉

颈总动脉为头颈部的动脉主干,左颈总动脉起于主动脉弓,右颈总动脉起于头臂干。两侧颈总动脉均在胸锁关节的后方,沿食管、气管和喉的外侧上行,至甲状软骨上缘水平分为**颈内动脉**和**颈外动脉**(图 8-22)。颈总动脉末端和颈内动脉起始处的膨大部分称**颈动脉窦**,其壁上有丰富的神经末梢,为压力感受器,有反射性调节血压的作用。在颈总动脉分叉处的后方,有一扁椭圆形小体,称**颈动脉小球**,为化学感受器。血液中二氧化碳浓度升高时,可刺激颈动脉小球,反射性地促使呼吸加深加快。颈总动脉上段位置表浅,当头面部出血时,可在胸锁乳突肌的前缘,相当于喉的环状软骨平面,将颈总动脉向后压向第 6 颈椎的颈动脉结节以进行急救止血。

1. 颈外动脉　自颈总动脉发出后,在胸锁乳突肌深面,初居颈内动脉前内侧,后经其前方转至外侧上行,穿腮腺至下颌颈处分为**颞浅动脉**和**上颌动脉** 2 个终支。颈外动脉的主要分支如下(图 8-22)。

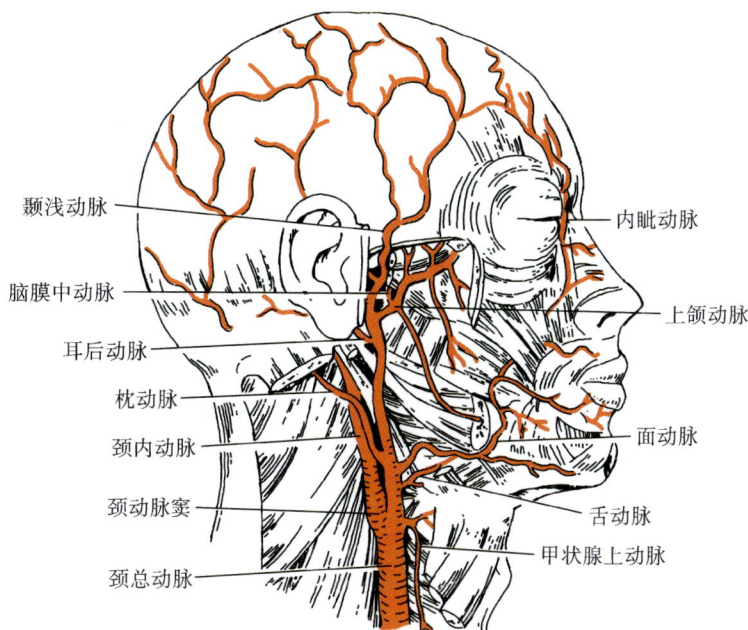

颞浅动脉
脑膜中动脉
耳后动脉
枕动脉
颈内动脉
颈动脉窦
颈总动脉

内眦动脉
上颌动脉
面动脉
舌动脉
甲状腺上动脉

图 8-22　颈总动脉及其分支

（1）**甲状腺上动脉**：发自颈外动脉的起始处，向前下方走行，其分支分布于甲状腺上部和喉。

（2）**舌动脉**：平舌骨大角处发出，行向前内，发出分支营养舌、舌下腺和腭扁桃体等。

（3）**面动脉**：在舌骨大角上方约平下颌角高度发出，向前经下颌下腺的深面，在咬肌止点前缘绕过下颌骨下缘进入面部，沿口角及鼻翼的外侧迂曲上行至内眦，改名为**内眦动脉**，发出分支分布于下颌下腺、腭扁桃体和面部软组织等。面动脉在咬肌止点前缘绕过下颌骨体下缘处位置表浅，可触及其搏动，当面部出血时，可在此处将面动脉压在下颌骨上，进行压迫止血。

（4）**颞浅动脉**：在外耳门前方上行，跨颧弓根部至颞部皮下，发出分支分布于腮腺和颞部、顶部、额部软组织。在耳屏前方颧弓根部可触及颞浅动脉搏动，当头前外侧部出血时，可在耳屏前方将颞浅动脉压向颧弓根部进行止血。

（5）**上颌动脉**：在腮腺实质内发出，经下颌颈深面入颞下窝，沿途发出分支分布于外耳道、鼓室、牙及牙龈、鼻腔、硬脑膜等处。其中一分支在下颌颈深面发出后，向上穿棘孔入颅中窝，分为前支和后支紧贴颅骨内面走行，分布于硬脑膜和颅骨，此动脉称为**脑膜中动脉**。

2. 颈内动脉　自颈总动脉发出后，垂直上行至颅底，沿途无分支，穿颈动脉管入颅，发出分支分布于脑和视器。

（三）锁骨下动脉及上肢的动脉

1. 锁骨下动脉　锁骨下动脉为上肢的动脉主干（图 8-23），左锁骨下动脉起自主动脉弓，右锁骨下动脉起自头臂干。锁骨下动脉从胸锁关节后方斜向外上至颈根部，呈弓形经胸膜顶前方，经第 1 肋上面穿斜角肌间隙，在第 1 肋外缘移行为腋动脉。锁骨下动脉的主要分支如下。

（1）**椎动脉**：在前斜角肌内侧起自锁骨下动脉，向上穿第 6 至第 1 颈椎的横突孔，经枕骨大孔进入颅腔，发出分支分布于脑和脊髓。

（2）**胸廓内动脉**：在椎动脉起点的对侧下行入胸腔，沿第 1～6 肋软骨后面下降，发出分支分布于胸前壁、膈、心包和乳房等处。其终支为腹壁上动脉，穿膈肌进入腹直肌鞘内，与腹壁下动脉相吻合。

（3）**甲状颈干**：一短干，在椎动脉外侧起自锁骨下动脉，随即分为甲状腺下动脉、肩胛上动脉等数支，分布于甲状腺、咽、喉、气管和食管等处。

Note

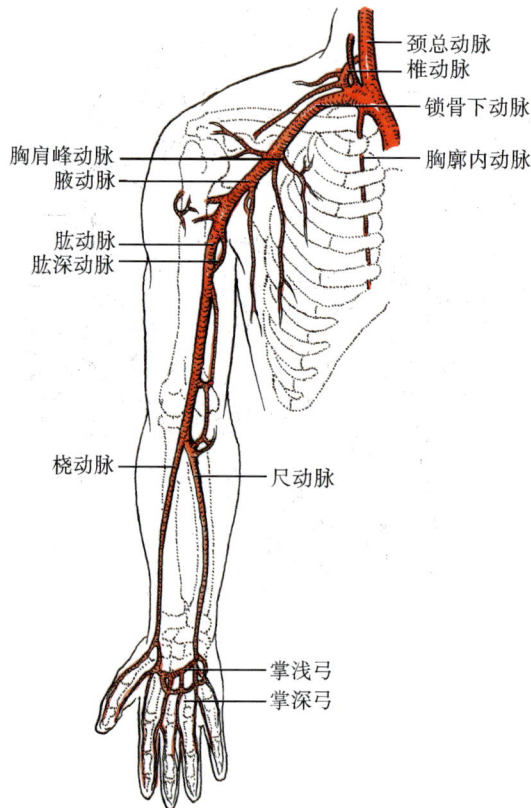

图 8-23　上肢的动脉

2. 腋动脉　腋动脉在第 1 肋外缘处接续于锁骨下动脉,行于腋窝深部,至背阔肌下缘后移行为肱动脉。腋动脉发出胸肩峰动脉、胸外侧动脉、肩胛下动脉、旋肱后动脉等分支,分布于肩部、胸前外侧部、背部和乳房等处。

3. 肱动脉　肱动脉为腋动脉的直接延续,沿肱二头肌内侧沟下行至肘窝,平桡骨颈高度分为桡动脉和尺动脉。肱动脉最主要的分支是肱深动脉,伴桡神经沿桡神经沟下行,分布于肱骨和肱三头肌。当前臂和手部出血时,可在臂中部肱二头肌的内侧沟处将肱动脉压向肱骨干进行止血(图 8-23)。

知识链接

血压测量

血压是临床上观察患者病情变化的一项重要检测指标。肱动脉距心较近,坐位时动脉、心及血压计可保持同一水平面,因此,临床上通常选择肱动脉进行血压测量。在肘窝的稍上方、肱二头肌腱内侧肱动脉位置表浅,能触及其搏动,此处是临床测量血压时的听诊部位。测血压时取仰卧位或坐位,被测手臂应裸露并伸直,手掌向上;测量时注意肘部与心保持在同一水平;袖带大小要合适,袖带气囊应至少包裹 80% 的上臂,袖带下缘距肘窝 2～3 cm。

Note

4. 桡动脉　桡动脉先经肱桡肌与旋前圆肌之间,继而在肱桡肌腱与桡侧腕屈肌腱之间下行,绕桡骨茎突远端转至手背,穿第 1 掌骨间隙到手掌。桡动脉的主要分支有**掌浅支**和**拇主要动脉**,

掌浅支与尺动脉的末端吻合,形成掌浅弓;拇主要动脉分为3支分布于拇指掌面两侧和示指桡侧。桡动脉下段在桡骨下端前方仅被皮肤和筋膜遮盖,位置表浅,是临床触诊脉搏的常见部位。

5.尺动脉 尺动脉于指浅屈肌和尺侧腕屈肌之间下行,绕豌豆骨桡侧入手掌,其末端行于掌腱膜深面并与桡动脉掌浅支吻合成掌浅弓。尺动脉的主要分支有**骨间总动脉**和**掌深支**,骨间总动脉发出分支分布于前臂肌和桡、尺骨;掌深支与桡动脉末端吻合成掌深弓。当手部出血时,可在桡腕关节上方的两侧同时压迫桡动脉和尺动脉进行止血。

6.掌浅弓和掌深弓 掌浅弓位于掌腱膜深面,由尺动脉的末端和桡动脉的掌浅支吻合而成(图8-24)。掌浅弓的凸侧发出3支指掌侧总动脉和小指尺掌侧动脉。前者行至掌指关节附近,每支又分为2支指掌侧固有动脉,分别分布于第2～5指的相对缘;后者分布于小指尺侧缘。掌深弓位于屈指肌腱深面,由桡动脉末端和尺动脉掌深支吻合而成(图8-25)。掌深弓的凸侧发出3条掌心动脉,分别注入相应的指掌侧总动脉。

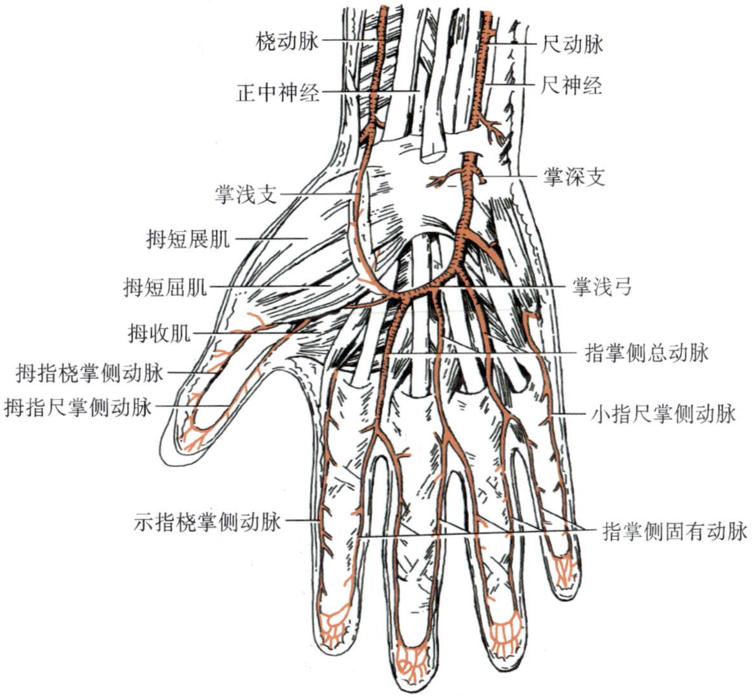

图 8-24 掌浅弓

(四)胸部的动脉

胸主动脉为胸部的动脉主干(图8-26),其分支有壁支和脏支两种。壁支包括第3～11对**肋间后动脉**和1对**肋下动脉**,肋间后动脉沿第3～11肋的肋沟前行;肋下动脉在第12肋下缘走行,分布于脊柱、背部、胸壁和腹壁等处。脏支有**食管支**、**支气管支**和**心包支**,分布于食管、气管、支气管和心包。

(五)腹部的动脉

腹主动脉为腹部的动脉主干,其分支亦有壁支和脏支(图8-27)。

1.壁支 壁支包括4对腰动脉和1对膈下动脉。腰动脉分布于腹后壁和脊髓等处;膈下动脉除分布于膈外,还发出肾上腺上动脉分布于肾上腺。

2.脏支 脏支包括成对和不成对两种。成对的脏支包括肾上腺中动脉、肾动脉、睾丸动脉或卵巢动脉;不成对的脏支包括腹腔干、肠系膜上动脉和肠系膜下动脉。

(1)**肾上腺中动脉**(图8-27):平第1腰椎高度起自腹主动脉侧壁,分布于肾上腺。

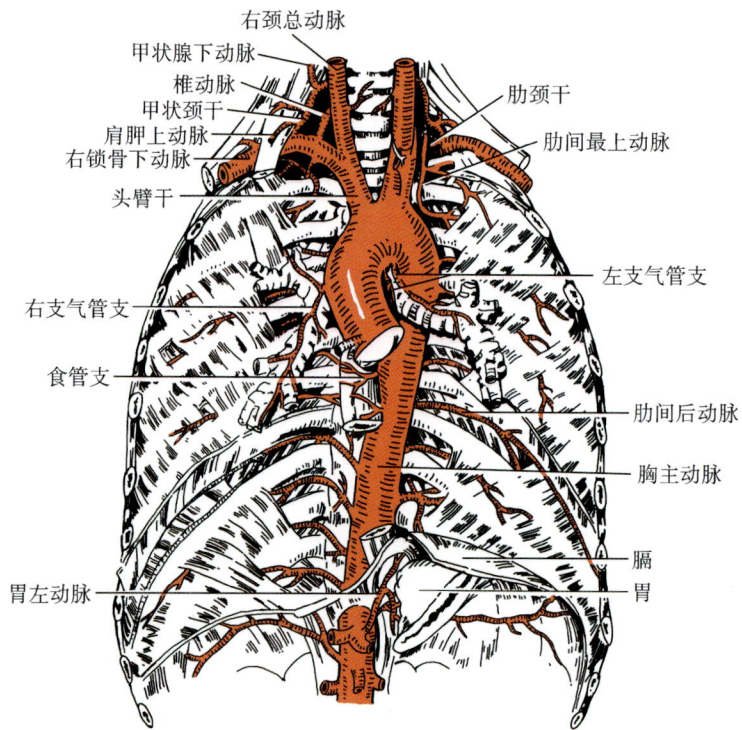

图 8-25 掌深弓

图 8-26 胸主动脉及分支

（2）**肾动脉**（图 8-27）：平第 1～2 腰椎椎间盘高度起自腹主动脉侧壁，横行向外到肾门附近分为前干和后干，经肾门入肾后分为肾段动脉分布于各肾段组织。肾动脉在入肾前发出肾上腺下动脉分布于肾上腺。

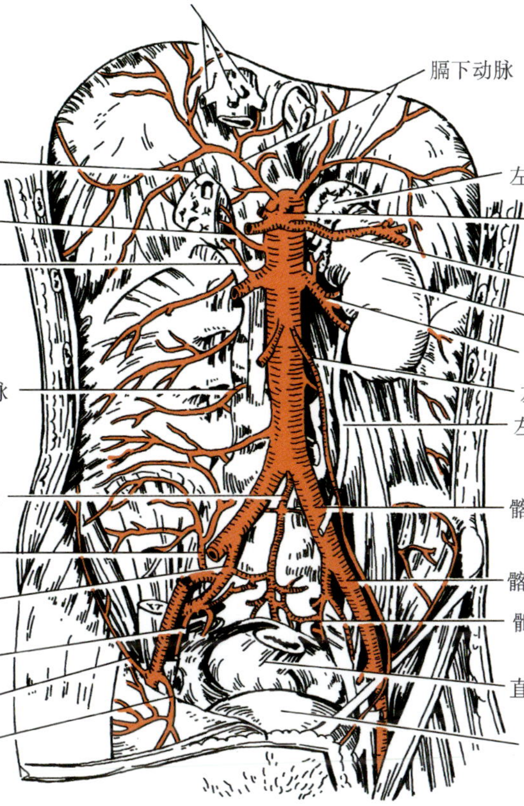

图 8-27 腹主动脉及其分支

（3）**睾丸动脉**（图 8-27）：细而长，在肾动脉起始处稍下方起自腹主动脉前壁，沿腰大肌前面斜向外下方走行，入腹股沟管参与组成精索，入阴囊后分布于睾丸和附睾。在女性，该动脉称**卵巢动脉**，经卵巢悬韧带下行入盆腔，分布于卵巢和输卵管壶腹部。

（4）**腹腔干**：粗而短，在主动脉裂孔稍下方起自腹主动脉前壁，随即分为胃左动脉、肝总动脉和脾动脉（图 8-28、图 8-29）。

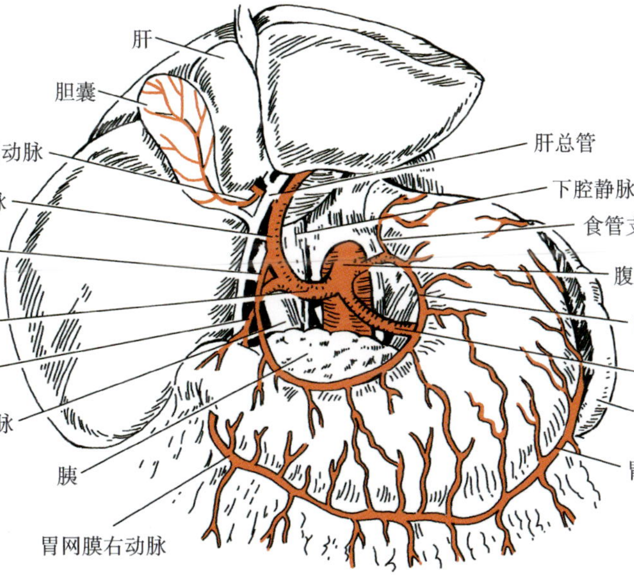

图 8-28 腹腔干及其分支（胃前面）

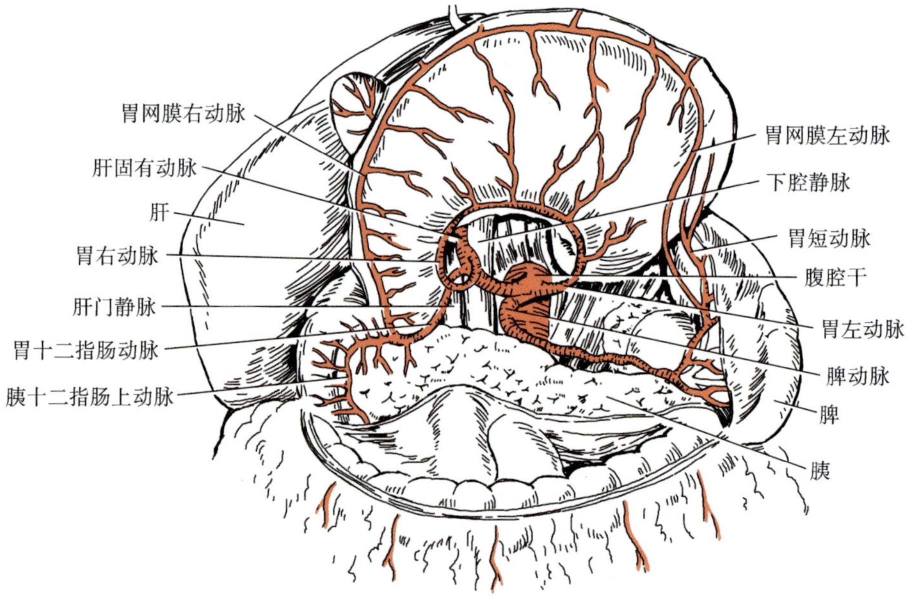

图 8-29　腹腔干及其分支(胃后面)

①**胃左动脉**:行向左上方至胃贲门附近,在小网膜两层之间沿胃小弯向右行,其分支分布于食管腹段、贲门和胃小弯附近的胃壁。

②**肝总动脉**:向右行至十二指肠上部的上缘,入肝十二指肠韧带内,分为肝固有动脉和胃十二指肠动脉。**肝固有动脉**在肝十二指肠韧带内上行,至肝门分为左、右支分别进入肝左、右叶,肝右支在入肝右叶前发出**胆囊动脉**分布于胆囊;肝固有动脉起始部还发出**胃右动脉**,沿胃小弯向左走行,与胃左动脉吻合,分布于十二指肠上部和胃小弯附近的胃壁。**胃十二指肠动脉**在幽门后方下降,分为胃网膜右动脉和胰十二指肠上动脉。**胃网膜右动脉**沿胃大弯向左走行,分布于胃大弯侧的胃壁及大网膜,并与胃网膜左动脉吻合;**胰十二指肠上动脉**在胰头与十二指肠降部之间下降,分布于胰头和十二指肠降部。

③**脾动脉**:腹腔干最粗的分支。沿胰上缘左行,沿途发出**胰支**分布于胰体和胰尾,至脾门分为数条脾支入脾。脾动脉在入脾前尚发出胃短动脉和胃网膜左动脉,**胃短动脉**分布于胃底;**胃网膜左动脉**沿胃大弯侧向右走行,与胃网膜右动脉相吻合,分布于胃大弯侧胃壁和大网膜。

(5)**肠系膜上动脉**:在腹腔干起始处的稍下方,约平第 1 腰椎高度起自腹主动脉前壁,在胰的后方下行,越过十二指肠水平部前面,进入小肠系膜根部呈弓形向右髂窝走行(图 8-30)。其主要分支如下。

①**胰十二指肠下动脉**:行于胰头与十二指肠之间,分布于胰和十二指肠,并与胰十二指肠上动脉吻合。

②**空肠动脉和回肠动脉**:有数条,由肠系膜上动脉的左侧壁发出,行于小肠系膜内,并反复发出分支吻合形成多级动脉弓,由最后一级动脉弓发出直行小动脉进入空、回肠肠壁,分布于空肠和回肠。

③**回结肠动脉**:自肠系膜上动脉右侧壁发出,斜向右下至右髂窝,分布于回肠末端、盲肠、阑尾和升结肠。回结肠动脉发出**阑尾动脉**,经回肠末端的后方进入阑尾系膜,分布于阑尾。

④**右结肠动脉**:在回结肠动脉上方发出,向右侧走行,分布于升结肠,并有升、降支与中结肠动脉和回结肠动脉吻合。

⑤**中结肠动脉**:在胰下缘附近起自肠系膜上动脉,向前进入横结肠系膜,分布于横结肠,并以左、右支与左、右结肠动脉吻合。

中结肠动脉
右结肠动脉
肠系膜上静脉
回结肠动脉

边缘动脉
肠系膜上动脉
空肠动脉
回肠动脉

阑尾

空肠动脉弓
回肠动脉弓

图 8-30 肠系膜上动脉及其分支

（6）**肠系膜下动脉**：约平第 3 腰椎高度起自腹主动脉的前壁，在腹后壁腹膜后面行向左下方（图 8-31）。其主要分支如下。

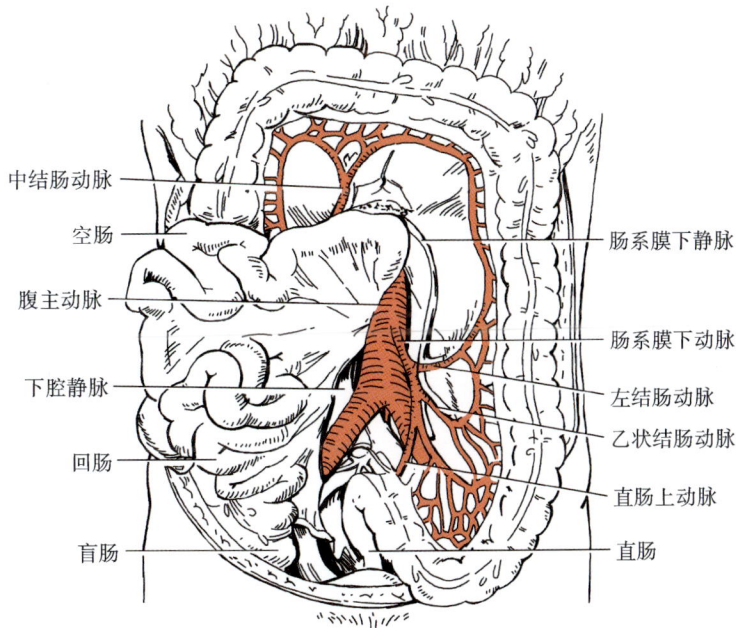

中结肠动脉
空肠
腹主动脉
下腔静脉
回肠
盲肠

肠系膜下静脉
肠系膜下动脉
左结肠动脉
乙状结肠动脉
直肠上动脉
直肠

图 8-31 肠系膜下动脉及其分支

①**左结肠动脉**:沿腹后壁向左走行,分布于降结肠,有升、降支与中结肠动脉和乙状结肠动脉吻合。

②**乙状结肠动脉**:常为2～3支,斜向左下方进入乙状结肠系膜内,各支间互相吻合成动脉弓,分布于乙状结肠。

③**直肠上动脉**:肠系膜下动脉的直接延续,在乙状结肠系膜内向下行,至第3骶椎处分为2支,沿直肠上部的两侧下降进入直肠上部,并与直肠下动脉和肛动脉的分支吻合。

(六)髂总动脉及盆部的动脉

髂总动脉左、右各一,在第4腰椎下缘左侧由腹主动脉分出,沿腰大肌内侧向外下走行至骶髂关节前方,分为髂内动脉和髂外动脉(图8-32)。髂总动脉为盆部和下肢的动脉主干。

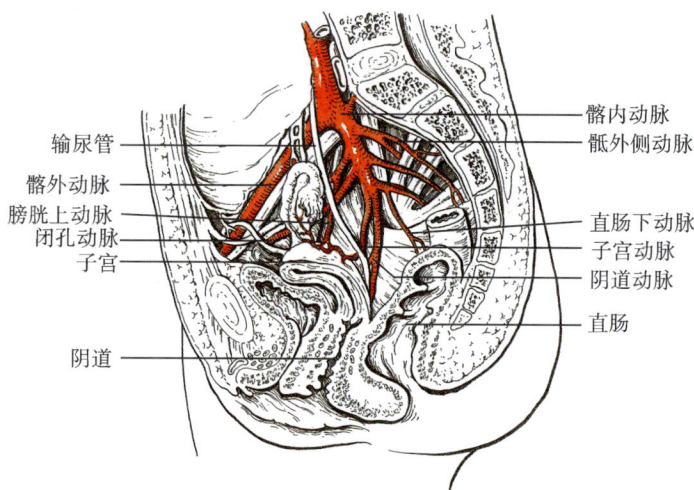

图 8-32 女性盆腔的动脉

1. **髂内动脉** 髂内动脉是盆部的动脉主干,粗而短,沿盆腔侧壁下行,发出壁支和脏支,分别分布于盆壁和盆腔脏器。

(1)壁支:①**闭孔动脉**沿骨盆侧壁行向前方,穿闭孔出盆腔,分布于大腿内侧群肌和髋关节;②**臀上动脉**和**臀下动脉**分别经梨状肌上、下孔至臀部,分布于臀肌和髋关节。

(2)脏支:①**脐动脉**是胚胎时期的血管,出生后大部分闭锁形成脐内侧韧带,只有其根部未闭锁,发出**膀胱上动脉**分布于膀胱上部。②**膀胱下动脉**分布于膀胱底、精囊、前列腺和输尿管下段,在女性分布于膀胱和阴道壁。③**直肠下动脉**分布于直肠下部、前列腺或阴道等处。④**阴部内动脉**经梨状肌下孔出盆腔,进入会阴深部,分布于肛门、会阴部和外生殖器。⑤**子宫动脉**为女性所特有,沿盆腔侧壁下行进入子宫阔韧带内,在子宫颈外侧约2 cm处,从输尿管的前上方跨过后沿子宫侧缘迂曲上行至子宫底,分布于子宫、输卵管、阴道和卵巢等处。

2. **髂外动脉** 沿腰大肌内侧缘下行,经腹股沟韧带中点深面至股前部,移行为股动脉。髂外动脉在腹股沟韧带上方的主要分支为**腹壁下动脉**,该动脉向内上方进入腹直肌鞘,分布于腹直肌并与腹壁上动脉吻合。

(七)下肢的动脉

1. **股动脉**(图 8-33) 股动脉是髂外动脉的延续,为下肢的动脉主干,在股三角内,于股神经的内侧、股静脉的外侧下行通过收肌管,出收肌腱裂孔至腘窝移行为腘动脉。股动脉的主要分支为股深动脉,分布于大腿肌、股骨和髋关节。股动脉在股三角处位置表浅,活体可触及其搏动,当下肢出血时,可在腹股沟韧带中点稍下方把股动脉压向髋骨的耻骨上支进行止血。股动脉也是动脉穿刺和插管最常用的血管。

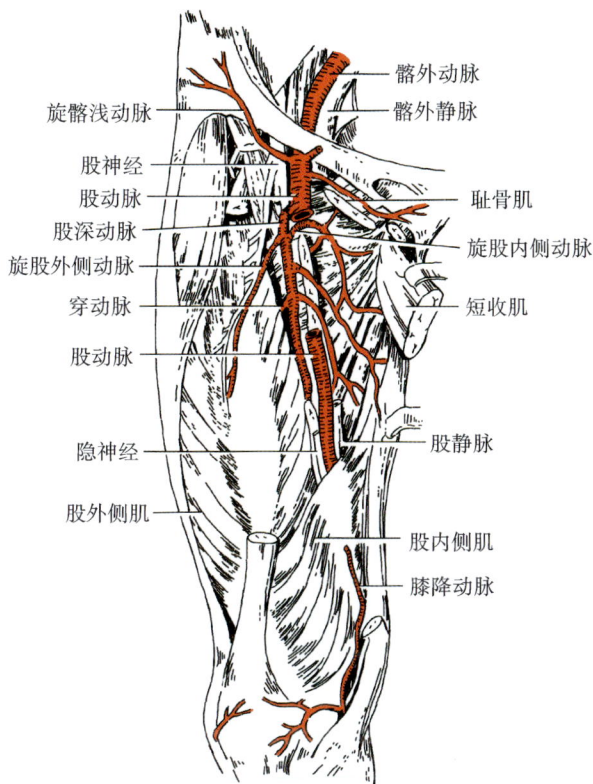

图 8-33 股动脉

股动脉标注：髂外动脉、旋髂浅动脉、髂外静脉、股神经、股动脉、耻骨肌、股深动脉、旋股内侧动脉、旋股外侧动脉、短收肌、穿动脉、股动脉、股静脉、隐神经、股外侧肌、股内侧肌、膝降动脉

知识链接

动脉穿刺术

　　动脉穿刺术为穿刺采血、注射药物或进行插管的一项诊疗技术，适用于动脉采血检查及动脉冲击性注射疗法等。临床上常选择桡动脉、肱动脉或股动脉进行穿刺。桡动脉穿刺点位于手掌横纹上1～2 cm的动脉搏动处；肱动脉穿刺点位于肘横纹上方的动脉搏动处；股动脉穿刺点位于腹股沟韧带中点下方1～2 cm的动脉搏动处。动脉穿刺时穿刺点应选择动脉搏动最明显处，操作完毕拔针后，局部用棉球进行压迫止血，压迫时间为5～10 min，可以预防血肿的发生。

　　2.腘动脉（图8-34）　腘动脉在腘窝深部下行，至腘肌下缘分为胫前动脉和胫后动脉，发出分支分布于膝关节及邻近肌。

　　3.胫后动脉（图8-34）　胫后动脉在小腿后面浅、深层肌之间下行，经内踝后方转至足底，分为**足底内侧动脉**和**足底外侧动脉**。足底内侧动脉分布于足底内侧部，足底外侧动脉与足背动脉的足底深支吻合形成足底弓。胫后动脉的主要分支为**腓动脉**，分布于胫骨、腓骨及附近肌。

　　4.胫前动脉（图8-35）　胫前动脉由腘动脉发出后，向前穿小腿骨间膜至小腿前面，走行于小腿前群肌之间，在踝关节的前方移行为**足背动脉**，沿途发出分支主要分布于小腿前群肌。

　　5.足背动脉（图8-35）　足背动脉为胫前动脉的直接延续，其分支分布于足背并参与足底动脉弓的形成。在踝关节的前方，内、外踝连线中点处可触及足背动脉的搏动，当足背部出血时，可在此处向深部压迫足背动脉进行止血。当下肢发生脉管炎时，足背动脉的搏动可减弱或消失。

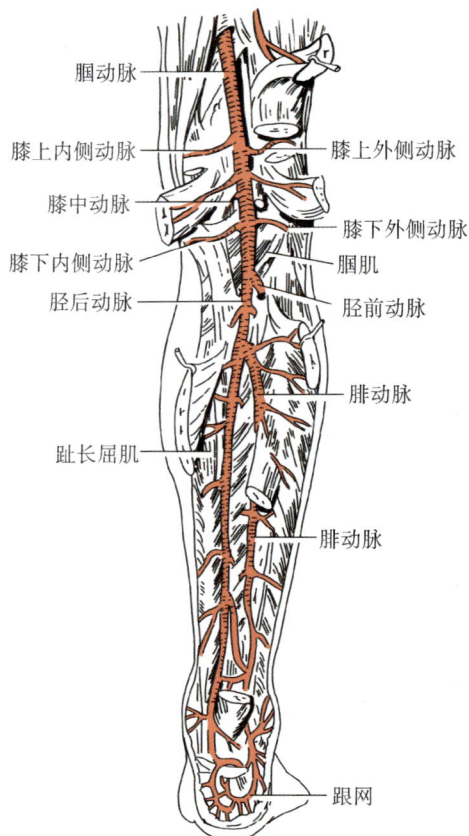

图 8-34　小腿后面的动脉

图 8-35　小腿前面的动脉

五、体循环的静脉

与动脉相比,静脉在结构和配布上有以下特点:①数量较多,管腔较大,管壁较薄,压力较低,血流缓慢。②管壁内有**静脉瓣**,呈半月形,向心开放,是保证血液向心流动和防止血液逆流的重要结构(图 8-36)。凡受重力影响较大,血液回流较困难的部位,静脉瓣也较多。③体循环的静脉分浅、深两类,深静脉位于深筋膜深面,多与动脉伴行,其名称和收集范围与伴行动脉相同,四肢的动脉有两条静脉伴行。浅静脉位于浅筋膜内,又称皮下静脉,数量多,不与动脉伴行,最终注入深静脉,临床上常用于静脉注射、采血、输血、输液等。④静脉吻合丰富。浅静脉一般吻合成静脉网,如手背静脉网、足背静脉网等,深静脉在某些器官周围或壁内吻合成静脉丛,如食管静脉丛、直肠静脉丛等。

体循环的静脉(图 8-37)包括心静脉系(见心的血管)、上腔静脉系和下腔静脉系。下腔静脉系中收集腹腔内不成对脏器(不包括肝)静脉血的血管组成肝门静脉系。

(一)上腔静脉系

上腔静脉系由上腔静脉及其属支组成(图 8-38),收集头部、颈部、上肢、胸部(心和肺除外)和腹前壁上部的静脉血。

上腔静脉是一条粗大的静脉干,由左、右头臂静脉在右侧第 1 胸肋结合处的后方汇合而成,沿升主动脉的右侧垂直下降,于右侧第 3 胸肋关节下缘处注入右心房,上腔静脉在注入心房前有奇静脉汇入。

图 8-36　静脉瓣

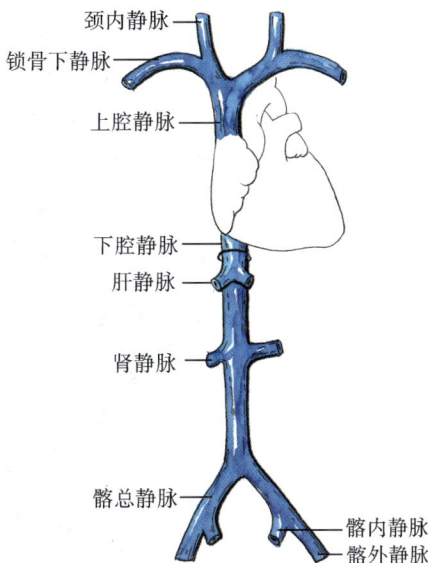

图 8-37　体循环的静脉

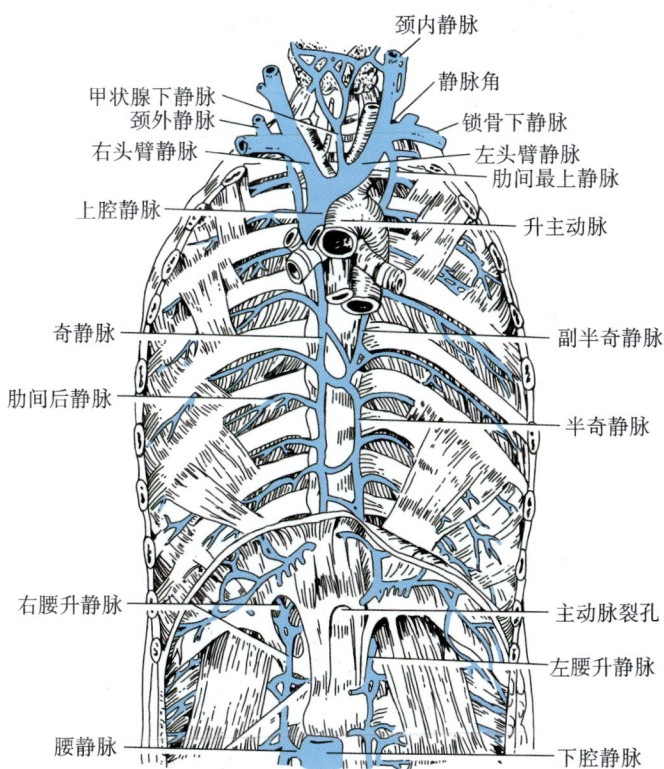

图 8-38　上腔静脉及其属支

头臂静脉左、右各一，由同侧的颈内静脉和锁骨下静脉在胸锁关节的后方汇合而成，汇合处形成的夹角称**静脉角**，淋巴导管在此处注入静脉。

1. 头颈部的静脉　头颈部最主要的静脉是颈内静脉、颈外静脉和锁骨下静脉（图 8-39）。

（1）颈内静脉：头颈部最大的静脉干，上端在颈静脉孔处续于乙状窦，在颈动脉鞘内沿颈内动脉与颈总动脉的外侧下行至胸锁关节后方，与锁骨下静脉汇合成头臂静脉。颈内静脉的属支按其部位分为颅内支和颅外支。颅内支收集脑、脑膜、视器等器官的静脉血；颅外支收集头面部和颈部的静脉血，颅外支主要有面静脉和下颌后静脉。①**面静脉**起自内眦静脉，伴面动脉下行，在

Note

图 8-39　头颈部的静脉

下颌角下方接纳下颌后静脉前支,下行至舌骨大角高度注入颈内静脉。②**下颌后静脉**由颞浅静脉和上颌静脉在腮腺内汇合而成,在腮腺下端该静脉分为前、后两支,前支注入面静脉,后支注入颈外静脉。下颌后静脉收集面侧区和颞区的静脉血。

面静脉收集面前部软组织的血液,并借眼上静脉和眼下静脉与颅内海绵窦相交通,亦可借面深静脉经翼静脉丛与海绵窦相交通(图 8-40)。由于面静脉在口角平面以上缺少静脉瓣且与颅内相交通,故当面部发生化脓性感染时,若处理不当(如挤压等),可导致颅内感染。因此临床上常称鼻根至两侧口角的三角区域为"危险三角"。

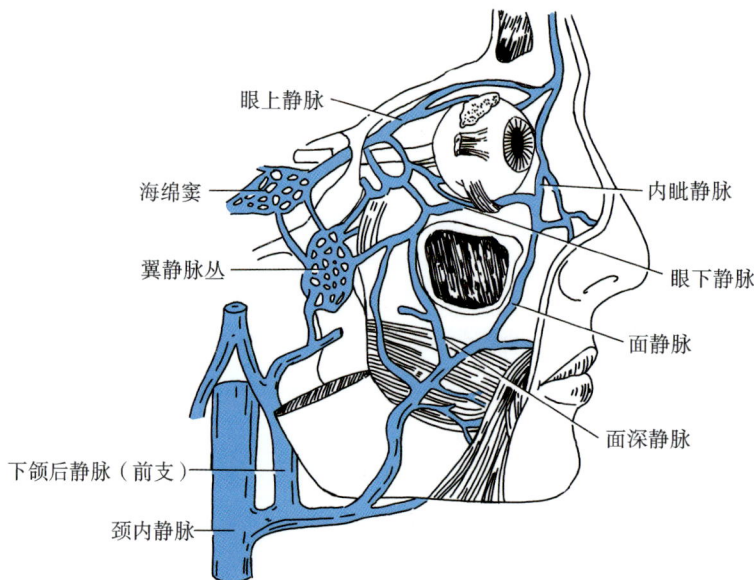

图 8-40　面静脉与颅内海绵窦的交通

（2）**颈外静脉**：颈部最大的浅静脉,在下颌角处由下颌后静脉的后支、**耳后静脉**和**枕静脉**汇合而成,沿胸锁乳突肌表面下行至锁骨上方,穿深筋膜注入锁骨下静脉。颈外静脉主要收集头皮和面部的静脉血。

知识链接

颈静脉怒张

一般情况下,人在坐位或站立位时,颈外静脉常不显露。当上腔静脉阻塞或心脏疾病引起颈外静脉回流不畅时,在体表可见静脉明显充盈的轮廓,称颈静脉怒张。颈外静脉因在胸锁乳突肌表面走行,位置表浅,临床上常用作小儿穿刺抽血的部位。

（3）**锁骨下静脉**：在第1肋的外侧缘续于腋静脉,向内行至胸锁关节后方与颈内静脉汇合为头臂静脉。锁骨下静脉收集颈浅部和上肢的静脉,主要属支有腋静脉和颈外静脉。锁骨下静脉管腔大,且位置比较固定,故常作为深静脉穿刺置管的理想部位。

2.上肢的静脉 上肢的静脉分为浅静脉和深静脉。

（1）上肢的浅静脉（图8-41）。

①**头静脉**：起自手背静脉网桡侧,沿前臂下部桡侧、前臂前面、肘部前面及肱二头肌外侧沟上行,经三角肌与胸大肌肌间沟,穿深筋膜注入腋静脉或锁骨下静脉。头静脉收集手部和前臂桡侧浅层的静脉血。

②**贵要静脉**：起自手背静脉网尺侧,沿前臂尺侧上行至肘窝下方转向前面,沿肱二头肌内侧沟上行至臂部中点,穿深筋膜注入肱静脉,或伴肱静脉上行注入腋静脉。贵要静脉收集手部和前臂尺侧浅层的静脉血。

③**肘正中静脉**：变异较多,通常斜行于肘窝皮下,连接头静脉和贵要静脉。肘正中静脉是临床采血或注射的常选部位。

（2）上肢的深静脉：深静脉与同名动脉伴行,最后汇合为腋静脉,在第1肋外侧续为锁骨下静脉。腋静脉收集上肢浅静脉和深静脉的血液。

3.胸部的静脉 胸部的静脉包括胸腹壁静脉、奇静脉及其属支和椎静脉丛。

（1）胸腹壁静脉：起自脐周静脉网,沿腹壁上部至胸外侧部上行汇入胸外侧静脉,主要收集腹壁上部、胸外侧区浅层的静脉血。该静脉沟通胸外侧静脉与腹壁浅静脉,使腋静脉和股静脉相交通,因此该静脉是上、下腔静脉间的重要交通支之一。

（2）**奇静脉**：起自**右腰升静脉**,穿膈后沿脊柱胸段的右侧上行至第4胸椎高度,弓形向前跨过右肺根上方注入上腔静脉,主要收集右肋间后静脉、食管静脉、支气管静脉、半奇静脉及副半奇静脉的血液。**半奇静脉**起自左腰升静脉,穿膈后沿脊柱胸段左侧上行至第8胸椎高度向右横跨脊柱注入奇静脉,收集左侧下部肋间后静脉及

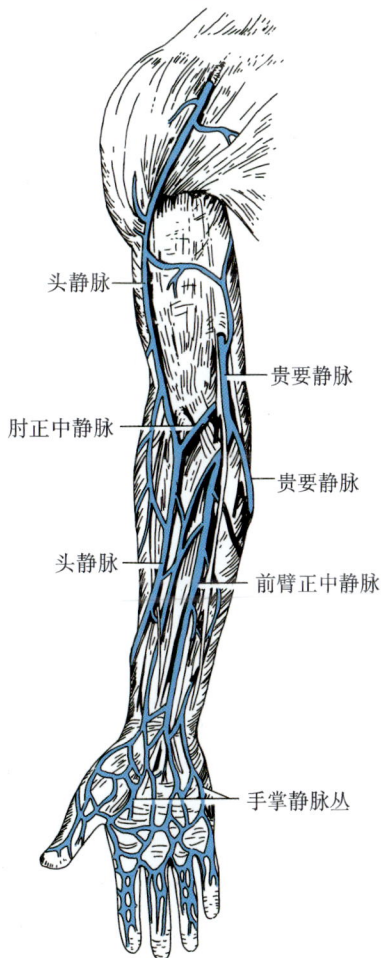

图8-41 上肢的浅静脉

头静脉
贵要静脉
肘正中静脉
贵要静脉
头静脉
前臂正中静脉
手掌静脉丛

副半奇静脉的血液。**副半奇静脉**沿脊柱左侧下行,注入半奇静脉,收集左侧上部肋间后静脉的血液(图 8-38)。

(3)**椎静脉丛**:依其部位分为椎内静脉丛和椎外静脉丛(图 8-42)。椎内静脉丛位于椎管内骨膜和硬脊膜之间,收集椎骨和脊髓的血液。椎外静脉丛位于脊柱的前后方,收集椎骨和邻近肌肉的血液。椎静脉丛除注入椎静脉、肋间后静脉、腰静脉外,向上与颅内静脉相沟通,向下连盆腔静脉丛,故椎静脉丛也是沟通上、下腔静脉的重要途径之一。

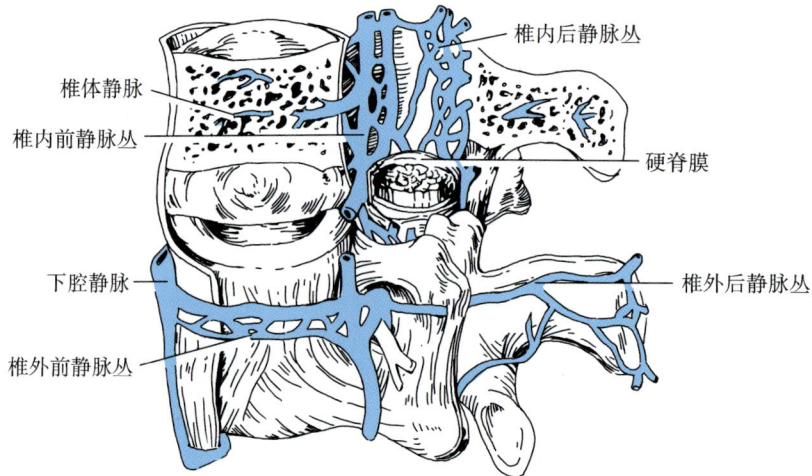

图 8-42　椎静脉丛

(二)下腔静脉系

下腔静脉系由下腔静脉及其属支组成(图 8-43),收集腹部、盆部及下肢的静脉血。

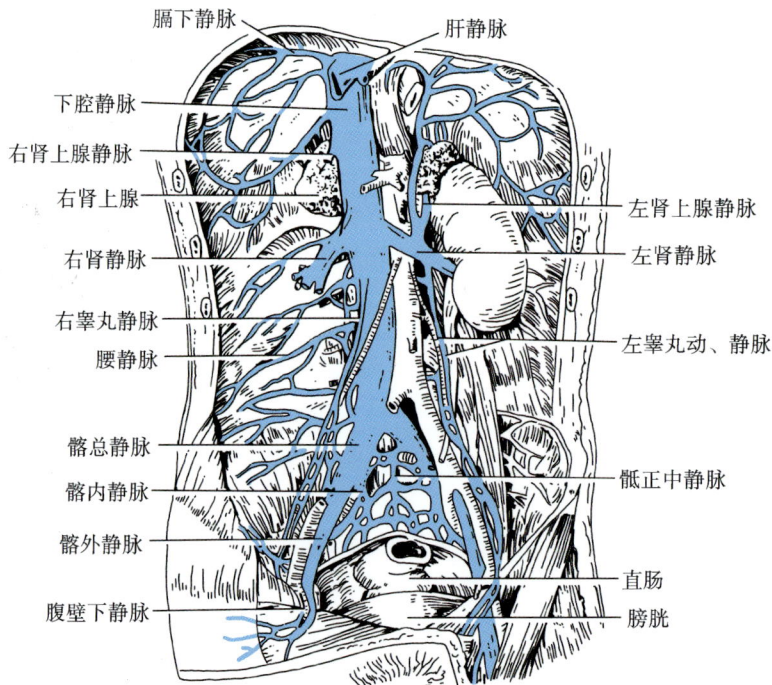

图 8-43　下腔静脉及其属支

下腔静脉是人体最粗大的静脉干,在第 4 或第 5 腰椎右前方由左、右髂总静脉汇合而成,沿腹主动脉右侧,在脊柱右前方上行,经肝的腔静脉沟,穿膈的腔静脉孔入胸腔,注入右心房。

1.下肢的静脉 下肢的静脉分为浅静脉和深静脉。

(1)下肢的浅静脉(图 8-44)。

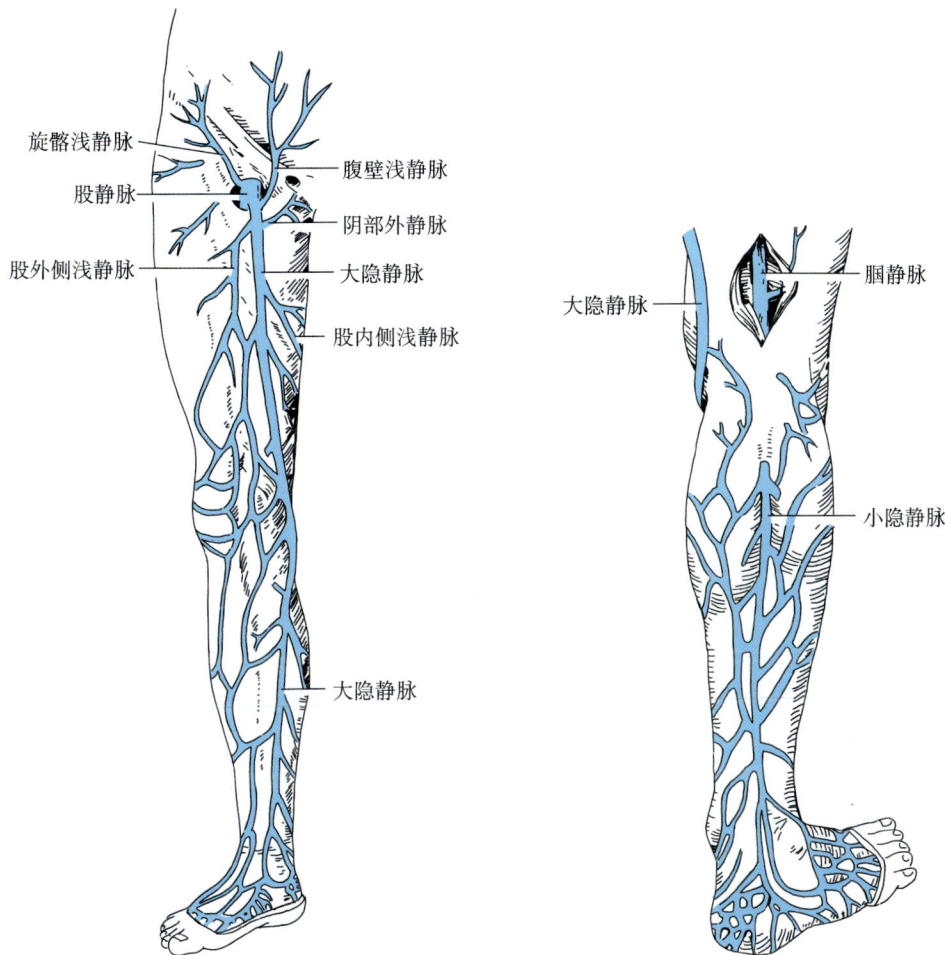

旋髂浅静脉
股静脉
股外侧浅静脉
腹壁浅静脉
阴部外静脉
大隐静脉
股内侧浅静脉
大隐静脉

大隐静脉
腘静脉
小隐静脉

图 8-44 下肢的浅静脉

①**大隐静脉**:人体最长的浅静脉,起自足背静脉弓的内侧,经内踝前方沿小腿内侧伴隐神经上行,经膝关节内后方及大腿内侧面,至耻骨结节外下方 3~4 cm 处,穿阔筋膜的隐静脉裂孔注入股静脉。大隐静脉在注入股静脉之前收集股内侧浅静脉、股外侧浅静脉、阴部外静脉、腹壁浅静脉及旋髂浅静脉 5 条属支的血液。大隐静脉收集足部、小腿和大腿内侧部以及大腿前部浅层的静脉血。在内踝前方,大隐静脉位置表浅且恒定,是静脉穿刺或切开输液的常用部位。

②**小隐静脉**:起自足背静脉弓的外侧,经外踝后方沿小腿后面上行至腘窝处,穿深筋膜注入腘静脉。小隐静脉收集足外侧部及小腿后部浅层的静脉血。

知识链接

下肢静脉曲张

下肢静脉曲张是指因下肢静脉壁软弱、静脉瓣缺陷以及浅静脉内压力升高等,导致下肢浅静脉处于伸长、蜿蜒而曲张的状态,临床上主要表现为下肢浅静脉蜿蜒扩张迂曲,后期可出现脱屑、色素沉着、皮肤硬结,甚至形成溃疡。大隐静脉是下肢静脉曲张的好发血管。

Note

（2）下肢的深静脉：下肢的深静脉与同名动脉伴行，最后汇合为股静脉。**股静脉**与股动脉伴行至股三角，在股三角内，股静脉在股动脉的内侧上行，至腹股沟韧带后方续为髂外静脉。股静脉在股三角内位置表浅，临床常在此处做静脉穿刺置管。股静脉收集大隐静脉和与股动脉分支伴行静脉的血液。

2. 盆部的静脉　盆部的静脉包括髂内静脉和髂外静脉（图8-43）。

（1）**髂内静脉**：盆部的静脉主干，其属支分为壁支和脏支，分别与同名动脉伴行。壁支包括臀上静脉、臀下静脉、闭孔静脉等；脏支包括直肠下静脉、阴部内静脉、子宫静脉等，在器官周围或壁内形成丰富的静脉丛，如**直肠静脉丛**、**膀胱静脉丛**、**子宫静脉丛**、**阴道静脉丛**等，有助于受压或扩张状态下器官的静脉回流。髂内静脉收集盆部、臀部及会阴部的静脉血。

（2）**髂外静脉**：股静脉的直接延续，至骶髂关节前方与髂内静脉汇合为**髂总静脉**，腹壁下静脉为髂外静脉的主要属支。髂外静脉收集下肢浅静脉、深静脉及部分腹壁静脉的血液。

（3）**髂总静脉**：由髂内静脉和髂外静脉汇合而成。双侧的髂总静脉伴髂总动脉向内上斜行至第5腰椎的右前方汇合成下腔静脉。

3. 腹部的静脉　腹部的静脉包括壁支和脏支，多数与同名动脉伴行。

（1）壁支：包括4对**腰静脉**和1对**膈下静脉**，各腰静脉之间的纵支连接成腰升静脉。左、右腰升静脉向上分别延续为半奇静脉和奇静脉，向下与髂腰静脉和髂总静脉相交通。

（2）脏支：包括成对的睾丸（卵巢）静脉、肾静脉、肾上腺静脉及不成对的肝静脉等。

①**睾丸静脉**：起自睾丸和附睾的小静脉，在精索内睾丸动脉的周围吻合成蔓状静脉丛，上行经腹股沟管入盆腔合成睾丸静脉。右睾丸静脉以锐角注入下腔静脉，左睾丸静脉以直角注入左肾静脉，血液回流较右侧困难，因此临床上左睾丸静脉易发生曲张。女性为卵巢静脉，起自卵巢静脉丛，经卵巢悬韧带上行合成，其回流途径与睾丸静脉相同。

②**肾静脉**：起自肾门，经肾动脉前方向内注入下腔静脉。左肾静脉长于右肾静脉，并接受左睾丸静脉（左卵巢静脉）和左肾上腺静脉的血液汇入。

③**肾上腺静脉**：左肾上腺静脉注入左肾静脉，右肾上腺静脉直接注入下腔静脉。

④**肝静脉**：由小叶下静脉汇合而成，有肝左静脉、肝中静脉、肝右静脉3支，在腔静脉沟处注入下腔静脉。肝静脉收集肝门静脉及肝固有动脉运送至肝内的血液。

（三）肝门静脉系

肝门静脉系由肝门静脉及其属支组成，收集腹腔内不成对脏器（肝除外）的静脉血。

1. 肝门静脉的组成及属支　肝门静脉长6～8 cm，由肠系膜上静脉和脾静脉在胰头的后方汇合而成，向右上方斜行进入肝十二指肠韧带，在胆总管和肝固有动脉后方上行至肝门，分为左、右两支分别入肝左叶和肝右叶。肝门静脉在肝内反复分支后注入肝血窦，肝血窦内含有来自肝门静脉和肝固有动脉的混合血液，其汇集为小叶间静脉与小叶下静脉，最终汇合为肝静脉注入下腔静脉。肝门静脉的主要属支包括脾静脉、肠系膜上静脉、**肠系膜下静脉**、**胃左静脉**、**胃右静脉**、**胆囊静脉**与**附脐静脉**，其属支多与同名动脉伴行，收集同名动脉分布区域的静脉血（图8-45）。

2. 肝门静脉与上、下腔静脉之间的交通途径　肝门静脉与上、下腔静脉之间存在丰富的交通途径（图8-46），并可形成侧支循环。①通过**食管静脉丛**建立肝门静脉系的胃左静脉与上腔静脉系的奇静脉之间的交通。②通过**直肠静脉丛**建立肝门静脉系的直肠上静脉与下腔静脉系的直肠下静脉之间的交通。③通过**脐周静脉网**建立肝门静脉系的附脐静脉与上腔静脉系的胸腹壁静脉和腹壁上静脉，或与下腔静脉系的腹壁浅静脉和腹壁下静脉之间的交通。

在生理状态下，肝门静脉与上、下腔静脉之间的交通支细小，血流量较少。在病理状态下（如肝硬化等），肝门静脉回流受阻导致肝门静脉高压，肝门静脉的血液可通过上述吻合途径形成侧支循环，经上、下腔静脉系回流，随着血流量的增多，交通支变得弯曲粗大，出现食管静脉丛、直肠

图 8-45　肝门静脉及其属支

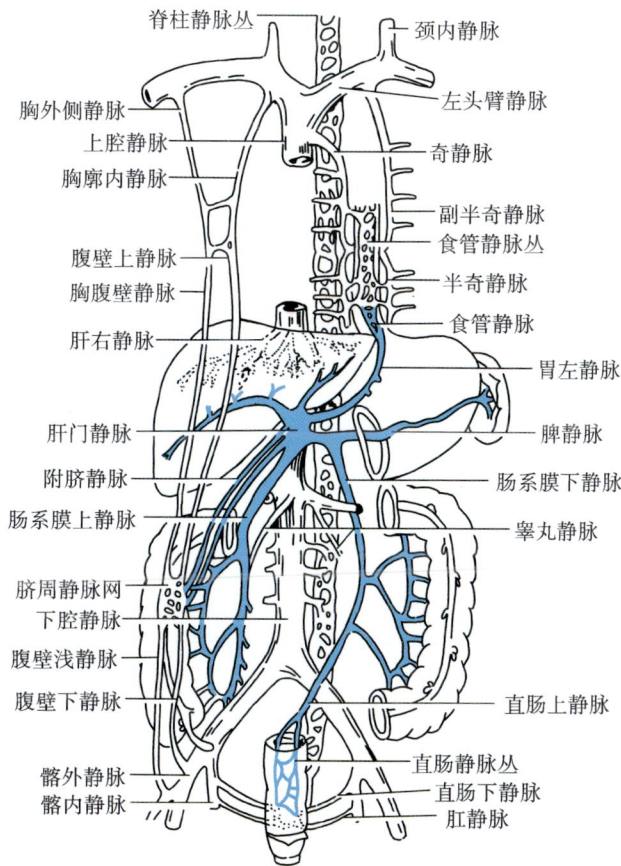

肝

胆囊
胆囊静脉
肝门静脉
胃右静脉
十二指肠
肠系膜上静脉
升结肠
回肠

胃左静脉
脾静脉
胃网膜右静脉
肠系膜下静脉
降结肠
直肠上静脉

图 8-46　肝门静脉与上、下腔静脉间的吻合

脊柱静脉丛
胸外侧静脉
上腔静脉
胸廓内静脉
腹壁上静脉
胸腹壁静脉
肝右静脉
肝门静脉
附脐静脉
肠系膜上静脉
脐周静脉网
下腔静脉
腹壁浅静脉
腹壁下静脉
髂外静脉
髂内静脉

颈内静脉
左头臂静脉
奇静脉
副半奇静脉
食管静脉丛
半奇静脉
食管静脉
胃左静脉
脾静脉
肠系膜下静脉
睾丸静脉
直肠上静脉
直肠静脉丛
直肠下静脉
肛静脉

Note

静脉丛与脐周静脉网曲张,曲张静脉如果破裂,常引起大出血。如食管静脉丛和直肠静脉丛曲张破裂常引起呕血和便血。当肝门静脉系的侧支循环失代偿时,常引起脾大和腹水等。

第二节　淋巴系统

淋巴系统由**淋巴管道、淋巴组织**和**淋巴器官**构成。

当血液流经毛细血管动脉端时,含有一定成分的液体渗出到组织间隙,形成组织液。组织液与细胞进行物质交换后大部分经毛细血管静脉端吸收入血液,小部分进入毛细淋巴管成为淋巴。淋巴沿各级淋巴管向心流动,沿途通过若干淋巴结,最后进入静脉(图 8-47)。

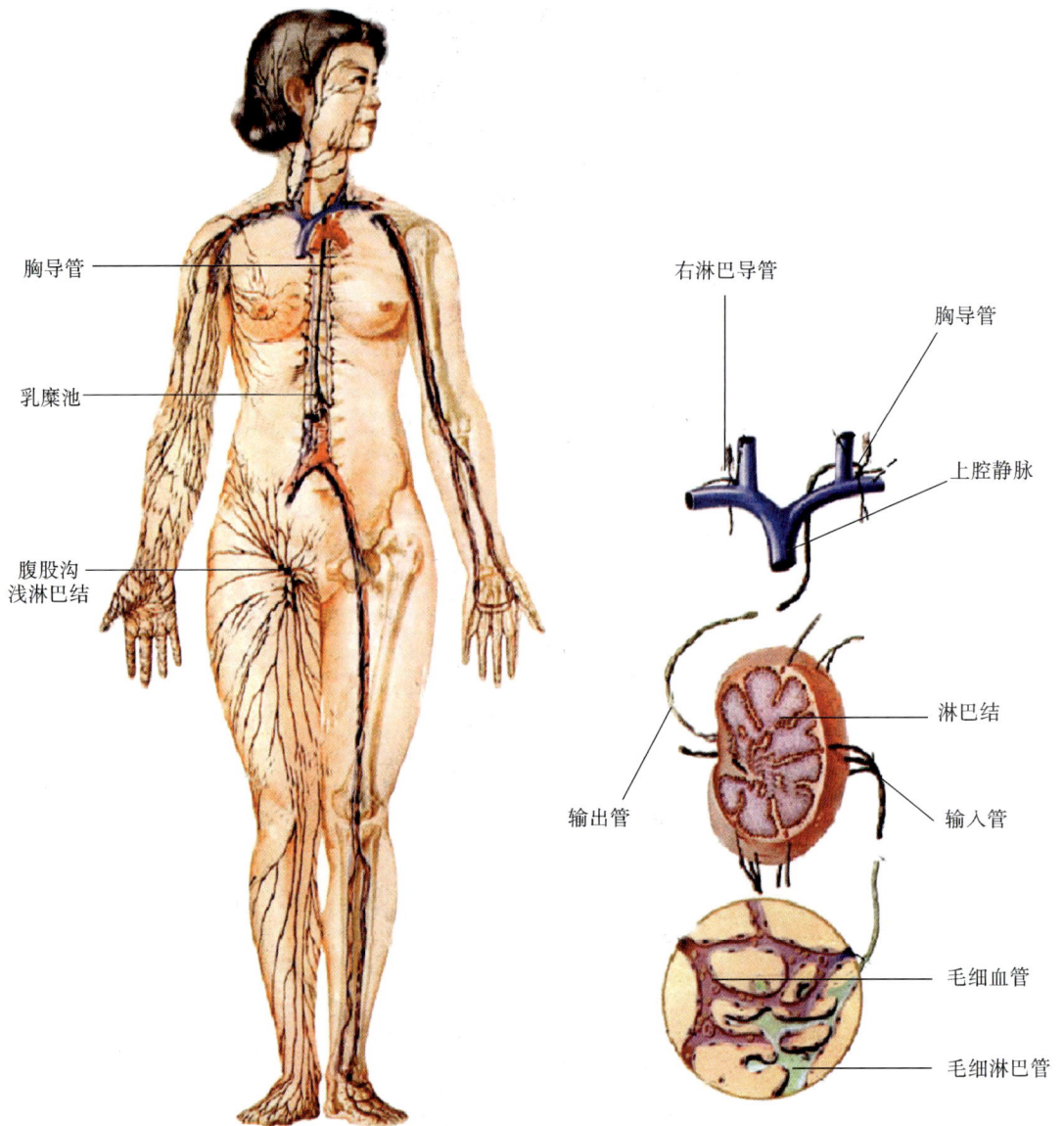

图 8-47　淋巴系统示意图

淋巴系统的主要功能:①淋巴管道作为心血管系统的辅助装置,协助静脉引流组织液;②淋巴器官和淋巴组织具有产生淋巴细胞、过滤淋巴和免疫应答的功能。

一、淋巴管道

淋巴管道包括毛细淋巴管、淋巴管、淋巴干和淋巴导管(图 8-48)。

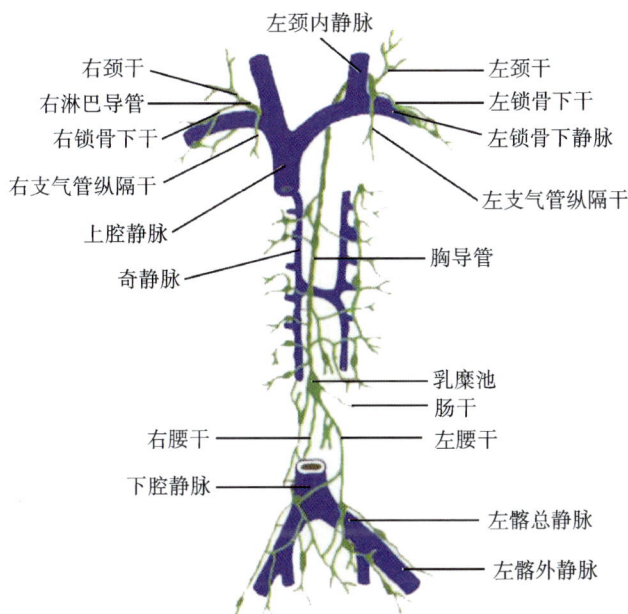

图 8-48 淋巴干和淋巴导管

(一)毛细淋巴管

毛细淋巴管是淋巴管道的起始部分,以膨大的盲端起始于组织间隙,形成毛细淋巴管网。毛细淋巴管形态结构与毛细血管相似,但管径较粗、管壁更薄,仅由一层内皮细胞构成,且没有基膜和周围的周细胞。其通透性比毛细血管大,一些大分子物质如肿瘤细胞、细菌、异物和蛋白质等易进入毛细淋巴管。除上皮、指(趾)甲、毛发、角膜、晶状体、牙釉质、软骨、脊髓和脑等外,毛细淋巴管遍布于全身各处。

(二)淋巴管

淋巴管由毛细淋巴管汇合而成,管壁结构与静脉相似,但管壁薄、瓣膜多。淋巴管在回心过程中,通常要穿过一个或多个淋巴结。淋巴管分浅、深两种。浅淋巴管位于皮下,多与浅静脉伴行,深淋巴管多与深部血管伴行。淋巴管之间有丰富的吻合。

(三)淋巴干

淋巴管穿经一系列淋巴结,由最后一群淋巴结的输出管汇合成**淋巴干**。全身共有 9 条主要淋巴干:**左、右颈干**收集头颈部的淋巴;**左、右锁骨下干**收集上肢及部分胸壁的淋巴;**左、右支气管纵隔干**收集胸腔脏器及部分胸壁的淋巴;**左、右腰干**收集下肢、盆部、腹后壁及腹腔内成对脏器的淋巴;**肠干**收集腹腔内不成对脏器的淋巴。

(四)淋巴导管

全身 9 条淋巴干汇合成 2 条淋巴导管,即胸导管和右淋巴导管,分别注入左、右静脉角。

1.胸导管 胸导管是全身最大的淋巴管道,长 30～40 cm,管径 3～5 mm,由左、右腰干和肠干在第 1 腰椎前方汇合而成,起始端的膨大称**乳糜池**。胸导管向上穿膈的主动脉裂孔入胸腔,沿脊柱前方上行,经胸廓上口至左颈根部呈弓形弯曲,最终注入左静脉角,其末端还接受左颈干、左锁骨下干和左支气管纵隔干的淋巴。胸导管主要收集下半身及左上半身的淋巴,包括双下肢、盆

181

部、腹部、左半胸部、左上肢和左半头颈部的淋巴,约占全身淋巴的 3/4。

2. 右淋巴导管　右淋巴导管较短,长 1～1.5 cm,由右颈干、右锁骨下干、右支气管纵隔干汇合而成,注入右静脉角。右淋巴导管主要收集右上半身的淋巴,包括右上肢、右胸部和右头颈部的淋巴,约占全身淋巴的 1/4。

二、淋巴组织

淋巴组织以网状组织为支架,网孔内填充有淋巴细胞、巨噬细胞、浆细胞等。淋巴组织主要存在于器官的结缔组织内,可分为弥散淋巴组织和淋巴小结两种形态。

(一)弥散淋巴组织

弥散淋巴组织无固定形态,边界不清晰,广泛分布于消化道、呼吸道及泌尿生殖道等黏膜下,以及血管和神经周围,以网状细胞为基础,其中充满大量的淋巴细胞,是淋巴细胞进入淋巴组织的通道。当受到抗原刺激时,其可增殖并转变为淋巴小结,参与免疫应答。

(二)淋巴小结

淋巴小结呈圆形或椭圆形,边界清晰,形态明显。淋巴小结内以 B 淋巴细胞为主。在抗原刺激下,常产生一染色较淡的生发中心,多由分裂快的大、中淋巴细胞构成,其周围为较密集的小淋巴细胞。

知识链接

非霍奇金淋巴瘤

非霍奇金淋巴瘤是一种起源于淋巴结和淋巴组织的恶性肿瘤,其类型繁多,病理、临床表现和治疗方式复杂。在我国,非霍奇金淋巴瘤发病率高于霍奇金淋巴瘤,且近年来有增高趋势。该病主要特征为无痛性、进行性淋巴结肿大,可伴有发热、盗汗、体重下降等症状。预后因类型不同而异,整体治愈率约 70%,但高危患者生存率较低。早期发现并及时治疗对提高生存率至关重要。

三、淋巴器官

淋巴器官是以淋巴组织为主要成分构成的器官,具有免疫功能,又称免疫器官,包括淋巴结、脾、胸腺和扁桃体等。

(一)淋巴结

1. 淋巴结的形态　淋巴结(图 8-49)为大小不等的圆形或椭圆形小体,灰红色。淋巴结一侧隆凸,有数条输入管进入;另一侧凹陷,称**淋巴结门**,有 1～2 条输出管出去及神经和血管出入。淋巴结数目较多,常成群分布,亦有浅、深之分,多数沿血管周围配布,位于身体较隐蔽的位置,如关节的屈侧或腋窝、腘窝等;在内脏多位于门的附近,如肺门淋巴结等。

2. 淋巴结的组织结构　淋巴结表面有薄层致密结缔组织构成的被膜,被膜的结缔组织伸入淋巴结内形成小梁,小梁在淋巴结内分支并互相连接成网,构成淋巴结的支架。淋巴结的实质分为浅部的皮质和深部的髓质(图 8-50)。

(1)皮质:位于被膜下方,由浅层皮质、副皮质区和皮质淋巴窦组成。

①浅层皮质:主要含淋巴小结和小结之间的弥散淋巴组织,此区内主要含 B 淋巴细胞,也有少量浆细胞和巨噬细胞等。

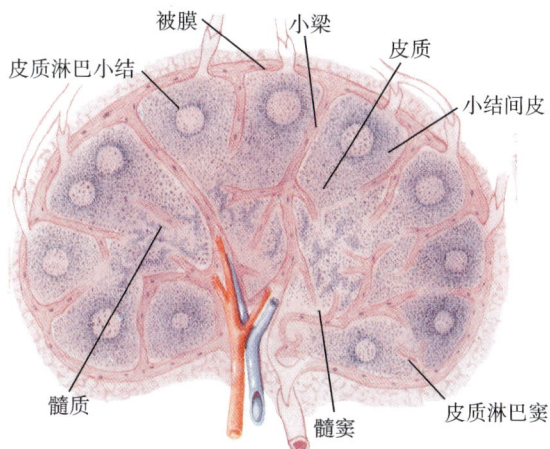

图 8-49 淋巴结构造示意图

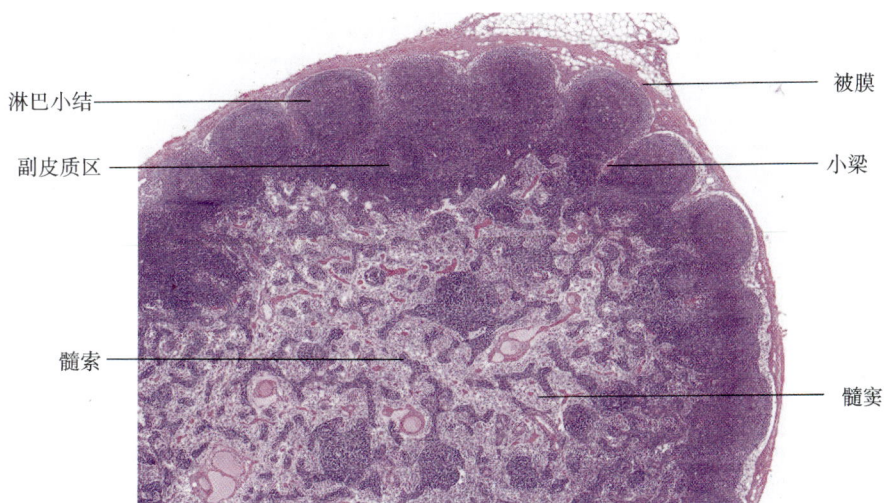

图 8-50 淋巴结的组织结构

②**副皮质区**:又称胸腺依赖区,位于皮质深层,为弥散淋巴组织。此区内主要含 T 淋巴细胞,也含有巨噬细胞和少量 B 淋巴细胞等。

③**皮质淋巴窦**:包括被膜下窦和小梁周窦。**被膜下窦**一端与输入管相通,另一端连于小梁周窦;**小梁周窦**与髓窦相通。窦内有许多巨噬细胞和网状细胞,淋巴在窦内流动缓慢,有利于巨噬细胞清除病原体和异物。

(2)**髓质**:位于淋巴结深部,由髓索和髓窦组成。

①**髓索**:呈条索状,互相连接成网,由 B 淋巴细胞、浆细胞和巨噬细胞组成。

②**髓窦**:位于髓索之间,与皮质淋巴窦相通。髓窦内的淋巴流向输出管。

3. 淋巴结的功能　淋巴结的主要功能:①滤过淋巴:当淋巴流经淋巴结时,淋巴窦内的巨噬细胞可将淋巴内的细菌、病毒等异物及时吞噬和清除,起到滤过淋巴的作用。②参与免疫应答:当遇抗原刺激后,淋巴结内的巨噬细胞、浆细胞、T 淋巴细胞和 B 淋巴细胞均可参与免疫反应。③造血功能:淋巴结内的淋巴细胞可分裂、分化形成新的淋巴细胞。

4. 全身重要的淋巴引流　人体各器官的淋巴管都汇至一定部位的淋巴结,称为该器官的局部淋巴结。当某器官或局部发生病变时,细菌、病毒或肿瘤细胞等沿淋巴管到达相应的局部淋巴结,引起局部淋巴结肿大。如该淋巴结不能阻止和消灭它们,则病变可沿淋巴管的流向扩散和转移。因此,了解局部淋巴结的位置、收集淋巴的范围及淋巴流向,具有重要的临床意义。

Note

（1）头部的淋巴结群（图 8-51）：多位于头颈交界处，由后向前依次有枕淋巴结、乳突淋巴结、腮腺淋巴结、下颌下淋巴结和颏下淋巴结。它们收集头面部浅层的淋巴，直接或间接注入颈外侧深淋巴结。

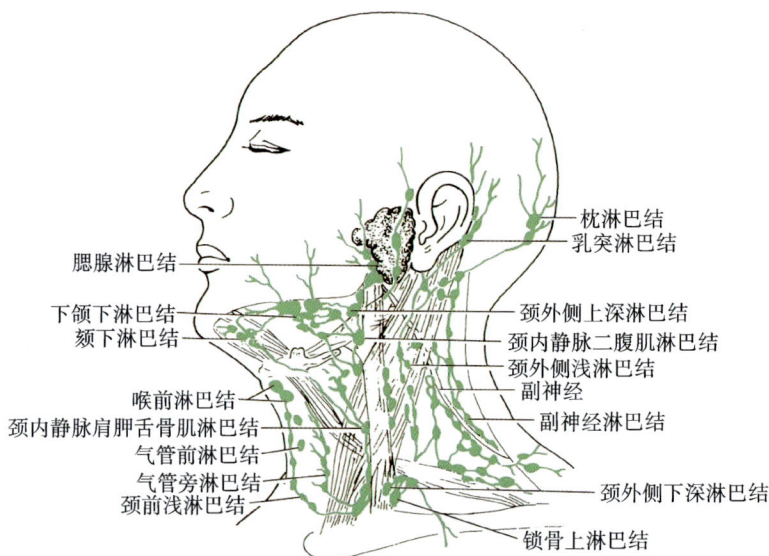

图 8-51　头颈部的淋巴结群

下颌下淋巴结位于下颌下腺附近及其腺实质内，收集面部和口腔的淋巴。面部大部分淋巴管直接或间接注入下颌下淋巴结，所以面部有炎症或肿瘤时，常引起此淋巴结的肿大。

（2）颈部的淋巴结群：主要有颈外侧浅淋巴结和颈外侧深淋巴结（图 8-51）。

①颈外侧浅淋巴结：沿颈外静脉排列，收集头部和颈浅部的淋巴管，其输出管注入颈外侧深淋巴结。

②颈外侧深淋巴结：沿颈内静脉排列，收集头颈部和胸壁上部的淋巴管。其主要有咽后淋巴结和锁骨上淋巴结。咽后淋巴结位于淋巴结链上端、鼻咽部后方，收集鼻、鼻旁窦、鼻咽等处的淋巴，鼻咽癌患者的肿瘤细胞首先转移至此淋巴结；锁骨上淋巴结位于淋巴结链下端，沿锁骨下动脉和臂丛排列。颈外侧深淋巴结输出管合成颈干。

（3）上肢的淋巴结群：上肢的淋巴结主要为腋淋巴结（图 8-52）。腋淋巴结数目较多，位于腋腔内，围绕在腋血管的周围，根据排列位置，可分为五群。外侧淋巴结沿腋静脉排列，收集上肢的浅、深淋巴管；胸肌淋巴结沿胸外侧动、静脉排列，收集胸、腹前外侧壁（脐以上）和乳房外侧部及中央部的淋巴管；肩胛下淋巴结在腋窝后壁沿肩胛下血管排列，收集项、背部的淋巴管；中央淋巴结位于腋窝中央的脂肪组织内，收集上述三群淋巴结的输出管；尖淋巴结沿腋静脉近段排列，收集中央淋巴结的输出管和乳房上部的淋巴管。其输出管组成锁骨下干，左侧注入胸导管，右侧注入右淋巴导管。乳腺癌患者的肿瘤细胞经淋巴管常注入胸肌淋巴结，该淋巴结输出管注入中央淋巴结和尖淋巴结。这是乳腺癌早期转移的主要途径。

（4）胸部的淋巴结群：分布于胸壁内和胸腔器官周围。

①胸壁的淋巴结：胸壁浅淋巴管均注入腋淋巴结；深淋巴管注入位于胸骨两侧、沿胸廓内血管排列的胸骨旁淋巴结以及位于肋头附近的肋间淋巴结。

②胸腔脏器的淋巴结（图 8-53）：纵隔前淋巴结位于胸腔大血管和心包的前方，主要收集胸腺、心包和心等器官的淋巴管，其输出管参与组成支气管纵隔干。纵隔后淋巴结位于食管和胸主动脉的前方，收集食管、心包和胸主动脉的淋巴管，其输出管多直接注入胸导管。肺、支气管和气管淋巴结数目较多。肺的淋巴管注入在肺内沿支气管和肺动脉分支排列的肺淋巴结，其输出管

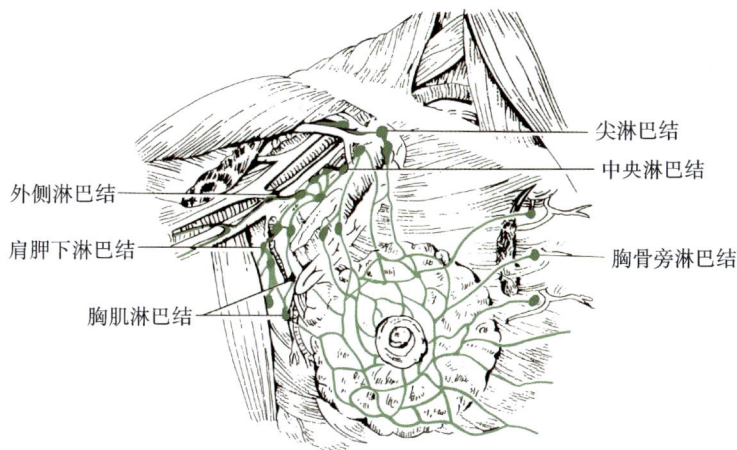

图 8-52 腋淋巴结

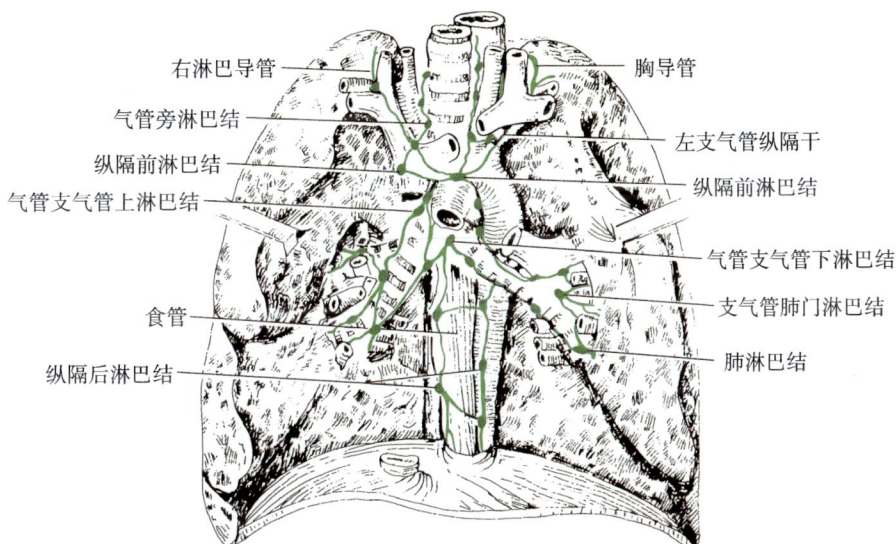

图 8-53 胸部的淋巴结群

注入肺门处的支气管肺淋巴结,又称肺门淋巴结。肺门淋巴结的输出管注入气管杈周围的气管支气管淋巴结,其输出管注入气管周围的气管旁淋巴结。气管旁淋巴结的输出管与纵隔前淋巴结的输出管组成支气管纵隔干,左侧注入胸导管,右侧注入右淋巴导管。

(5)腹部的淋巴结群:大多沿腹部的血管排列。

①腹壁的淋巴结:腹前壁脐平面以上的浅淋巴管一般注入腋淋巴结;脐平面以下者一般注入腹股沟浅淋巴结;腹前壁上、下部的深淋巴管分别注入胸骨旁淋巴结和腹股沟深淋巴结。腹后壁的深淋巴管注入位于腹主动脉和下腔静脉周围的腰淋巴结,腰淋巴结收集腹腔成对脏器的淋巴管及髂总淋巴结的输出管,其输出管形成左、右腰干,注入乳糜池(图 8-54)。

②腹腔脏器的淋巴结:腹腔成对脏器的淋巴管注入腰淋巴结。不成对脏器的淋巴管分别注入沿供应该脏器的腹腔干、肠系膜上下动脉及其分支排列的淋巴结。淋巴结多与伴行的动脉同名,接收同名动脉分布区的淋巴回流。腹腔淋巴结围绕腹腔干排列,收集沿腹腔干各分支排列的淋巴结的输出管;肠系膜上淋巴结位于肠系膜上动脉根部周围,收集沿肠系膜上动脉各分支排列的淋巴结的输出管。肠系膜下淋巴结位于肠系膜下动脉根部周围,收集沿其分支排列的淋巴结的输出管。腹腔淋巴结和肠系膜上、下淋巴结的输出管合成一条肠干,注入乳糜池。

Note

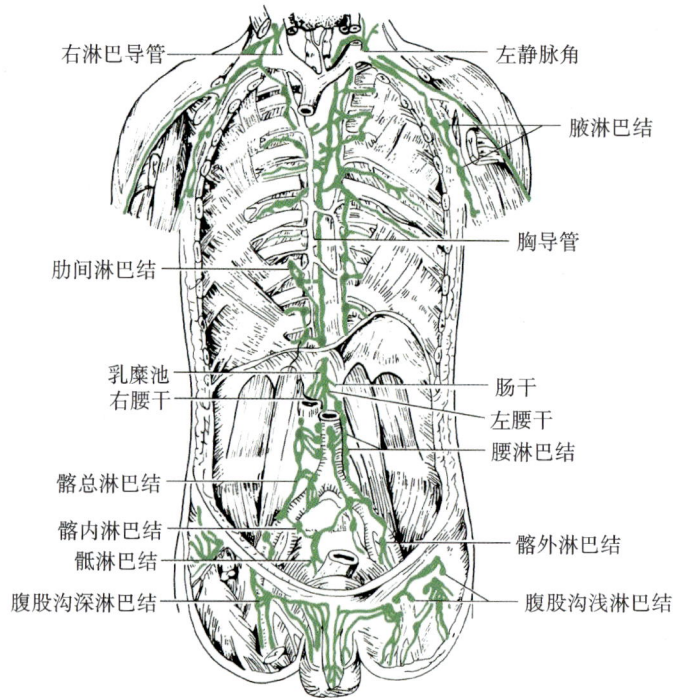

图 8-54　腹盆部淋巴结群

（6）盆部的淋巴引流（图 8-54）：盆部的淋巴结有髂内淋巴结、髂外淋巴结和髂总淋巴结，均沿同名血管排列。其中髂内、外淋巴结收集同名动脉分布区的淋巴管，其输出管注入髂总淋巴结；髂总淋巴结输出管注入腰淋巴结。

（7）下肢的淋巴引流：主要有腹股沟浅淋巴结和腹股沟深淋巴结。

①腹股沟浅淋巴结：位于腹股沟韧带及大隐静脉末端周围，收集腹前壁下部、臀部、会阴部、外生殖器和下肢大部分的浅淋巴管，其输出管主要注入腹股沟深淋巴结。腹股沟浅淋巴结在腹股沟韧带下方皮下易于摸到，当下肢感染时，常引起该淋巴结肿大。

②腹股沟深淋巴结：位于股静脉根部周围，收集腹股沟浅淋巴结的输出管及下肢的深淋巴管，其输出管注入髂外淋巴结。

（二）脾

1. 脾的位置和形态　脾（图 8-55）是人体最大的淋巴器官，位于左季肋区，第 9～11 肋的深面，其长轴与第 10 肋一致。正常情况下脾在左肋弓下不能触及。

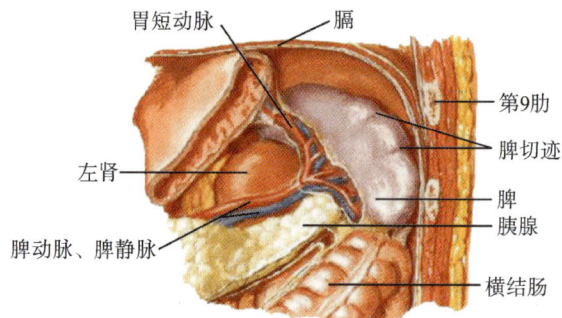

图 8-55　脾的位置和形态

脾呈扁椭圆形，暗红色，质软而脆，受暴力打击时易破裂。脾分上、下两缘，前、后两端和内、外两面。内侧面又称脏面，与胃底、左肾、左肾上腺和胰尾相邻，脏面近中央处为脾门，是血管、神经等出入之处。外侧面又称膈面,与膈相贴。上缘较锐,前部有 2～3 个凹陷,称脾切迹,脾大时,其是触诊脾的标志。

2.脾的组织结构 脾的表面有致密结缔组织构成的被膜,内含少量平滑肌,被膜外覆一层间皮。被膜的结缔组织伸入脾内形成小梁,小梁互相连接成网,构成脾的支架。脾的实质由淋巴组织构成,分为白髓、红髓和边缘区三部分(图 8-56)。

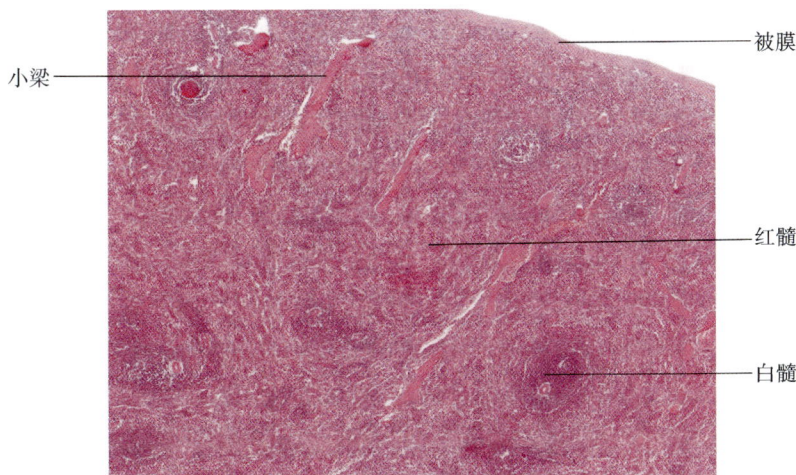

图 8-56 脾的组织结构

(1)**白髓**:在新鲜标本切面上呈白色小点状,故称白髓。它包括两种结构:①**淋巴小结**又称**脾小结**,呈小球状,主要由 B 淋巴细胞构成;②**动脉周围淋巴鞘**是环绕在中央动脉周围的弥散淋巴组织,主要由 T 淋巴细胞构成。

(2)**红髓**:因含大量红细胞,故呈红色,占脾实质的大部分。红髓由脾索和脾窦两部分构成:**脾索**呈条索状,内含 B 淋巴细胞、浆细胞、巨噬细胞及红细胞等,它们相互连接成网;**脾窦**位于脾索之间,是形状不规则的血窦,脾窦内充满血液。

(3)**边缘区**:位于白髓与红髓交界处,含有 T、B 淋巴细胞和较多的巨噬细胞等。

3.脾的功能

(1)滤血:血液流经脾时,脾内的巨噬细胞可吞噬、清除血液中的异物、衰老的红细胞及血小板。

(2)造血:胚胎时期,脾具有造血功能,出生后只能产生淋巴细胞,但脾内仍有少量造血干细胞。当机体严重失血或贫血时,脾可恢复造血功能。

(3)储血:脾红髓内可储存约 40 mL 的血液。当机体需要时,被膜及小梁平滑肌收缩,把储存的血液挤入血液循环。

(4)免疫反应:一旦病原体侵入机体,脾内的 T、B 淋巴细胞及巨噬细胞等可参与机体的免疫反应。

(三)胸腺

胸腺位于胸骨柄的后方,上纵隔的前部,有时可向上突到颈根部。胸腺呈锥体形,可分为不对称的左、右两叶。幼儿时期胸腺相对较大,随着年龄的增长,胸腺继续发育增大,青春期以后,胸腺开始萎缩退化。成人胸腺多被脂肪组织代替。

胸腺既是淋巴器官,又是内分泌器官。其主要功能:①培育 T 淋巴细胞,胸腺是 T 淋巴细胞分化成熟的场所,发育成熟的 T 淋巴细胞经血液循环进入周围淋巴器官和淋巴组织;②分泌多种激素,如胸腺素(又称胸腺肽)和胸腺生成素,促进细胞增殖、分化与成熟。

胸腺肽

胸腺肽是一种由胸腺组织分泌的具有生理活性的多肽物质,它能够增强机体免疫功能,调节免疫平衡,提升 T 淋巴细胞对抗原的反应,从而提高机体抵抗疾病的能力。胸腺肽在临床上有广泛应用,可用于治疗各种原发性或继发性 T 淋巴细胞缺陷病、自身免疫性疾病以及肿瘤辅助治疗等。它能够促进淋巴细胞成熟和分化,增强细胞因子的生成,从而发挥免疫调节作用。

小　结

脉管系统包括心血管系统和淋巴系统两部分,主要功能是进行物质运输。

心血管系统包括心、动脉、毛细血管和静脉。心是血液循环的动力器官,动脉是导血离心的血管,毛细血管是进行物质交换和气体交换的场所,静脉是导血回心的血管。血液循环分肺循环和体循环,两者同步进行。动脉和静脉管壁均由内膜、中膜和外膜三层构成,毛细血管包括连续毛细血管、有孔毛细血管和血窦三类。

心位于胸腔的中纵隔内,分一尖、一底、两面、三缘和四条沟,内有四个腔,即左、右心房和左、右心室,其传导系统包括窦房结、房室结、房室束、左束支、右束支及浦肯野纤维网,营养心的动脉是左、右冠状动脉。

体循环的动脉主干是主动脉,由左心室发出,依行程分为升主动脉、主动脉弓、胸主动脉和腹主动脉四部分。升主动脉发出冠状动脉营养心。颈总动脉是头颈部的动脉主干,分颈内动脉和颈外动脉。锁骨下动脉的主干延续为上肢的动脉,其分支椎动脉还分布到脑和脊髓。上肢的动脉主干包括腋动脉、肱动脉、尺动脉和桡动脉。腹主动脉有三条不成对的脏支,即腹腔干、肠系膜上动脉和肠系膜下动脉。成对的脏支有肾上腺中动脉、肾动脉和睾丸动脉(卵巢动脉)。髂总动脉分髂内动脉和髂外动脉,髂内动脉是盆部的动脉主干,髂外动脉延续为下肢的动脉。下肢的动脉主干包括股动脉、腘动脉、胫前动脉和胫后动脉。

体循环的静脉包括上腔静脉系、下腔静脉系和心静脉系。上腔静脉系由上腔静脉及其属支组成,收集头颈部、上肢、胸部等处的静脉血,头颈部的静脉主干有颈内静脉和颈外静脉。上肢的浅静脉包括头静脉、贵要静脉和肘正中静脉。下腔静脉系由下腔静脉及其属支组成,收集下肢、盆部和腹部等处的静脉血,下肢的浅静脉包括大隐静脉和小隐静脉。肝门静脉系由肝门静脉及其属支组成,收集腹腔内不成对脏器(肝除外)的静脉血,肝门静脉属支较多,通过食管静脉丛、直肠静脉丛和脐周静脉网与上、下腔静脉吻合。

淋巴系统由淋巴管道、淋巴组织和淋巴器官组成。淋巴管道包括毛细淋巴管、淋巴管、淋巴干和淋巴导管。淋巴组织分为弥散淋巴组织和淋巴小结。淋巴器官包括淋巴结、脾和胸腺等。淋巴管道内的淋巴经淋巴结最后注入静脉,是静脉的辅助管道。淋巴器官和淋巴组织能产生淋巴细胞,参与机体的免疫应答。

(黄燕燕　李晓明)

思政课堂

目标检测

Note

第九章 感 觉 器

学习目标

知识目标：

1. 说出眼球壁及眼球内容物的组成及形态结构；外耳、中耳、内耳的组成；鼓膜、鼓室的位置、结构特点及功能；内耳感受器的位置、名称和功能。

2. 描述房水的产生及循环途径；眼球外肌的名称和作用；骨迷路和膜迷路的组成和结构特点；声波的传导途径；皮肤表皮和真皮的组成。

3. 识别眼睑、结膜、泪器的位置和形态结构；听小骨的位置和名称；皮肤附属结构的名称和结构。

4. 解释前房角、视神经盘、黄斑（中央凹）的概念。

能力目标：

1. 会辨认视器、前庭蜗器、皮肤的结构。

2. 能运用视器的相关解剖学知识分析近视、远视、散光、老视眼、青光眼、白内障等眼科常见疾病的原因，进行临床实践工作。

3. 能运用耳的相关解剖学知识分析婴幼儿上呼吸道感染易引起中耳炎的原因。

素质目标：

具有严谨的医学态度和科学精神，有较强的团队合作精神，有团结互助、关爱生命的职业道德素养。

感受器是机体接受内、外界各种环境刺激的结构。感受器接受刺激后，将刺激转化为神经冲动，经感觉神经传入中枢神经系统，在大脑皮质感觉中枢产生相应的感觉。感受器广泛分布于全身各部。感受器根据所在的部位和接受刺激的来源不同，分为一般感受器和特殊感受器两种。一般感受器由感觉神经末梢构成，广泛分布于人体各种器官和组织内，如皮肤、骨、关节、肌、内脏和心血管等，可含有触觉、压觉、痛觉、温度觉、本体感觉等感受器；特殊感受器由感觉细胞构成，主要分布于眼、耳、舌、鼻等器官，分别含有视觉、听觉、味觉、嗅觉等感受器。

感觉器由特殊感受器及其附属结构共同构成，如视器（眼）和前庭蜗器（耳）等。皮肤具有多种功能，它与感觉功能有关。

案例 9-1

患儿，男，4 岁，上呼吸道感染 2 周，3 天前左侧外耳道瘙痒疼痛，哭闹严重，入院就诊。

查体：T 38.4 ℃，P 85 次/分，R 24 次/分，BP 110/70 mmHg（14.67/9.33 kPa）。左侧外耳道有黄色脓性分泌物，耳郭牵拉痛，乳突区压痛，余未见明显异常。

初步诊断为左侧中耳炎。

问题：

试述小儿上呼吸道感染为何容易引起中耳炎。

第一节 视 器

视器又称眼,包括眼球和眼副器两部分(图 9-1)。眼球可屈光成像,接受可见光刺激产生神经冲动,眼副器对眼球起保护、支持和运动的作用。

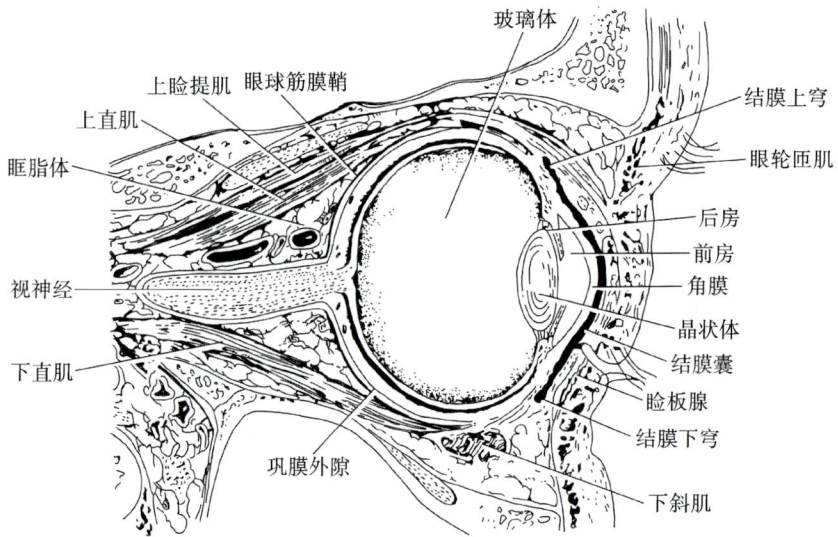

图 9-1 眼球和眼副器

一、眼球

眼球位于眼眶内,是视器的主要部分,近似球形,后端借视神经连于间脑。眼球前方的正中点称前极,后方的正中点称后极,前、后极的连线称眼轴。光线通过瞳孔中央至视网膜中央凹的连线称视轴。眼轴与视轴呈锐角交叉。眼球由眼球壁和眼球内容物两部分组成(图 9-2)。

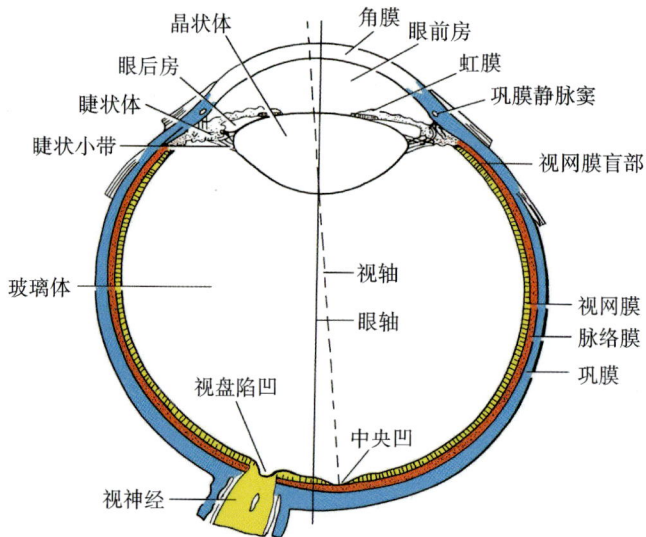

图 9-2 眼球水平切面

(一)眼球壁

眼球壁分三层，从外向内依次为**眼球纤维膜**、**眼球血管膜**和**视网膜**。

1. 眼球纤维膜 眼球纤维膜为眼球壁的最外层，由致密结缔组织构成，厚而坚韧，具有维持眼球形态和保护眼球内容物的作用。眼球纤维膜可分为角膜和巩膜两部分。

(1)**角膜**：占眼球纤维膜的前 1/6，略向前凸，无色透明，有折光作用。角膜内无血管，但有丰富的感觉神经末梢，感觉十分敏锐，发生病变时疼痛较剧烈。

(2)**巩膜**：占眼球纤维膜的后 5/6，乳白色，不透明。在巩膜与角膜延续处的深部有一环形小管，称**巩膜静脉窦**，其是房水回流的通道。

2. 眼球血管膜 眼球血管膜是眼球壁的中层，由疏松结缔组织构成，富含血管和色素，呈棕黑色，具有营养眼球和遮光的作用。眼球血管膜从前向后分为虹膜、睫状体和脉络膜三部分(图 9-3)。

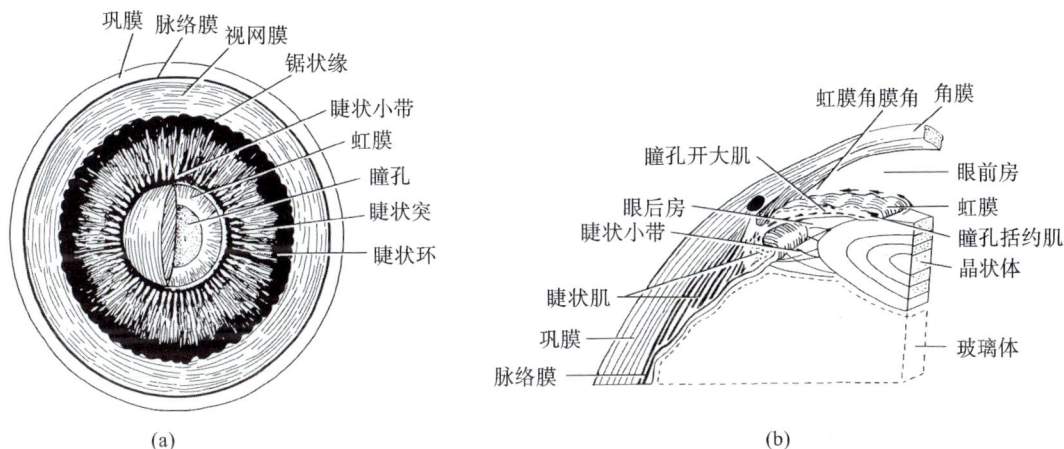

图 9-3 眼球壁冠状切面(a)及水平切面(b)

(1)**虹膜**：位于眼球血管膜的最前部、角膜的后方，呈圆盘状，虹膜颜色因种族或个体而异。虹膜中央有圆形的**瞳孔**，瞳孔是光线进入眼球的通道。瞳孔直径一般为 2~5 mm，其孔径的大小可随光线的强弱和物体距离的远近而改变。虹膜内有两种平滑肌：一种以瞳孔为中心呈同心圆状排列，称**瞳孔括约肌**，收缩时可使瞳孔缩小；另一种在瞳孔周围呈放射状排列，称**瞳孔开大肌**，收缩时可使瞳孔开大。在弱光下或看远物时，瞳孔开大；在强光下或看近物时，瞳孔缩小，进而调节进入眼球的光线量。

(2)**睫状体**：位于虹膜与脉络膜之间，是眼球血管膜中部环形增厚的部分。睫状体的前端有许多向内突出呈放射状排列的皱襞，称**睫状突**，睫状突前端发出睫状小带与晶状体相连。睫状体内有平滑肌，称**睫状肌**，该肌收缩或舒张时可调节晶状体的曲度。

(3)**脉络膜**：贴于巩膜内面，占眼球血管膜的后 2/3，为含有血管和色素细胞的柔软薄膜，具有营养眼球、吸收眼内分散光线的作用。

3. 视网膜 视网膜是眼球壁的最内层，由前向后可分为虹膜部、睫状体部和脉络膜部三部分。虹膜部和睫状体部贴于虹膜和睫状体内面，无感光作用，称为**视网膜盲部**，脉络膜部贴于脉络膜内面，有感光作用，称为**视网膜视部**。视网膜视部后方偏内侧处可见一圆形隆起，称**视神经盘(视神经乳头)**，此处无感光功能，故又称**生理性盲点**。视神经盘的颞侧约 3.5 mm 处有一黄色圆形小区，称**黄斑**，其中央凹陷，称**中央凹**，是感光、辨色最敏锐的部位(图 9-4)。

视网膜视部可分为内、外两层(图 9-5)，外层为**色素上皮层**，由单层矮柱状细胞组成，内含色素颗粒，有屏障作用，防止强光对视细胞的损伤；内层为**神经细胞层**，由外向内依次由**视细胞**、**双极细胞**和**节细胞**三层细胞组成。视细胞为感光细胞，包括**视锥细胞**和**视杆细胞**两种。视锥细胞

191

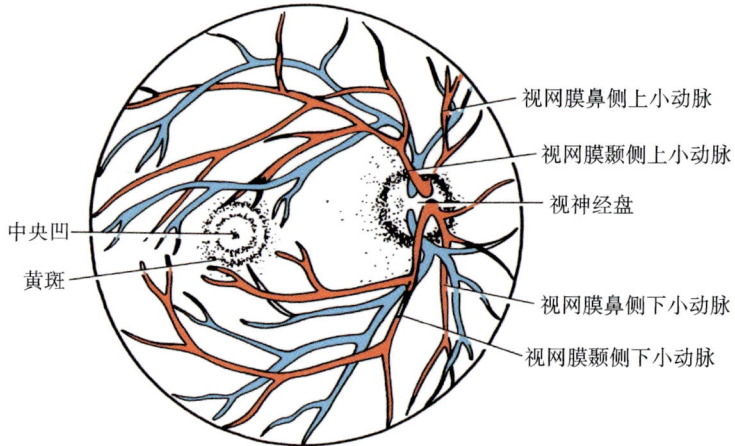

图 9-4 右眼眼底

能感受强光和辨色,视杆细胞只能感受弱光,不能辨色。双极细胞为联络神经元(神经元),能将来自视细胞的视觉神经冲动传导至节细胞。节细胞位于视网膜最内层,为多极神经元,其树突与双极细胞的轴突形成突触,轴突向视神经盘集中,形成视神经穿出巩膜。色素上皮层和神经细胞层之间有一潜在间隙,病理情况下两层发生分离,临床上称为视网膜脱离。

图 9-5 视网膜视部示意图

知识链接

色盲

色盲是一种色觉障碍,患者无法分辨自然光谱中的一种或多种颜色。色盲可分为先天性和后天性两类。先天性色盲主要由遗传因素导致,色盲基因位于 X 染色体上。后天性色盲由眼部疾病、视网膜损伤、药物中毒、大脑损伤等原因引起,这些因素可导致视网膜上的视细胞(视锥细胞)异常或损伤,从而影响颜色感知能力。

(二)眼球内容物

眼球内容物包括房水、晶状体和玻璃体。它们与角膜一样都是无色透明的,无血管,有折光作用,一起构成眼的屈光系统(图9-2)。

1.房水 房水为无色透明的液体,由睫状体产生,充满于眼房内。**眼房**是角膜与晶状体、睫状体之间的空隙,被虹膜分为前、后两部分。角膜与虹膜之间的空隙为**眼前房**,虹膜与晶状体之间的空隙为**眼后房**,二者之间借瞳孔相通。虹膜和角膜交界处的环形区域称**虹膜角膜角**,又称前房角。

睫状体产生房水后,从眼后房经瞳孔到眼前房,再经虹膜角膜角渗入巩膜静脉窦,最后汇入眼静脉。房水有屈光、营养角膜和晶状体、维持眼内压的作用。在某些病理情况下,房水循环受阻可引起眼内压升高,压迫视网膜,严重时可致视力减弱甚至失明,临床上称为**青光眼**。

2.晶状体 晶状体位于虹膜后方,呈双凸透镜状,无色透明,富有弹性,无血管和神经分布。晶状体表面包裹一层弹性薄膜,为晶状体囊,周缘借睫状小带与睫状体相连。

晶状体的曲度可随睫状肌的收缩和舒张而变化。看近物时,睫状肌收缩,睫状突向晶状体靠近,睫状小带松弛,晶状体依其本身弹性变凸,屈光力增强;看远物时与此相反。随着年龄的增长,晶状体逐渐硬化而失去弹性,看远物时清晰,看近物时模糊,称**老花眼**。若晶状体因疾病或创伤等原因变浑浊,导致视力下降,临床上称为**白内障**。

3.玻璃体 玻璃体位于晶状体和视网膜之间,为无色透明的胶状物质,有屈光和支撑视网膜的作用。若玻璃体浑浊,可影响视力,临床上称飞蝇感或飞蚊症。

二、眼副器

眼副器(图9-1)包括眼睑、结膜、泪器、眼球外肌、眶内脂肪等,对眼球起保护、支持和运动的作用。

(一)眼睑

眼睑俗称眼皮,为眼球的保护结构,位于眼球的前方。眼睑(图9-6)分为上睑和下睑,两睑之间的裂隙称**睑裂**。睑裂的内、外侧端分别称为**内眦**和**外眦**。眼睑的游离缘称为**睑缘**,有向外生长的睫毛,睫毛根部有睫毛腺,称**睑缘腺**。

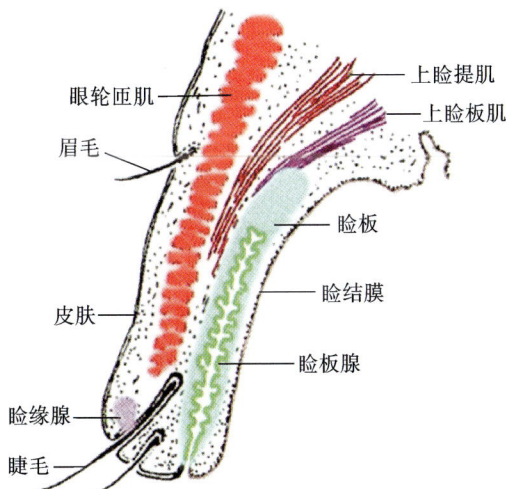

图 9-6 眼睑的结构

眼睑由浅入深可分为皮肤、皮下组织、肌层、睑板和睑结膜五层。眼睑的皮肤较薄,皮下组织疏松,缺乏脂肪组织,故可因积水或出血而发生肿胀。肌层主要是眼轮匝肌和上睑提肌。睑板内有许多睑板腺,睑板腺分泌物为脂性液体,可润滑睑缘,防止泪液外溢;当睑板腺导管堵塞时,可引起睑板腺囊肿(霰粒肿)。睑结膜为薄层黏膜,位于眼睑的最内面。

(二)结膜

结膜是一层薄而透明且富含血管的黏膜,覆盖在眼球的前面和眼睑内表面。覆盖在巩膜表面的部分称**球结膜**;衬于眼睑内表面的部分称**睑结膜**。上、下睑结膜与球结膜相互移行处,形成**结膜穹隆**,分别称**结膜上穹**和**结膜下穹**。当闭眼时全部结膜形成一个囊状腔隙,称为**结膜囊**,此囊经睑裂与外界相通,滴眼药即滴入此囊内。

(三)泪器

泪器由泪腺和泪道构成(图9-7)。

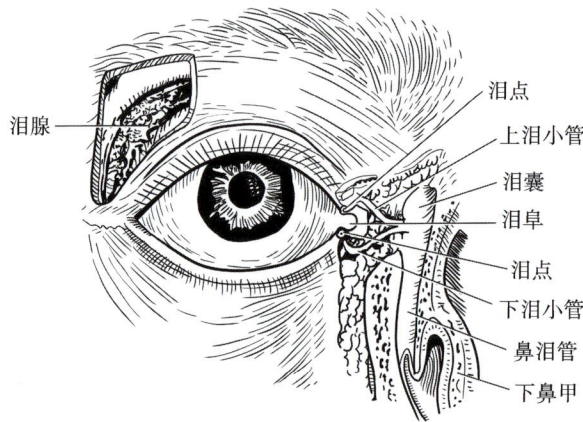

图9-7　泪器

1.泪腺　泪腺位于眶上壁外侧的泪腺窝内,其排泄管开口于结膜上穹。泪腺分泌的泪液对眼球起滋润、清洁、杀菌的作用。

2.泪道　泪道包括泪点、泪小管、泪囊和鼻泪管四部分。在上、下睑缘内侧端各有一个小突起,其顶部有一个小孔,称泪点,是泪小管的入口。**泪小管**上、下各一,起自上、下泪点,两管汇合于泪囊。**泪囊**位于眶内侧的泪囊窝内,为一膜性囊,其上部为盲端,下端移行为鼻泪管。**鼻泪管**末端开口于下鼻道。

(四)眼球外肌

眼球外肌是配布在眼球周围的骨骼肌,每侧有7块,其中向上提眼睑的肌1块,称为上睑提肌,运动眼球的肌6块,分别为上直肌、下直肌、内直肌、外直肌、上斜肌和下斜肌(图9-8、图9-9)。

上睑提肌起自视神经管前上方,止于上睑板,收缩时上提上睑,开大眼裂。上直肌位于眼球上方,收缩时使眼球转向上内方。下直肌位于眼球下方,收缩时使眼球转向下内方。内直肌位于眼球内侧,收缩时使眼球转向内侧。外直肌位于眼球外侧,收缩时使眼球转向外侧。上斜肌位于上直肌和内直肌之间,收缩时使眼球转向外下方。下斜肌位于眶下壁与下直肌之间,收缩时使眼球转向外上方。

三、眼的血管

(一)眼的动脉

眼的血供来自颈内动脉发出的眼动脉,其分支营养眼球、眼睑、眼球外肌等,**视网膜中央动脉**

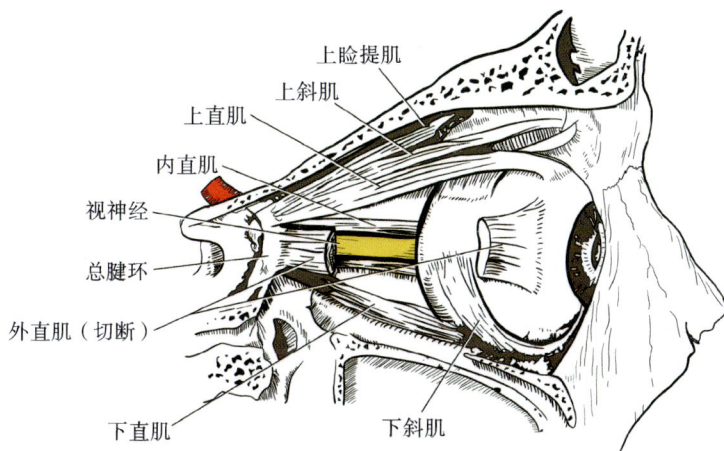

图 9-8　眼球外肌(外侧面)

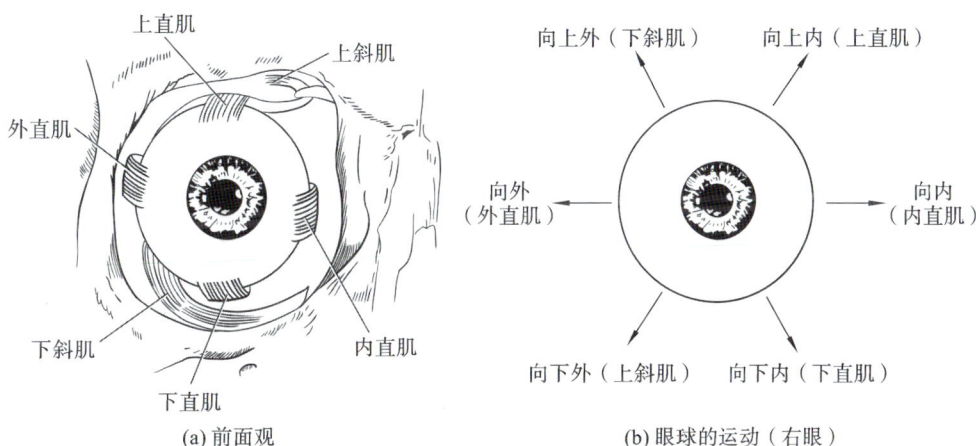

(a) 前面观　　　　　　　　　　　　　　(b) 眼球的运动（右眼）

图 9-9　眼球外肌作用示意图(右眼)

是其重要分支。视网膜中央动脉是供应视网膜内层的唯一动脉,经视神经盘处分 4 支,分别是视网膜鼻侧上、下小动脉和视网膜颞侧上、下小动脉(图 9-4)。临床用眼底镜观察此动脉的变化,以辅助诊断某些疾病。

（二）眼的静脉

眼的静脉主要有眼上、下静脉,其属支收集眼球和眼副器的静脉血并向后汇入海绵窦,向前借内眦静脉与面静脉相通。因这些静脉内无静脉瓣,故面部的感染可经眼静脉侵入颅内。

第二节　前 庭 蜗 器

前庭蜗器又称耳,是位置觉和听觉器官,包括位置觉器(前庭器)和听觉器(蜗器)两部分。耳按部位分为外耳、中耳和内耳三部分(图 9-10)。外耳和中耳是收集和传导声波的装置,内耳有听觉和位置觉感受器,接受声波和位置变化的刺激。

一、外耳

外耳由耳郭、外耳道和鼓膜三部分组成。

微课
前庭蜗器

Note

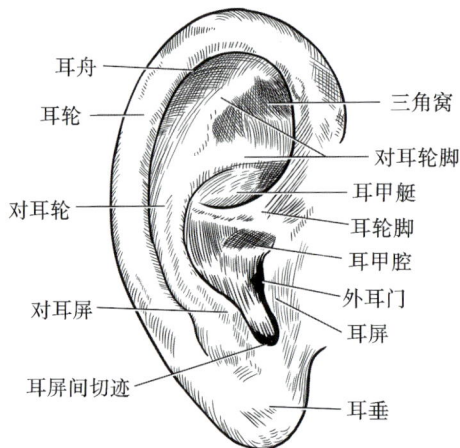

图 9-10　耳全貌模式图

(一)耳郭

耳郭(图 9-11)位于头部两侧,主要以弹性软骨为支架,外覆皮肤,皮下组织少。耳郭下部无软骨,主要由结缔组织和脂肪组织组成,称**耳垂**,是临床常用的采血部位。耳郭有收集声波的作用。

图 9-11　耳郭

(二)外耳道

外耳道是外耳门至鼓膜之间的弯曲管道(图 9-10),成人长 2.0~2.5 cm。其外侧 1/3 以软骨为基础,为**软骨部**;内侧 2/3 位于颞骨内,为**骨部**。成人检查外耳道和鼓膜时,为便于观察,需将耳郭向后上方牵拉,使外耳道变直。但婴幼儿外耳道发育尚未完全,外耳道短而平直,检查时需将耳郭向后下方牵拉。

外耳道的皮肤较薄,含有感觉神经末梢、毛囊、皮脂腺和耵聍腺,耵聍腺的分泌物称为**耵聍**。外耳道皮下组织稀少,皮肤与软骨膜及骨膜结合紧密,故外耳道发生炎症肿胀时疼痛剧烈。

Note

(三)鼓膜

鼓膜是椭圆形半透明的薄膜,位于外耳道底与中耳的鼓室之间(图 9-12)。其位置向前下外倾斜,与外耳道底约成 45°角。新生儿的鼓膜十分倾斜,几乎呈水平位。鼓膜中心向内凹陷,称**鼓膜脐**,内面为锤骨柄末端附着处。鼓膜上 1/4 薄而松弛,称**松弛部**,活体为淡红色;下 3/4 坚实紧张,称**紧张部**,活体为灰白色。鼓膜脐前下方可见一三角形反光区,称**光锥**,当鼓膜穿孔或发生某些病变时,光锥可改变或者消失。

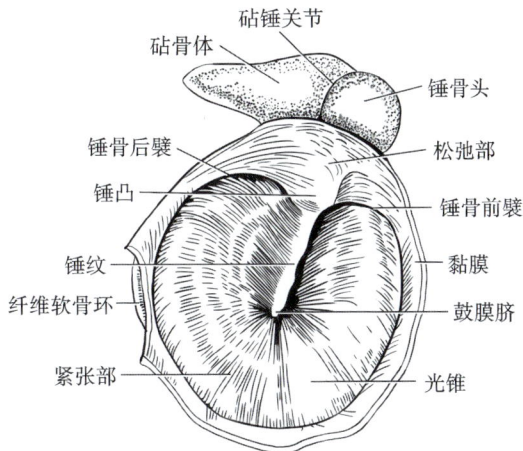

图 9-12 鼓膜(外面观)

二、中耳

中耳位于外耳和内耳之间,大部分在颞骨岩部内,包括鼓室、咽鼓管、乳突窦和乳突小房。

(一)鼓室

鼓室位于鼓膜和内耳外侧壁之间,是颞骨岩部内含气的不规则小腔(图 9-13)。鼓室内有听小骨、韧带、血管和神经等。

1.鼓室壁 鼓室有 6 个不规则的壁。

(1)上壁:鼓室盖,是一层薄骨板,借此与颅中窝相邻。

图 9-13 鼓室

（2）下壁：颈静脉壁，借薄层骨板与颈内静脉起始部分隔。

（3）前壁：颈动脉壁，与颈内动脉相邻，此壁上部有咽鼓管的开口。

（4）后壁：乳突壁，此壁上部有乳突窦的开口，向后通乳突小房。中耳炎时炎症易侵入乳突小房。

（5）外侧壁：鼓膜壁，主要由鼓膜构成。患中耳炎时，若炎症侵犯鼓膜，可致鼓膜穿孔。

（6）内侧壁：迷路壁，是内耳的外侧壁。此壁的中部有一隆起，称**岬**。岬的后上方有一卵圆形小孔，称**前庭窗**，被镫骨底所封闭。岬的后下方有一圆形孔，称**蜗窗**，被第二鼓膜封闭。前庭窗后上方有面神经管隆凸，内藏面神经，中耳的炎症或手术易损伤面神经。

2.听小骨 鼓室内有3块听小骨（图9-14），由外至内依次为**锤骨**、**砧骨**和**镫骨**。锤骨柄附着于鼓膜脐，内侧的镫骨底借韧带连于前庭窗边缘，并封闭该窗。3块听小骨借助关节相连构成听小骨链，当声波振动鼓膜时，振动波借听小骨链传导，通过镫骨底传至前庭窗，将声波振动传至内耳。

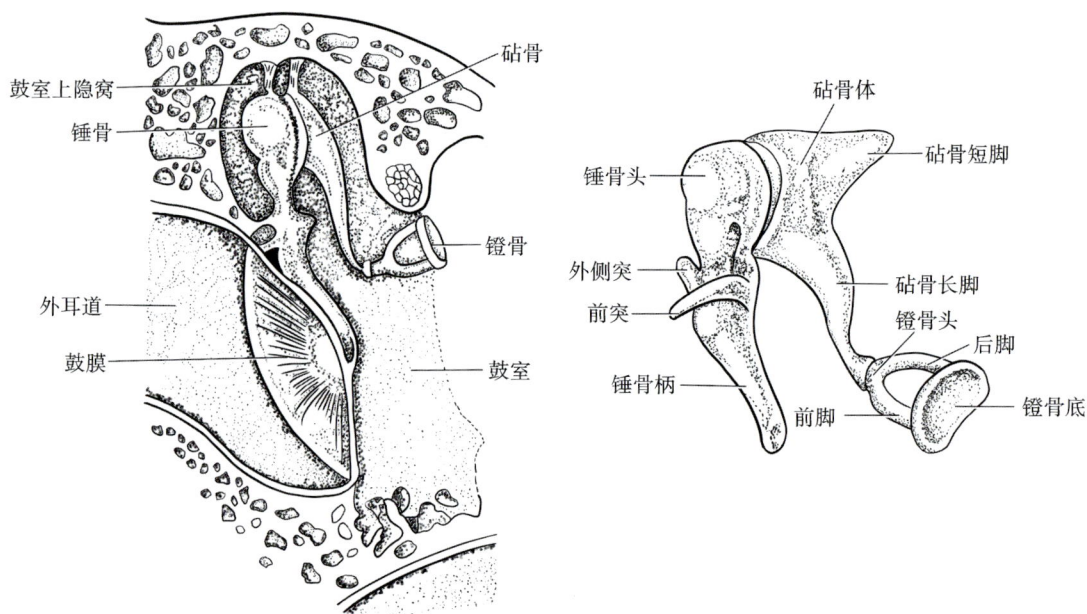

图 9-14 听小骨

知识链接

中耳炎的危害

中耳炎是中耳（包括鼓室、乳突、鼓膜）范围的急性和慢性炎症性病变，患者可能会出现不同程度的听力下降。中耳内长期或反复的炎症可侵蚀破坏鼓室壁、听小骨等，并向邻近结构蔓延，引起各种并发症：向上破坏鼓室盖，可引起颅内感染；向外侵犯鼓膜可引起鼓膜穿孔；向后侵犯乳突窦和乳突小房，可引起乳突炎；向内侵犯迷路壁可引起面神经炎，导致面瘫。

（二）咽鼓管

咽鼓管位于中耳鼓室和鼻咽部之间，是中耳通气和引流的唯一通道。咽鼓管鼓室口开口于鼓室前壁，咽鼓管咽口开口于鼻咽侧壁。咽鼓管咽口平时处于关闭状态，当吞咽和张口时咽鼓管咽口开放,从而调节鼓室内的气压,使其保持与外界的平衡。婴幼儿的咽鼓管较成人短而宽,近似水平位,故咽部感染易沿此管侵入鼓室,引起中耳炎。

(三)乳突窦和乳突小房

鼓室后部的延伸部分称乳突窦,向后与乳突小房相连通。乳突小房是乳突内许多含气的小腔,大小不等,彼此相通。乳突窦和乳突小房内均覆盖有黏膜。

三、内耳

内耳位于颞骨岩部骨质内,是鼓室与内耳道之间一系列结构复杂的弯曲管道,故又称**迷路**,可分为骨迷路和膜迷路两部分。骨迷路为颞骨岩部的骨性管道,膜迷路是套在骨迷路内的膜性管道。骨迷路与膜迷路之间的间隙内充满外淋巴,膜迷路内含有内淋巴,内、外淋巴互不相通。

(一)骨迷路

骨迷路从后外向前内分为骨半规管、前庭和耳蜗三部分,它们相互连通(图9-15)。

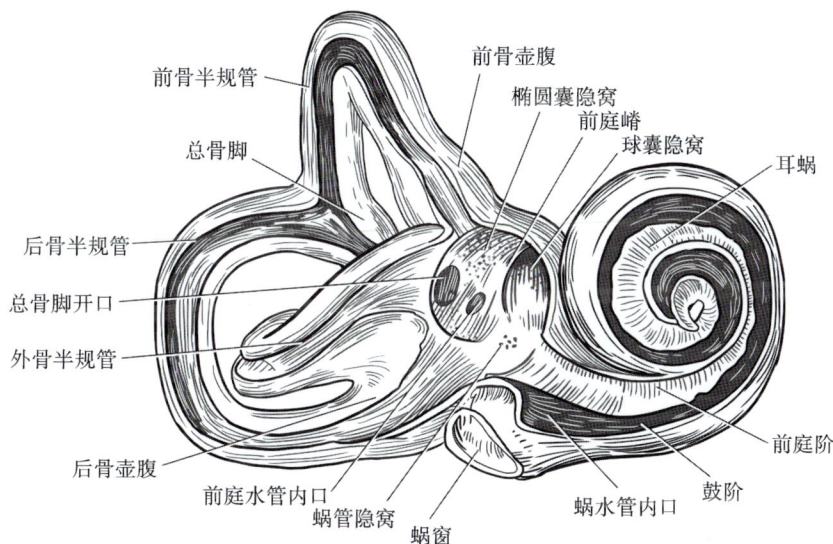

图9-15 骨迷路

1. 骨半规管 骨半规管位于骨迷路后外侧,由3个互相垂直的"C"形半环形骨管组成,其根据位置分别称为前骨半规管、后骨半规管和外骨半规管。每个骨半规管有2个骨脚开口于前庭,其中一骨脚膨大,称**骨壶腹**,另一骨脚细小,称**单骨脚**。前、后骨半规管的2个骨脚合成1个总骨脚,因此3个骨半规管共有5个骨脚开口于前庭。

2. 前庭 前庭位于骨迷路的中部,为不规则椭圆形腔隙。前下部通耳蜗,后上部与3个骨半规管相通,外侧壁有前庭窗和蜗窗,内侧壁为内耳道底。

3. 耳蜗 耳蜗位于骨迷路的前内侧,形似蜗牛壳。耳蜗的尖端朝向前外侧,称**蜗顶**,窝底朝向后内侧,对向内耳道底。位于耳蜗中央的圆锥形骨性中轴称**蜗轴**。耳蜗由蜗螺旋管环绕蜗轴约2.75圈构成。蜗轴向蜗螺旋管内伸出的骨板称**骨螺旋板**(图9-16)。

(二)膜迷路

膜迷路套在骨迷路内,由膜半规管、椭圆囊和球囊、蜗管组成(图9-17)。

1. 膜半规管 膜半规管为3个半环形膜性小管,套在同名的骨半规管内,形态与骨半规管相似。每管在骨壶腹内也有相应膨大的**膜壶腹**,其内壁上有嵴状隆起,称为**壶腹嵴**。壶腹嵴是位置觉感受器,能感受头部旋转变速运动的刺激。

Note

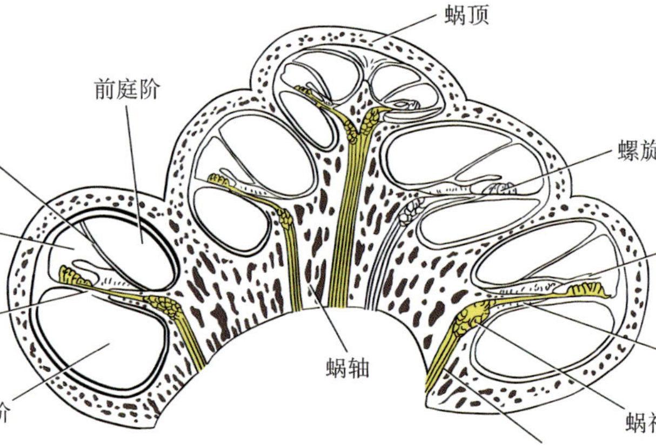

图 9-16　耳蜗轴切面

图 9-17　膜迷路

2. 椭圆囊和球囊　椭圆囊和球囊为两个膜性小囊,位于前庭内。椭圆囊位于后上方,连通 3 个膜半规管;球囊位于前下方,与蜗管相通。椭圆囊和球囊的内面各有一斑状隆起,分别称**椭圆囊斑**和**球囊斑**,二者为位置觉感受器,能感受头部静止的位置及直线变速运动的刺激。

3. 蜗管　蜗管位于耳蜗的蜗螺旋管内,是骨螺旋板游离缘与蜗螺旋管周缘之间的膜管,横切面上呈三角形,有上、下、外三壁,其上壁称为前庭膜,外侧壁为蜗螺旋管内面增厚的骨膜,下壁为基底膜。在基底膜上有听觉感受器,称为**螺旋器**,又称 Corti 器,能感受声波刺激。

蜗管和骨螺旋板将蜗螺旋管分为上、下两个管道,上方的称前庭阶,下方的称鼓阶。前庭阶与鼓阶内充满外淋巴,二者只在蜗顶处借蜗孔相通。

知识链接

声波的传导途径

声波传入内耳有空气传导和骨传导两条途径,正常情况下以空气传导为主。

1. 空气传导的途径　声波→外耳道→鼓膜→听小骨链→前庭窗→骨迷路外淋巴→蜗管内淋巴→螺旋器→蜗神经→大脑皮质听觉中枢。

2.骨传导的途径 声波→颅骨→骨迷路外淋巴→蜗管内淋巴→螺旋器→蜗神经→大脑皮质听觉中枢。

第三节 皮 肤

皮肤覆盖于人体表面,柔软且有弹性,是人体面积最大的器官。身体各部的皮肤厚薄不一,平均厚度为 0.5～4 mm。皮肤上有毛、皮脂腺、汗腺和指(趾)甲等皮肤附属器。皮肤具有保护、感觉、分泌、排泄、吸收、调节体温、参与物质代谢等功能。

一、皮肤的结构

皮肤由表皮和真皮组成(图 9-18)。

(一)表皮

表皮位于皮肤的浅层,由角化的复层扁平上皮组成。表皮由两类细胞构成:一类是角质形成细胞,构成表皮的主体;另一类是非角质形成细胞,散在于角质形成细胞之间。

1.角质形成细胞 角质形成细胞由深至浅分为基底层、棘层、颗粒层、透明层和角质层五层。

(1)**基底层**:位于表皮的最深部,借基膜与真皮相接,为一层立方或矮柱状的细胞,称基底细胞。基底细胞核呈卵圆形,细胞质较少,含丰富的游离核糖体,呈强嗜碱性。基底细胞具有较强的分裂增殖能力,新生细胞不断向浅层移行,分化为其余各层细胞,因此基底层又称生发层。

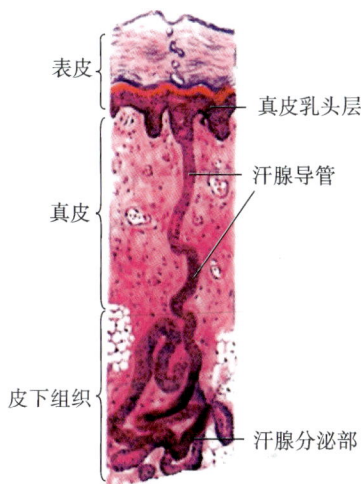

图 9-18 皮肤光镜结构

(2)**棘层**:位于基底层的浅层,由 4～10 层多边形细胞组成。细胞向周围伸出许多细短的棘状突起,因此又称棘细胞。棘细胞核呈圆形,位于细胞中央,细胞质丰富,呈弱嗜碱性。棘细胞可以增强表皮的黏合力,以适应皮肤的伸展性。

(3)**颗粒层**:位于棘层的浅层,由 3～5 层较扁的梭形细胞组成。细胞核和细胞器已退化,细胞质内含有许多嗜碱性颗粒,称透明角质颗粒。颗粒的主要成分是富含组氨酸的蛋白质,可在细胞之间形成膜状结构,是表面渗透屏障的主要组成结构。

(4)**透明层**:位于颗粒层的浅层,由 2～3 层扁平细胞组成。细胞之间界限不清,细胞核和细胞器均消失。透明层有防止水分和电解质通过的屏障作用。

(5)**角质层**:位于表皮的最浅层,由数层或数十层扁平的角质细胞构成。角质细胞的细胞核和细胞器完全退化、消失,细胞质内充满均质状的嗜酸性角蛋白。角质细胞不断脱落,形成皮屑。

2.非角质形成细胞 非角质形成细胞包括黑素细胞和朗格汉斯细胞等。

(1)**黑素细胞**:位于基底细胞之间,细胞体积较大,表面有许多突起。细胞核呈圆形,细胞质染色浅,细胞质含有许多有膜包被的椭圆形小体,称黑素体。黑素体内含酪氨酸酶,能将酪氨酸转化为黑色素,黑色素能吸收紫外线,使深部组织免受损害。当黑素体充满黑色素后,改称黑素颗粒。黑素颗粒的多少是决定皮肤颜色的重要因素。

白化病

白化病是一种遗传性疾病,也称白斑病或先天性色素缺乏,主要是由于先天性缺乏酪氨酸酶或酪氨酸酶功能减退,导致黑色素合成发生障碍,典型症状包括皮肤变白、头发变白、眼睛变色,以及身体其他部位如指甲、口腔黏膜等出现颜色变化。

(2)**朗格汉斯细胞**:分散于棘层内,细胞呈圆形,周围有很多树枝状突起。该细胞来源于骨髓的单核细胞,属抗原提呈细胞,主要参与免疫应答。

(二)真皮

真皮位于表皮的深面,由不规则致密结缔组织构成。真皮的厚度因身体的部位而异,一般为1～2 mm,临床上皮内注射就是将药物注入真皮内。真皮可分为乳头层和网状层。

1. 乳头层 乳头层为紧贴表皮的基底层,向表皮凸出形成真皮乳头。真皮乳头的形成增加了表皮与真皮之间的接触面积,乳头内含有丰富的毛细血管,在手指掌侧有较多的触觉小体。

2. 网状层 网状层位于乳头层深面,为真皮的主要组成部分,由大量胶原纤维束和弹性纤维交织排列,使皮肤具有较强的韧性和弹性。网状层内有许多小血管、淋巴管和神经纤维,以及毛囊、汗腺、皮脂腺和环层小体等。

二、皮肤的附属器

皮肤的附属器由表皮衍生而来,包括毛、皮脂腺、汗腺和指(趾)甲等(图9-19)。

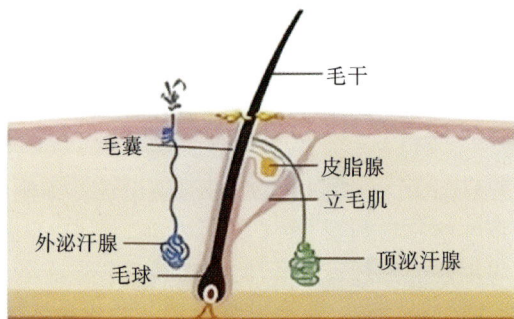

图9-19 皮肤附属器模式图

1. 毛 人体表面除手掌、足底等处无毛外,其他体表均有毛分布。每根毛可分为毛干、毛根、毛囊和毛球四部分。露在皮肤外的部分称**毛干**,埋入皮肤以内的部分称**毛根**,毛根外包裹的鞘状结构称为**毛囊**,由上皮和结缔组织构成。**毛球**是毛根和毛囊的末端膨大部分,毛球底部内陷,结缔组织、血管和神经突入其中,称**毛乳头**。毛球的上皮细胞为干细胞,称毛母质细胞,毛母质细胞增殖分化能力很强,是毛生长的原基。毛囊的倾斜侧附有一束斜行的平滑肌,称**立毛肌**(图9-19)。立毛肌受交感神经支配,收缩时可使毛竖立,皮肤呈"鸡皮疙瘩"样外观。毛的颜色由分布于毛母质细胞之间的黑素细胞及其产生的黑色素的数量决定。

2. 皮脂腺 皮脂腺位于真皮内毛囊和立毛肌之间,导管较短,多开口于毛囊上1/3处,也有直接开口于皮肤表面的。皮脂腺可分泌皮脂,皮脂可润滑皮肤和毛发,防止皮肤干燥,并与汗液一起在皮肤表面形成皮脂膜,有抑菌作用。

3. 汗腺 汗腺为单管状腺,由腺泡和导管组成。根据大小、所在位置和结构,汗腺可分为小汗腺和大汗腺两种。

（1）**小汗腺**：此即一般所说的汗腺，遍布全身，以手掌、足底、腋窝、腹股沟等处较多。汗腺可分泌汗液，汗液中含钾、钠、氯和乳酸等代谢产物，对维持电解质和酸碱平衡有重要作用。

（2）**大汗腺**：又称**顶泌汗腺**，主要位于腋窝、乳晕、会阴和肛周等部位。大汗腺分泌旺盛，分泌物黏稠，经细菌分解后产生特殊臭味，称狐臭。

4.指（趾）甲 指（趾）甲位于手指和脚趾远端背面，由多层排列紧密的表皮角质层构成。指（趾）甲多呈方形，少数呈圆形或椭圆形。外露在外面的部分称为甲体，埋于皮内的部分称甲根；甲体的深面称甲床，为复层扁平上皮，其基底细胞分裂活跃，称甲母质，是甲体的生长区；甲体周边的皮肤称甲襞；甲体和甲襞之间称甲沟。指（趾）甲对指（趾）末节起到保护作用并能感受触觉。

小 结

感觉器由视器和前庭蜗器等组成。

眼（视器）由眼球和眼副器组成。眼球由眼球壁及眼球内容物组成。眼球壁由外向内依次为眼球纤维膜、眼球血管膜和视网膜，眼球纤维膜由前向后依次为角膜和巩膜；眼球血管膜由前向后分为虹膜、睫状体和脉络膜；视网膜由前向后分为虹膜部、睫状体部和脉络膜部。眼球内容物包括房水、晶状体和玻璃体。眼副器包括眼睑、结膜、泪器、眼球外肌、眶内脂肪及筋膜等，对眼球起保护、运动和支持的作用。

耳（前庭蜗器）是位置觉和听觉器官，分为外耳、中耳和内耳。外耳包括耳郭、外耳道和鼓膜；中耳由鼓室、咽鼓管、乳突窦和乳突小房组成；内耳由骨迷路和膜迷路组成，骨迷路分为骨半规管、前庭和耳蜗；膜迷路分为膜半规管、椭圆囊和球囊、蜗管。

皮肤覆盖全身表面，由表皮和真皮组成。表皮位于皮肤的浅层，由角质形成细胞和非角质形成细胞组成；真皮位于表皮与皮下组织之间，分为乳头层和网状层。皮肤中有毛、皮脂腺、汗腺和指（趾）甲等皮肤附属器。

（寇亚丽）

思政课堂

目标检测

第十章 神经系统

学习目标

知识目标：

1.说出神经系统的分类及功能；脊髓的位置和功能，脊髓灰质前角、后角、侧角的神经元的名称及功能；脑的分部，脑干的组成，脑干内脑神经核、重要中继核的名称及功能；小脑的位置和功能；间脑的位置及分部；基底核的位置和组成；脑和脊髓的血管；各神经丛的位置及组成，胸神经前支的分布特点；各对脑神经的性质、连脑部位和出入颅部位；深、浅感觉传导通路以及视觉传导通路的组成，锥体束的组成。

2.描述脊髓的外形，脊髓节段与椎骨的对应关系，脊髓白质内上、下行主要纤维束的名称、位置和功能；脑干的外形，脑干内上、下行纤维束的名称和功能；内囊的位置、分部、各部通过的重要纤维束及临床意义；大脑动脉环的位置、构成及意义；硬脑膜主要形成结构的名称和位置，脑脊液的产生和循环途径；颈丛、臂丛、腰丛和骶丛的主要分支、分布；各脑神经纤维成分和分布范围；内脏运动神经的特点。

3.识别脑神经连脑的部位；背侧丘脑的位置及分部；大脑半球的分叶，主要沟、回的名称和位置，大脑皮质功能定位；各脑室的位置及交通关系，硬膜外隙、蛛网膜下隙的位置；胸神经分布的节段性及体表标志。

4.解释反射、灰质、白质、皮质、髓质、神经节、神经核、神经、纤维束、大脑动脉环、内脏牵涉性痛、锥体外系的概念。

5.比较内脏运动神经与躯体运动神经的特点；交感神经和副交感神经的区别、神经节及节后纤维的分布；锥体束上、下运动神经元损伤后的不同表现；视觉传导通路不同部位损伤后的视觉变化。

能力目标：

1.会观察辨认31个脊髓节段的位置，脑各部分的位置，大脑皮质的功能定位区，脊神经、脑神经和内脏神经的位置、组成及分支分布。

2.能运用脑脊液循环知识、脑和脊髓的传导通路、脊神经知识分析临床病例，进行临床实践工作。

3.会观察辨认12对脑神经的名称、连脑部位和进出颅部位。

素质目标：

具有良好的人文素养、职业道德和创新意识及精益求精的工匠精神，有较强的人际沟通能力和团队合作精神。

案例 10-1

患者，男，62岁，因左半身不能活动4 h入院。

查体：T 36.5 ℃，P 80 次/分，R 18 次/分，BP 160/100 mmHg(21.3/13.3 kPa)。左侧鼻唇沟浅，示齿口角右偏，伸舌左偏，左侧肢体肌力 0 级，右侧肢体肌力 5 级，左侧肢体及面部针刺感觉减退，右侧针刺感觉正常存在。

检查：头颅 CT 示右侧基底节区椭圆形高密度影，边界清楚。

初步诊断：内囊出血。

问题：

1. 试述内囊的组成及位置。
2. 试述通过内囊各部分的投射纤维束。
3. 试述内囊出血的临床表现。

第一节　神经系统总论

神经系统在人体各器官系统中处于主导地位，它既能调节人体各系统的活动，维持内部环境的恒定，使人体成为一个正常的整体；又能通过各种感受器接受外界刺激，并做出反应，使人体与外界环境保持平衡和统一。

一、神经系统的组成

神经系统由位于颅腔内的脑、椎管内的脊髓以及遍布全身各处的神经共同组成(图 10-1)。为了学习和研究方便，通常将神经系统分为**中枢神经系统**和**周围神经系统**两部分。中枢神经系统包括脑和脊髓，脑又分为端脑、间脑、中脑、脑桥、延髓和小脑六部分，其中延髓、脑桥和中脑合称脑干。周围神经系统包括与脑相连的 12 对脑神经和与脊髓相连的 31 对脊神经。

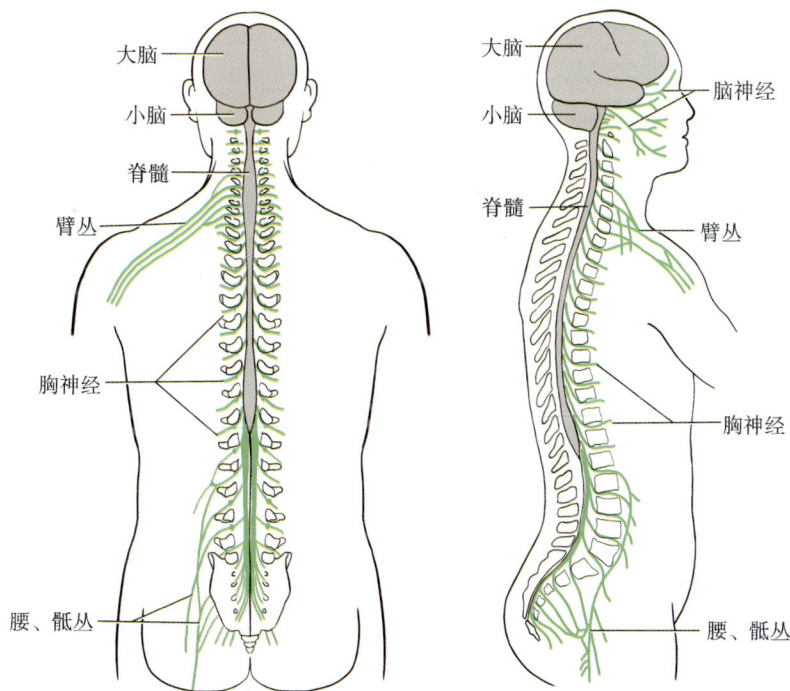

图 10-1　神经系统概观

周围神经系统按分布的范围不同,可分为**躯体神经**和**内脏神经**。躯体神经分布于体表和运动系统;内脏神经分布于内脏各器官、循环系统和各种腺体。躯体神经和内脏神经都有**感觉纤维**和**运动纤维**。感觉纤维(传入纤维)将身体各处感受器产生的神经冲动传向中枢神经;运动纤维(传出纤维)将中枢神经的冲动传向身体各处的效应器。内脏神经的传出纤维分布于心肌、平滑肌和腺体,它不受人的主观意志控制,又称**自主神经系统**或**植物神经系统**。内脏运动神经按其生理功能的不同又分为交感神经和副交感神经两部分,这两部分神经多互相配合以支配内脏器官的正常活动。

二、神经系统的活动方式

神经系统的基本活动方式是反射。感受器接受刺激,并将刺激转化为神经冲动,通过感觉神经元传入中枢;中枢发出的神经冲动则由运动神经元传到效应器,做出反应,这种神经调节过程称为**反射**。神经系统进行反射活动的形态基础就是**反射弧**,整个反射弧由感受器、传入神经、中枢、传出神经和效应器5个部分组成。例如,膝跳反射中的感受器是髌韧带内的张力感受器;传入神经是股神经的躯体传入纤维;中枢是脊髓的腰段;传出神经是股神经的躯体传出纤维;效应器是股四头肌。如果反射弧的完整性因为某个环节的病变而遭到破坏,那么原来的反射就不再出现。

三、神经系统的常用术语

1. 灰质与白质 中枢神经系统内,神经元的胞体和树突集中处,在新鲜标本上色泽昏暗,称**灰质**。神经纤维集中处,在新鲜标本上色泽白亮,称**白质**。

2. 皮质与髓质 分布于大脑和小脑表面的灰质称**皮质**。分布于大脑和小脑深面的白质称**髓质**。

3. 神经核与神经节 形态和功能相似的神经元的胞体聚集在一起,位于中枢神经系统的称**神经核**,位于周围神经系统的称**神经节**。

4. 纤维束和神经 中枢神经系统内,起止、行程和功能基本相同的神经纤维聚集成束,称**纤维束**。周围神经系统内,神经纤维聚集成粗细不等的条索状结构,称**神经**。

5. 网状结构 中枢神经系统内,神经纤维纵横交织成网,灰质团块散在于其中,这种结构称为**网状结构**。

第二节　中枢神经系统

一、脊髓

(一)脊髓的位置

脊髓位于椎管内,上端在枕骨大孔处与延髓相续,下端在成人约平第1腰椎的下缘,在新生儿约平第3腰椎的下缘,长约45 cm。

(二)脊髓的外形

脊髓呈前后略扁的圆柱形,全长粗细不等,有两处膨大,位于上方的称为**颈膨大**,连有分布到上肢的神经;位于下方的称为**腰骶膨大**,连有分布到下肢的神经。脊髓的末端变细,呈圆锥状,称**脊髓圆锥**。自脊髓圆锥的下端向下延续为无神经组织的细丝,称**终丝**,附于尾骨的背侧(图10-2)。

脊髓表面有6条平行的纵沟,纵贯脊髓全长,前面正中的深沟称**前正中裂**;后面正中的浅沟

微课
神经系统的
常用术语

Note

称**后正中沟**;在前正中裂的两侧有平行的**前外侧沟**,连有脊神经的前根;后正中沟的两侧有平行的**后外侧沟**,连有脊神经的后根。前、后两根在椎间孔处汇合成一条脊神经,经相应的椎间孔穿出。每条脊神经的后根上,都有一个膨大的**脊神经节**。

(三)脊髓节段与椎骨的位置对应关系

脊髓的两侧连有 31 对脊神经,每对脊神经所连接的一段脊髓,称为一个**脊髓节段**。因此脊髓可相应地分为 31 个节段,即颈髓(C)8 节、胸髓(T)12 节、腰髓(L)5 节、骶髓(S)5 节、尾髓(Co)1 节。

在胚胎早期,脊髓与椎管的长度相等,脊髓各节段与椎骨大致平齐,所有脊神经呈水平方向进出相应椎间孔。自胚胎第 4 个月起,中枢神经向头端发展迅速,而脊柱向尾端增长显著,脊髓的生长速度慢于椎管的延长,因脊髓上端连接脑处位置固定,故脊髓下端相应逐渐上移。出生时,脊髓下端上移至第 3 腰椎水平,到成人则上移至第 1 腰椎下缘水平。所以成人的脊髓节段与相应的椎骨不完全对应。脊神经根也从水平位变成不同程度的倾斜位,行至相应的椎间孔进出,其中腰、骶、尾神经尤其显著,它们围绕终丝垂直下降,形成**马尾**。成人在第 1 腰椎以下无脊髓,仅有马尾,脊神经又都浸泡在脑脊液中,故临床上常在第 3~4 或第 4~5 腰椎棘突间进行腰椎穿刺,而不致损伤脊髓。

了解脊髓节段与椎骨的对应关系,对确定脊髓病灶的位置有实际意义。其规律大致如下:上颈髓(C1~4)与同序数的椎骨相对应;下颈髓(C5~8)和上胸髓(T1~4)比同序数的椎骨高 1 个椎体;中胸髓(T5~8)比同序数的椎骨高 2 个椎体;下胸髓(T9~12)则较同序数的椎骨高 3 个椎体;腰髓平对第 10~12 胸椎;骶髓和尾髓约在第 12 胸椎和第 1 腰椎的高度(图 10-3)。

(四)脊髓的内部结构

在脊髓的横切面上可见中央有**中央管**,中央管的周围是灰质,灰质的周围是白质(图 10-4)。

1.灰质 灰质呈"H"形,每侧灰质向前扩大的部分称**前角(柱)**,向后伸出的狭长部分称**后角(柱)**,在胸髓和上部腰髓(L1~3)的前、后角之间有向外突出的**侧角(柱)**。

(1)前角:主要由运动神经元组成。其轴突参与组成脊神经前根中的躯体运动纤维,支配躯干和四肢骨骼肌的运动。靠内侧的神经元纵贯脊髓全长,支配躯干肌的运动;偏外侧的神经元在颈膨大和腰骶膨大处集中,支配四肢肌的运动。前角运动神经元分为两类:①α 神经元分布于梭外肌纤维,传导随意运动的神经冲动;②γ 神经元分布于梭内肌纤维,对肌张力的维持起重要作用。临床上,脊髓前角灰质炎是指脊髓前角运动神经元受损,导致所支配的骨骼肌瘫痪、萎缩,腱反射消失,常见于小儿,故称小儿麻痹症。

(2)后角:主要由联络神经元组成。它接受脊神经后根进入脊髓的感觉纤维,其轴突可进入白质形成上行纤维束,将后根传入的神经冲动传导到脑,也可以在脊髓的不同节段起联络作用。

(3)侧角:交感神经的低级中枢,内含交感神经元的胞体,其轴突出脊髓,构成脊神经前根中内脏运动的交感神经成分。在骶髓第 2~4 节段,相当于侧角的部位,由副交感神经元胞体组成的核团,称**骶副交感核**,其是副交感神经的低级中枢,其轴突出脊髓,构成脊神经前根中内脏运动的副交感神经成分。

2.白质 白质位于灰质的周围,每侧白质借脊髓表面的 6 条沟分为前索、外侧索和后索三部分。前正中裂与前外侧沟之间的白质为**前索**;前外侧沟与后外侧沟之间的白质为**外侧索**;后正中沟与后外侧沟之间的白质为**后索**。两侧前索在灰质联合前互相连接的部分,称**白质前连合**。白质由纵行排列的纤维束构成,向上传导神经冲动的纤维束称上行(感觉)纤维束,向下传导神经冲动的纤维束称下行(运动)纤维束。

(1)上行纤维束:

①**薄束和楔束**:位于后索内。此二束均起自脊神经节内假单极神经元的中枢突,经脊神经后

微课
脊髓的内部
结构

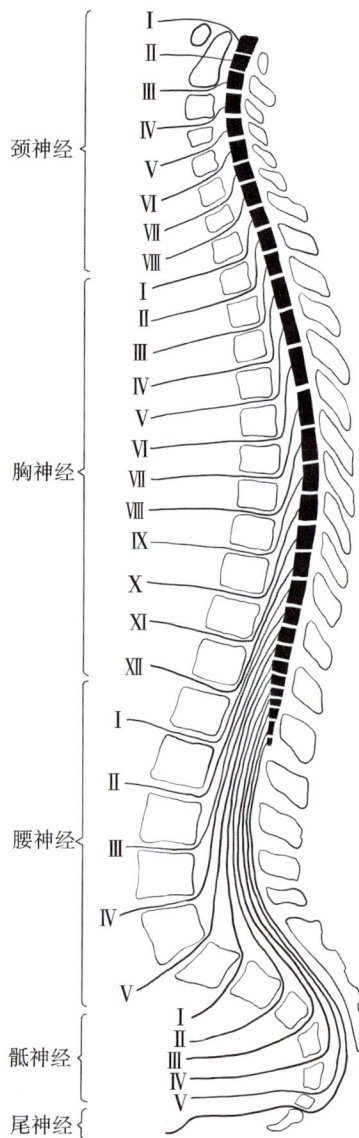

图 10-2　脊髓的外形

图 10-3　脊髓节段与椎骨的对应关系

根进入脊髓同侧后索上延而成。薄束在后正中沟的两侧,由胸髓第 5 节段以下的纤维组成;楔束位于薄束的外侧,由胸髓第 4 节段以上的纤维组成。因此,在胸髓第 5 节段以下,后索全由薄束组成,在胸髓第 4 节段以上,既有薄束又有楔束。

　　薄束和楔束传导同侧躯干和四肢的本体感觉(肌、腱、关节的位置觉、运动觉及振动觉)和精细触觉(辨别两点的距离和物体纹理的粗细)的冲动。

　　②脊髓丘脑束:位于外侧索和前索。脊髓丘脑束起自灰质后角固有核,轴突越过白质前连合到对侧的外侧索和前索,上行至间脑的背侧丘脑腹后外侧核。位于外侧索的称**脊髓丘脑侧束**,传导躯干和四肢的痛觉和温度觉的冲动;位于前索的称**脊髓丘脑前束**,传导躯干和四肢的粗触觉和压觉冲动。

　　(2)下行纤维束:主要有**皮质脊髓束**,下行于脊髓外侧索和前索。皮质脊髓束起自大脑皮质躯体运动中枢的运动神经元,下行到延髓下部时,大部分纤维交叉到对侧脊髓外侧索下降,即**皮质脊髓侧束**,其纤维贯穿脊髓全长,陆续止于同侧对应节段的脊髓灰质前角运动神经元;少数没有交叉的纤维下行于同侧脊髓前索,居前正中裂的两侧,即**皮质脊髓前束**,一般只下行到颈髓和

图 10-4　脊髓横切面模式图

上胸髓,止于双侧脊髓前角运动神经元。皮质脊髓侧束的功能是支配同侧四肢骨骼肌的随意运动,皮质脊髓前束的功能是支配躯干骨骼肌的随意运动。

(五)脊髓的功能

1. 传导功能　脊髓通过上行纤维束将躯干和四肢的各种感觉冲动上传至脑,同时通过下行纤维束将脑发出的神经冲动下传至效应器。

2. 反射功能　脊髓灰质内有许多低级反射中枢,可完成一些低级反射,如膝跳反射、排尿反射和排便反射等。

二、脑

脑位于颅腔内,新鲜时质地柔软,包括端脑、间脑、小脑和脑干四部分(图 10-5)。

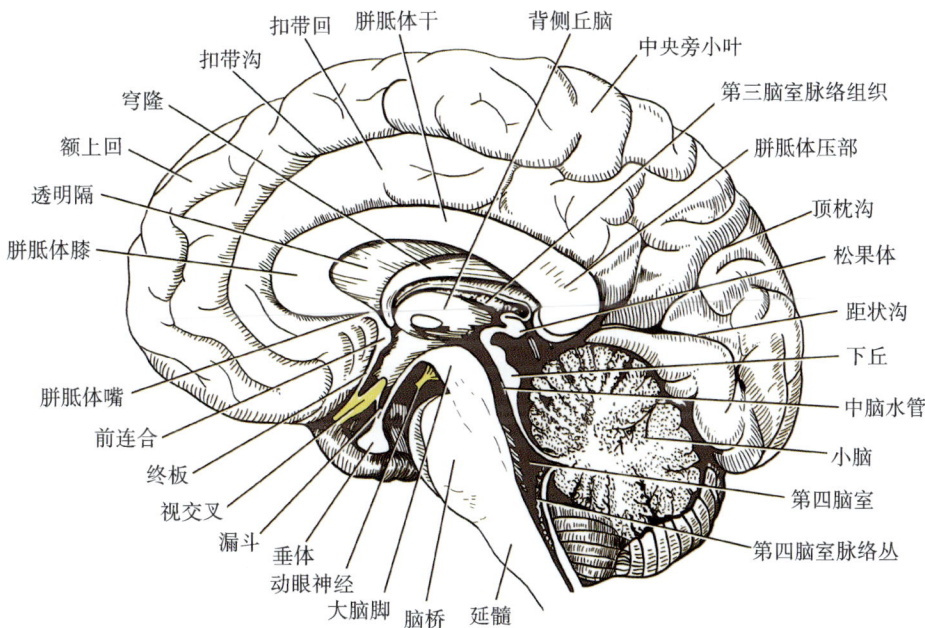

图 10-5　脑的正中矢状面

（一）脑干

脑干自上而下由中脑、脑桥和延髓三部分组成，中脑向上接间脑，延髓在枕骨大孔处续接脊髓，延髓和脑桥的背侧连小脑。脑桥、延髓和小脑之间的室腔，称第四脑室。

1. 脑干的外形

（1）腹侧面（图 10-6）：**延髓**位于脑干最下部。其腹侧面形似脊髓，下端有与脊髓相延续的前正中裂和前外侧沟。前正中裂两侧的纵行隆起称**锥体**，内有皮质脊髓束通过。锥体下方前正中裂内可见左、右纤维束交叉形成的**锥体交叉**。锥体外侧的椭圆形突出称**橄榄**。延髓腹侧面有 4 对脑神经附着：在锥体与橄榄之间有舌下神经出脑，橄榄后外侧，自上而下有舌咽神经、迷走神经和副神经进出脑。

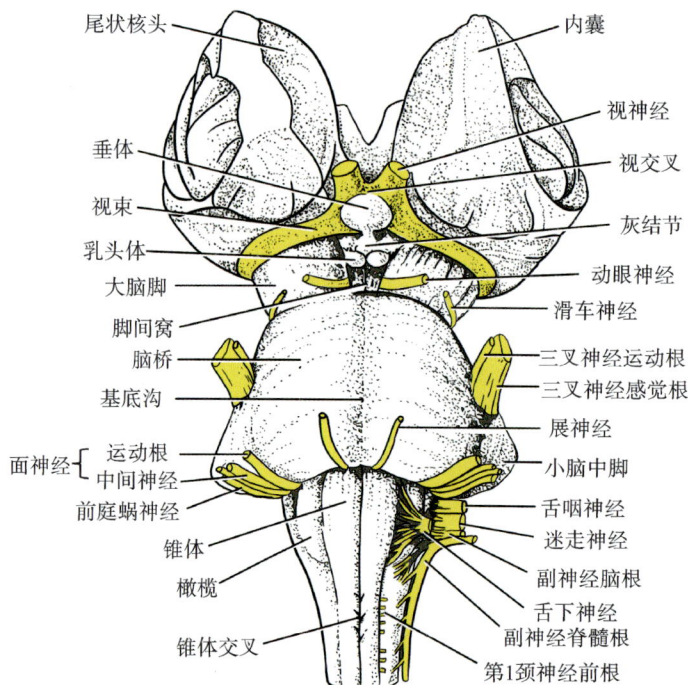

图 10-6　脑干腹面观

脑桥位于脑干的中部，其上端与中脑的大脑脚相接，下端借**延髓脑桥沟**与延髓分界。脑桥腹侧面的宽阔隆起称**脑桥基底部**，基底部中央有纵行的浅沟，称**基底沟**，容纳基底动脉。基底动脉自基底部向两侧延伸连于**小脑中脚**。脑桥腹侧面有 4 对脑神经附着：脑桥下缘延髓脑桥沟中从外向内依次是前庭蜗神经、面神经和展神经；在小脑中脚的腹侧有三叉神经出入脑。

中脑位于脑干的上部。腹侧面有两个柱状隆起，称**大脑脚**，内有下行的传导束，两脚之间的凹陷称为**脚间窝**，动眼神经从脚间窝出脑。

（2）背侧面（图 10-7）：延髓下部后正中沟的两侧，各有两个隆起，内侧的隆起称**薄束结节**，深面有薄束核；外侧的隆起称**楔束结节**，深面有楔束核。楔束结节外上方是**小脑下脚**，由进入小脑的纤维束组成。延髓上部中央管敞开，参与组成菱形窝下部。

脑桥的背侧面形成菱形窝的上部，其外侧壁为左、右**小脑上脚**，两个上脚间夹有薄层的白质层，称**上髓帆**，参与构成第四脑室的顶。

中脑的背侧面有 2 对隆起，上方的 1 对称为**上丘**，是视觉皮质下反射中枢；下方的 1 对称为**下丘**，是听觉皮质下反射中枢。下丘下方有滑车神经出脑。

菱形窝是第四脑室的底，窝内有横行的髓纹，为脑桥和延髓背面的分界。窝中有纵行的正中沟，正中沟两侧的纵形隆起称内侧隆起，其外侧有纵行的界沟。界沟外侧为前庭区和听结节。

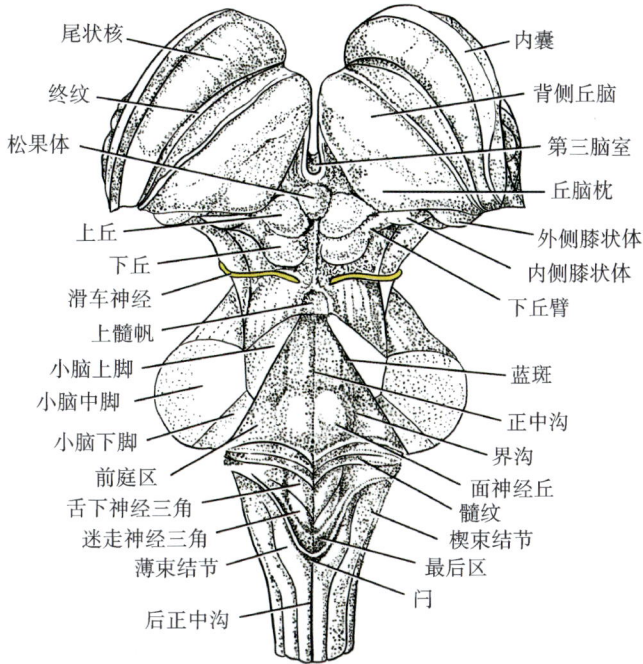

图 10-7 脑干背面观

2. 脑干的内部结构 脑干的内部结构包括灰质、白质和灰白相间的网状结构。

（1）灰质：脑干内的灰质不形成连续的灰质柱，而是分散成团块，主要以神经核的形式存在。神经核包括两种：一种是与第 3～12 对脑神经相连的**脑神经核**；另一种是参与组成各种传导通路或反射通路的**中继核**。

①脑神经核：按功能不同可分为 4 种类型，即躯体运动核、内脏运动核、内脏感觉核和躯体感觉核（图 10-8）。

躯体运动核位于中线两侧，自上向下共 8 对，发出纤维管理头颈部骨骼肌的活动。**动眼神经核**位于中脑，发出的纤维走行于动眼神经（Ⅲ），支配上睑提肌、上直肌、内直肌、下直肌和下斜肌；**滑车神经核**位于中脑，发出的纤维组成滑车神经（Ⅳ），支配上斜肌；**三叉神经运动核**位于脑桥，发出的纤维加入三叉神经（Ⅴ），支配咀嚼肌；**展神经核**位于脑桥，发出的纤维组成展神经（Ⅵ），支配外直肌；**面神经核**位于脑桥，发出的纤维加入面神经（Ⅶ），支配表情肌；**疑核**位于延髓，发出的纤维加入迷走神经（Ⅹ）和舌咽神经（Ⅸ），支配咽喉肌；**舌下神经核**位于延髓，发出的纤维组成舌下神经（Ⅻ），支配舌肌；**副神经核**位于延髓，发出的纤维组成副神经（Ⅺ），支配胸锁乳突肌和斜方肌。

内脏运动核位于躯体运动核的外侧，共 4 对，发出纤维支配心肌、平滑肌和腺体。**动眼神经副核**位于中脑，发出的纤维走行于动眼神经（Ⅲ），管理瞳孔括约肌和睫状肌的活动；**上泌涎核**位于脑桥，发出的纤维加入面神经（Ⅶ），支配舌下腺、下颌下腺和泪腺的分泌；**下泌涎核**位于延髓的上部，发出的纤维加入舌咽神经（Ⅸ），支配腮腺分泌；**迷走神经背核**位于延髓，发出的纤维加入迷走神经（Ⅹ），支配胸、腹腔器官平滑肌的运动和腺体分泌。

内脏感觉核位于界沟外侧，仅有**孤束核**，它从延髓向上延伸到脑桥下段。孤束核接受来自迷走神经（Ⅹ）、舌咽神经（Ⅸ）和面神经（Ⅶ）的味觉及一般内脏感觉。

躯体感觉核位于内脏感觉核的腹外侧，共有 5 对，接受脑神经中的躯体感觉纤维。**三叉神经中脑核**位于中脑；**三叉神经脑桥核**位于脑桥；**三叉神经脊束核**细长，自颈髓上段向上延续至脑桥，与三叉神经脑桥核相续，三叉神经脑桥核与头面部的触觉传递有关，三叉神经脊束核与头面部痛

Note

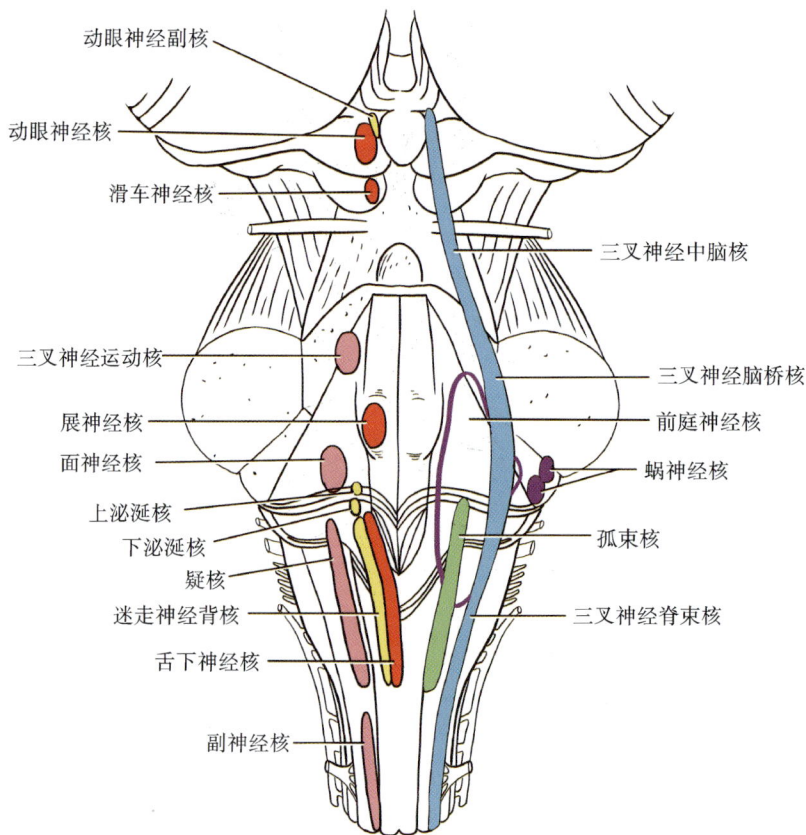

图 10-8 脑神经核在脑干背面的投影

觉和温度觉的传导有关;**前庭神经核**位于第四脑室底前庭区的深面,接受前庭蜗神经(Ⅷ)中传导平衡觉的纤维,传导平衡觉;**蜗神经核**位于小脑下脚的腹外侧和背侧,接受来自前庭蜗神经(Ⅷ)中传导听觉的纤维,传导听觉。

②中继核:中继核的核团主要有**薄束核**和**楔束核**,分别位于薄束结节和楔束结节的深面,它们分别是薄束和楔束的终止核;脑桥核位于脑桥基底部,是大脑至小脑的下行纤维束的中继核;红核和黑质位于中脑,是大脑下行纤维束的中继核,黑质细胞主要合成多巴胺。

(2)白质:主要由上行纤维束和下行纤维束组成。

①上行纤维束:主要有内侧丘系、脊髓丘系和三叉丘系。

内侧丘系:脊髓后索内上行的薄束和楔束分别终止于薄束核和楔束核,由此二核发出的纤维在中央管的腹侧左右交叉,构成内侧丘系交叉。交叉后的纤维在中线的两侧继续上行,组成内侧丘系,上行至背侧丘脑腹后外侧核,传导对侧躯干、四肢的本体感觉和精细触觉的冲动。

脊髓丘系:来自脊髓丘脑前束和侧束的纤维进入延髓后,互相靠近构成脊髓丘系,上行至背侧丘脑腹后外侧核,传导对侧躯干、四肢的痛觉、温度觉、粗触觉和压觉的冲动。

三叉丘系:由三叉神经脊束核和脑桥核发出纤维交叉到对侧,上行组成三叉丘系,位于内侧丘系的背外侧,上行至背侧丘脑腹后内侧核,传导对侧头面部痛觉、温度觉和触觉。

②下行纤维束:**锥体束**是大脑皮质锥体细胞发出的控制随意运动的下行纤维束,包括皮质脊髓束和皮质核束。下行纤维束经内囊、中脑大脑脚、脑桥基底部下行,其中皮质核束在下行过程中,陆续止于脑干中的 8 对躯体运动核。皮质脊髓束下行至延髓后形成锥体,绝大部分纤维在锥体下端相互交叉到对侧,形成锥体交叉,交叉后的纤维在脊髓外侧索内下行,组成皮质脊髓侧束;小部分未交叉的纤维在脊髓前索内下行,组成皮质脊髓前束。

③网状结构:脑干中除各种神经核和纤维束外,在脑干中央部的纤维纵横交错,其间散在大小不等的神经元,称网状结构。脑干的网状结构与中枢神经各部之间均有广泛的联系。

3.脑干的功能

(1)传导功能:联系大脑皮质、小脑和脊髓的上行纤维束和下行纤维束都经过脑干,因此脑干是联系脊髓和脑各部分之间的重要通道。

(2)反射功能:脑干内有多个低级反射中枢,如中脑内有瞳孔对光反射中枢;脑桥内有角膜反射中枢;延髓内有调节心血管活动和呼吸运动的"生命中枢",延髓病变可造成呼吸、心跳停止,危及生命。

(3)网状结构的功能:脑干内的网状结构有维持大脑皮质觉醒,调节骨骼肌张力以及内脏活动等功能。

(二)小脑

1.小脑的位置和外形 小脑(图10-9、图10-10)位于颅后窝,在延髓和脑桥的背面,与脑干相连。小脑中间缩细的部分称**小脑蚓**,两侧膨大的部分称**小脑半球**。小脑上面比较平坦,中部有横行的深沟,称**原裂**。下面隆凸,在小脑半球下面的前内侧各有一椭圆形隆起,称**小脑扁桃体**。小脑扁桃体紧邻延髓和枕骨大孔两侧。当颅内病变引起颅内压增高时,小脑扁桃体可被挤入枕骨大孔内,从而压迫延髓,危及生命,临床上称小脑扁桃体疝或枕骨大孔疝。

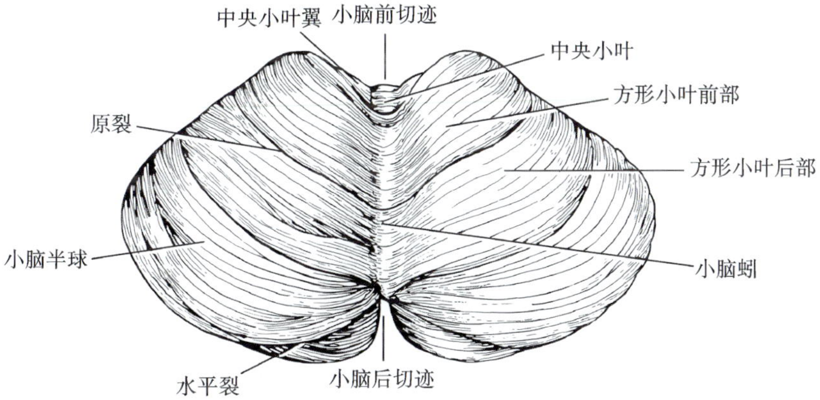

图 10-9 小脑外形(上面)

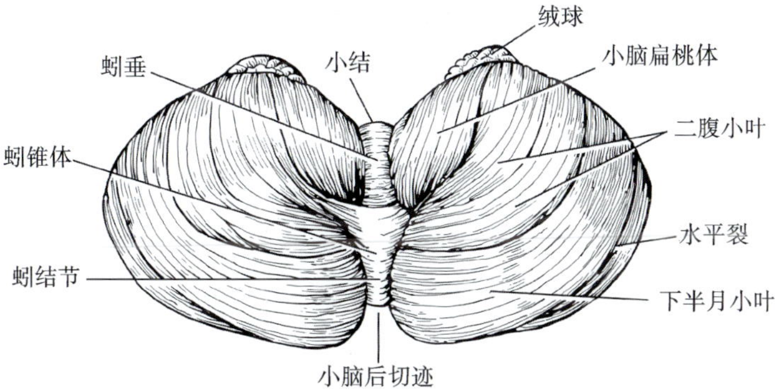

图 10-10 小脑外形(下面)

2.小脑的分叶 按照小脑的发生、形态结构和功能联系,可将小脑分为以下三叶。

(1)绒球小结叶:包括小脑半球下面的**绒球**、小脑蚓的**小结**以及两者中间相连的**绒球脚**。绒球小结叶在种系发生上最古老,又称**古小脑**。此叶与维持身体的平衡功能有关。

(2)前叶:包括小脑上面原裂以前的部分和小脑蚓中的**蚓锥体**及**蚓垂**,在种系发生上晚于古

213

小脑，又称旧小脑。此叶与肌张力的调节功能有关。

（3）后叶：位于小脑原裂以后，包括古小脑和旧小脑以外的部分，在进化发展过程中出现最晚，又称**新小脑**。此叶与肌肉活动的协调功能有关。

3. 小脑的内部构造　小脑的灰质大部分集中在表面，称**小脑皮质**；白质位于小脑的深面，称**小脑髓质**，髓质内的灰质团块称**小脑核**。

小脑核（图 10-11）包括**齿状核、顶核、球状核**和**栓状核**。其中齿状核和顶核较重要。齿状核属新小脑，接受新小脑皮质发出的纤维，其传出纤维止于中脑的红核和背侧丘脑。顶核属古小脑，接受小脑皮质发出的纤维，其传出纤维止于延髓的网状结构和前庭神经核。

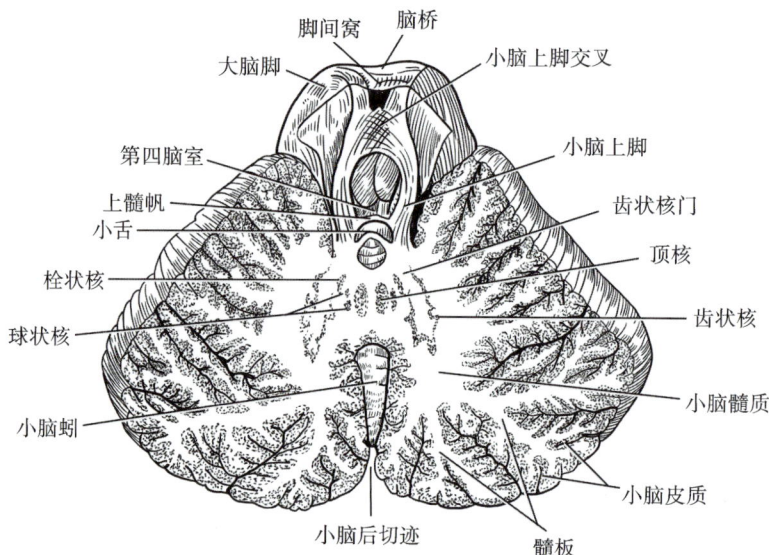

图 10-11　小脑水平切面（示小脑核）

4. 小脑的功能　小脑是重要的运动调节中枢，主要功能是维持身体平衡、调节肌张力和协调骨骼肌的随意运动。

知识链接

小脑损伤

古小脑损伤后，患者可出现平衡失调，站立时身体摇摆不稳，行走时出现醉酒步态；旧小脑损伤后，患者肌张力降低；新小脑损伤后，患者主要表现为小脑共济失调，表现为走路时抬腿过高；取物时，手过分伸张；睁眼做指对指运动时，双手可出现震颤，并且很难对准。

5. 第四脑室　第四脑室位于延髓、脑桥和小脑之间的腔隙，其底为菱形窝，顶前部由小脑上脚及上髓帆组成，后部由下髓帆和第四脑室脉络丛组成。第四脑室向下续脊髓中央管，向上与中脑水管相通，向两侧及后方分别借第四脑室外侧孔和第四脑室正中孔与蛛网膜下隙相通。第四脑室脉络丛可产生脑脊液。

（三）间脑

间脑位于中脑上方，大部分被大脑半球所掩盖。间脑主要包括背侧丘脑、后丘脑、下丘脑、上丘脑和底丘脑五部分。两侧间脑之间的室腔称第三脑室。

1. 背侧丘脑 背侧丘脑又称丘脑,位于间脑背侧部,为一对卵圆形的灰质团块。背侧丘脑内部被"Y"形的白质板分为前核群、内侧核群和外侧核群三部分(图 10-12、图 10-13)。其中外侧核群又分为背侧核群和腹侧核群两部分;腹侧核群由前向后可分为**腹前核**、**腹中间核**和**腹后核**三部分。其中腹后核又分为腹后内侧核和腹后外侧核,来自全身躯体的浅、深感觉都要经腹后核中继,腹后核发出的纤维称**丘脑中央辐射**,投射到大脑皮质的感觉区。

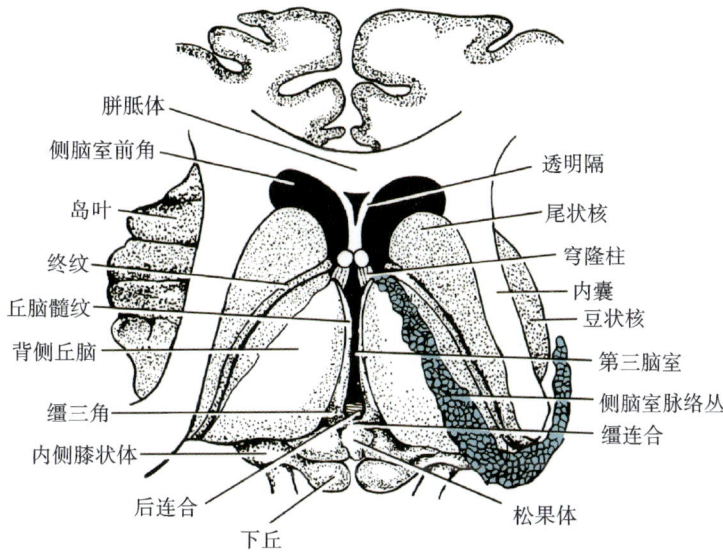

图 10-12 间脑的背面

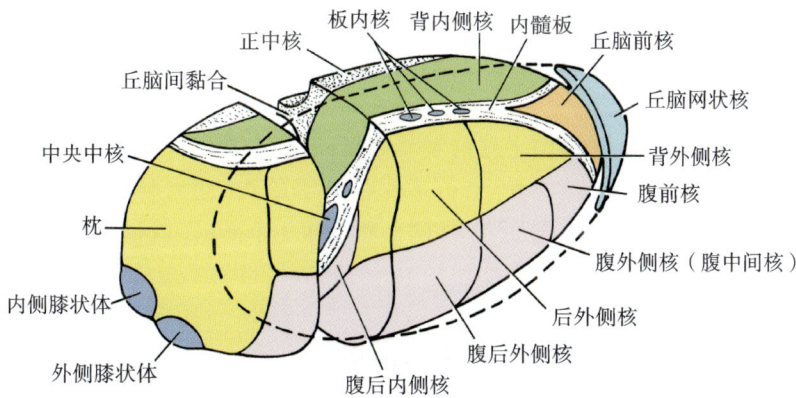

图 10-13 背侧丘脑示意图

2. 后丘脑 后丘脑位于背侧丘脑的后下方,包括**内侧膝状体**和**外侧膝状体**(图 10-13)。内侧膝状体是听觉传导通路的最后中继核,接受听觉传导通路的传入纤维,发出纤维至大脑皮质的听觉中枢;外侧膝状体是视觉传导通路的最后中继核,接受视觉传导通路的传入纤维,发出纤维至大脑皮质的视觉中枢。

3. 下丘脑 下丘脑位于背侧丘脑的前下方,构成第三脑室的下壁和侧壁的下部,包括**视交叉**、**灰结节**、**漏斗**、**垂体**和**乳头体**等结构。视交叉向前连视神经,向后移行为视束。灰结节位于视交叉的后方,向前下移行为漏斗,漏斗的末端与垂体相连。乳头体是灰结节后方的一对隆起,与内脏活动有关。

下丘脑内有多个核群,其中重要的有**视上核**和**室旁核**(图 10-14)。视上核位于视交叉的外上方,能分泌抗利尿激素(加压素);室旁核位于第三脑室的侧壁,能分泌催产素。视上核和室旁核分泌的激素,经各自神经元的轴突,输送至神经垂体储存,再由垂体释放入血液而发挥作用。

Note

图 10-14　下丘脑的主要核团

下丘脑是调节内脏活动和内分泌活动的皮质下中枢,对体温、摄食、生殖、水盐代谢平衡及情绪改变等起重要的调节作用,同时与睡眠和情绪反应有关。

4. 上丘脑　上丘脑位于第三脑室顶部周围,包括丘脑髓纹、缰三角、缰连合、松果体等结构。

5. 底丘脑　底丘脑位于间脑与中脑的过渡区。

6. 第三脑室　第三脑室位于两侧背侧丘脑和下丘脑之间的一个矢状裂隙。前方借室间孔与两个侧脑室相通,向后下经中脑水管通第四脑室。第三脑室的顶部有脉络丛,可产生脑脊液。

(四)端脑

端脑是中枢神经系统中体积最大、结构最复杂的部分,包括左、右大脑半球。两侧大脑半球之间的纵行裂隙称**大脑纵裂**,裂底有连接左、右半球的白质板,称**胼胝体**。两侧大脑半球和小脑之间有**大脑横裂**。

1. 大脑半球的外形和分叶　大脑半球前端称**额极**,后端称**枕极**,下缘枕极前方 4 cm 处微凹,称**枕前切迹**。大脑半球的表面凹凸不平,有许多深浅不等的沟,称**大脑沟**,沟与沟之间的隆起称**大脑回**。每侧大脑半球均可分为内侧面、上外侧面和下面 3 个面,并借 3 条大脑沟分为 5 个叶(图10-15、图 10-16)。

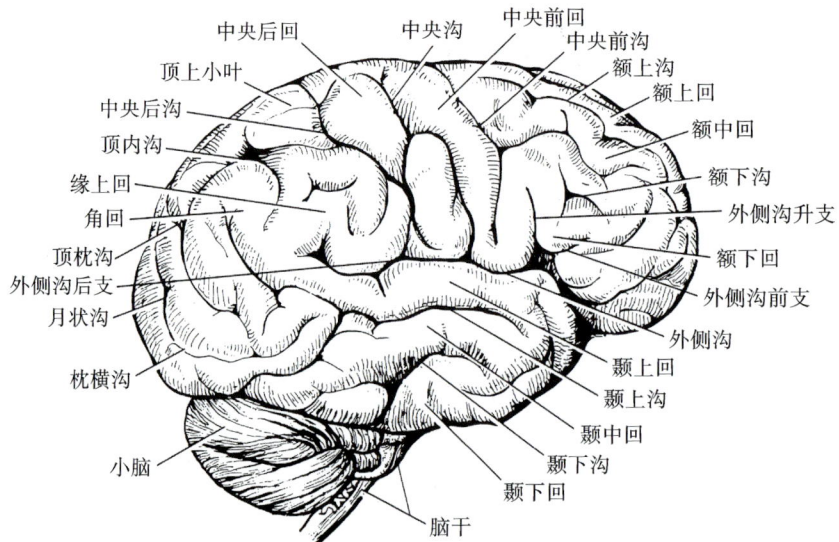

图 10-15　大脑半球外侧面

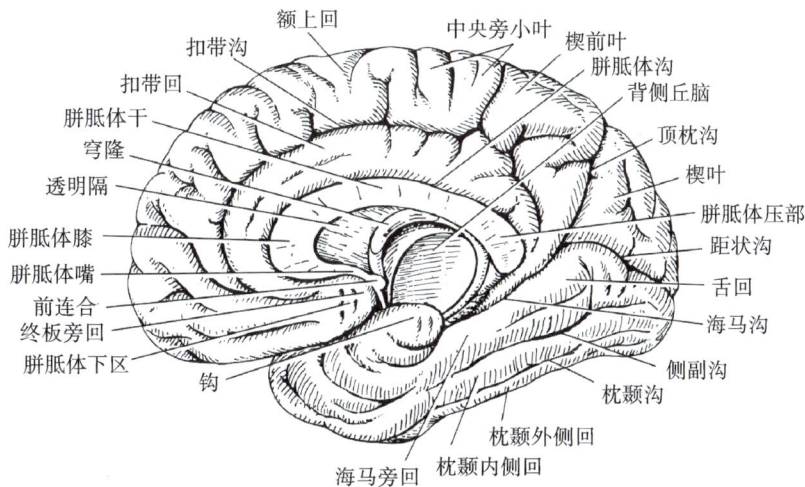

图 10-16　大脑半球内侧面

（1）**大脑沟**：**外侧沟**起自大脑半球的下面，行向后上，转向上外侧面；**中央沟**起自大脑半球上缘中点的稍后方，斜行向前下，沟的上端延伸至大脑半球的内侧面；**顶枕沟**位于大脑半球内侧面，自胼胝体后端的稍后方，斜向后上并延伸至大脑半球的上外侧面（图 10-16）。

（2）**分叶**：**额叶**是外侧沟之上，中央沟之前的部分；**枕叶**是顶枕沟与枕前切迹连线以后的部分；**顶叶**是中央沟与顶枕沟之间，外侧沟之上的部分；**颞叶**是外侧沟之下，枕叶之前的部分；**岛叶**（图 10-17）略呈三角形，藏于外侧沟的深处。

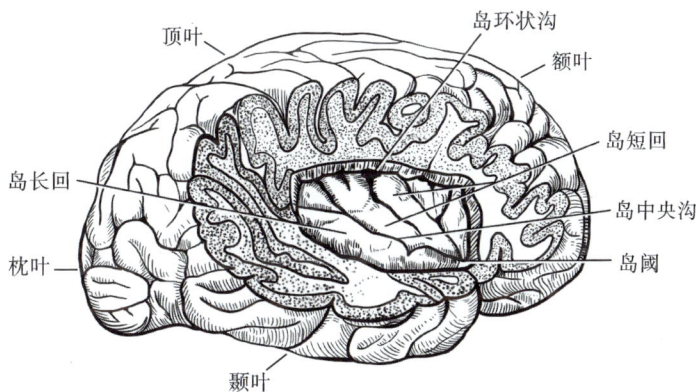

图 10-17　岛叶

2. 大脑半球的重要沟回

（1）**上外侧面**：①**额叶**：中央沟前方与之平行的沟称**中央前沟**，中央沟与中央前沟之间的大脑回称**中央前回**，自中央前沟向前发出两条与大脑半球上缘平行的横沟，分别称**额上沟**和**额下沟**，额上沟以上为**额上回**，额下沟以下为**额下回**，两沟之间为**额中回**。②**顶叶**：中央沟后方与之平行的沟称**中央后沟**，中央沟与中央后沟之间的大脑回称**中央后回**，中央后沟中部向后发出的与上缘平行的沟称**顶内沟**，顶内沟以上为**顶上小叶**、以下为**顶下小叶**，顶下小叶又分为环绕外侧沟末端的**缘上回**及其后下方的**角回**。③**颞叶**：有大致与外侧沟平行的**颞上沟**和**颞下沟**，它们将颞叶分成**颞上回、颞中回**及**颞下回**。颞上回的中部在外侧沟的深处有**颞横回**。

（2）**内侧面**：内侧面的中间部分是连接左、右大脑半球的**胼胝体**。**胼胝体沟**平行于胼胝体的背面，并绕过其后端，向前移行为**海马沟**。**扣带沟**位于胼胝体沟的上方，与胼胝体基本平行。胼胝体沟与扣带沟之间为**扣带回**。**中央旁小叶**位于扣带沟的上方，是中央前、后回在内侧面的延

217

续。**距状沟**呈前后弓状走向,并与顶枕沟的下端相交。距状沟与顶枕沟之间为**楔叶**,距状沟下方为**舌回**。距状沟的前下方,有自枕叶向前伸向颞叶的**侧副沟**。侧副沟的内侧为**海马旁回**,此回的前部绕过海马沟的部分称**钩**。

扣带回、海马旁回、钩等脑回,围绕胼胝体近似形成环形,因其位于大脑和间脑、脑干的外边缘,故称**边缘叶**。

(3)下面:额叶下面有纵行的**嗅束**,其前端膨大称**嗅球**,嗅球与嗅神经相连,嗅束向后扩大为**嗅三角**。

3. 大脑的内部结构 大脑半球表层为灰质,称**大脑皮质**。皮质深面的白质称**大脑髓质**。髓质内包埋的灰质团块称**基底核**。大脑半球内部的室腔称**侧脑室**。

1)大脑皮质的功能定位 大脑皮质是神经系统的高级中枢。人体各部分的感觉冲动传至大脑皮质,经过大脑皮质的整合,或产生特定的意识性感觉,或产生一定冲动。随着大脑皮质的发育和分化,不同的皮质区具有不同的功能,这些具有一定功能的皮质区称大脑皮质的功能定位区(图 10-18)。

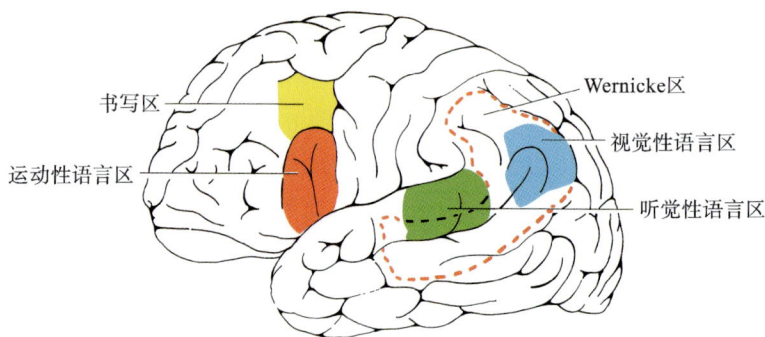

图 10-18 大脑皮质的功能定位(上外侧面)

(1)**躯体运动中枢**:位于中央前回和中央旁小叶前部,此区的锥体细胞发出粗大纤维组成锥体束,管理全身骨骼肌的运动。身体各部分的运动在此区均有相应的管理部位,其投射特点:①左右交叉管理,一侧躯体运动中枢管理对侧肢体骨骼肌的随意运动;②呈倒置的人形,但头面部不倒置,即中央旁小叶前部和中央前回上部支配下肢肌的运动,中央前回中部支配上肢肌和躯干肌的运动,中央前回下部支配头面肌的运动;③身体各部分运动器官所占投影区的大小与该区运动的灵巧程度有关(图 10-19)。

(2)**躯体感觉中枢**:位于中央后回和中央旁小叶后部,接受背侧丘脑腹后核传来的浅、深感觉。身体各部分的感觉在此区均有相应的投射部位,其投射特点:①左右交叉管理,一侧躯体感觉中枢管理对侧半身的感觉;②呈倒置的人形,即中央后回下部管理头面部的感觉,中、上部和中央旁小叶后部管理上肢、躯干和下肢的感觉,但是头部的投影是正的;③身体各部分在该区投射范围的大小取决于该部分感觉的敏感程度(图 10-20)。

(3)**视觉中枢**:位于枕叶内侧面、距状沟两侧的大脑皮质内,接受同侧外侧膝状体发出的视辐射。一侧视觉中枢接受同侧视网膜颞侧半和对侧视网膜鼻侧半的纤维,故一侧视觉中枢损伤时,出现双眼对侧视野同向偏盲。

(4)**听觉中枢**:位于颞横回,每侧的听觉中枢都接受双耳的听觉冲动。一侧听觉中枢损伤时,不会引起全聋。

(5)**嗅觉中枢**:位于海马旁回的钩附近。

(6)**语言中枢**:人类大脑皮质所特有的功能区。所谓语言功能,是指能理解别人说的话和书写出来的文字,并能用口语或文字表达自己的思维活动。凡不是由听觉、视觉或骨骼肌运动而引

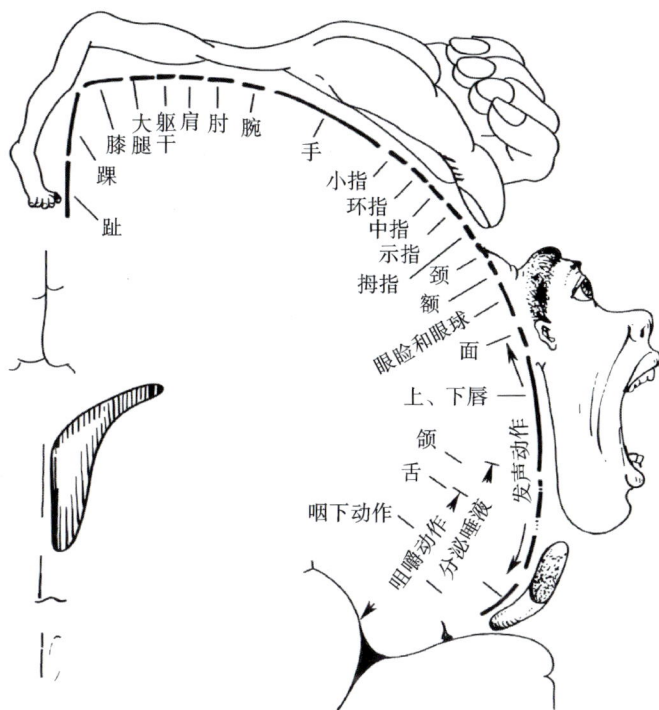

图 10-19 人体各部运动中枢的投影

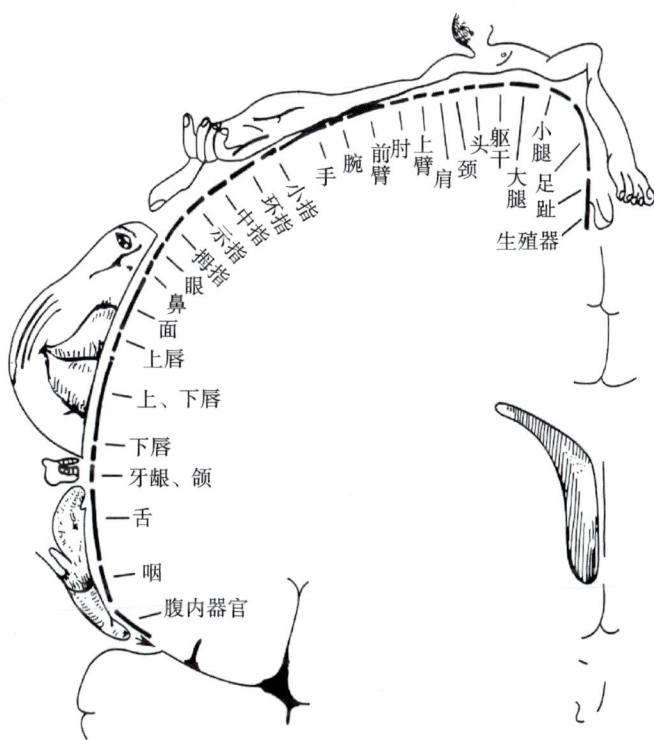

图 10-20 人体各部感觉中枢的投影

起的语言功能障碍,均称失语症。

①听觉性语言中枢(听话中枢):位于颞上回后部,此中枢损伤时,患者虽然听觉正常,能听到别人说话,但是不能理解别人说话的含义,自己说话错误、混乱而不自知,称为感觉性失语症。

②视觉性语言中枢(阅读中枢):位于角回,此中枢损伤时,患者视觉虽然正常,但不能阅读文字,也不能理解文字符号的意义,称失读症。

③运动性语言中枢(说话中枢):位于额下回后部,此中枢损伤时,患者进行语言活动的骨骼肌虽未瘫痪,但患者却没有说话能力,称运动性失语。

④书写中枢:位于额中回的后部,此中枢损伤时,患者手虽然能运动,但丧失了书写文字符号的能力,称失写症。

2)基底核 基底核是位于大脑半球基底部的埋藏在白质内的灰质核团,包括尾状核、豆状核、屏状核及杏仁体等。豆状核的头端和尾状核头是相连的,在相连处形成灰白相间的条纹,故将尾状核和豆状核合称**纹状体**(图10-21)。

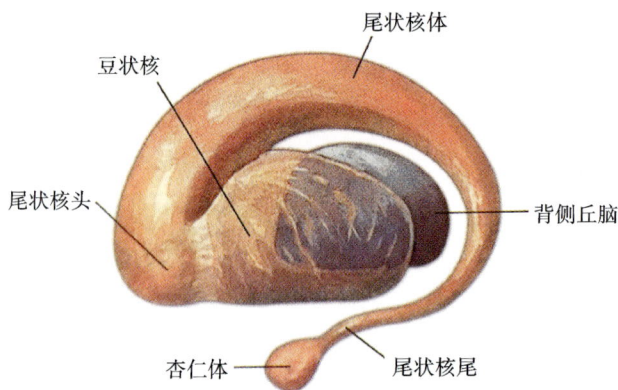

图10-21 基底核和丘脑

(1)**尾状核**:弯曲成"C"形,分为头、体、尾三部分。头部粗大,位于额叶内,并与豆状核相连;体部呈弓形向后围绕豆状核和背侧丘脑;尾部弯向前,与杏仁体相连。

(2)**豆状核**:位于背侧丘脑的外侧,其内部被两个白质薄板分隔成三部分,外侧部称为**壳**,内侧两部分合称**苍白球**。苍白球是纹状体中较古老的部分,称为**旧纹状体**。壳和尾状核合称**新纹状体**。纹状体是锥体外系的重要组成部分,主要功能是维持骨骼肌的张力,协调骨骼肌的运动。

(3)**杏仁体**:连于尾状核的末端,属于边缘系统,与内脏活动有关。

(4)**屏状核**:位于豆状核与岛叶皮质之间的薄层灰质,其功能现在还不明确。

3)大脑髓质 大脑髓质位于皮质的深面,由大量纤维束组成,主要包括联络纤维、连合纤维和投射纤维。

(1)联络纤维:联系同侧大脑半球各部皮质的纤维,如弓状纤维、扣带束、上纵束等。

(2)连合纤维:联系左、右大脑半球皮质的纤维,包括胼胝体、前连合和穹窿连合等。

(3)投射纤维:大脑半球皮质与皮质下结构之间的上、下行纤维束,这些上、下行纤维束总称投射纤维,这些纤维大部分经过内囊。

内囊位于背侧丘脑、尾状核和豆状核之间,在大脑水平切面上呈左右开放的">＜"形(图10-22)。前部位于豆状核与尾状核之间,称**内囊前肢**,有丘脑前辐射和额桥束通过;后部位于豆状核与丘脑之间,称**内囊后肢**,有皮质脊髓束、丘脑中央辐射、听辐射、视辐射等通过;前后肢相交处称**内囊膝**,有皮质核束通过。

知识链接

内囊损伤

内囊是上行感觉纤维和下行运动纤维密集而成的白质区,当内囊发生病变时,可引起严重后果。当一侧内囊损伤时,可引起对侧肢体骨骼肌随意运动障碍(皮质脊髓束、皮质核束损伤)、对侧半身一般感觉障碍(丘脑中央辐射损伤)、双眼对侧视野偏盲(视辐射损伤),即临床所谓的"三偏"综合征。

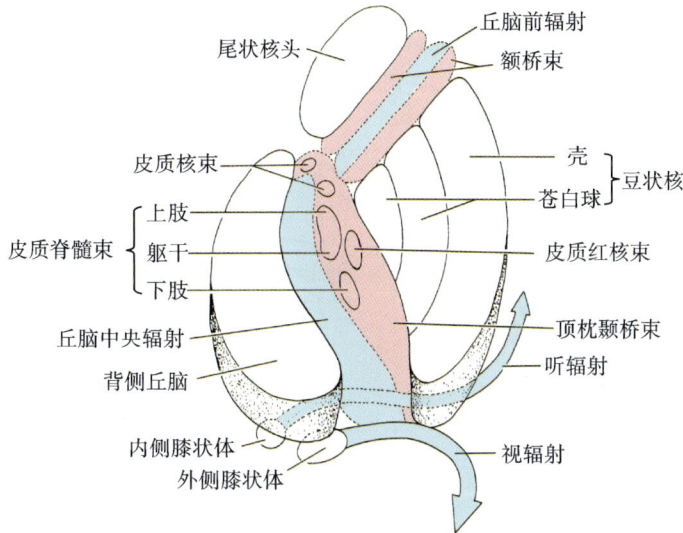

图 10-22 内囊示意图

4) **侧脑室** 侧脑室位于大脑半球内,左、右各一,可分为四部分(图 10-23)。中央部位于顶叶内,是一近水平位的裂隙,由此发出 3 个角。前角向前伸入额叶内,宽而短;后角伸入枕叶;下角最长,伸入颞叶内。侧脑室内有脉络丛,可产生脑脊液。两侧脑室各自借室间孔通第三脑室。

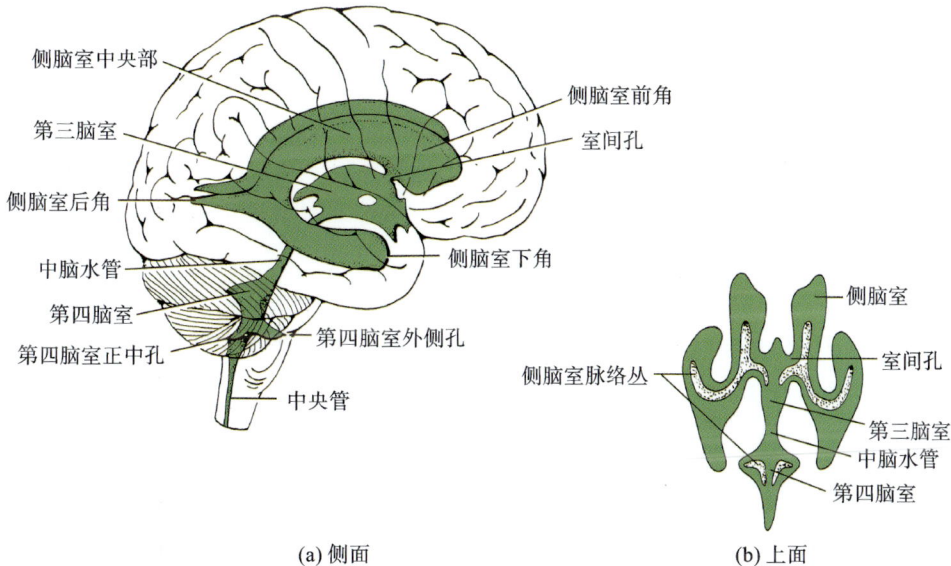

(a) 侧面　　　　　　　　　(b) 上面

图 10-23 侧脑室

三、脑和脊髓的被膜

脑和脊髓的表面包有三层被膜,由外向内依次是硬膜、蛛网膜和软膜,它们对脑和脊髓具有保护和支持作用。

（一）脊髓的被膜

脊髓的被膜由外向内依次为硬脊膜、脊髓蛛网膜和软脊膜（图 10-24）。

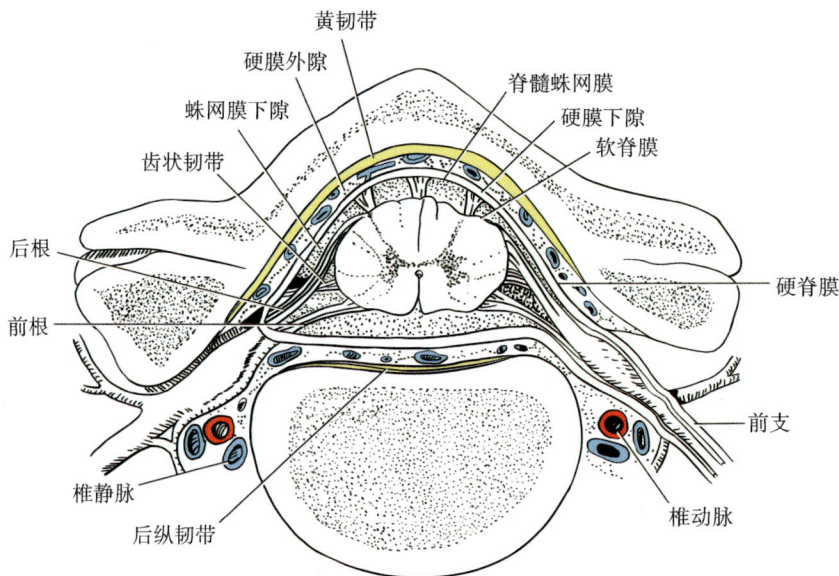

图 10-24　脊髓的被膜

1. 硬脊膜　硬脊膜由厚而坚韧的致密结缔组织构成，包裹脊髓，上端与枕骨大孔紧密相连，并与硬脑膜相延续，下端自第 2 骶椎平面以下包裹终丝，末端附着于尾骨的背面。硬脊膜与椎管内面的骨膜之间的间隙称**硬膜外隙**，内含脂肪组织、椎内静脉丛和脊神经根等。临床上进行硬膜外麻醉时，即将药物注入此隙，以阻滞脊神经根内的神经冲动传导。

2. 脊髓蛛网膜　脊髓蛛网膜为半透明的薄膜，紧贴硬脊膜内，向上与脑蛛网膜相续，下端达第 2 骶椎平面，包绕脊髓和马尾。脊髓蛛网膜和软脊膜之间的间隙较宽，称**蛛网膜下隙**，隙内充满脑脊液。蛛网膜下隙在脊髓末端与第 2 骶椎水平之间扩大的部分称**终池**。终池内只有马尾、终丝和脑脊液，临床上常在第 3～4 腰椎或第 4～5 腰椎间进行腰椎穿刺，抽取脑脊液或注入药物而不损伤脊髓。脊髓蛛网膜下隙向上与脑蛛网膜下隙相通。

3. 软脊膜　软脊膜薄而富有血管，紧贴脊髓表面，并延伸至脊髓的沟裂中，在脊髓末端移行为终丝。

（二）脑的被膜

1. 硬脑膜　硬脑膜坚韧而有光泽，由两层构成（图 10-25）。外层相当于颅骨内面的骨膜，两层之间有丰富的血管和神经走行。硬脑膜与颅盖各骨结合疏松，易于分离，当颅顶骨折致硬脑膜血管损伤时，易在硬脑膜与颅骨之间形成硬膜外血肿。硬脑膜与颅底各骨结合紧密，当颅底骨折时，易将硬脑膜和蛛网膜同时撕裂，使脑脊液外漏。

硬脑膜的内层在某些部位向内折叠形成若干板状突起，并伸入脑的某些裂隙之间，对脑有固定和承托作用，重要的有大脑镰和小脑幕。

（1）**大脑镰**：呈镰刀状伸入大脑纵裂内，前端附着于鸡冠，后端连于小脑幕的顶。

（2）**小脑幕**：位于大脑与小脑之间的大脑横裂内，形似幕帐，前缘游离称小脑幕切迹，两切迹前缘有中脑通过。小脑幕将颅腔不完全地分割成上、下两部。当有幕上占位性病变，颅内压增高时，两侧大脑海马旁回和钩可被挤压至小脑幕切迹下方，压迫中脑的大脑脚和动眼神经，形成小脑幕切迹疝。

硬脑膜在某些部位两层分开，形成内含静脉血的腔隙，称**硬脑膜窦**。主要的硬脑膜窦如下。

Note

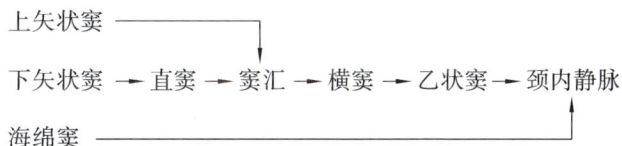

图 10-25　硬脑膜及硬脑膜窦

（1）**上矢状窦**：位于大脑镰的上缘内。

（2）**下矢状窦**：位于大脑镰的下缘内。

（3）**直窦**：位于大脑镰和小脑幕结合处。

（4）**窦汇**：由上矢状窦与直窦在枕内隆凸处汇合而成。

（5）**横窦**：位于小脑幕的后缘（横窦沟内），此窦向前下续为乙状窦。

（6）**乙状窦**：位于乙状窦沟内，向前下经颈静脉孔续为颈内静脉。

（7）**海绵窦**：位于蝶骨体的两侧，为硬脑膜两层间的不规则腔隙。海绵窦向后外连通乙状窦或颈内静脉，前方借眼静脉与面静脉相通，因此，面部的感染可经上述途径扩散到颅内海绵窦，引起海绵窦炎。

硬脑膜窦血液的流注关系总结如下：

上矢状窦 ────────────┐

下矢状窦 → 直窦 → 窦汇 → 横窦 → 乙状窦 → 颈内静脉

海绵窦 ────────────────────────────────┘

2. 脑蛛网膜　脑蛛网膜薄而透明，缺乏血管和神经，包绕整个脑。脑蛛网膜与软脑膜之间有蛛网膜下隙，内含脑脊液。蛛网膜下隙在小脑与延髓间扩大，称**小脑延髓池**。蛛网膜在上矢状窦的两侧形成许多细小的突起，突入上矢状窦内，称**蛛网膜粒**，脑脊液通过蛛网膜粒渗入上矢状窦内（图 10-26）。

3. 软脑膜　软脑膜紧贴脑的表面，富含血管，并伸入沟裂内。在脑室附近，软脑膜上的血管反复发出分支形成丛，连同其表面的软脑膜和室管膜上皮一起突入脑室，形成脉络丛。脉络丛是产生脑脊液的主要结构。

四、脑和脊髓的血管

（一）脑的血管

1. 动脉　脑的动脉来自颈内动脉和椎动脉。颈内动脉供应大脑半球的前 2/3 和部分间脑，椎动脉供应大脑半球的后 1/3、部分间脑、脑干和小脑（图 10-27 至图 10-29）。

（1）颈内动脉：起自颈总动脉，向上穿过颈动脉管入海绵窦，出海绵窦后，在视交叉的外侧分

微课
脑的动脉

Note

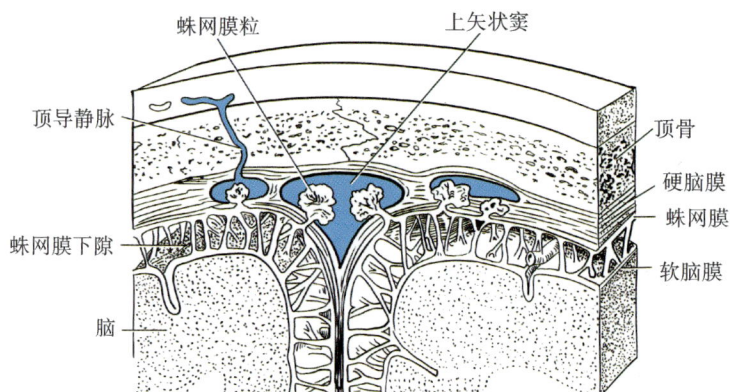

图 10-26 上矢状窦与蛛网膜粒

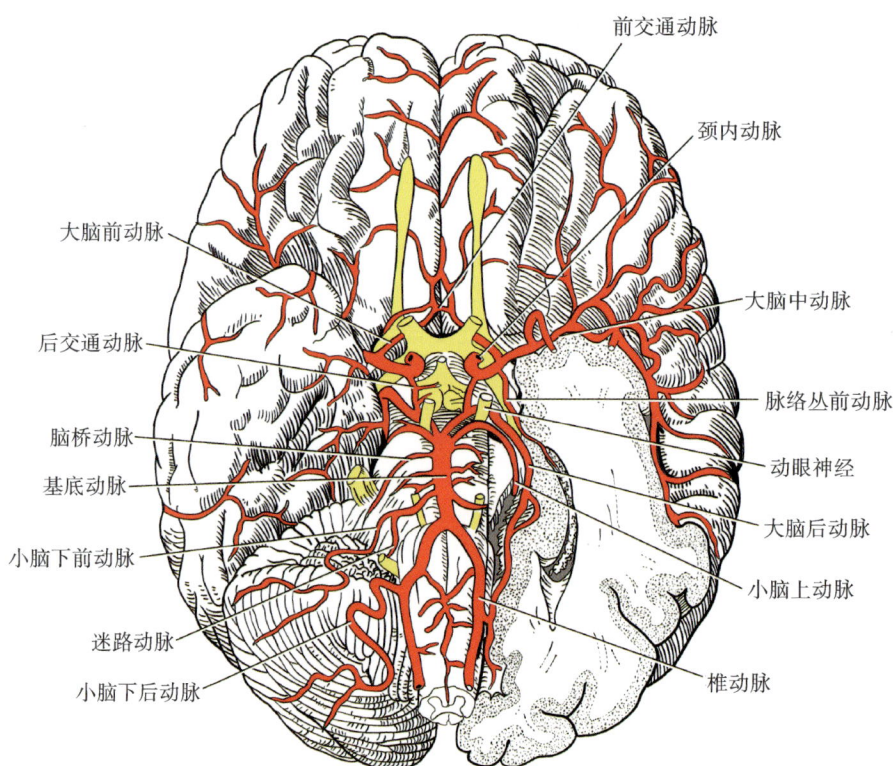

图 10-27 脑的动脉（底面观）

为大脑前动脉和大脑中动脉。①大脑前动脉：自颈内动脉发出后进入大脑纵裂内，沿胼胝体的背面向后走行。皮质支分布于顶枕沟以前的内侧面及上外侧面的上缘；中央支进入脑实质，供应尾状核、豆状核前部和内囊前肢。②前交通动脉：左、右大脑前动脉进入大脑纵裂之前有横支相连，称前交通动脉。③大脑中动脉：颈内动脉干的直接延续，沿大脑外侧沟向后上走行。皮质支分布于大脑半球上外侧面的大部分；中央支分布于纹状体（尾状核、豆状核）和内囊等处。临床上动脉硬化的高血压患者，分布于内囊的中央支容易破裂出血，因此该支有"易出血动脉"之称（图10-30）。④后交通动脉：在视束下面向后走行，与大脑后动脉吻合。

（2）椎动脉：左、右椎动脉自锁骨下动脉发出后，向上穿过第6颈椎至第1颈椎的横突孔，经枕骨大孔入颅后，沿延髓腹侧面上行，至脑桥基底部汇合成一条基底动脉，沿脑桥基底沟上行，至脑桥上缘处，分为左、右大脑后动脉，供应大脑半球的枕叶及颞叶的下面。此外，还有小脑下前、后动脉，小脑上动脉和脑桥动脉、迷路动脉等。

Note

图 10-28 大脑半球外侧面的动脉分布

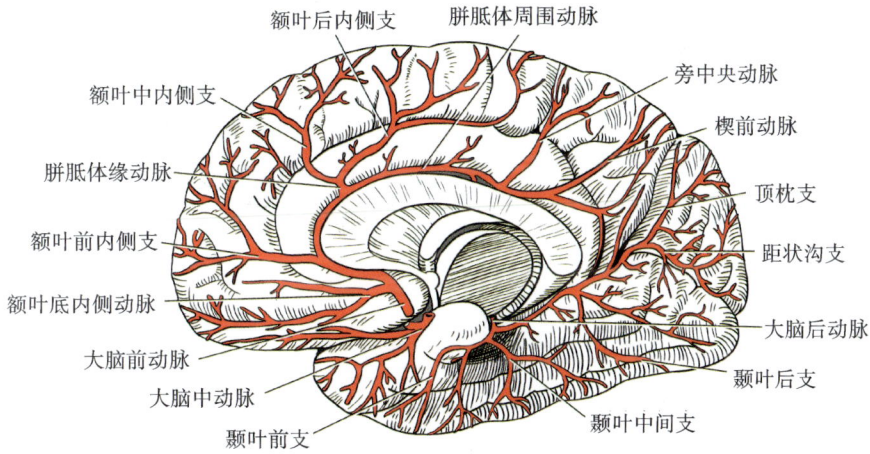

图 10-29 大脑半球内侧面的动脉分布

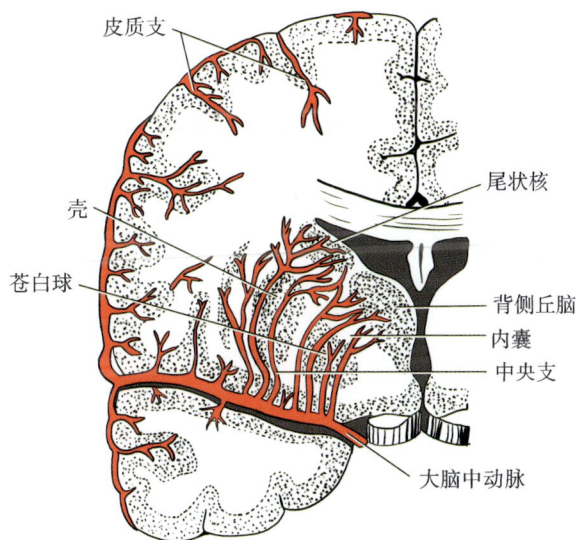

图 10-30 大脑半球内部纹状体、内囊的动脉分布

（3）**大脑动脉环**：又称 **Willis 环**，位于脑的基底部，围绕着视交叉、灰结节和乳头体，由前交通动脉、大脑前动脉、颈内动脉末端、后交通动脉和大脑后动脉互相连接组成（图 10-27）。大脑动脉环使两侧颈内动脉与椎-基底动脉相交通。当某一处发育不良或被阻断时，可在一定程度上通过大脑动脉环使血液重新分配和代偿，以维持脑的血液供应。

2.静脉　脑的静脉不与动脉伴行，可分为深、浅两组。

（1）浅静脉（图 10-31）：位于脑的表面，收集皮质各层及大脑髓质浅层的静脉血，汇合成大脑表面的大脑上、中、下静脉，注入上矢状窦、海绵窦、横窦及附近的硬脑膜窦。

（2）深静脉：收集大脑髓质深层、基底核、间脑和各脉络丛的静脉血。在胼胝体后部下方，汇合成大脑大静脉，向后注入直窦。

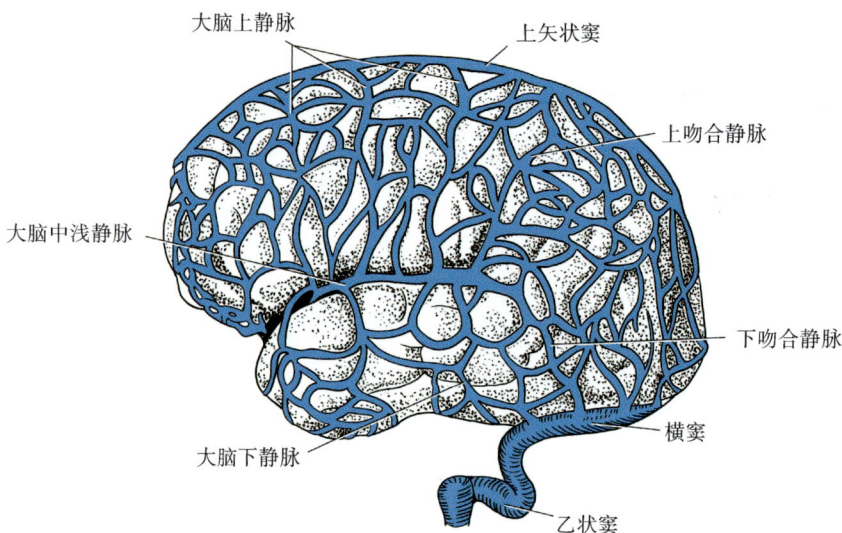

图 10-31　大脑浅静脉

（二）脊髓的血管

1.动脉　脊髓的动脉（图 10-32）主要来自椎动脉、肋间后动脉和腰动脉的脊髓支。椎动脉经枕骨大孔入颅腔后发出脊髓前动脉和脊髓后动脉。**脊髓前动脉**左、右各一，很快合成一条动脉干，沿脊髓前正中裂下降；两条**脊髓后动脉**沿脊髓后外侧沟下降。脊髓前、后动脉在下降的过程中，先后与来自肋间后动脉和腰动脉的脊髓支吻合，这些血管再发出分支深入脊髓实质，营养脊髓。

2.静脉　脊髓的静脉与动脉伴行，多数静脉注入硬膜外隙的椎内静脉丛。

五、脑脊液及其循环

脑脊液是各脑室脉络丛产生的无色透明液体，充满脑室系统和蛛网膜下隙。脑脊液可以缓冲震荡，对脑和脊髓起保护作用；脑脊液可运送营养物质，带走脑和脊髓的代谢产物，维持脑和脊髓的正常新陈代谢；脑脊液还可以维持正常的颅内压。

成人脑脊液总量约为 150 mL，处于不断产生、循环和回流的平衡状态（图 10-33）。其循环途径如下：脑脊液由侧脑室脉络丛产生，经室间孔流入第三脑室，与第三脑室脉络丛产生的脑脊液汇合后，通过中脑水管进入第四脑室，再与第四脑室脉络丛产生的脑脊液汇合，经第四脑室正中孔和外侧孔进入蛛网膜下隙，最后经蛛网膜粒渗透入上矢状窦，汇入血液循环。若脑脊液的循环通路发生阻塞，可导致脑脊液在脑室内潴留，造成脑积水和颅内压升高，使脑组织受压迫移位，甚至形成脑疝而危及生命。

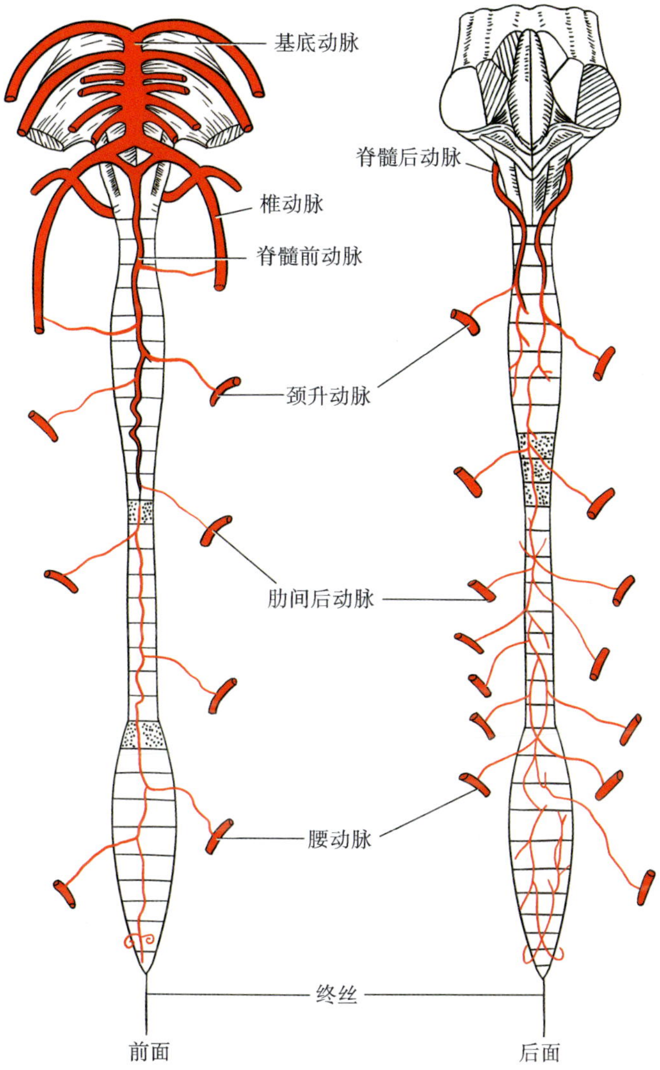

图 10-32　脊髓的动脉

基底动脉

椎动脉

脊髓前动脉

脊髓后动脉

颈升动脉

肋间后动脉

腰动脉

终丝

前面　　　　　　　　后面

知识链接

先天性脑积水

　　脑积水指由于脑脊液的产生和吸收平衡障碍而引起脑室系统扩张的病理状态。先天性脑积水主要由先天畸形引起,常见原因有中脑水管畸形、第四脑室正中孔及外侧孔先天性闭锁等。2 岁前婴幼儿表现为头颅进行性增大,前囟扩大膨隆,骨缝分离,头皮静脉怒张、眼球下移、巩膜外露,出现所谓的"落日征"。

Note

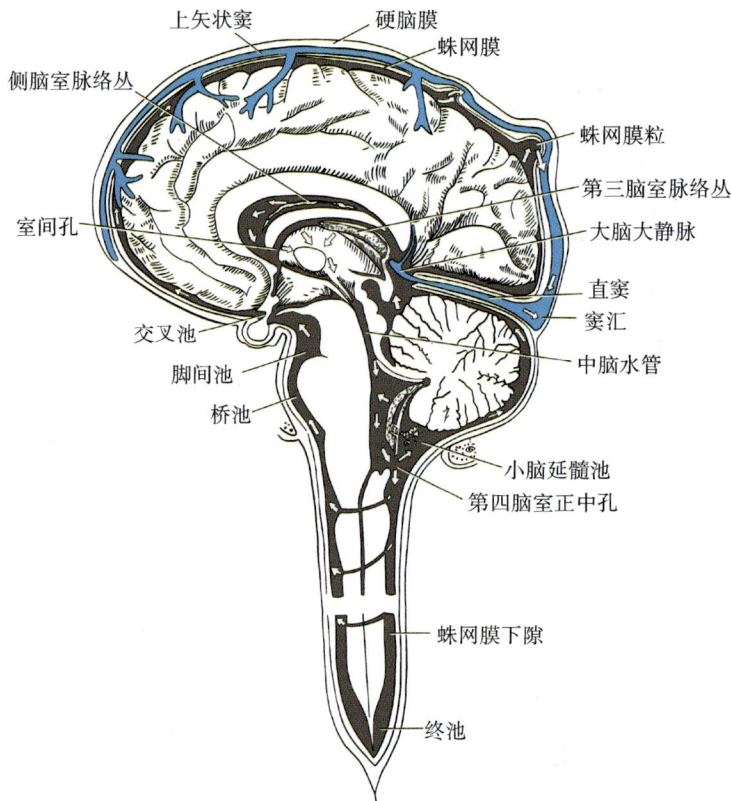

图 10-33　脑脊液循环模式图

上矢状窦　硬脑膜　蛛网膜
侧脑室脉络丛
蛛网膜粒
第三脑室脉络丛
室间孔
大脑大静脉
直窦
窦汇
交叉池
中脑水管
脚间池
桥池
小脑延髓池
第四脑室正中孔
蛛网膜下隙
终池

第三节　周围神经系统

　　周围神经系统是指除脑和脊髓以外的神经结构,包括与脊髓相连的脊神经、与脑相连的脑神经和分布于内脏、心血管和腺体的内脏神经。

一、脊神经

　　脊神经共 31 对,包括颈神经 8 对、胸神经 12 对、腰神经 5 对、骶神经 5 对、尾神经 1 对。每对脊神经连于一个脊髓节段,借前根和后根在椎间孔处相连。前根连于脊髓前外侧沟,由运动性神经根丝构成;后根连于脊髓后外侧沟,由感觉性神经根丝构成。因此,每对脊神经都是混合性神经。脊神经后根在椎间孔处有椭圆形的膨大,称脊神经节,其中含有假单极感觉神经元的胞体。

　　根据分布范围和功能的不同,脊神经内所含的神经纤维可分为 4 种(图 10-34)。

　　(1)躯体感觉纤维:分布于皮肤、骨骼肌、肌腱和关节,传导皮肤浅感觉及肌、肌腱、关节的深感觉。

　　(2)内脏感觉纤维:分布于内脏、心血管和腺体,传导内脏感觉。

　　(3)躯体运动纤维:来自脊髓前角的运动神经元,支配骨骼肌的运动。

　　(4)内脏运动纤维:来自交感神经或副交感神经的低级中枢,支配平滑肌和心肌的运动,控制腺体的分泌。

　　脊神经出椎间孔后立即分为 4 支:前支、后支、交通支和脊膜支。①前支:粗大,分布于躯干

Note

228

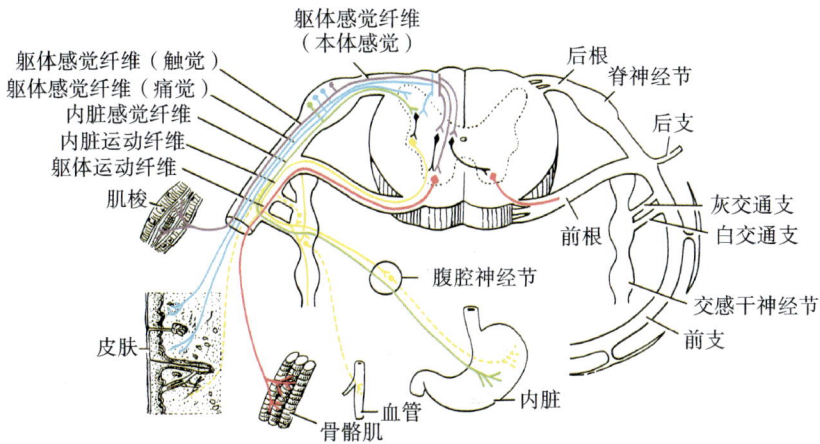

图 10-34　脊神经的纤维成分及其分布示意图

前外侧和四肢的肌肉、皮肤。除胸神经前支仍然保持早期原有的节段性走行和分布特点外,其余脊神经的前支相互交织构成颈丛、臂丛、腰丛、骶丛 4 个神经丛。②后支:较细小,节段性分布于躯干背侧深层肌肉和皮肤。③交通支:连于脊神经与交感干之间的细支。④脊膜支:发出后经椎间孔返回椎管,分布于脊髓被膜、血管壁、骨膜、韧带和椎间盘等处。

(一)颈丛

1. 颈丛的组成和位置　颈丛由第 1~4 颈神经的前支构成,位于胸锁乳突肌上部的深面,中斜角肌和肩胛提肌起始端的前方。

2. 颈丛的分支　颈丛的分支有浅支和深支。颈丛的浅支为皮支,在胸锁乳突肌后缘中点附近浅出后,呈辐射状分布于枕部、耳郭、颈部、肩部和胸上部的皮肤,颈丛皮支的浅出部位是颈部皮肤浸润麻醉的阻滞点;颈丛的深支主要支配颈部深层肌、肩胛提肌、舌骨下肌群和膈肌等。颈丛的主要分支如下(图 10-35)。

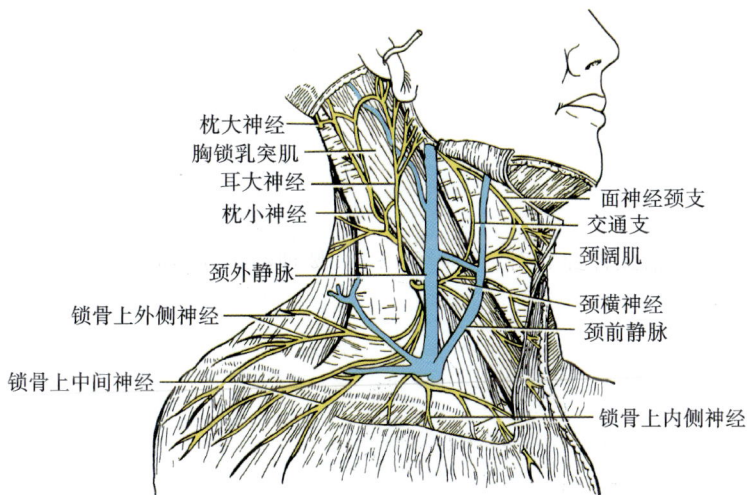

图 10-35　颈丛分支及其分布

(1)枕小神经:沿胸锁乳突肌后缘斜向上方走行,分布于枕部及耳郭背面上部的皮肤。

(2)耳大神经:沿胸锁乳突肌表面行向前上方,分布于耳郭及其附近的皮肤。

(3)颈横神经:向前内侧横越胸锁乳突肌表面,分布于颈部的皮肤。

(4)锁骨上神经:行向外下方,一般有 2~4 支,分布于颈下部外侧面、肩部和胸壁上部的皮肤。

（5）**膈神经**（图 10-36）：颈丛的主要分支，是混合性神经。发出后沿前斜角肌上端下行至该肌内侧面，在锁骨下动、静脉之间经胸廓上口进入胸腔，经纵隔胸膜与心包之间下行到达膈，其运动纤维支配膈肌，感觉纤维分布于心包、膈胸膜和膈下面的部分腹膜等处。膈神经受到刺激时，可引起呃逆，损伤后主要表现为同侧半膈肌功能障碍，出现呼吸困难，严重者可有窒息感。

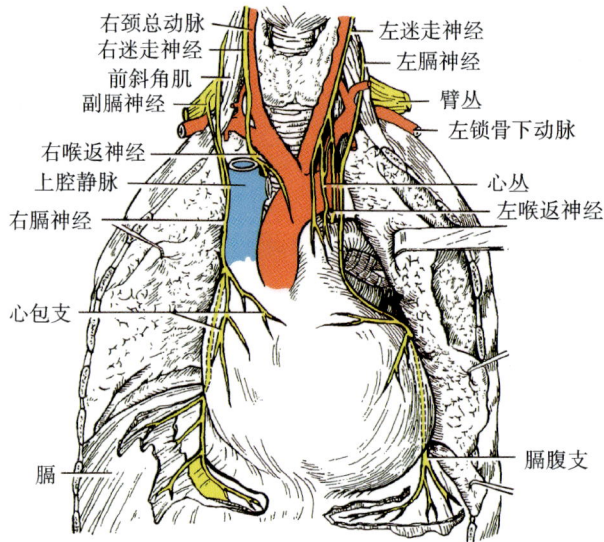

图 10-36　膈神经

（二）臂丛

1. 臂丛的组成和位置　臂丛由第 5～8 颈神经前支和第 1 胸神经前支的大部分纤维组成，经斜角肌间隙穿出，行于锁骨下动脉的后上方经锁骨后方进入腋窝。臂丛有 5 个神经根，先形成上、中、下 3 个干，在腋窝内形成臂丛内侧束、外侧束和后束，包绕腋动脉，再发出各种分支分布到上肢（图 10-37）。臂丛的分支在锁骨中点的后方附近相对集中，位置表浅，可以触及，此处为进行臂丛阻滞麻醉的部位。

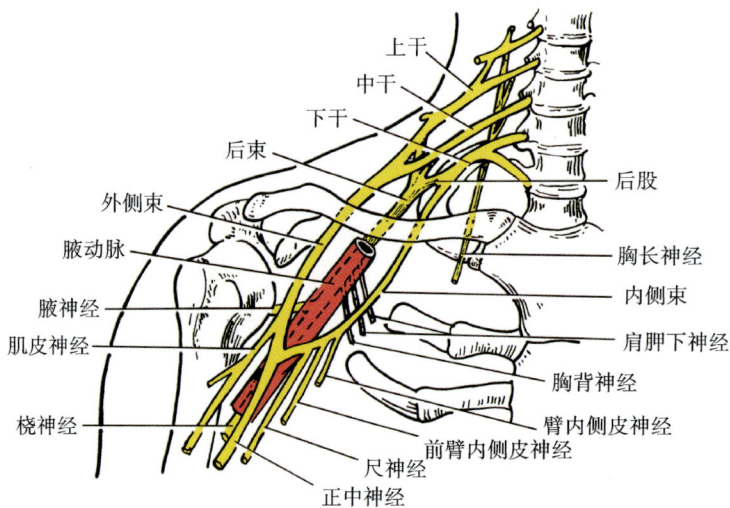

图 10-37　臂丛的组成

2. 臂丛的分支

（1）**胸长神经**：沿前锯肌表面伴随胸外侧动脉下降，支配前锯肌和乳房。此神经损伤时，可导致前锯肌瘫痪，出现"翼状肩"，上肢上举困难，不能做梳头动作。

（2）**胸背神经**：自臂丛后束发出后，沿肩胛骨外侧缘伴同名血管下降，支配背阔肌。

（3）**肌皮神经**：自臂丛外侧束发出后，向外下方斜穿喙肱肌，在肱肌与肱二头肌之间下降，发出肌支分布于臂肌前群。在肘关节的稍上方，肌皮神经的终支在肱二头肌腱外侧穿出深筋膜，延续为**前臂外侧皮神经**，在前臂外侧到达腕部，发出分支分布于前臂外侧的皮肤（图 10-38）。

（4）**正中神经**：由臂丛内侧束和外侧束的内、外侧根在腋动脉前外侧汇合而成，沿肱二头肌的内侧沟伴肱动脉下行至肘窝，经前臂肌前群指浅、深屈肌之间至腕部，穿腕管至手掌。

正中神经在臂部没有分支，在前臂发出肌支支配除肱桡肌、尺侧腕屈肌和指深屈肌尺侧半以外的前臂屈肌；在手掌支配拇收肌以外的鱼际肌和第 1、2 蚓状肌；皮支分布于手掌桡侧 2/3 的皮肤、桡侧 3 个半手指的掌面皮肤，以及桡侧 3 个半手指中节和远节背面的皮肤（图 10-38 至图 10-40）。

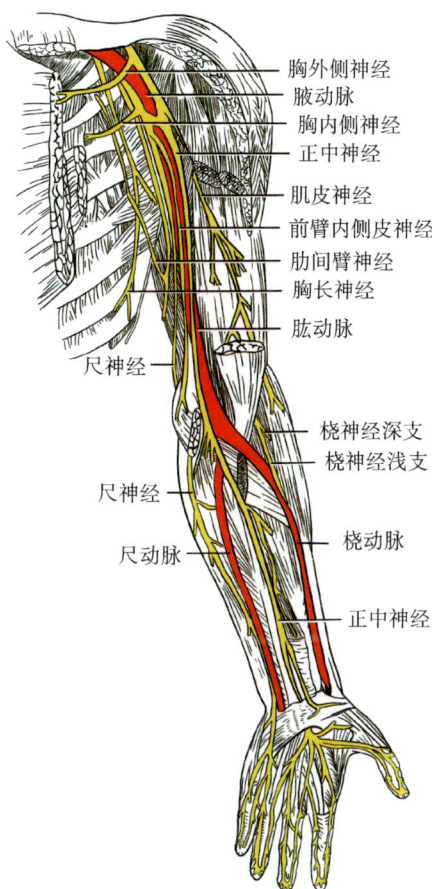

图 10-38 上肢前面的神经

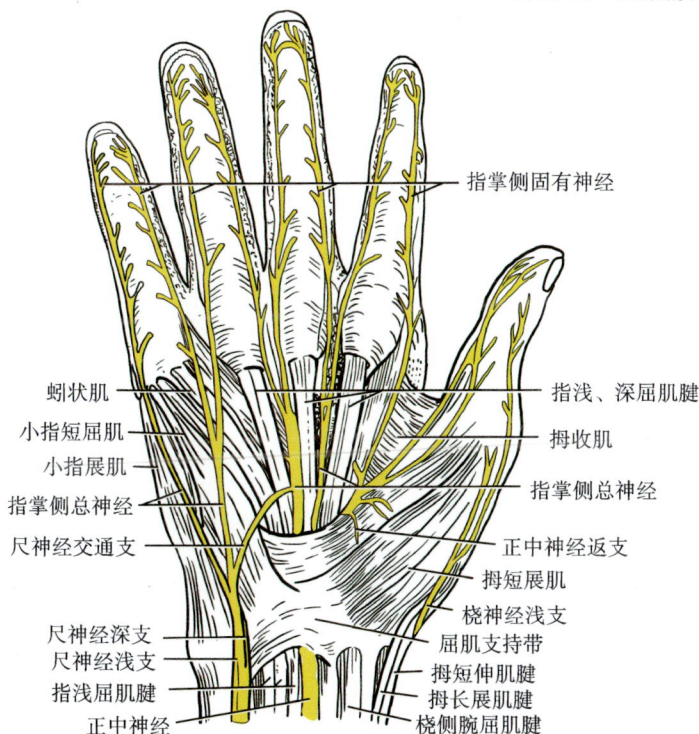

图 10-39 手掌侧的神经及其分布

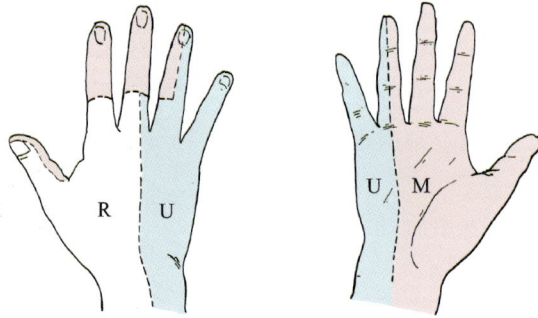

图 10-40　正中神经(M)、尺神经(U)、桡神经(R)在手部的感觉分布

（5）尺神经：自臂丛内侧束发出，在肱二头肌内侧伴肱动脉下行至臂中份穿深筋膜转向后下，经肱骨内上髁后方尺神经沟转至前臂前内侧，沿尺动脉的内侧下行达腕部，经腕管尺侧到达手掌尺侧。

尺神经在臂部没有发出分支；在前臂发出肌支支配尺侧腕屈肌和指深屈肌尺侧半。尺神经的手背支发出后转向手背，分布于手背尺侧半皮肤、小指和无名指尺侧半背面的皮肤，以及无名指、中指近节背面相对缘的皮肤。尺神经的浅支为皮支，分布于小鱼际、小指和无名指尺侧半掌面的皮肤；深支支配小鱼际肌、拇收肌、骨间肌及第 3、4 蚓状肌（图 10-38 至图 10-40、图 10-42）。

（6）桡神经：臂丛中最粗大的神经。由臂丛后束发出，在腋动脉后方与肱深动脉伴行，沿桡神经沟旋向外下，在肱骨外上髁上方穿外侧肌间隔至肱桡肌和喙肱肌之间，发出浅支和深支。

深支为肌支，支配肱三头肌、肱桡肌以及前臂所有伸肌群和旋后肌。浅支为皮支，分布于上臂和前臂背面的皮肤，以及手背桡侧半和桡侧两个半手指近节背面的皮肤（图 10-39 至图 10-42）。

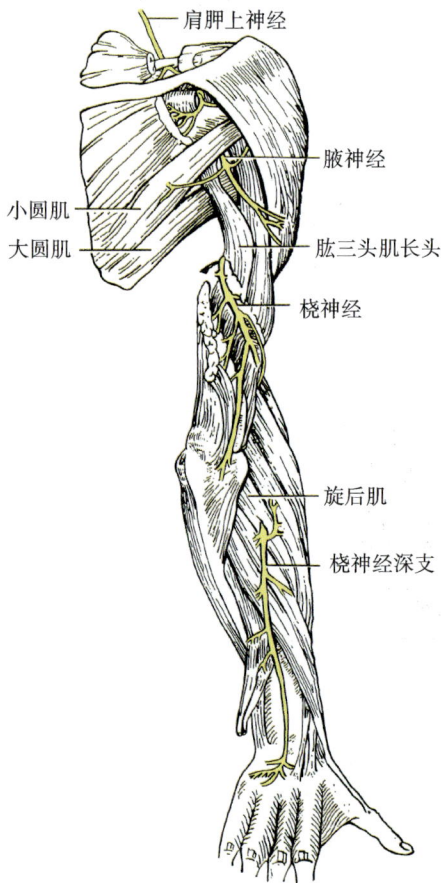

图 10-41　上肢后面的神经

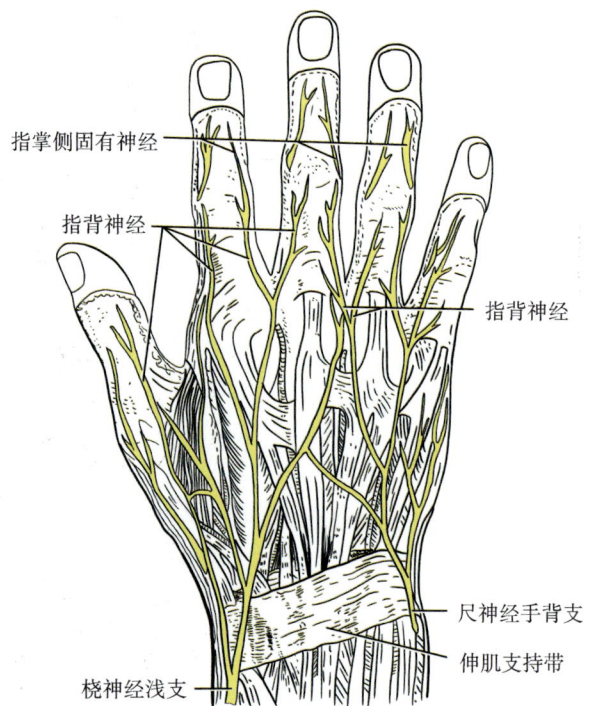

图 10-42　手背的神经及其分布

（7）**腋神经**：由臂丛后束发出，与旋肱后血管伴行向后外方，绕肱骨外科颈至三角肌深面。皮支分布于肩部和臂外侧区上部皮肤；肌支支配三角肌和小圆肌。

知识链接

上肢神经损伤

前臂骨折易造成正中神经损伤，前臂不能旋前，鱼际肌萎缩，手掌变平坦，称为"猿掌"（图10-43）。

肱骨中段或中、下1/3交界处骨折容易合并桡神经损伤，导致前臂伸肌瘫痪，不能伸腕和伸指，不能旋后，抬前臂时呈"垂腕"状态，同时第1、2掌骨间背面皮肤（虎口区）感觉功能障碍（图10-43）。

肱骨下段骨折时，易损伤尺神经，患者屈腕能力减弱，手肌内侧群萎缩，并且除拇指外各掌指关节过伸，出现"爪形手"（图10-43）。

肱骨外科颈骨折、肩关节脱位时，易损伤腋神经，可导致三角肌瘫痪，患者出现"方形肩"，肩关节外展受限，三角肌区皮肤感觉障碍。

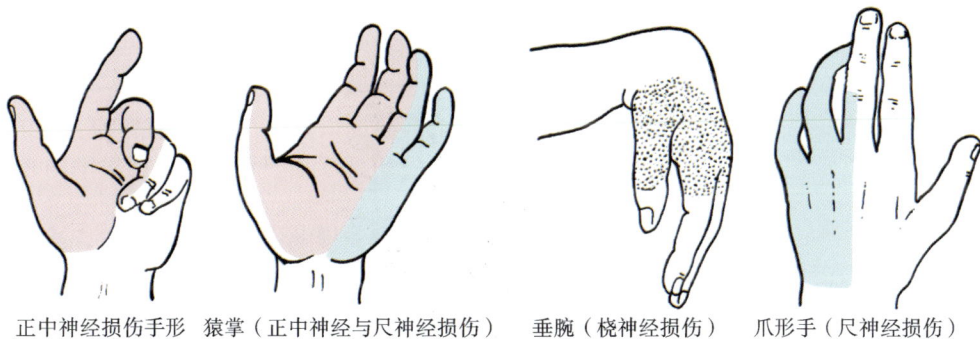

正中神经损伤手形　猿掌（正中神经与尺神经损伤）　　垂腕（桡神经损伤）　　爪形手（尺神经损伤）

图10-43　上肢主要神经损伤时手的功能障碍

（三）胸神经的前支

胸神经前支共12对，除第1对的大部分参与形成臂丛和第12对的小部分参与形成腰丛外，其余均不成丛。第1～11对胸神经前支走行于相应的肋间隙内，称**肋间神经**，第12对胸神经前支走行在第12肋的下方，称**肋下神经**。上6对肋间神经到达胸骨外侧缘附近后浅出，称前皮支；下5对肋间神经和肋下神经在腹横肌和腹内斜肌之间行向前下，继而穿腹直肌鞘到达皮下形成前皮支。肋间神经和肋下神经的肌支支配肋间内、外肌和腹壁诸肌；皮支分布于胸、腹侧壁和前壁的皮肤。

胸神经前支的皮支在胸、腹壁皮肤的分布有明显的节段性（图10-44），自上而下依次排列如下：第2胸神经前支的皮支（T_2）分布区相当于胸骨角平面，T_4分布区相当于乳头平面，T_6分布区相当于剑胸结合平面，T_8分布区相当于肋弓平面，T_{10}分布区相当于脐平面，T_{12}分布区相当于脐与耻骨联合连线中点平面。临床上常根据胸、腹壁皮肤感觉节段性分布区感觉障碍来推断脊髓损伤平面或确定麻醉平面。

（四）腰丛

1. 腰丛的组成和位置　腰丛由第12胸神经前支的一部分、第1～3腰神经前支和第4腰神经前支的一部分组成，位于腹后壁腰大肌深面、腰椎横突的前方（图10-45）。

Note

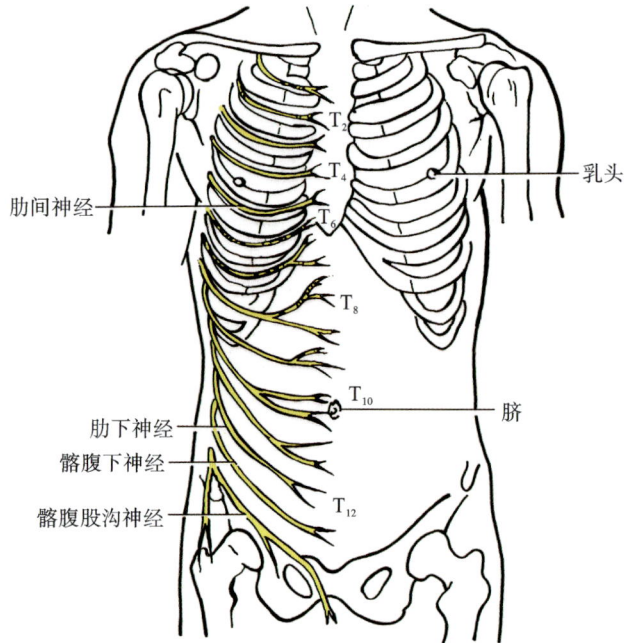

图 10-44　胸神经前支的皮支呈节段性分布

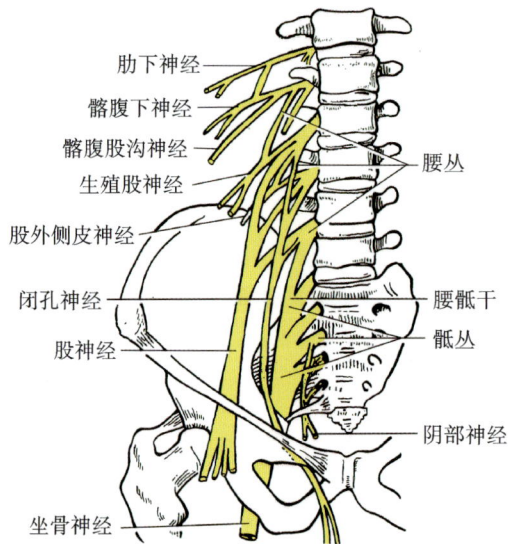

图 10-45　腰、骶丛组成模式图

2.腰丛的分支(图 10-45、图 10-46)

(1)髂腹下神经和髂腹股沟神经:两神经均经肾后面和腰方肌前面行向外下,走行在腹壁肌之间。髂腹下神经分布于腹壁诸肌及臀外侧区、腹股沟区、下腹部皮肤;髂腹股沟神经肌支分布于腹壁肌,皮支分布于腹股沟部、阴囊或大阴唇皮肤。

(2)股神经:腰丛发出的最大分支。自腰大肌外侧缘穿出,在腰大肌与髂肌之间下行,经腹股沟韧带的深面进入股三角。股神经的肌支分布于股前群肌和耻骨肌,皮支分布于大腿前面的皮肤。其中股神经最长的皮支称**隐神经**,它伴随股动脉进入收肌管下行,至膝关节内侧浅出皮下,伴大隐静脉沿小腿内侧面下降至足内侧缘,发出分支分布于小腿内侧面和足内侧缘的皮肤。

(3)闭孔神经:从腰大肌内侧缘穿出,经小骨盆穿闭膜管至股内侧部,支配股内收肌群和股内侧面皮肤。

（4）股外侧皮神经：走行于髂前上棘内侧，经腹股沟韧带进入股部，分布于大腿外侧部的皮肤。

（5）生殖股神经：自腰大肌前面穿出，在腹股沟韧带上方分为生殖支和股支。生殖支进入腹股沟管，伴精索下行，分布于提睾肌和阴囊（或随子宫圆韧带分布于大阴唇）；股支分布于股三角区的皮肤。

（五）骶丛

1. 骶丛的组成和位置　骶丛是全身最大的神经丛，由第 4 腰神经前支的一部分、第 5 腰神经前支，以及全部骶神经和尾神经的前支组成。骶丛位于骶骨和梨状肌的前面、髂血管的后方。

2. 骶丛的分支（图 10-47）

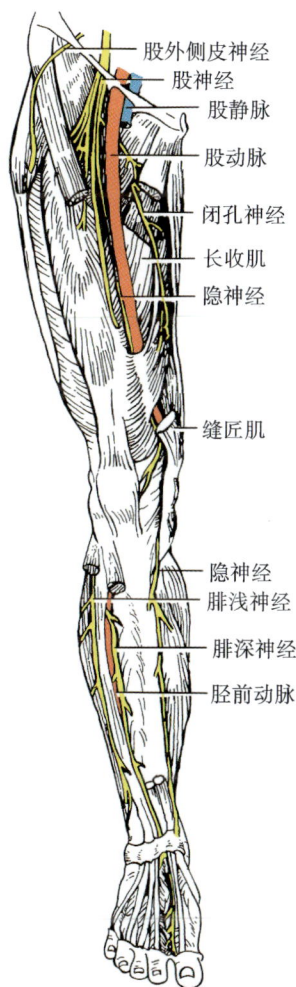

图 10-46　下肢前面的神经

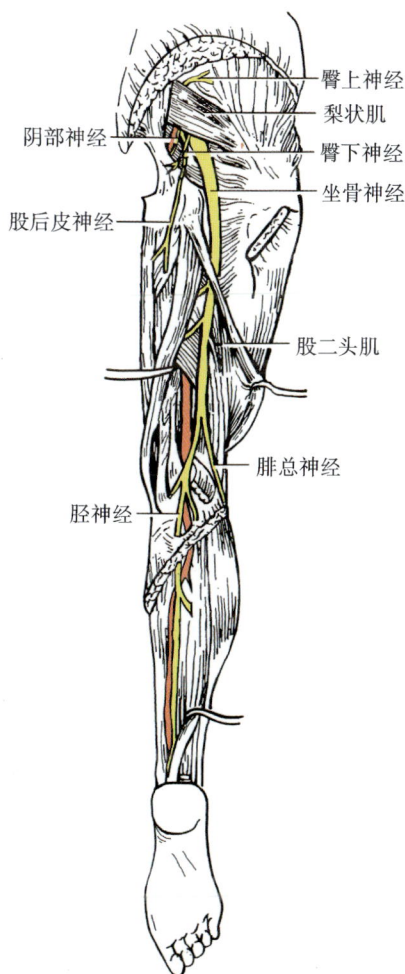

图 10-47　下肢后面的神经

（1）臀上神经：伴臀上血管经梨状肌上孔出盆腔，行于臀中肌、臀小肌之间，发出分支支配臀中肌、臀小肌和阔筋膜张肌。

（2）臀下神经：伴臀下血管经梨状肌下孔出盆腔至臀大肌深面，分布于臀大肌和髋关节。

（3）阴部神经：伴阴部血管自梨状肌下孔出盆腔，绕坐骨棘经坐骨小孔入坐骨肛门窝，分布于会阴部、外生殖器、肛门的肌肉和皮肤。

（4）股后皮神经：自梨状肌下孔出盆腔至臀大肌下缘浅出，分布于臀下部、股后区和腘窝处的皮肤。

（5）**坐骨神经**：全身最粗大、行程最长的神经。由骶丛发出后，自梨状肌下孔出盆腔后，经臀大肌深面，经股骨大转子与坐骨结节之间至大腿后部，在股二头肌长头深面下行至腘窝，在腘窝上方分为胫神经和腓总神经（图10-47）。

①**胫神经**：坐骨神经的直接延续，在腘窝内与腘血管伴行至小腿后部，在比目鱼肌深面伴胫后动脉下行，经内踝后方进入足底，分为足底内侧神经和足底外侧神经。胫神经肌支分布于小腿后群肌及足底肌，皮支分布于小腿后面和足底的皮肤（图10-48）。

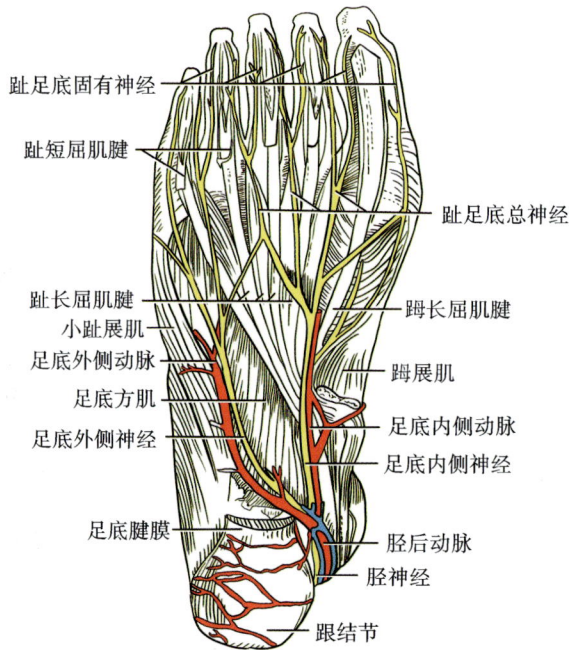

足底固有神经
趾短屈肌腱

趾足底总神经

趾长屈肌腱
小趾展肌
足底外侧动脉
足底方肌
足底外侧神经

蹋长屈肌腱
蹋展肌
足底内侧动脉
足底内侧神经

足底腱膜

胫后动脉
胫神经
跟结节

图 10-48　足底的神经

②**腓总神经**：沿腘窝外侧壁向外下走行，绕过腓骨颈向前，穿过腓骨长肌，分为腓浅神经和腓深神经。腓浅神经在腓骨长、短肌之间下行，在小腿中、下1/3交界处穿出至皮下，经踝关节前方达足背，分布于腓骨长、短肌，以及小腿外侧、足背和第2～5趾背大部分皮肤；腓深神经在小腿前群肌之间下行，越过踝关节前方至足背，分布于小腿前群肌、足背肌及第1、2趾相对缘的皮肤。

> **知识链接**
>
> ### 下肢神经损伤
>
> 　　股神经损伤后的表现为屈髋无力，坐位时不能伸膝，行走困难，膝跳反射消失，大腿前面和小腿内侧皮肤感觉障碍。
>
> 　　骨盆骨折时易损伤闭孔神经，表现为股内侧肌群瘫痪，站立和行走受限，患肢不能交叉到对侧。
>
> 　　胫神经在腘窝及内踝后方容易受损，其运动障碍表现为小腿后群肌无力，足不能跖屈、屈趾，不能以足尖站立，足内翻力弱，致使足呈背屈和外翻位，出现"钩状足"畸形（图10-49）；感觉障碍表现为小腿后面和足底感觉迟钝或消失。
>
> 　　腓总神经在腓骨颈处位置表浅，腓骨颈骨折易损伤此神经，其运动障碍表现为足不

能背屈,足尖下垂并且略内翻,不能伸趾,形成"马蹄内翻足"畸形(图 10-49),患者行走时呈"跨阈步态";感觉障碍表现为小腿外侧、足背和趾背皮肤感觉迟钝或消失。

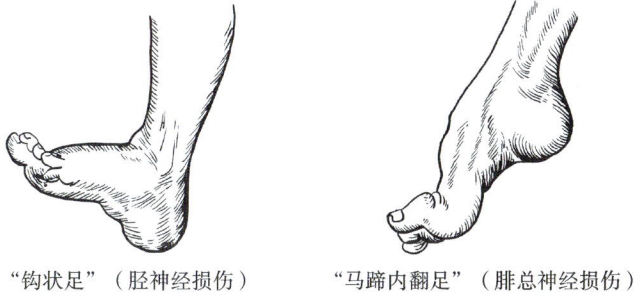

"钩状足"(胫神经损伤)　　"马蹄内翻足"(腓总神经损伤)

图 10-49　下肢神经损伤的足形

二、脑神经

脑神经是与脑相连的周围神经,共 12 对(图 10-50)。

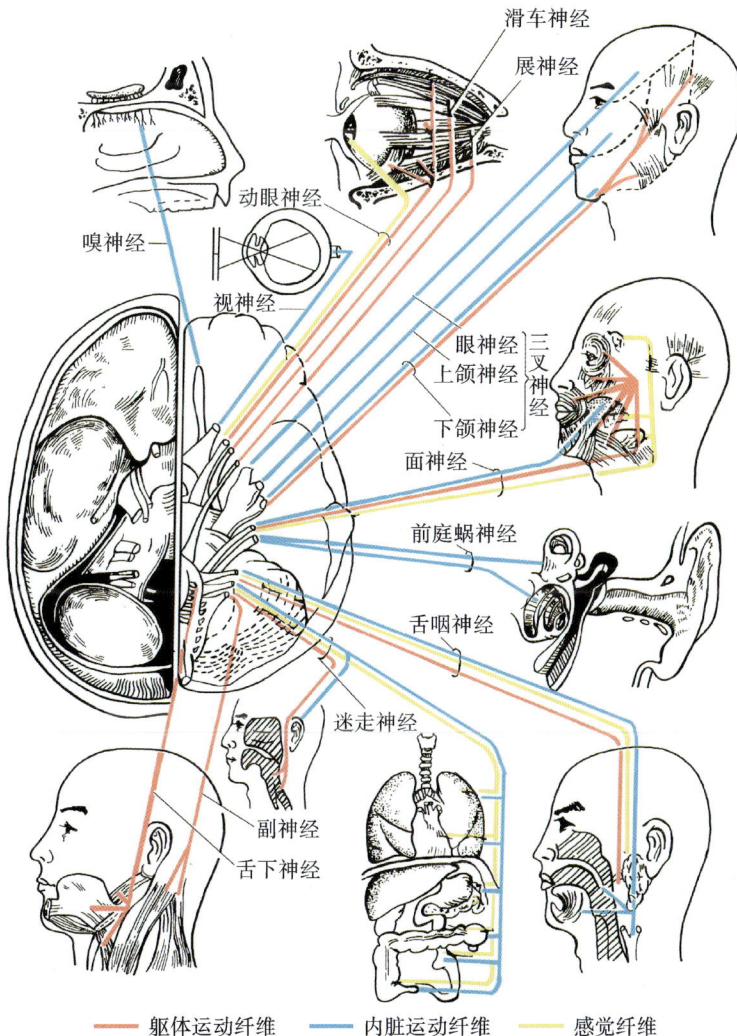

—— 躯体运动纤维　　—— 内脏运动纤维　　—— 感觉纤维

图 10-50　脑神经的分布

237

脑神经通常按其与脑相连部位的顺序,用罗马数字表示,依次为Ⅰ嗅神经、Ⅱ视神经、Ⅲ动眼神经、Ⅳ滑车神经、Ⅴ三叉神经、Ⅵ展神经、Ⅶ面神经、Ⅷ前庭蜗神经、Ⅸ舌咽神经、Ⅹ迷走神经、Ⅺ副神经、Ⅻ舌下神经。

脑神经的纤维成分主要有4种:①躯体感觉纤维,将来自皮肤、肌、腱,大部分口腔、鼻腔黏膜,以及视器和前庭蜗器的感觉冲动传入脑内相关的神经核。②内脏感觉纤维,将来自头、颈、胸、腹的脏器以及味蕾和嗅黏膜的感觉冲动传入脑内相关的神经核。③躯体运动纤维,脑干内躯体运动神经核发出纤维,分布于眼球外肌、面肌、舌肌、咀嚼肌、咽喉肌、胸锁乳突肌和斜方肌等。④内脏运动纤维,脑干内内脏运动核发出纤维,分布于心肌、平滑肌和腺体,均属于副交感成分,仅存在于第Ⅲ、Ⅶ、Ⅸ、Ⅹ对脑神经中。

按所含纤维成分的不同,脑神经可分为感觉性神经、运动性神经和混合性神经(表10-1)。

表 10-1　脑神经的名称、性质、连脑部位和出入颅腔的部位

顺序及名称	性质	连脑部位	出入颅腔的部位
Ⅰ嗅神经	感觉性	端脑	筛孔
Ⅱ视神经	感觉性	间脑	视神经管
Ⅲ动眼神经	运动性	中脑	眶上裂
Ⅳ滑车神经	运动性	中脑	眶上裂
Ⅴ三叉神经	混合性	脑桥	V_1(眼神经):眶上裂
			V_2(上颌神经):圆孔
			V_3(下颌神经):卵圆孔
Ⅵ展神经	运动性	脑桥	眶上裂
Ⅶ面神经	混合性	脑桥	内耳门→面神经管→茎乳孔
Ⅷ前庭蜗神经	感觉性	脑桥	内耳门←内耳道
Ⅸ舌咽神经	混合性	延髓	颈静脉孔
Ⅹ迷走神经	混合性	延髓	颈静脉孔
Ⅺ副神经	运动性	延髓	颈静脉孔
Ⅻ舌下神经	运动性	延髓	舌下神经管

(一)嗅神经

嗅神经为感觉性神经,起自鼻腔嗅区黏膜内的嗅细胞,中枢突聚集成20多条嗅丝,穿筛孔进入颅前窝,连于嗅球,传导嗅觉冲动。颅前窝骨折累及筛板时,可撕脱嗅丝和脑膜,造成嗅觉障碍或丧失,同时脑脊液也可流入鼻腔导致脑脊液鼻漏。鼻炎时,当炎症蔓延至鼻腔上部黏膜,可引起一时性嗅觉迟钝。

(二)视神经

视神经为感觉性神经,由视网膜节细胞轴突在视神经盘处聚集而成,向后内经视神经管入颅中窝,连于视交叉,传导视觉冲动(图10-51)。

(三)动眼神经

动眼神经为运动性神经,由中脑上丘动眼神经核发出的躯体运动纤维和动眼神经副核发出的内脏运动纤维组成,经中脑脚间窝出脑,向前穿海绵窦外侧壁,经眶上裂入眶。躯体运动纤维的分支支配上睑提肌、上直肌、下直肌、内直肌和下斜肌;内脏运动纤维经视神经后外侧与外直肌

之间的睫状神经节换元,发出节后纤维穿入眼球,支配睫状肌和瞳孔括约肌,参与视物调节反射和瞳孔对光反射(图 10-51)。动眼神经损伤时,患者可出现上睑下垂、眼外斜视、瞳孔散大及对光反射消失等症状。

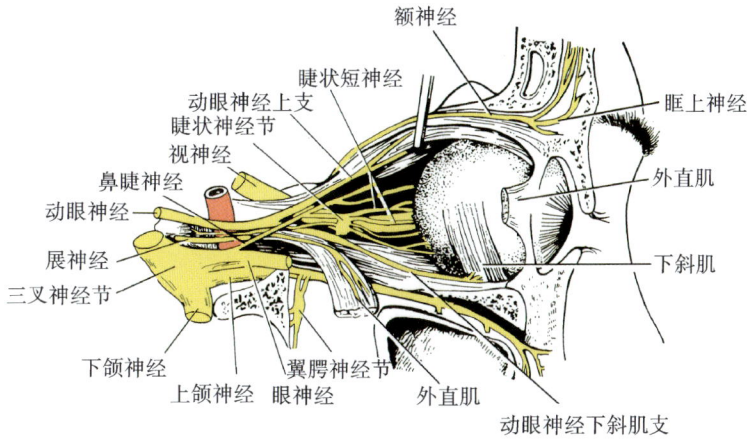

图 10-51　眶内神经与视神经

(四)滑车神经

滑车神经为运动性神经,起自中脑下丘平面滑车神经核,由下丘下方出脑后绕大脑脚外侧前行,穿海绵窦外侧壁向前,经眶上裂入眶,支配上斜肌。

(五)三叉神经

三叉神经为混合性神经,由躯体感觉纤维和躯体运动纤维组成。躯体感觉纤维的胞体位于三叉神经压迹处的三叉神经节内,其中枢突集中组成粗大的三叉神经感觉根,由脑桥基底部与小脑中脚交界处入脑,止于三叉神经脊束核、脑桥核和中脑核,其周围突组成眼神经、上颌神经和下颌神经(图 10-52、图 10-53)。躯体运动纤维起自脑桥的三叉神经运动核,出脑后加入下颌神经。

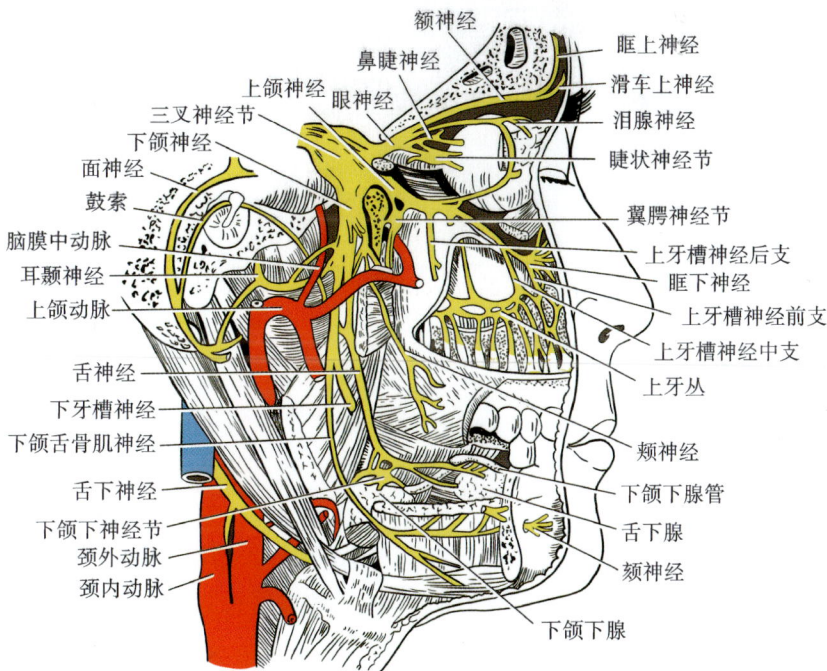

图 10-52　三叉神经

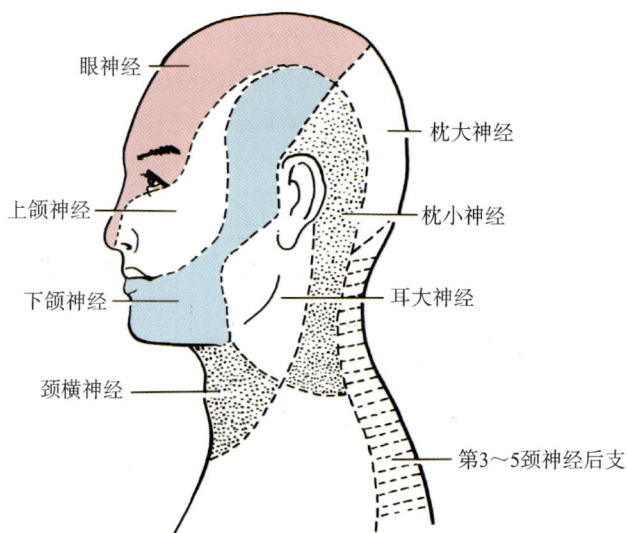

图 10-53　三叉神经皮支分布区

1. 眼神经　眼神经由感觉纤维组成,自三叉神经节发出后,穿海绵窦外侧壁,经眶上裂入眶,发出分支分布于眶、泪腺、结膜、部分鼻黏膜、额顶部、上睑及鼻背的皮肤。眼神经的主要分支有额神经、泪腺神经和鼻睫神经。

2. 上颌神经　上颌神经由感觉纤维组成,自三叉神经节发出后,穿海绵窦外侧壁,经圆孔出颅,再穿过眶下裂入眶,发出分支分布于眼裂与口裂之间的皮肤和黏膜、上颌牙及牙龈、上颌窦和鼻腔的黏膜。上颌神经的主要分支有眶下神经、上牙槽神经、颧神经和翼腭神经。

3. 下颌神经　下颌神经为混合性神经,经卵圆孔出颅后分为数支。躯体运动纤维支配咀嚼肌;躯体感觉纤维主要分布于口裂以下和耳颞区的皮肤,以及下颌牙及牙龈、口腔底及舌前 2/3 黏膜等。下颌神经的主要分支有耳颞神经、颊神经、舌神经、下牙槽神经和咀嚼肌神经。

知识链接

三叉神经损伤

三叉神经在头部皮肤的分布具有一定的规律,其分布范围大致以眼裂和口裂为界。一侧三叉神经损伤时,可引起同侧头、面部皮肤及眼、口、鼻黏膜一般感觉丧失,角膜感觉丧失,一侧咀嚼肌瘫痪和萎缩,张口时下颌偏向患侧。临床上三叉神经痛可发生在三叉神经的任一分支,疼痛范围与该支在面部的分布区一致,当压迫眶上孔、眶下孔或颏孔时,可诱发或加重疼痛。

(六)展神经

展神经为运动性神经,起自脑桥的展神经核,自延髓脑桥沟中线外侧出脑,穿海绵窦经眶上裂入眶,支配外直肌。展神经损伤可引起外直肌瘫痪,导致内斜视。

(七)面神经

面神经为混合性神经,自延髓脑桥沟展神经的外侧出脑,含有躯体运动纤维、内脏运动纤维、内脏感觉纤维和躯体感觉纤维 4 种纤维成分。其中躯体运动纤维起自脑桥面神经核,出脑后依次经内耳门、内耳道、面神经管,最后经茎乳孔穿出,进入腮下窝,向前穿过腮腺到达面部,分出数支并交织成丛,由丛发出 5 组分支至腮腺前缘,呈辐射状穿出支配面部表情肌。内脏运动纤维起自脑桥的上泌涎核,在面神经管内自主干分出后,分别在翼腭神经节、下颌下神经节交换神经元,节后纤维支配泪腺、下颌下腺和舌下腺的分泌。内脏感觉纤维的胞体位于颞骨岩部内、面神经管转折部的膝神经节,周围突分布于舌前 2/3 黏膜的味蕾,中枢突止于脑干内孤束核。躯体感觉纤维传导耳部皮肤的躯体感觉和表情肌的本体感觉。面神经在面神经管内的分支有岩大神经和鼓索;在面神经管外的主要分支有颞支、颧支、颊支、下颌缘支、颈支(图 10-54)。

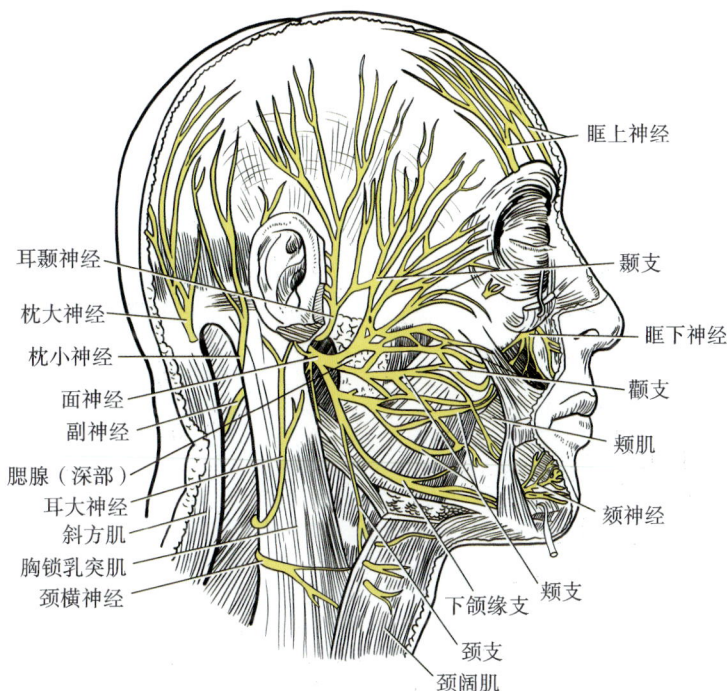

图 10-54 面神经

面神经损伤

面神经损伤可以分为面神经管外损伤和面神经管内损伤。面神经管外损伤比较常见,可发生于内耳道、面神经管和腮腺区等处,主要表现为损伤侧表情肌瘫痪,如损伤侧额纹消失、鼻唇沟平坦;笑时口角歪向健侧,说话时唾液从口角流出等。面神经管内损伤时,除面肌瘫痪外,还有舌前 2/3 味觉障碍,唾液腺和泪腺分泌障碍等症状。

(八)前庭蜗神经

前庭蜗神经为感觉性神经,由前庭神经和蜗神经组成。前庭神经传导平衡觉,起自内耳道底的前庭神经节,此节的双极神经元周围突穿内耳道底分布于内耳球囊斑、椭圆囊斑和壶腹嵴;中枢突组成前庭神经,经内耳门入颅,止于前庭神经核。蜗神经传导听觉,起自耳蜗蜗轴内的蜗神经节,蜗神经节的双极神经元周围突分布于内耳螺旋器;中枢突组成蜗神经,经内耳门入颅,止于蜗神经核。

(九)舌咽神经

舌咽神经为混合性神经,连于延髓,含有 4 种纤维成分。躯体运动纤维起自疑核,支配茎突咽肌;内脏运动纤维(副交感神经纤维)起自下泌涎核,支配腮腺分泌;内脏感觉纤维的神经元胞体位于下神经节,周围突分布于舌后 1/3 部、咽、咽鼓管和鼓室等处黏膜,以及颈动脉窦和颈动脉小球,中枢突止于孤束核;躯体感觉纤维的神经元胞体位于上神经节,周围突分布于耳后皮肤,中枢突止于三叉神经脊束核。

舌咽神经在橄榄后沟连于延髓,与迷走神经、副神经一起穿颈静脉孔出颅,出颅后先在颈内动脉、颈内静脉间下降,继而越过颈内动脉外侧弓行向前,经舌骨肌内侧到达舌根(图 10-55)。其分支主要有舌支、鼓室神经、颈动脉窦支。

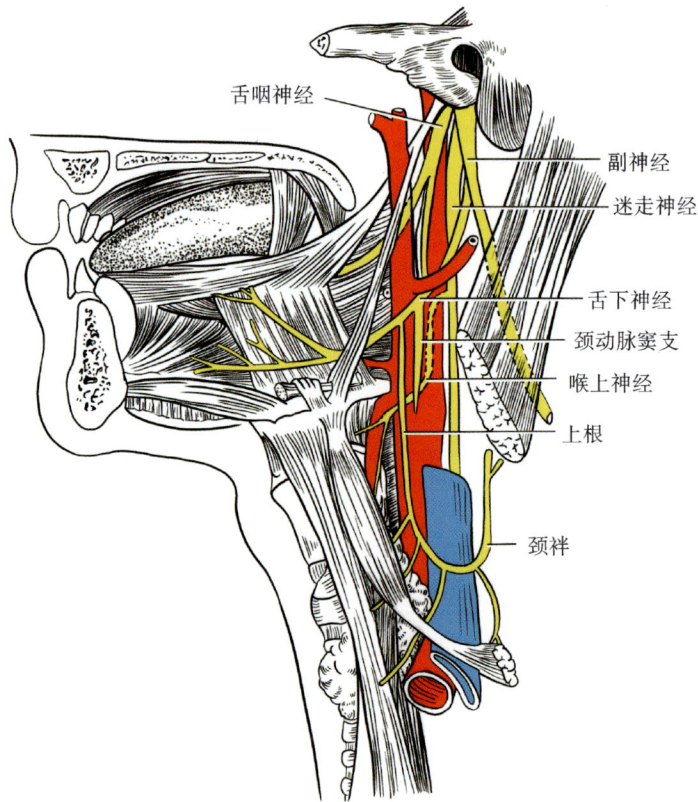

图 10-55　舌咽神经、副神经和舌下神经

(十)迷走神经

迷走神经为混合性神经,是行程最长、分布最广的脑神经,含有 4 种纤维成分。

迷走神经自延髓橄榄的后方出入脑,与舌咽神经及副神经一起经颈静脉孔出颅,进入颈部的颈动脉鞘内,下行于颈内动脉、颈总动脉与颈内静脉之间的后方,经胸廓上口入胸腔。左、右迷走神经在下降的过程中略有不同:左迷走神经于左颈总动脉与左锁骨下动脉之间下降,越过主动脉弓的前面,经左肺根的后方下行,在食管前面形成食管前丛,并在食管下端延续为迷走神经前干;右迷走神经在右锁骨下动、静脉之间,沿气管右侧下行,在右肺根后方、食管后面形成食管后丛,向下延续成迷走神经后干。迷走神经前、后干向下与食管一起穿膈的食管裂孔进入腹腔,发出的分支主要分布于肝、胰、脾、肾以及结肠左曲以上的肠管(图 10-56)。

迷走神经的主要分支如下。

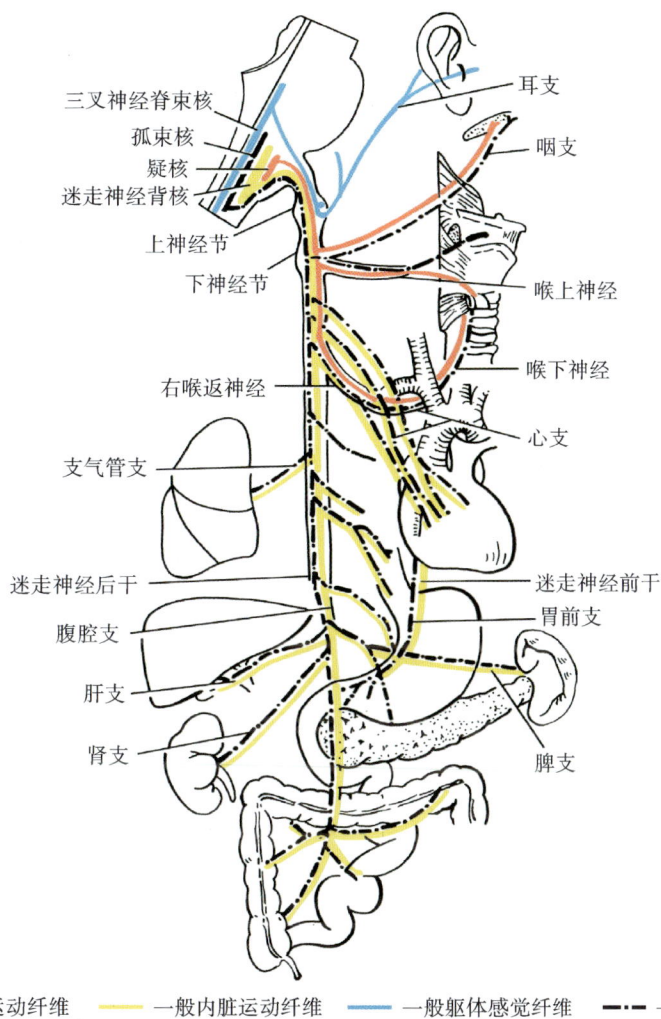

图 10-56　迷走神经的分布

图例：特殊内脏运动纤维　一般内脏运动纤维　一般躯体感觉纤维　一般内脏感觉纤维

标注：三叉神经脊束核、孤束核、疑核、迷走神经背核、上神经节、下神经节、右喉返神经、支气管支、迷走神经后干、腹腔支、肝支、肾支、耳支、咽支、喉上神经、喉下神经、心支、迷走神经前干、胃前支、脾支

1. 颈部的分支　迷走神经在颈部的主要分支是喉上神经,发自下神经节,沿颈内动脉内侧下行,于舌骨大角平面附近分为内、外两支。内支含一般内脏感觉纤维,穿甲状舌骨膜入喉,发出分支分布于声门裂以上的喉黏膜;外支细小,含特殊内脏运动纤维,发出分支支配环甲肌。

2. 胸部的分支

(1)喉返神经:左喉返神经在左迷走神经经过主动脉前方时发出,位置较低,从前向后绕过主动脉弓返回颈部;右喉返神经发出的位置略高,自右迷走神经干发出后,向下后方绕过右锁骨下动脉返回颈部。左、右喉返神经返回颈部后均沿气管与食管之间的沟上行,经环甲关节后方入喉。其运动纤维支配除环甲肌以外的所有喉肌,感觉纤维分布于声门裂以下的喉黏膜。

(2)支气管支和食管支:为迷走神经在胸部发出的数条小的分支,含有一般内脏运动纤维和一般内脏感觉纤维,分别加入肺丛和食管丛。

3. 腹部的分支

(1)胃前支和肝支:胃前支为迷走神经前干的终支,沿胃小弯分布于胃前壁,其终支呈"鸦爪"状分布于幽门部及十二指肠上部;肝支随肝固有动脉走行,分布于肝、胆囊和胆道。

(2)胃后支和腹腔支:胃后支为迷走神经后干的终支,分出多支分布于胃后壁,其末支也形成"鸦爪"状,分布于幽门窦。腹腔支参与形成腹腔丛,与交感神经纤维一起随腹腔干、肠系膜上动脉和肾动脉发出分支分布于肝、脾、胰、小肠、结肠左曲以上的消化管等。

喉返神经损伤

喉返神经是喉肌的重要运动神经,其在入喉前与甲状腺下动脉交叉,关系复杂。甲状腺手术时若损伤一侧喉返神经,可导致声音嘶哑;若两侧同时受损,可引起呼吸困难,甚至窒息。

(十一)副神经

副神经为运动性神经,由颅根和脊髓根两部分组成。颅根起于延髓的疑核下部,经颈静脉孔出颅,发出分支支配咽喉肌;脊髓根起自脊髓颈段,在椎管内上行,经枕骨大孔入颅,发出分支支配胸锁乳突肌和斜方肌。

(十二)舌下神经

舌下神经为运动性神经,起于舌下神经核,在延髓的锥体后方出脑,经舌下神经管出颅,支配舌内肌和舌外肌。一侧舌下神经损伤,可致同侧颏舌肌瘫痪,伸舌时,舌尖偏向患侧。

三、内脏神经

内脏神经是脊神经和脑神经中分布至内脏器官、心血管系统及腺体的神经纤维,分为内脏运动神经和内脏感觉神经两部分。

(一)内脏运动神经

内脏运动神经调节内脏、心血管的运动及腺体的分泌,不受人的意志控制,故又称为自主神经;又因其主要控制和调节动、植物共有的物质代谢活动,所以也称为植物神经。

内脏运动神经与躯体运动神经在形态、结构和功能方面都存在差异。

(1)支配的器官不同:内脏运动神经支配心肌、平滑肌与腺体的活动,且不受意识控制;躯体运动神经支配骨骼肌并受意志控制。

(2)纤维成分不同:内脏运动神经有交感纤维和副交感纤维 2 种纤维成分,多数内脏器官同时接受这 2 种神经纤维的双重支配;躯体运动神经只有 1 种纤维成分。

(3)神经元数目不同:内脏运动神经由低级中枢到效应器需要经过两级神经元,第 1 级神经元胞体位于脑干和脊髓内,称节前神经元,其轴突称节前纤维;第 2 级神经元胞体位于内脏运动神经节内,称节后神经元,其轴突称节后纤维。躯体运动神经由低级中枢至骨骼肌只有一级神经元。

(4)纤维分布形式不同:内脏运动神经的节后纤维常攀附内脏或血管形成神经丛,由神经丛再发出分支至效应器;躯体运动神经则以神经干的形式分布。

(5)纤维粗细不同:内脏运动神经为薄髓(节前纤维)和无髓(节后纤维)的细纤维;躯体运动神经一般为较粗的有髓纤维。

内脏运动神经依其形态和功能特点可分为交感神经和副交感神经(图 10-57)。

1.交感神经　交感神经的低级中枢位于第 1 胸髓至第 3 腰髓节段的灰质侧角的中间外侧核,交感神经节前纤维起自此核的细胞;周围部包括交感干、交感神经节、节前纤维、节后纤维和交感神经丛等。

(1)交感神经节:交感神经节后神经元胞体的所在部位。根据其所在位置的不同可分为椎旁

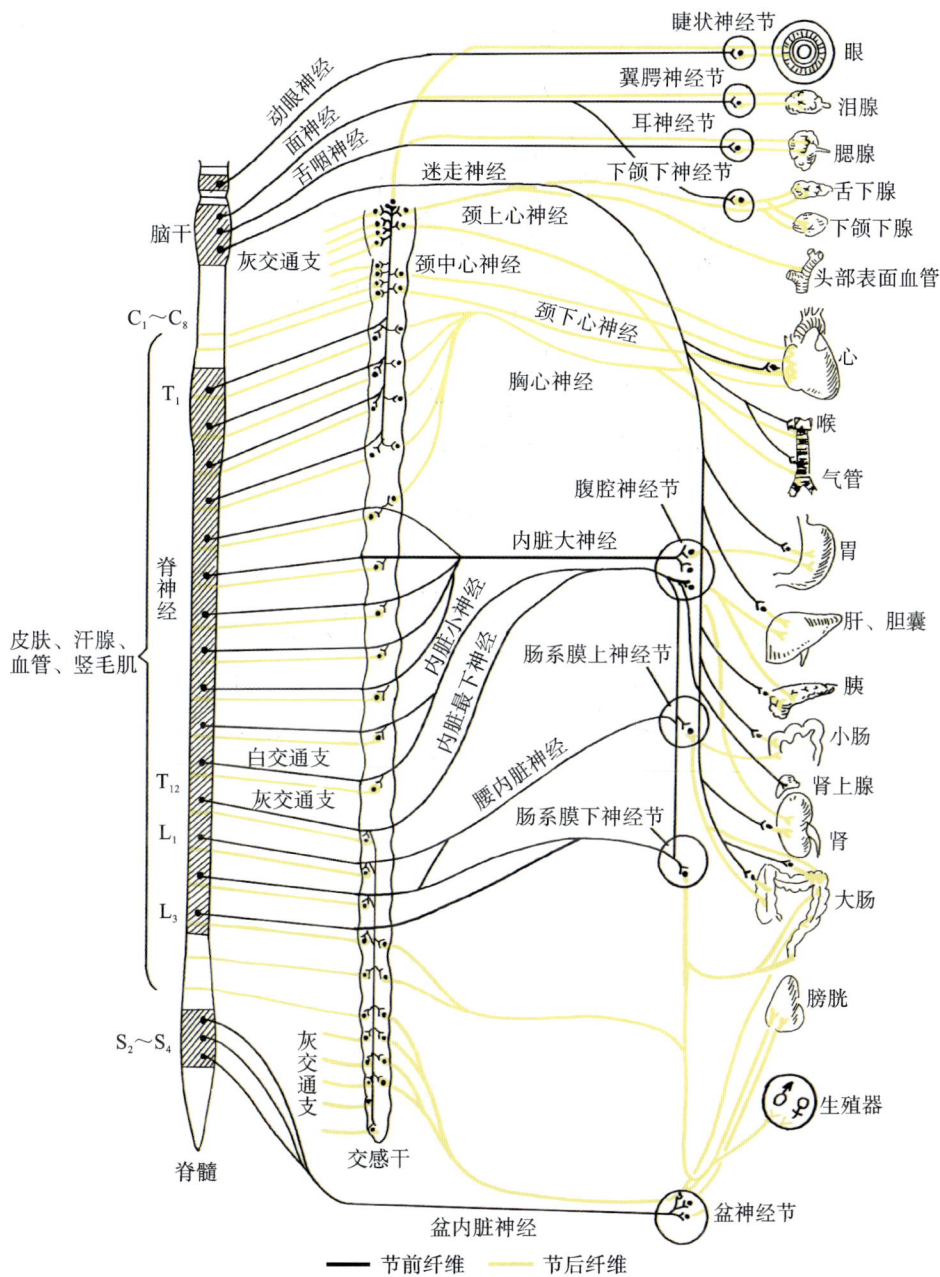

动眼神经
面神经
舌咽神经
迷走神经

睫状神经节
翼腭神经节
耳神经节
下颌下神经节

眼
泪腺
腮腺
舌下腺
下颌下腺
头部表面血管

脑干
灰交通支
颈上心神经
颈中心神经
颈下心神经
胸心神经

心
喉
气管
胃
肝、胆囊
胰
小肠
肾上腺
肾
大肠
膀胱
生殖器

$C_1 \sim C_8$

T_1

脊神经

皮肤、汗腺、血管、竖毛肌

腹腔神经节
内脏大神经
内脏小神经
内脏最下神经
肠系膜上神经节
腰内脏神经
肠系膜下神经节

白交通支
灰交通支

T_{12}
L_1
L_3

$S_2 \sim S_4$
灰交通支
交感干
脊髓
盆内脏神经
盆神经节

—— 节前纤维　　—— 节后纤维

图 10-57　内脏运动神经概况示意图

神经节和椎前神经节。椎旁神经节位于脊柱两侧,借节间支连成左、右两条**交感干**。两条交感干沿脊柱两侧走行,上至颅底,下至尾骨,于尾骨的前面两干合并。交感干全长可分为颈、胸、腰、骶、尾 5 部。椎前神经节位于脊柱前方,呈不规则的结节状团块,包括腹腔神经节、主动脉肾节、肠系膜上神经节和肠系膜下神经节等。

　　(2)交感干:交感干上的神经节借交通支与相应的脊神经相连。交通支可分为**白交通支**和**灰交通支**(图 10-58)。白交通支主要由有髓鞘的节前纤维组成,仅存在于第 1 胸髓至第 3 腰髓节段的脊髓侧角;灰交通支由交感干神经节细胞发出的无髓鞘的节后纤维组成,连于交感干与 31 对脊神经前支之间。

　　(3)节前纤维:交感神经的节前纤维经白交通支进入交感干后,有 3 种去向。①终止于相应的椎旁神经节;②在交感干内先上行或下行后,终止于上方或下方的椎旁神经节;③穿过椎旁神

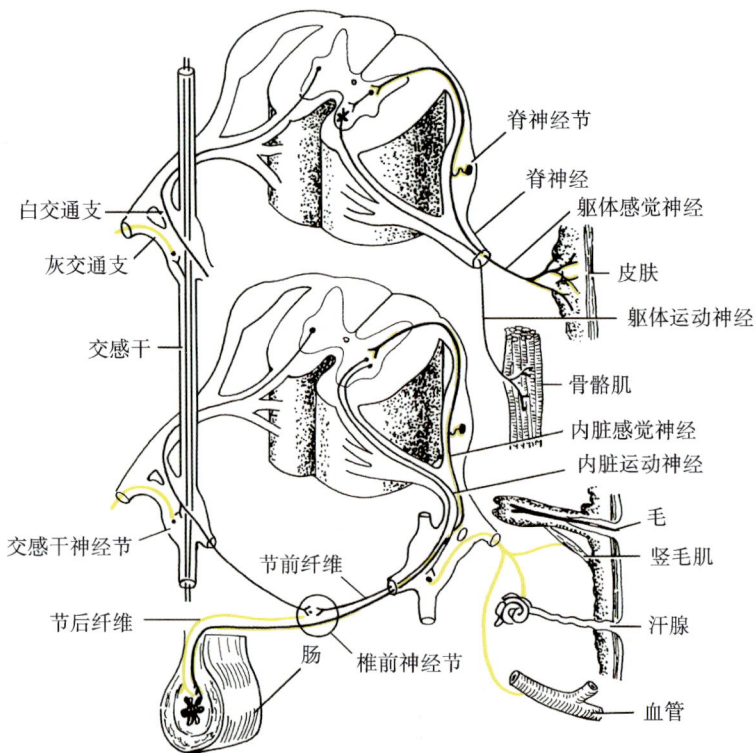

图 10-58　交感神经纤维走行模式图

经节,离开交感干,组成内脏大、小神经至椎前神经节换神经元。

(4)节后纤维:交感神经的节后纤维发出后也有 3 种去向。①经灰交通支返回脊神经,随脊神经分布到躯干、四肢的血管、汗腺和竖毛肌;②攀附动脉走行,在动脉外膜形成相应的神经丛,并随动脉分布到所支配的器官;③交感神经节直接分布到所支配的脏器。

2.副交感神经　副交感神经的低级中枢位于脑干的内脏运动核和脊髓的第 2~4 骶髓节段的骶副交感核;周围部包括副交感神经节、节前纤维和节后纤维。

(1)副交感神经节:多位于所支配器官附近或器官壁内,分别称器官旁节或器官内节,节内的神经元即为节后神经元。由于副交感神经节居于器官内或靠近所支配的器官,所以副交感神经的节前纤维长而节后纤维短。

(2)副交感神经的分布概况:根据副交感神经低级中枢的位置不同,副交感神经可以分为脑干的副交感神经和骶部的副交感神经两部分。

①脑干的副交感神经:由中脑的动眼神经副核发出的节前纤维,随动眼神经走行,交换神经元后,其节后纤维支配瞳孔括约肌和睫状肌。由脑桥的上泌涎核发出的节前纤维,随面神经走行,交换神经元后,其节后纤维分布于泪腺、下颌下腺、舌下腺等。由延髓的下泌涎核发出的节前纤维,随舌咽神经走行,交换神经元后,其节后纤维分布于腮腺。由延髓的迷走神经背核发出的节前纤维,随迷走神经的分支到达心、肺、肝、脾、胰、肾及结肠左曲以上消化管的器官旁节或器官内节交换神经元,其节后纤维分布于上述器官的平滑肌、心肌和腺体。

②骶部的副交感神经:由脊髓的第 2~4 骶髓节段的骶副交感核发出节前纤维,出骶前孔后形成盆内脏神经,在所支配的脏器附近或器官壁内的副交感神经节交换神经元,节后纤维支配结肠左曲以下的消化管、盆腔脏器的平滑肌和腺体等。

3.交感神经和副交感神经的区别　交感神经和副交感神经在结构特点和分布范围等方面各

有不同,其主要区别如表 10-2 所示。

表 10-2　交感神经和副交感神经的结构特点、分布范围等比较

特点	交感神经	副交感神经
低级中枢位置	脊髓的第 1 胸髓至第 3 腰髓节段的灰质侧角	脑干的内脏运动核,脊髓的第 2～4 骶髓节段的骶副交感核
周围神经节	椎旁神经节和椎前神经节	器官旁节和器官内节
节前纤维与节后纤维	节前纤维短,节后纤维长	节前纤维长,节后纤维短
分布范围	胸腔、腹腔、盆腔脏器的平滑肌、心肌、腺体、竖毛肌、瞳孔开大肌和全身血管	胸腔、腹腔、盆腔脏器的平滑肌、心肌、腺体(肾上腺髓质除外)、瞳孔括约肌、睫状肌

(二)内脏感觉神经

内脏感觉神经将来自内脏和心血管等处的感觉冲动传递至各级中枢,经中枢整合后,反射调节此器官的活动,从而维持机体内、外环境的动态平衡和机体正常生命活动。

1. 内脏感觉的特点

(1)正常的内脏活动一般不引起感觉,较强烈的内脏活动会产生内脏痛。

(2)内脏感觉纤维的数量较少、较细,痛阈较高,内脏对切割、烧灼等刺激不敏感,但对牵拉、膨胀、痉挛和缺血等刺激十分敏感。

(3)内脏感觉传入途径较分散,内脏感觉模糊,疼痛弥散,定位不准确。

2. 牵涉性痛　当某一内脏器官发生病变时,常在体表某些部位产生疼痛或痛觉过敏,这种现象称牵涉性痛。牵涉性痛可发生在病变内脏附近的皮肤,也可发生在较远处皮肤。如胃溃疡时会出现上腹部皮肤疼痛;急性阑尾炎初期,脐周皮肤发生疼痛;心绞痛时,胸前区及左臂内侧皮肤感到疼痛等。了解各器官病变时牵涉性痛的发生部位,具有一定的临床诊断意义(图 10-59)。

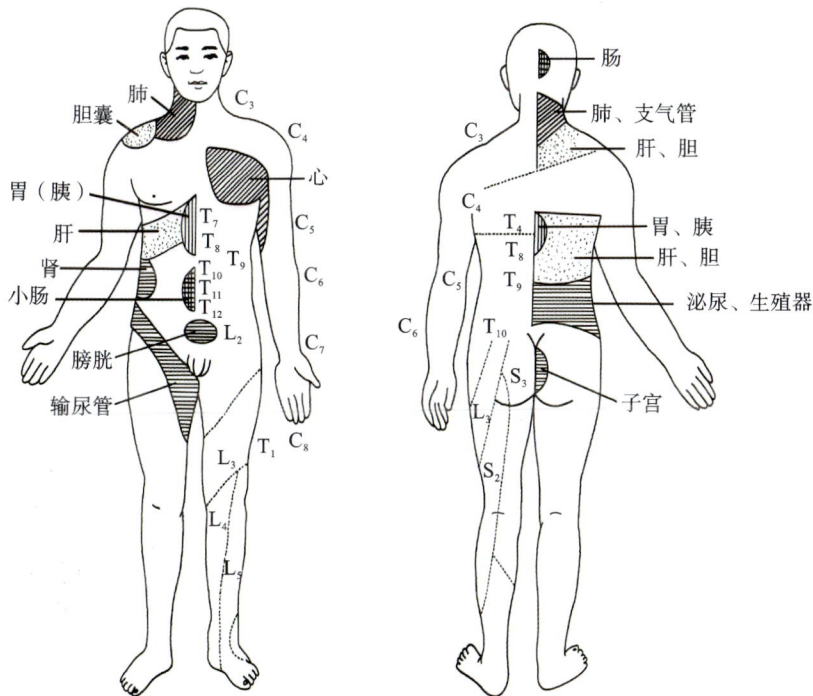

图 10-59　内脏器官病变的牵涉性痛区

第四节　神经系统的传导通路

　　机体感受器将内、外环境的各种刺激转变为神经冲动,经传入神经传至中枢,中枢分析整合后,再将神经冲动经传出神经传至效应器,引起反应。这种神经系统和感受器或效应器之间进行联系的传导路径,称为传导通路。它包括感觉(上行)传导通路和运动(下行)传导通路。

一、感觉传导通路

(一)躯干和四肢的本体感觉和精细触觉传导通路

　　本体感觉是指肌、腱及关节等处感受器所接受的位置觉、运动觉和振动觉,又称深感觉;皮肤的精细触觉是指辨别两点间距离和感受物体纹理粗细的感觉。该传导通路由3级神经元组成(图 10-60)。

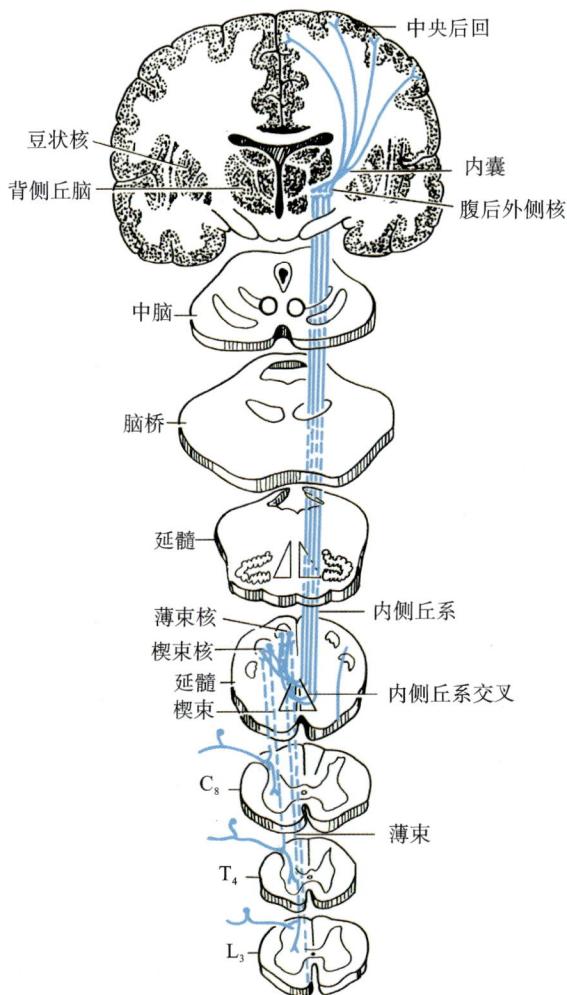

图 10-60　躯干和四肢本体感觉和精细触觉传导通路

　　第1级神经元的胞体位于脊神经节内,其周围突分布于肌、腱、关节等处的本体感觉感受器和皮肤的精细触觉感受器,中枢突经脊神经后根进入脊髓后索。其中,来自第5胸髓节段以下的纤维行于后索的内侧部,形成薄束;来自第 4 胸髓节段以上的纤维行于后索的外侧部,形成楔束;两束上行至延髓,分别止于延髓的薄束核和楔束核。

第 2 级神经元的胞体位于延髓内的薄束核和楔束核,胞体发出的纤维向前绕过中央灰质的腹侧,在中线上与对侧的纤维交叉,形成内侧丘系交叉。交叉后的纤维转向上行,称内侧丘系,最后止于背侧丘脑的腹后外侧核。

第 3 级神经元的胞体位于背侧丘脑的腹后外侧核,胞体发出的纤维参与组成丘脑中央辐射,经内囊后肢投射至大脑皮质中央后回的中、上部和中央旁小叶后部。

(二)痛觉、温度觉、粗触觉和压觉传导通路

痛觉、温度觉、粗触觉和压觉感受器位于皮肤和黏膜内,属于浅感觉,故该通路又称浅感觉传导通路。该传导通路由 3 级神经元组成(图 10-61)。

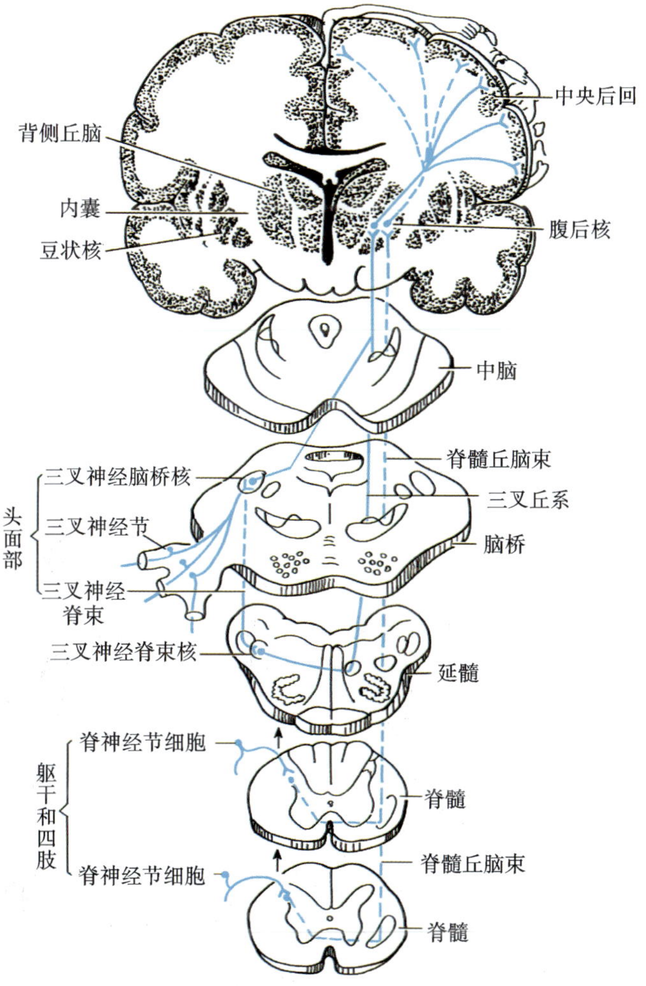

图 10-61 痛觉、温度觉、粗触觉和压觉传导通路

1. 躯干和四肢的痛觉、温度觉、粗触觉和压觉传导通路

(1)第 1 级神经元的胞体位于脊神经节内,其周围突分布于躯干和四肢皮肤内的感受器,中枢突经脊神经后根进入脊髓,上行 1~2 个脊髓节段后,终止于脊髓后角固有核。

(2)第 2 级神经元的胞体位于脊髓后角固有核内,胞体发出的纤维经白质前连合交叉到对侧的外侧索和前索内上行,形成脊髓丘脑侧束(传导痛觉、温度觉)和脊髓丘脑前束(传导粗触觉和压觉)。脊髓丘脑前束和侧束上行到脑干后组成脊髓丘系,终止于背侧丘脑的腹后外侧核。

（3）第3级神经元的胞体位于背侧丘脑的腹后外侧核,胞体发出的纤维参与组成丘脑中央辐射,经内囊后肢投射到中央后回中、上部和中央旁小叶后部。

2.头面部的痛觉、温度觉、粗触觉和压觉传导通路

（1）第1级神经元的胞体位于三叉神经节内,其周围突经三叉神经感觉支分布于头面部皮肤及口鼻黏膜的相关感受器,中枢突经三叉神经根入脑桥,传导痛觉、温度觉的纤维终止于三叉神经脊束核;传导粗触觉的纤维终止于三叉神经脑桥核。

（2）第2级神经元的胞体位于三叉神经脊束核和三叉神经脑桥核内,两核发出纤维交叉至对侧,组成三叉丘系,止于背侧丘脑的腹后内侧核。

（3）第3级神经元的胞体位于背侧丘脑的腹后内侧核,胞体发出的纤维参与组成丘脑中央辐射,经内囊后肢投射到中央后回下部。

（三）视觉传导通路和瞳孔对光反射通路

1.视觉传导通路 由3级神经元组成(图10-62)。

第1级神经元为视网膜内的双极细胞,其周围突连于视网膜的视细胞,中枢突连于视网膜的节细胞。

第2级神经元为节细胞,其轴突在视神经盘处聚集成视神经,经视神经管入颅腔后形成视交叉(来自两眼视网膜鼻侧半的纤维交叉,来自视网膜颞侧半的纤维不交叉),视交叉延续为视束,绕大脑脚,终止于外侧膝状体。

第3级神经元的胞体位于外侧膝状体,胞体发出的纤维组成视辐射,经内囊后肢投射到大脑皮质的距状沟两侧。

当眼球固定向前平视时,所能看到的空间范围称视野。由于眼球屈光装置对光线的折射作用,鼻侧半视野的物像投射到颞侧半视网膜,上半视野的物像投射到下半视网膜,反之亦然。视觉传导通路不同部位受损时,可引起不同的视野缺损:①一侧视神经损伤可致患侧眼视野全盲;

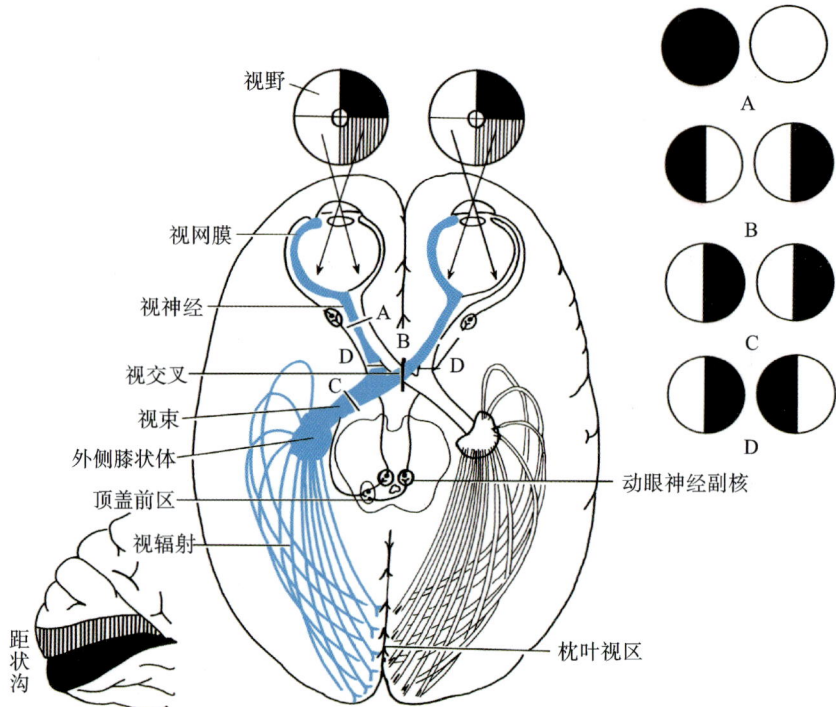

图 10-62 视觉传导通路和瞳孔对光反射通路

②视交叉中交叉纤维损伤可致两眼视野颞侧半偏盲;③一侧视交叉外侧部的不交叉纤维损伤,可致患侧眼视野鼻侧半偏盲;④一侧视束及以后的视觉传导通路损伤,可致两眼病灶对侧半视野同向性偏盲。

2.瞳孔对光反射通路 光照一侧瞳孔,引起两眼瞳孔缩小的反应,称为瞳孔对光反射。光照一侧引起同侧瞳孔缩小的反应称直接对光反射,引起对侧瞳孔缩小的反应称间接对光反射。瞳孔对光反射的通路:光→视网膜→视神经→视交叉→视束→上丘臂→顶盖前区→两侧动眼神经副核→动眼神经→睫状神经节→节后纤维→瞳孔括约肌收缩→两侧瞳孔缩小。

知识链接

瞳孔对光反射

瞳孔对光反射在临床上具有重要意义,瞳孔反射消失可能是病危的表现。视神经或动眼神经受损,也能引起瞳孔对光反射的改变。例如,一侧视神经受损时,光照患侧眼,两眼对光反射均消失;光照健侧眼,两眼对光反射均存在。一侧动眼神经受损时,患侧眼的对光反射均消失,健侧眼的对光反射均存在。

二、运动传导通路

运动传导通路包括锥体系和锥体外系两部分。

(一)锥体系

锥体系是重要的下行传导通路,管理骨骼肌的随意运动,由上、下两级神经元组成。**上运动神经元**为锥体细胞,其胞体位于中央前回和中央旁小叶前部以及其他一些皮质中,其轴突共同组成下行的锥体束。根据终止部位不同,锥体束可分为皮质脊髓束和皮质核束。**下运动神经元**为脑神经躯体运动核和脊髓前角运动神经元,其轴突组成脑神经或脊神经,前者支配头面部骨骼肌,后者支配躯干、四肢骨骼肌。

1.皮质脊髓束 起自中央前回上、中部和中央旁小叶前半部等处皮质的锥体细胞,发出纤维经内囊后肢的前部、中脑的大脑脚、脑桥基底部至延髓锥体(图10-63)。在锥体下端,大部分的纤维交叉至对侧,形成锥体交叉。交叉后的纤维下行在对侧脊髓外侧索内,称皮质脊髓侧束,此束在下降时逐节终止于同侧脊髓前角运动神经元,支配四肢肌;小部分纤维不交叉,下行在同侧脊髓前索内,称皮质脊髓前束(仅达上胸节)。皮质脊髓前束的一部分纤维下降时逐节交叉至对侧,止于对侧脊髓前角运动神经元,支配躯干肌和四肢肌;一部分纤维始终不交叉,止于同侧脊髓前角运动神经元,支配躯干肌,故躯干肌接受两侧大脑皮质支配。一侧皮质脊髓束在锥体交叉以上受损,主要引起对侧肢体瘫痪,而躯干肌运动无明显影响。

2.皮质核束 起自中央前回下部的锥体细胞,发出纤维经内囊膝至大脑脚(图10-64),由此向下陆续分出纤维,大部分纤维陆续终止于双侧脑神经运动核,随脑神经支配眼外肌、咀嚼肌、面上部表情肌、胸锁乳突肌、斜方肌和咽喉肌;小部分纤维完全交叉到对侧,终止于面神经核下部(支配面下部肌)和舌下神经核(舌肌)。因此,除面神经核下部和舌下神经核只接受对侧皮质核束支配外,其余脑神经运动核均接受双侧皮质核束支配。

临床上常将大脑皮质锥体细胞和皮质核束损伤引起的肌肉瘫痪称为**核上瘫**,将脑神经运动核及脑神经损伤引起的肌肉瘫痪称为**核下瘫**。一侧核上瘫时,可出现对侧眼裂以下的面肌和对

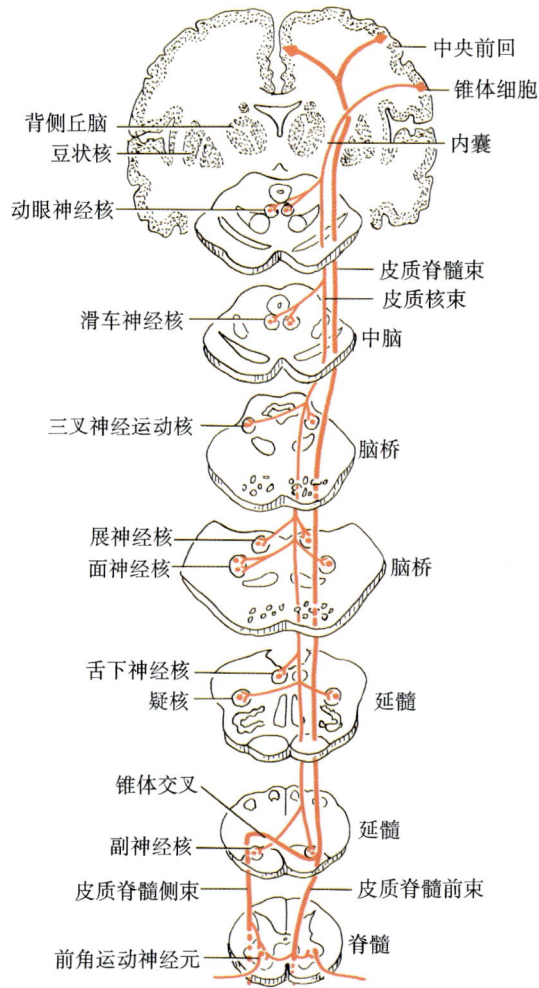

图 10-63　皮质脊髓束

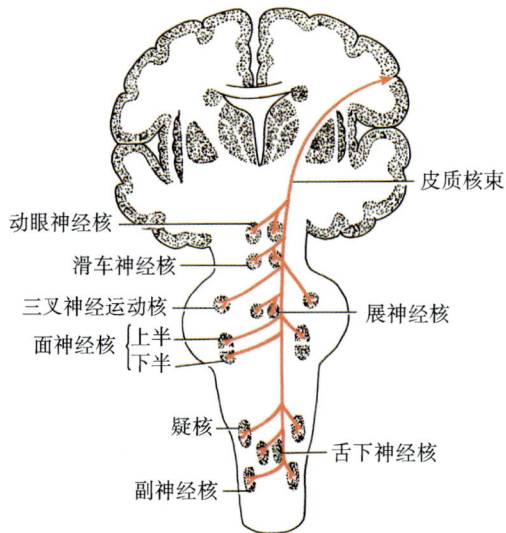

图 10-64　皮质核束

侧舌肌瘫痪,表现为病灶对侧鼻唇沟变浅或消失、口角下垂并向病灶侧歪斜、流涎、不能鼓腮露齿等,伸舌时舌尖偏向病灶对侧。一侧核下瘫时,如面神经受损,可出现病灶侧所有面肌瘫痪,表现为病灶侧额纹消失、眼不能闭、口角下垂并向健侧歪斜、鼻唇沟消失等;舌下神经受损,可出现病灶侧全部舌肌瘫痪,表现为伸舌时舌尖偏向病灶侧(图 10-65、图 10-66)。

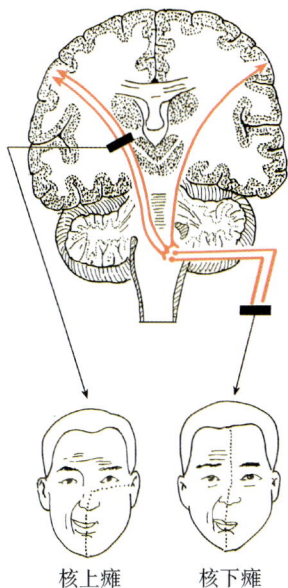

图 10-65 面肌瘫痪

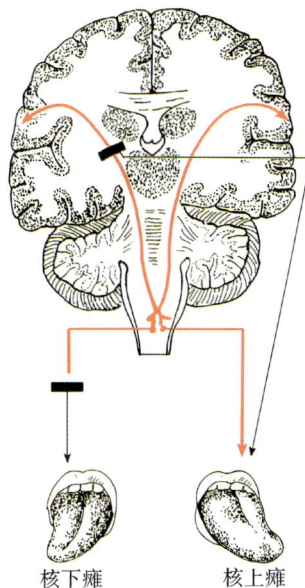

图 10-66 舌肌瘫痪

锥体系的任何部位损伤都可引起其支配区的随意运动障碍,出现瘫痪。上运动神经元损伤(核上瘫)时,由于下运动神经元失去了上运动神经元的抑制,肌张力增高,表现为痉挛性瘫痪(硬瘫);下运动神经元损伤(核下瘫)时,肌肉失去了神经的直接支配,肌张力降低,表现为弛缓性瘫痪(软瘫)。上、下运动神经元损伤后虽均有瘫痪,但其临床表现不同(表 10-3)。

表 10-3 上、下运动神经元损伤的区别

表现	上运动神经元损伤	下运动神经元损伤
损伤部位	皮质运动区、锥体束	脑神经运动核、脊髓前角运动神经元
瘫痪特点	痉挛性(硬瘫)	弛缓性(软瘫)
肌张力	增高	降低
反射	深反射亢进,浅反射减弱或消失	深反射、浅反射均消失
病理反射	有	无
肌萎缩	不明显	明显

(二)锥体外系

锥体外系是指锥体系以外影响和控制躯体运动的神经传导通路的统称,其结构复杂,联络广泛,包括大脑皮质、纹状体、背侧丘脑、底丘脑、中脑顶盖、红核、黑质、脑桥核、前庭神经核、小脑和脑干网状结构等及其纤维联系。锥体外系的纤维最后经红核脊髓束、网状脊髓束等下行终止于脑神经运动核和脊髓前角运动神经元。

锥体外系的主要功能是调节肌张力、协调肌群运动、维持身体平衡和习惯性动作等。锥体系和锥体外系在运动功能上是互相依赖、不可分割的一个整体,锥体系是运动的发起者,然后才处于锥体外系的管理之下。只有在锥体外系保持肌张力稳定、协调的前提下,锥体系才能完成精细的随意运动。

Note

🔲 小　结

　　神经系统包括中枢神经系统和周围神经系统两部分,中枢神经系统包括脑和脊髓;周围神经系统包括脊神经、脑神经和内脏神经。

　　脊髓位于椎管内,呈前后略扁的圆柱状,表面有六条沟和裂,在横切面上可见中央管、灰质和白质。脑位于颅腔内,包括端脑、间脑、小脑和脑干4部分。脑干包括延髓、脑桥和中脑3部分,第3～12对脑神经与脑干相连。小脑位于颅后窝内,可分为古小脑、旧小脑和新小脑。间脑分为背侧丘脑、下丘脑、后丘脑、底丘脑和上丘脑5部分。端脑是人体多种功能活动的中枢,包括躯体运动中枢、躯体感觉中枢、视觉中枢、听觉中枢、语言中枢等,其内部结构包括大脑皮质、大脑髓质、基底核、侧脑室等。脑和脊髓的外面包有硬膜、蛛网膜、软膜3层被膜。脑和脊髓的供血动脉是椎动脉和颈内动脉。脑脊液由脑室的脉络丛产生,进入蛛网膜下隙后,经上矢状窦流入颈内静脉。

　　脊神经有31对,出椎间孔后立即分为前支、后支、交通支和脊膜支,前支中除第2～11对胸神经保持明显的节段性外,其余前支分别交织成颈丛、臂丛、腰丛和骶丛4个神经丛,主要分布于躯干和四肢。脑神经有12对,主要分布于头颈部。内脏神经主要分布于心、血管、平滑肌和腺体,包括内脏感觉神经和内脏运动神经,内脏运动神经又分为交感神经和副交感神经。

　　传导通路包括感觉传导通路和运动传导通路两种,感觉传导通路包括躯干和四肢的本体感觉和精细触觉传导通路,痛觉、温度觉、粗触觉和压觉传导通路,视觉传导通路和瞳孔对光反射通路。运动传导通路包括锥体系和锥体外系,锥体系包括皮质核束和皮质脊髓束。

(郭建美　王景伟　陈　帅　刘　滢)

思政课堂

目标检测

Note

第十一章 内分泌系统

学习目标

知识目标：

1.说出内分泌系统的组成、各器官的位置及功能。

2.描述甲状腺、甲状旁腺、肾上腺和垂体的形态结构。

能力目标：

1.会观察、辨认甲状腺、甲状旁腺、肾上腺、垂体的位置和形态结构。

2.能运用内分泌系统的知识分析临床病例及进行临床实践工作。

素质目标：

具有良好人文素养、职业道德和创新意识及精益求精的工匠精神,有较强的人际沟通能力和团队合作精神。

　　内分泌系统由一些具有内分泌功能的细胞构成。内分泌系统在机体内有 3 种存在形式：①独立组成的内分泌器官,又称内分泌腺,包括甲状腺、甲状旁腺、肾上腺、垂体、松果体、胸腺等(图 11-1)。②位于器官内的内分泌组织,如胰内的胰岛、卵巢中的黄体、睾丸中的间质细胞等。③散在分布的内分泌细胞,如 APUD 系统细胞,分布于胃肠道、呼吸道、泌尿生殖道、中枢神经系统等处。

　　内分泌细胞的分泌物称激素,通过血液循环周流全身,作用于其他部位器官、组织的特定细胞。有的激素可直接作用于邻近的细胞,称旁分泌。能接受激素刺激的器官、组织或细胞分别称该激素的靶器官、靶组织或靶细胞。激素在血液循环中含量极微,但对机体的新陈代谢和生长发育等活动起着重要的促进和调节作用。本章仅介绍内分泌腺,其余内容将在有关章节叙述。

案例 11-1

　　患者,女,38 岁,因发现颈部肿胀伴有性情急躁、失眠、消瘦 3 个月而就诊。

　　查体：T 37.2 ℃,P 105 次/分,BP 120/60 mmHg。患者消瘦,表情焦虑烦躁,颜面潮红,双眼眼球明显突出,眼睛不能闭合,结膜轻度充血。颈部甲状腺区明显肿胀,触诊发现甲状腺呈弥漫性肿大,两侧对称,质地软,表面光滑,无结节,可随吞咽上下移动；甲状腺区听诊可听到连续性吹风样杂音。患者伸舌可见舌尖有轻微震颤,双手向前平举时亦见双手微颤。

　　实验室检查：患者 T_3 高出正常值 4 倍,T_4 高出正常值 2.5 倍。患者基础代谢率约为 50%。

　　初步诊断：甲状腺功能亢进。

　　问题：

1.简述甲状腺的位置和功能。

2.试述肿大的甲状腺随吞咽上、下移动的解剖学基础。

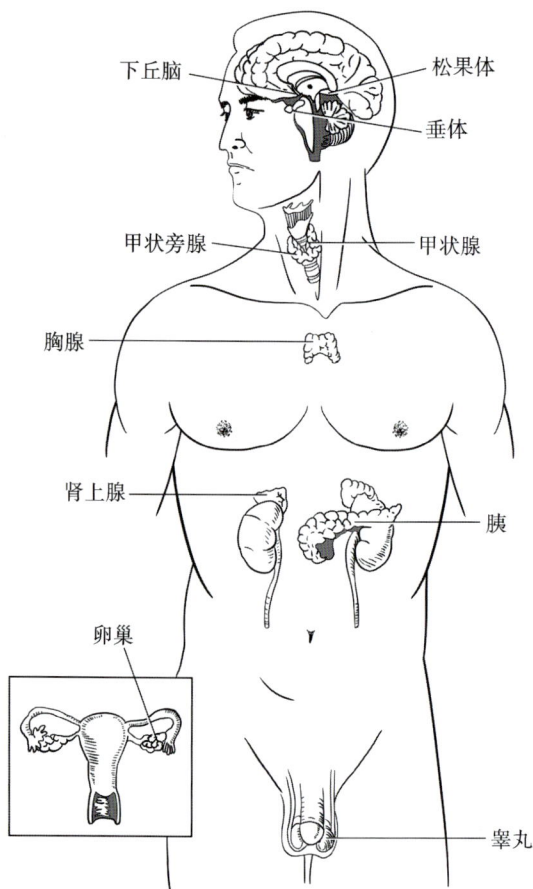

图 11-1 内分泌系统概观

第一节 甲 状 腺

一、甲状腺的形态和位置

甲状腺是人体内最大的内分泌腺,红褐色,质柔软,呈"H"形,由左、右两个侧叶及连接它们的甲状腺峡共同构成(图 11-2、图 11-3)。甲状腺侧叶位于喉下部和气管颈部的前外侧,上端到达甲状软骨中部,下端至第 6 气管软骨环,后方平对第 5~7 颈椎。甲状腺峡位于第 2~4 气管软骨环的前方,连接甲状腺左、右叶,约 50% 的人的甲状腺峡向上伸出一锥状叶,长者可到达舌骨平面。甲状腺借甲状腺悬韧带连接甲状腺两侧叶内侧、甲状腺峡与甲状软骨、环状软骨及气管软骨环,并固定于喉和气管壁,因此,吞咽时甲状腺能随喉部活动而灵活移动。

二、甲状腺的组织结构

甲状腺表面包有薄层结缔组织被膜,被膜伴随血管伸入腺实质内,将甲状腺分成大小不等的小叶,每个小叶含有 20~40 个甲状腺滤泡,构成甲状腺的实质。滤泡间有少量疏松结缔组织、丰富的有孔毛细血管及滤泡旁细胞,构成甲状腺的间质(图 11-4)。

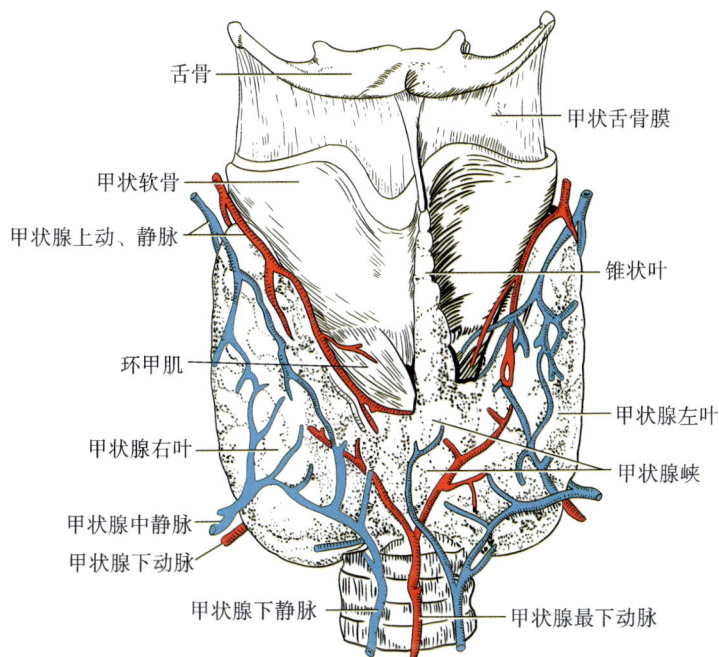

图 11-2　甲状腺（前面观）

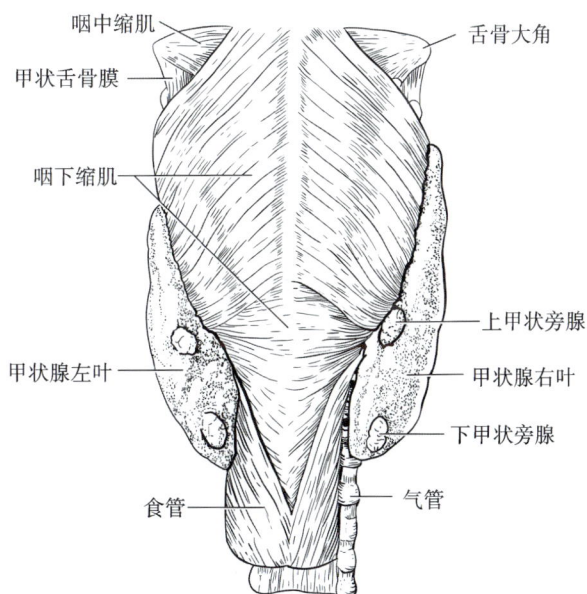

图 11-3　甲状腺（后面观）

（一）甲状腺滤泡

甲状腺滤泡大小不等，形态各异，呈圆形或椭圆形。滤泡由单层立方上皮细胞围成，中间为滤泡腔，腔内充盈着均质的嗜酸性胶质，是滤泡上皮细胞的分泌物，即碘化的甲状腺球蛋白，HE染色呈红色。

甲状腺滤泡上皮细胞能合成和分泌**甲状腺激素**。甲状腺激素能促进机体的新陈代谢，提高神经系统的兴奋性，促进生长发育，尤其对婴幼儿的骨骼发育和中枢神经系统发育影响较大。甲状腺功能低下时，甲状腺激素分泌减少，在婴幼儿中可引起呆小症，在成人中则发生黏液性水肿；甲状腺功能亢进时，甲状腺激素分泌增多，可导致甲状腺功能亢进。

Note

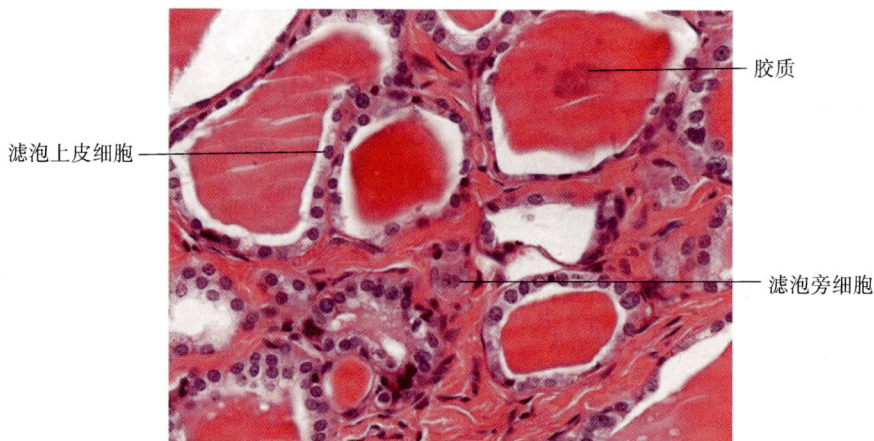

图 11-4　甲状腺组织结构

（二）滤泡旁细胞

滤泡旁细胞位于甲状腺滤泡之间或滤泡上皮细胞之间。在 HE 染色切片中，滤泡旁细胞呈卵圆形，胞体较大，胞质着色较淡。滤泡旁细胞分泌降钙素，降钙素能促进成骨细胞的活动，使骨盐沉着于类骨质，并抑制破骨细胞的活动及胃肠道、肾小管吸收钙离子，使血钙浓度降低，与甲状旁腺激素共同维持血钙的平衡。

第二节　甲状旁腺

一、甲状旁腺的形态和位置

甲状旁腺呈扁圆形，棕黄色，近似黄豆大小，有上、下两对。上一对甲状旁腺多位于甲状腺侧叶后面的上、中 1/3 交界处附近，下一对甲状旁腺常位于甲状腺侧叶后缘下端的甲状腺下动脉附近。甲状旁腺多附着于甲状腺侧叶后面的纤维囊上，有时也可包埋于甲状腺实质内（图 11-3）。

二、甲状旁腺的组织结构

甲状旁腺表面包有薄层结缔组织被膜，被膜伸入腺实质形成小梁，小梁内有血管、神经，这些成分构成间质。甲状旁腺实质内腺细胞排列成索团状，主要有主细胞和嗜酸性细胞两种（图 11-5）。

（一）主细胞

主细胞数量多，是构成甲状旁腺的主要细胞，细胞呈圆形或多边形，细胞核圆形，位于细胞中央，HE 染色下胞质显色较浅。

主细胞分泌**甲状旁腺激素**，甲状旁腺激素可增强破骨细胞的活动，使骨盐溶解，并能促进肾小管和肠对钙的吸收，使血钙浓度升高。在甲状旁腺激素和降钙素的共同调节下，机体血钙维持相对稳定。甲状旁腺功能亢进时，可致骨质疏松，机体易发生骨折。甲状腺手术时，如误摘甲状旁腺，致使血钙浓度降低，可引起肌肉抽搐，甚至死亡。

（二）嗜酸性细胞

嗜酸性细胞数量较少，单个或成群存在于主细胞之间，细胞体积较大，呈多边形，细胞核小，染色深，胞质内有许多嗜酸性颗粒。电镜下观察，嗜酸性颗粒是线粒体。该细胞的功能尚不明确。

Note

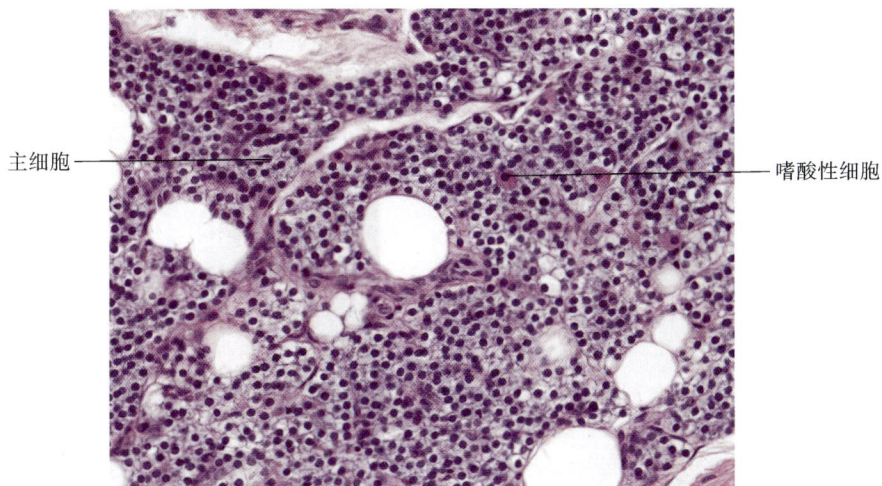

图 11-5　甲状旁腺的组织结构

第三节　肾　上　腺

一、肾上腺的形态和位置

肾上腺位于肾的上方,左、右各一,质软,淡黄色,与肾共同包裹于肾筋膜内。左侧肾上腺近似半月形,右侧肾上腺呈三角形(图 11-6)。

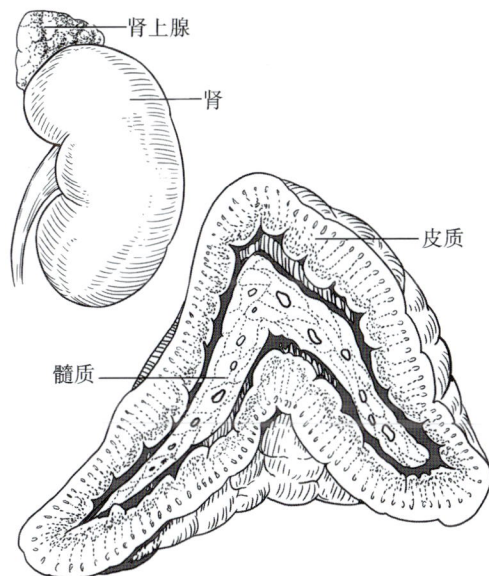

图 11-6　肾上腺

二、肾上腺的组织结构

　　肾上腺表面包有结缔组织被膜,少量结缔组织伴随血管和神经伸入腺实质内,分布在细胞团、索之间,构成间质。肾上腺实质由周边的皮质和中央的髓质两部分构成(图 11-7)。

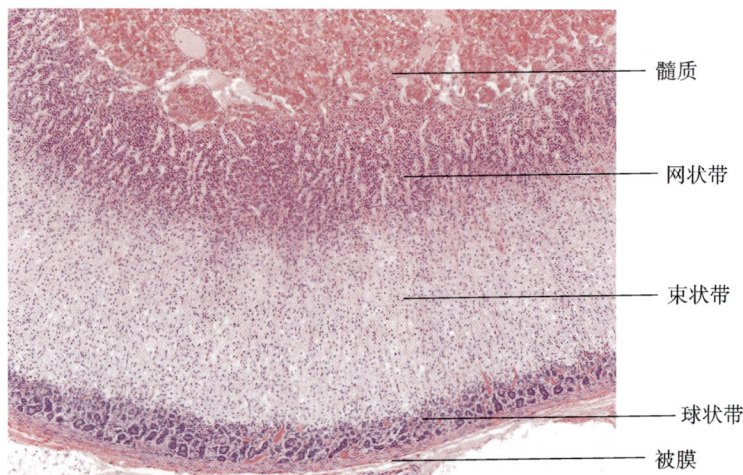

图 11-7　肾上腺的组织结构

(一)皮质

皮质占肾上腺体积的 80%～90%，位于肾上腺的外围部分。根据细胞的形态和排列特征，皮质由浅到深可分为 3 个带，即球状带、束状带和网状带，三者间无明显界限。

1. 球状带　位于被膜下方，较薄。细胞较小，呈矮柱状或多边形，排列成球团状或椭圆形；细胞核小且染色较深；胞质含量较少，呈弱嗜酸性，内含少量脂滴。

球状带细胞分泌盐皮质激素，其中最主要的是醛固酮。盐皮质激素可促进肾远曲小管和集合小管对钠离子的重吸收以及钾离子的排出，对调节机体内水、电解质平衡起着十分重要的作用。

2. 束状带　位于球状带的深面，是皮质中最厚的部分。细胞较大，呈多边形，排列成单行或双行的细胞索；细胞核圆形，较大，着色浅；胞质内含大量脂滴，在 HE 染色切片中，因脂滴被溶解，胞质呈泡沫状或空泡状而染色浅。

束状带细胞分泌糖皮质激素，主要为皮质醇。糖皮质激素可促使蛋白质及脂肪分解并转变成糖，还有抑制免疫应答及抗炎症等作用。临床上常用大剂量的糖皮质激素配合其他药物治疗过敏性疾病和严重感染等。

3. 网状带　位于皮质最内层，细胞索相互吻合成网。细胞较小，形状不规则，界限不清楚，排列成索状，并互相连接成网；细胞核小，着色深；胞质呈嗜酸性，内含较多脂褐素和少量脂滴。

网状带细胞主要分泌性激素，以雄激素为主，也可产生少量雌激素。正常情况下，肾上腺皮质分泌的性激素量很少，如果肾上腺皮质分泌的性激素量过多，则可表现为女性男性化和男性第二性征过早出现。

知识链接

库欣综合征

库欣综合征(又称皮质醇过多综合征)是由肾上腺皮质分泌过多的糖皮质激素引起的一种临床综合征。该综合征可发生于任何年龄，常见于 20～45 岁人群，女性发病率高于男性。

库欣综合征的表现包括向心性肥胖，满月脸、紫纹、多血质外貌，高血压、糖代谢异常、肌肉骨骼异常、性功能改变以及造血系统的改变等。患者的皮肤可能呈暗红色，容易发生感染。在极少数情况下，患者可能会有电解质和酸碱平衡紊乱等。患者可能出现的并发症包括感染、心血管疾病、骨质疏松、代谢综合征以及精神障碍。

（二）髓质

髓质主要由排列成索状或团状的髓质细胞组成，其间为血窦和少量结缔组织，髓质中央有中央静脉。髓质细胞体积较大，呈多边形；细胞核圆形，位于中央；胞质着色浅，用含铬盐的固定液固定标本，胞质内可见黄褐色的嗜铬颗粒，故又称**嗜铬细胞**。

髓质细胞根据分泌颗粒内所含激素的不同，分为肾上腺素细胞和去甲肾上腺素细胞，分别分泌肾上腺素和去甲肾上腺素。肾上腺素使心肌收缩力增强，心率加快，心脏和骨骼肌的血管扩张；去甲肾上腺素使血管收缩、血压增高，同时可使心脏、脑和骨骼肌内的血流加速。

第四节 垂 体

一、垂体的形态、位置和分部

垂体为一灰红色的椭圆形小体，位于颅底蝶鞍的垂体窝内，上端借漏斗连于下丘脑，其前上方与视交叉相邻。

垂体由腺垂体和神经垂体两部分组成，表面包有结缔组织被膜。腺垂体位于前部，可分为远侧部、中间部和结节部三部分。远侧部最大，中间部位于远侧部和神经部之间，结节部围在漏斗周围。神经垂体位于后部，分为神经部和漏斗两部分。通常将远侧部和结节部称垂体前叶，神经部和中间部合称垂体后叶（图 11-8、图 11-9）。

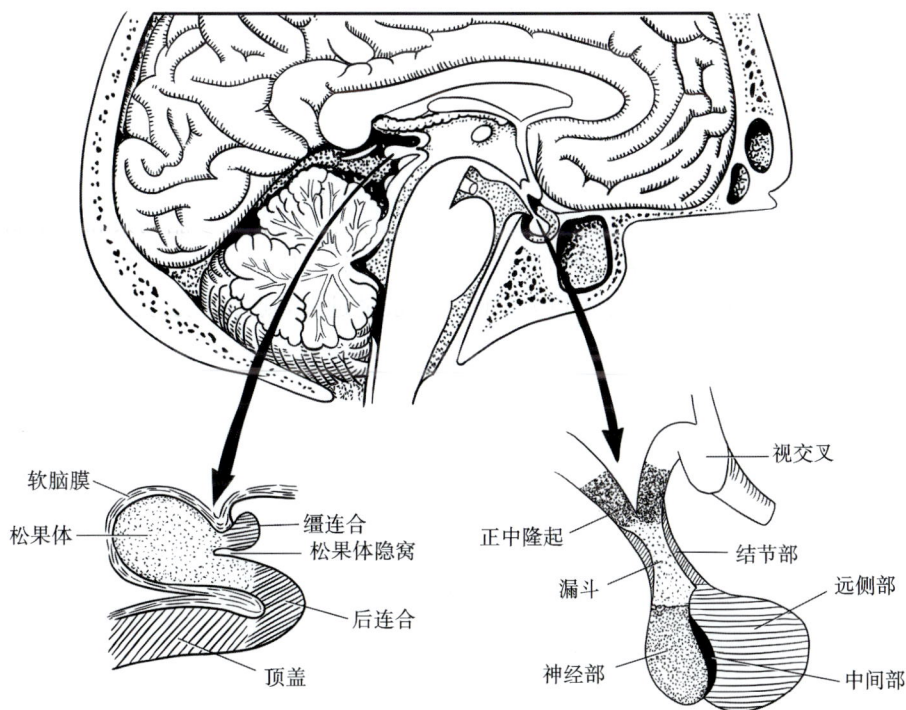

图 11-8 垂体的矢状切面图

垂体 ┬ 腺垂体 ┬ 远侧部 ┐
      │   │ 结节部 ┘ 前叶
      │   │ 中间部 ┐
      │   └   ┘ 后叶
      └ 神经垂体 ┬ 神经部 ┘
                 └ 漏斗 ┬ 正中隆起
                        └ 漏斗柄

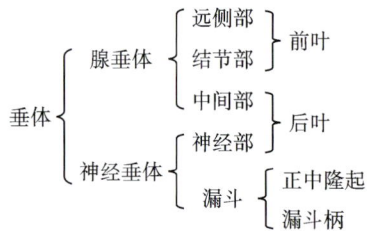

图 11-9　垂体的分部及分叶

二、垂体的组织结构

(一)腺垂体

1.远侧部　腺细胞排列成团索状,其间有丰富的窦状毛细血管和少量结缔组织。在 HE 染色切片中,依据腺细胞的着色不同可分为嗜色细胞和嫌色细胞两类,嗜色细胞又可分为嗜酸性细胞和嗜碱性细胞两种,均具有含氮类激素分泌细胞的结构特点(图 11-10)。

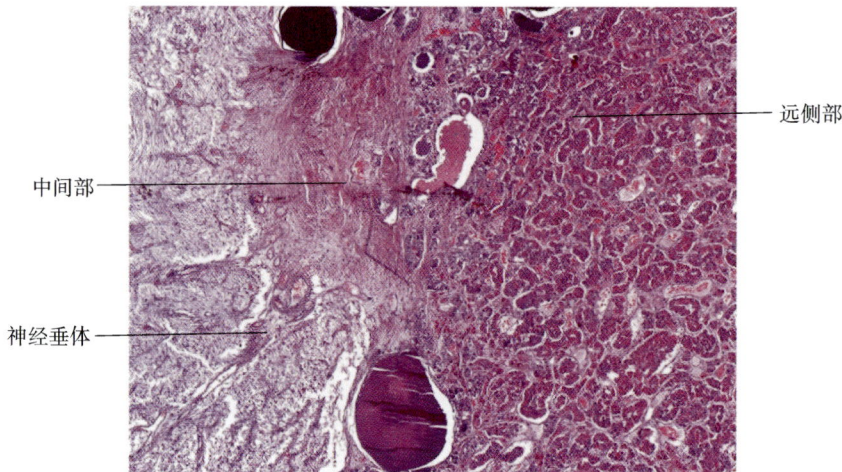

远侧部
中间部
神经垂体

图 11-10　垂体的组织结构

(1)**嗜酸性细胞**:数量多,细胞呈圆形或椭圆形,胞质内含有许多粗大的嗜酸性颗粒。嗜酸性细胞分泌以下两种激素。

①生长激素:能促进骨骼肌和内脏的生长及多种代谢过程。在幼年时,生长激素分泌不足可致垂体性侏儒症,分泌过多则引起巨人症;成人生长激素分泌过多可导致肢端肥大症。

②催乳素:能促进乳腺发育,于分娩前期和哺乳期促进乳汁分泌。

(2)**嗜碱性细胞**:数量较少,细胞呈圆形或多边形,胞质内含有嗜碱性颗粒。嗜碱性细胞分泌以下 3 种激素。

①促甲状腺激素:能促进甲状腺激素的生成和释放。

②促肾上腺皮质激素:能促进肾上腺皮质束状带细胞分泌糖皮质激素。

③促性腺激素:包括卵泡刺激素和黄体生成素两种。卵泡刺激素在女性可促进卵泡发育,在男性可刺激生精小管的支持细胞合成雄激素结合蛋白,以促进精子的发生;黄体生成素在女性可促进排卵和黄体形成,在男性则刺激睾丸间质细胞分泌雄激素。

(3)**嫌色细胞**:数量最多,细胞体积小,胞质少,着色浅,细胞界限不清。电镜下,嫌色细胞胞质内含少量分泌颗粒,因此这些细胞可能是脱颗粒的嗜色细胞,或是处于形成嗜色细胞的初期阶段。

2.中间部　位于远侧部与神经部之间的一纵行狭窄区域,由滤泡及其周围的嗜碱性细胞和嫌色细胞构成。嗜碱性细胞可分泌黑素细胞刺激素,作用于皮肤黑素细胞,促进黑色素的合成和扩散,使皮肤颜色变深。

3.结节部　包绕神经垂体的漏斗,前部厚,后部较薄或缺如。结节部毛细血管丰富,腺细胞排列成条索状或圆球状,主要是嫌色细胞,也有少量嗜酸性细胞和嗜碱性细胞。

Note

(二)神经垂体

神经垂体主要由无髓神经纤维和垂体细胞组成,含有较丰富的有孔毛细血管(图11-10)。

1.无髓神经纤维 由下丘脑神经核团(视上核、室旁核)的轴突向下会合于正中隆起内,形成下丘脑-神经垂体束,经漏斗柄进入神经部,末梢终止于毛细血管附近。下丘脑神经核团具有分泌激素的功能,其激素沿神经纤维输送至神经垂体。在轴突的沿途和终末部分,分泌颗粒常聚集成团,HE染色切片上被染成大小不等的均质状嗜酸性团块,称**赫林体**。

视上核和室旁核的神经内分泌细胞分别合成抗利尿激素(加压素)和催产素。抗利尿激素使小动脉平滑肌收缩,血压升高;同时又促进肾远曲小管和集合小管对水的重吸收,减少尿量。若这些神经元功能受损,抗利尿激素分泌减少,将出现尿崩症。催产素使子宫平滑肌收缩,加速分娩过程,同时也能促使乳腺分泌乳汁。

2.垂体细胞 即神经垂体内的神经胶质细胞,形态多样,大小不一。电镜下,可见垂体细胞包绕着含有分泌颗粒的无髓神经纤维,对神经纤维起支持和营养作用。

神经垂体无内分泌功能,只储存和释放下丘脑所产生的激素。

第五节 松 果 体

松果体为一灰红色的椭圆形腺体,位于背侧丘脑的后上方,以细柄附着于第三脑室顶的后部。松果体表面包以软脑膜,软脑膜结缔组织伴随血管深入实质,将实质分成许多小叶。松果体实质主要由松果体细胞、神经胶质细胞和无髓神经纤维等构成。

松果体在儿童期比较发达,一般7岁以后开始退化,结缔组织增生;成年后不断有钙盐沉积,可钙化形成脑砂,常可在X线片上见到,临床上可作为头颅X线平片诊断的定位标志。

松果体分泌褪黑素,参与调节机体的昼夜生物节律、睡眠、情绪,有抑制性腺成熟的作用。松果体有病变时,可出现性早熟和生殖器官过度发育。

🔲 小 结

内分泌系统包括内分泌腺、内分泌组织和散在分布的内分泌细胞。内分泌腺有甲状腺、甲状旁腺、肾上腺、垂体、松果体等。甲状腺位于颈前部,由左、右侧叶和甲状腺峡组成,其实质由甲状腺滤泡和滤泡旁细胞构成,可分泌甲状腺激素和降钙素。甲状旁腺多附着于甲状腺侧叶后面的纤维囊上,其实质主要由主细胞和嗜酸性细胞构成,可分泌甲状旁腺激素。肾上腺位于肾的上方,其实质由皮质和髓质构成,肾上腺皮质能分泌盐皮质激素、糖皮质激素和少量性激素;髓质分泌肾上腺素和去甲肾上腺素。垂体位于垂体窝内,由腺垂体和神经垂体两部分组成,腺垂体分泌生长激素、催乳素、促甲状腺激素、促肾上腺皮质激素和促性腺激素;神经垂体储存和释放下丘脑产生的抗利尿激素和催产素。松果体位于背侧丘脑的后上方,分泌褪黑素。

(臧 慧)

思政课堂

目标检测

263

第十二章 人体胚胎学概要

学 习 目 标

知识目标：

1.说出胚胎学的研究内容；胚胎发育时间及分期；双胎、多胎和联胎的成因；先天性畸形发生的原因及致畸敏感期。

2.描述受精的部位、过程及意义；卵裂、胚泡形成及植入的过程、部位、条件；胚盘的形成过程；胎膜和胎盘的组成和功能。

3.识别绒毛膜的发育、结构与异常，羊膜的形成与常见异常。

4.解释受精、胚泡、植入、胚盘、羊膜囊、卵黄囊、尿囊、脐带、蜕膜、胎膜、胎盘的概念。

5.比较三胚层的形成与分化。

能力目标：

1.能描述胚胎早期发育的基本过程。

2.会观察和辨认人体胚胎各部分的主要结构。

3.能运用所学胚胎学知识建立优生优育理念，宣讲优生优育知识。

素质目标：

尊重科学，尊重生命、珍惜生命、关爱生命，以健康情感审视生活，服务社会。

人体胚胎学是研究人出生前发生、发育过程及其演变机制的科学。胚胎在母体子宫内的发育是一个连续的过程，需经历38周(约266天)，可分为3个时期：①胚前期，指受精卵形成到第2周末二胚层胚盘出现的时期。②胚期，指第3周至第8周末的时期，此期包括卵裂、三胚层形成和各器官原基的建立，胚的外貌初具人形。③胎期，指第9周初至胎儿娩出的时期，此期胎儿逐渐长大，各器官继续发育，器官的结构和功能逐渐完善。

案例 12-1

患儿，男，8个月，因"发育迟缓"来院就诊。

查体：运动发育落后，不会翻身、独坐；眼距宽，鼻梁低平，肌张力低下；通贯掌、小指内弯。

染色体核型检查结果：47，XY，+21。

诊断：先天愚型(唐氏综合征)。

问题：

1.胚胎在母体子宫内的发育分为几期？

2.当患者家属咨询先天愚型的发生原因时，你如何进行解释？

第一节 生殖细胞与受精

一、生殖细胞

生殖细胞亦称配子,包括精子和卵子,成熟的配子均为单倍体细胞,即只含 23 条染色体,其中 1 条是性染色体。两性生殖细胞的发生和成熟是胚胎发生的前提,两性生殖细胞的结合即受精是新生命的开端。

(一)精子的成熟与获能

精子由睾丸的生精小管上皮产生,继而在附睾内发育成熟,精子顶体酶不断成熟,使精子具有定向运动的能力和使卵子受精的潜力。成熟的精子在通过子宫进入输卵管时,精子头所覆盖的一层糖蛋白被女性生殖管道内分泌物降解,当精子遇到卵子时,即能释放顶体酶,并穿越放射冠和透明带进入卵子内。精子获得使卵子受精的能力的过程称**获能**。

精子在女性生殖管道内的受精能力一般可维持 24 h。

(二)卵子的成熟

从卵巢排出的卵子是次级卵母细胞,处于第二次减数分裂的中期(仍为二倍体细胞)。当遇到精子后,受到精子穿入其内的激发,卵子迅速完成第二次减数分裂。若未受精,卵子在排卵后的 12～24 h 退化,被吞噬细胞吞噬并消化。

二、受精

受精指精子与卵子结合形成受精卵的过程,受精的部位多在输卵管的壶腹部。

(一)受精的条件

(1)卵子在排卵前必须处于第二次减数分裂的中期。

(2)精子发育正常并有足够的数量。正常男子每毫升精液含精子 1 亿～2 亿个,当精子数量低于 500 万个/毫升或精子形态异常(如双头单尾、双头双尾等)或活动能力较弱的精子较多时,均可导致男性不育。

(3)男、女性生殖管道通畅,生殖细胞才能顺利相遇。

(4)精子与卵子必须在限定的时间内相遇。精子的受精能力在女性生殖管道内维持 24 h,卵子在排卵后 12～24 h 死亡,故受精一般发生在排卵后 24 h 之内。

(二)受精的过程(图 12-1)

(1)获能后的精子接触放射冠,释放顶体酶溶解放射冠和透明带,打开进入卵细胞的通道。

(2)精子头部紧贴卵细胞表面,随后两者细胞膜融合,精子的细胞核进入卵细胞内,这时透明带、卵细胞膜立即发生一系列结构上的变化,阻止其余精子的进入。

(3)精子进入卵细胞后,激发次级卵母细胞迅速完成第二次减数分裂,核膜包围形成雌原核。精子尾迅速退化,精子头核膜解体消失,发生 DNA 合成和复制而形成新的核膜,形成雄原核。

(4)雄原核和雌原核逐渐在细胞中央相互靠拢,核膜消失,染色体相互混合,形成二倍体的受精卵,亦称合子。受精卵一旦形成,即开始细胞分裂。

(三)受精的意义

(1)受精能恢复细胞的二倍体核型,来自父母双方的基因互换配对,使新个体既有亲代的遗

Note

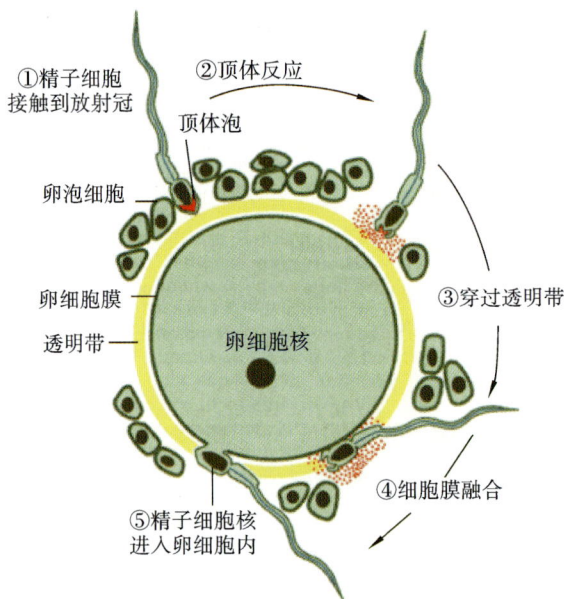

① 精子细胞
接触到放射冠
② 顶体反应
顶体泡
卵泡细胞
卵细胞膜
透明带
卵细胞核
③ 穿过透明带
④ 细胞膜融合
⑤ 精子细胞核
进入卵细胞内

图 12-1 受精示意图

传特征,又具有不同于亲代的性状。

(2)受精决定新个体的遗传性别,带有 Y 染色体的精子与卵子结合,发育为男性;带有 X 染色体的精子与卵子结合,发育为女性。

(3)受精启动胚胎发育,标志着一个新生命的开始。

知识链接

试管婴儿

试管婴儿是一种辅助生殖技术,其全称为体外受精-胚胎移植(IVF-ET)技术,即从女性体内获得卵子,从男方获得精液,经过优化处理,选取精子,然后将精子加入胚胎培养皿中,使卵子受精,再将受精卵进行体外培养,待受精卵发育到桑葚胚或更早的胚期,再将胚胎移植到母体内。

体外受精-胚胎移植技术最初由英国产科医生帕特里克·斯特普托和生理学家罗伯特·爱德华兹合作研究成功,1978 年第 1 例试管婴儿路易丝·布朗在英国顺利降生。

第二节 胚泡的形成与植入

一、卵裂和胚泡的形成

(一)卵裂

受精卵的细胞分裂称**卵裂**,卵裂后形成的细胞称**卵裂球**,卵裂的过程在透明带内进行,随着胚龄的增加,卵裂球的数目越来越多,而卵裂球的体积越来越小。受精后第 3 天,卵裂球数目达

12～16个,共同形成一个实心的胚,形似桑葚,称**桑葚胚**。

(二)胚泡的形成

桑葚胚的细胞继续发育分裂,至人胚第4天末,桑葚胚进入子宫腔,卵裂球细胞之间出现若干小腔隙,并逐渐融合成为一个大腔,腔内充满液体,透明带逐渐溶解。此时人胚呈囊泡状,称**胚泡**。胚泡由胚泡壁、胚泡腔和内细胞群3部分组成,胚泡壁由单层细胞构成,与胚泡发育、吸收营养有关,故称**滋养层**;胚泡腔由滋养层围成,其内充满胚液;胚泡腔内一侧的细胞附于滋养层内面,称**内细胞群**,它是人胚最早的原基。覆盖于内细胞群外表面的滋养层细胞称**极端滋养层**(图12-2、图12-3)。

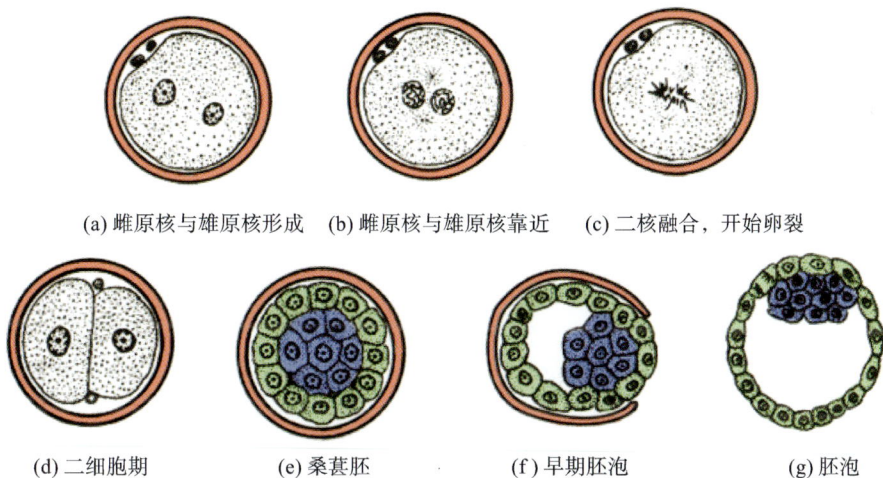

(a) 雌原核与雄原核形成　(b) 雌原核与雄原核靠近　(c) 二核融合,开始卵裂

(d) 二细胞期　　(e) 桑葚胚　　(f) 早期胚泡　　(g) 胚泡

图 12-2　卵裂和胚泡的形成示意图

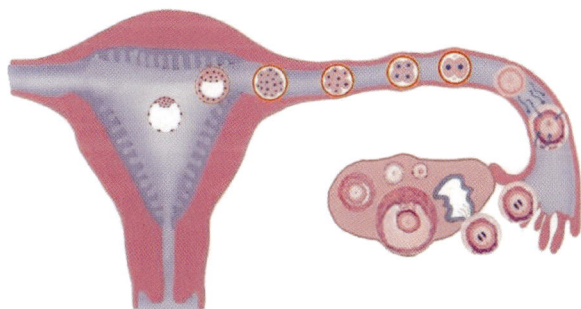

图 12-3　排卵、受精和胚泡形成示意图

二、胚泡的植入

胚泡逐渐埋入子宫内膜的过程称**植入**,又称着床。植入于受精后的第5～6天开始,第11～12天完成。

(一)植入的过程

植入时,透明带已完全溶解消失,极端滋养层细胞与子宫内膜接触并分泌蛋白水解酶,在内膜处溶开一个缺口,胚泡边溶解边推进直至完全被包埋于内膜中,缺口修复,植入完成。

在植入的过程中,与子宫内膜接触的滋养层细胞迅速增殖增厚,并分化为内、外两层。外层细胞相互融合,细胞间界限消失,称**合体滋养层**;内层细胞界限清楚,由单层立方细胞构成,称**细胞滋养层**。细胞滋养层的细胞具有分裂能力,可不断形成新的细胞融入合体滋养层。增厚的滋养层的外层出现一些小的腔隙,称**滋养陷窝**,它与子宫内膜的小血管相通,其内充满母体血液(图12-4)。

·人体解剖学与组织胚胎学·

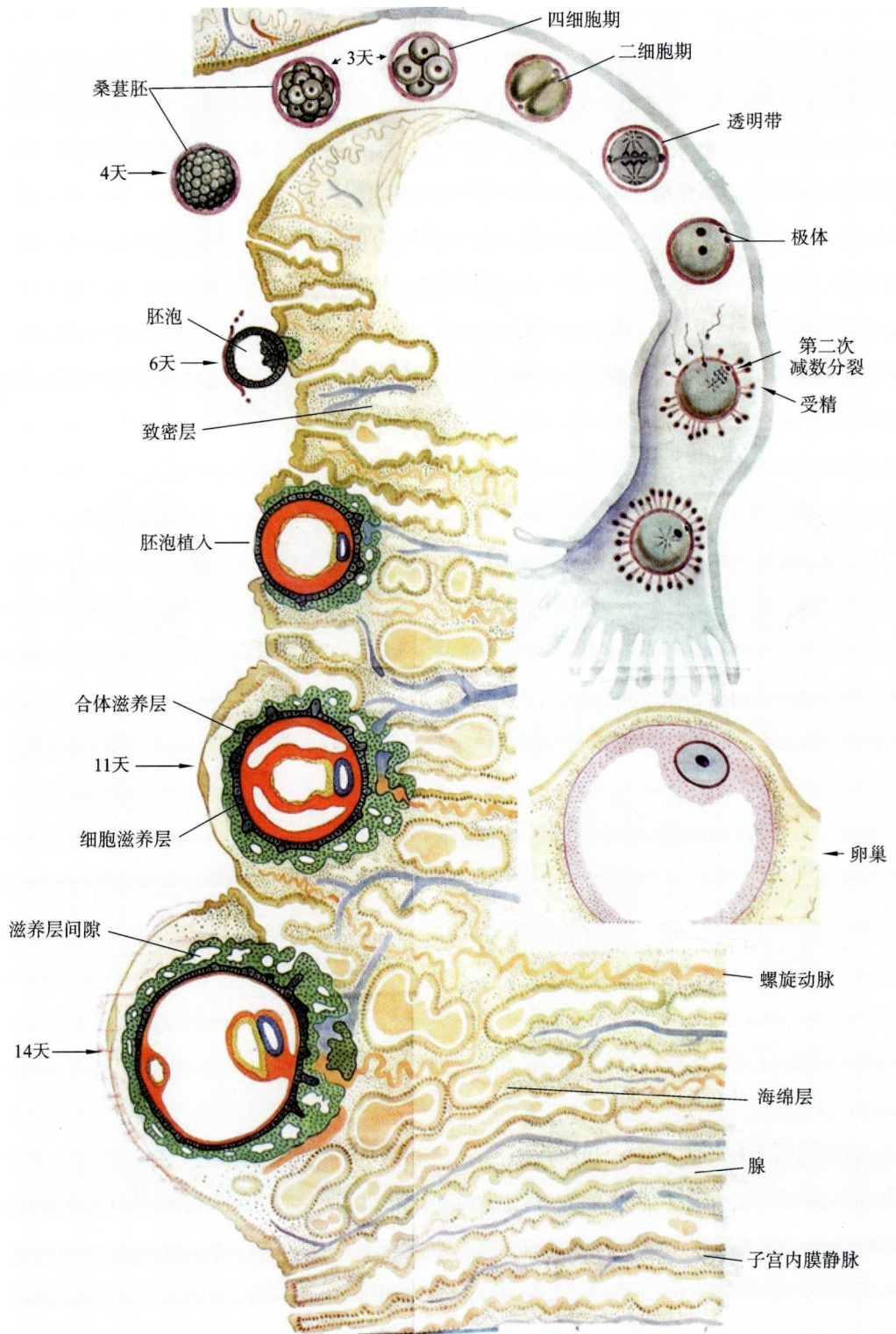

图 12-4　植入的过程示意图

（二）植入的部位

胚泡植入的部位通常在子宫体部和底部，多见于子宫后壁。若胚泡植入部位接近子宫颈，将形成前置胎盘，分娩时可堵塞产道，导致胎儿娩出困难。若胚泡植入在子宫腔以外的部位，称为异位妊娠,俗称宫外孕,如输卵管妊娠、腹腔妊娠(图 12-5)。异位妊娠胚胎多因营养供应不足,于妊娠早期死亡,多数输卵管妊娠会破裂,引起腹腔内大出血。

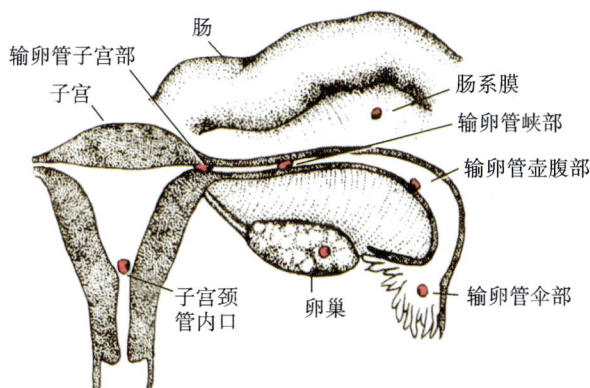

图 12-5 异位妊娠示意图

知识链接

异位妊娠

异位妊娠是妇产科常见的急腹症之一。根据植入部位不同,异位妊娠可分为输卵管妊娠、卵巢妊娠、腹腔妊娠、子宫颈妊娠等,以输卵管妊娠较多见。输卵管妊娠较多见的部位是输卵管峡部和输卵管壶腹部,在妊娠早期即可发生破裂,造成腹腔内大出血、休克。

(三)植入后子宫内膜的变化

植入时子宫内膜处于分泌期,植入后血液供应更加丰富,腺体分泌更旺盛,基质细胞肥大,富含糖原和脂滴,子宫内膜进一步增厚,子宫内膜的这种变化称蜕膜反应,胚泡植入后的子宫内膜称**蜕膜**。根据胚泡与蜕膜的关系,蜕膜分为 3 部分:①**基蜕膜**,位于胚泡的深面;②**包蜕膜**,覆盖在胚泡的子宫腔侧;③**壁蜕膜**,除基蜕膜和包蜕膜以外的蜕膜。包蜕膜与壁蜕膜之间为子宫腔,随着胚胎发育长大,包蜕膜与壁蜕膜逐渐靠近,最后合并,子宫腔随之消失(图 12-6)。

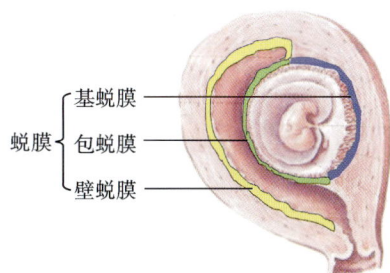

图 12-6 胚胎与子宫蜕膜的关系示意图

第三节 胚盘的形成

胚泡内细胞群的细胞增殖、分化,逐渐形成圆盘状的**胚盘**,在形成三胚层胚盘之前,首先形成的是二胚层胚盘。

Note

一、二胚层胚盘及相关结构的形成

(一)二胚层胚盘的形成

受精后第 2 周,在胚泡植入的过程中,内细胞群的细胞不断分裂增生,面向胚泡腔一侧的细胞分裂增殖,形成一层整齐的立方细胞,称**下胚层**。下胚层上方其余的内细胞群细胞重新排列,形成一层柱状细胞,称**上胚层**。上胚层和下胚层的细胞紧密相贴,形成一个椭圆形的盘状结构,称**二胚层胚盘**(图 12-7)。

(二)羊膜囊

上胚层形成后,其背侧的滋养层细胞分裂增殖,形成一层扁平的羊膜细胞,称**羊膜上皮**,其周缘与上胚层的周缘相接,在羊膜上皮与上胚层之间形成一个腔隙,称**羊膜腔**,内含液体,称**羊水**。上胚层即羊膜腔的底。

(三)卵黄囊

下胚层周缘的细胞增生,向腹侧生长迁移围成一个囊,称**卵黄囊**,其顶为下胚层。

(四)胚外中胚层的形成

胚泡滋养层的细胞向胚泡腔内增殖形成一些星状多突起的细胞,填充于滋养层和羊膜囊、卵黄囊之间,形成**胚外中胚层**,胚泡腔随之消失。胚外中胚层内逐渐出现一些小腔,小腔合并成大腔,称**胚外体腔**。胚外中胚层分别附着于滋养层内表面及羊膜囊和卵黄囊的外表面。随着胚外体腔的扩大,二胚层胚盘及其背腹两侧的羊膜囊、卵黄囊仅由少部分胚外中胚层与滋养层直接相连,此部分胚外中胚层称**体蒂**。体蒂将发育为脐带的主要成分。

二、三胚层胚盘的形成

受精后第 3 周,部分胚盘上胚层的细胞在上、下胚层之间迅速增殖,并由胚盘的两侧向尾端中线转移,形成一条增厚的细胞索,称**原条**,原条的出现决定了胚盘的头尾端和中轴,即原条出现侧为尾端,其前方为头端。原条的头端细胞增殖较快,形成结节状,称**原结**。继而,原结的中心出现浅凹,原条的中线出现浅沟,分别称**原凹**和**原沟**(图 12-7)。

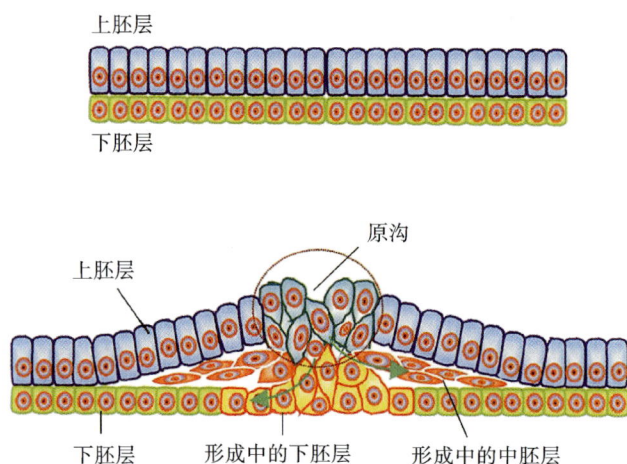

图 12-7 胚盘形成示意图

原结的细胞增殖,经原凹向深部迁移,在上、下胚层之间沿胚盘中线向头端迁移,形成一条细胞索,称**脊索**。原沟底的细胞在上、下胚层间向胚盘左右两侧及头、尾侧扩展,于是在上、下胚层间形成一层新细胞层,即为**胚内中胚层**,即**中胚层**。在胚盘头端和尾端各有一小区域没有中胚层,此处上、下胚层直接相贴,分别构成口咽膜和泄殖腔膜。口咽膜头端的中胚层,称**生心区**,是心脏发生的部位。原条和脊索构成了胎盘的中轴,并成为该发育阶段的支持组织,脊索两侧为**胚内中胚层**。脊索生长快,向头端生长,而原条向尾侧逐渐退化消失。

第四节　胚体的形成与三胚层的分化

一、胚体的形成

三胚层胚盘形成后,即受精后第 4 周初,其边缘向腹侧卷折形成头褶、尾褶及左、右侧褶。它们逐渐向中心靠拢,最终在胚盘腹侧的成脐处汇聚,扁平形的胚盘变为圆柱状(头尾方向的生长快于左右侧向的生长)的胚体:上胚层包于胚体外表;胚体凸入羊膜腔;体蒂和卵黄囊在成脐处合并,外包羊膜,形成脐带;下胚层卷到胚体内部,形成头尾方向的原始消化管;口咽膜和泄殖腔膜转到胚体的腹面,分别封闭原始消化管的头端和尾端。

二、三胚层的分化

伴随胚体的形成,三胚层也不断进行分化,逐渐形成各器官系统的原基(图 12-8)。

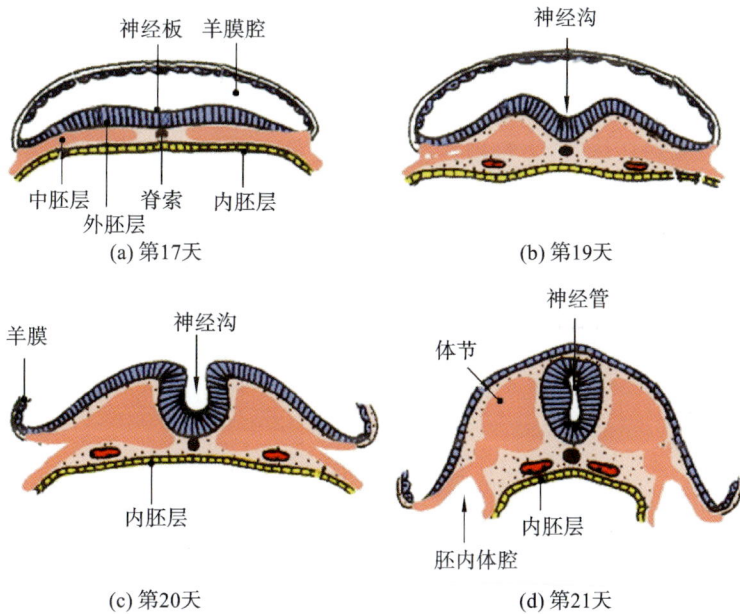

图 12-8　三胚层分化示意图

(一)上胚层的分化

脊索形成后,诱导其背侧的上胚层细胞增厚呈纵行板状,称**神经板**。构成神经板的这部分上胚层也称**神经上胚层**,而其余部分称**表面上胚层**。

1. 神经管的形成和分化　神经板随着脊索的生长而增长,头侧宽,尾部窄,形成倒置的梨形。继而神经板中央沿长轴下陷形成**神经沟**,沟左右两侧的隆起称**神经褶**。两侧的神经褶在神经沟中段靠拢融合,并向头、尾两端延伸,使神经沟封闭成管状,称**神经管**。神经管两侧的表面上胚层

Note

在其上方靠拢并融合,使神经管埋入深部。神经管是中枢神经系统的原基,将分化为脑和脊髓,以及神经垂体和视网膜等。神经管头、尾两端未闭合时,分别留有两个开口,称**前神经孔**和**后神经孔**。若前、后神经孔未闭合,会导致无脑畸形和脊髓裂。

2.神经嵴的形成和分化 神经褶边缘的一些细胞迁移到神经管的背侧形成两条纵行的细胞索,称**神经嵴**。神经嵴是周围神经系统的原基,将形成脊神经节、交感神经节以及肾上腺髓质等。

3.表面上胚层的分化 表面上胚层将分化为皮肤的表皮及其附属器,牙釉质、晶状体、内耳膜迷路、角膜上皮,以及腺垂体、口腔、鼻腔、肛门等上皮。

(二)中胚层的分化

中胚层在脊索两旁从内侧向外侧依次分化为轴旁中胚层、间介中胚层和侧中胚层。中胚层细胞通常先形成间充质,再分化为身体各部的结缔组织、血管、肌组织等。

1.轴旁中胚层 紧靠脊索两侧的中胚层,细胞迅速增殖形成两排纵行的细胞索,称轴旁中胚层,然后断裂为块状细胞团,称**体节**,共 42~44 对,将分化为皮肤的真皮、皮下组织、中轴骨骼和骨骼肌等。

2.间介中胚层 位于轴旁中胚层和侧中胚层之间,将分化为泌尿系统和生殖系统的主要器官和结构。

3.侧中胚层 中胚层最外侧的部分。两侧的侧中胚层在口咽膜的头侧汇合为生心区,是心脏发生的原基。侧中胚层中央出现裂隙,形成**胚内体腔**。由于胚内体腔形成,侧中胚层分为两层:与上胚层相贴的一层,称**体壁中胚层**,将分化为胸腹部和四肢的骨骼、肌肉、血管和结缔组织等;与下胚层相贴的一层,称**脏壁中胚层**,覆盖于原始消化管的外面,将分化为消化系统、呼吸系统的肌组织、结缔组织和血管等。胚内体腔与胚外体腔分开,分化为心包腔、胸膜腔和腹腔。

(三)上胚层的分化

上胚层在胚体形成圆柱体时,向腹侧卷折,最终被包入胚体内部,形成一条头尾走向的封闭管道,称**原始消化管**,将分化为咽喉及其以下的消化系统、呼吸系统的上皮以及中耳鼓膜、甲状腺、甲状旁腺、胸腺、膀胱和阴道的上皮组织等。

胚体经历了第 4~8 周的发育后,各器官的原基均已形成,至第 8 周末,颜面及上、下肢已初步形成,胚体初具人形。

第五节　胎膜和胎盘

胎膜和胎盘是受精卵分裂分化所形成的除胚体以外的附属结构,是胚胎发育过程中不可缺少的组织和器官,对胚胎起保护、营养、呼吸、排泄和内分泌等作用。

一、胎膜

胎膜包括绒毛膜、羊膜、卵黄囊、脐带和尿囊(图 12-9)。

(一)绒毛膜

绒毛膜由细胞滋养层、合体滋养层和胚外中胚层共同构成。胚泡植入完成后,滋养层已分化为合体滋养层和细胞滋养层两层,继之细胞滋养层的细胞局部增殖,形成许多伸入合体滋养层内的突起,这时,表面有许多突起的滋养层和内面的胚外中胚层合称为绒毛膜。绒毛膜包在胚胎及其他附属结构的最外面,直接与子宫内膜接触,膜的外表有大量绒毛。绒毛的发育使绒毛膜与子

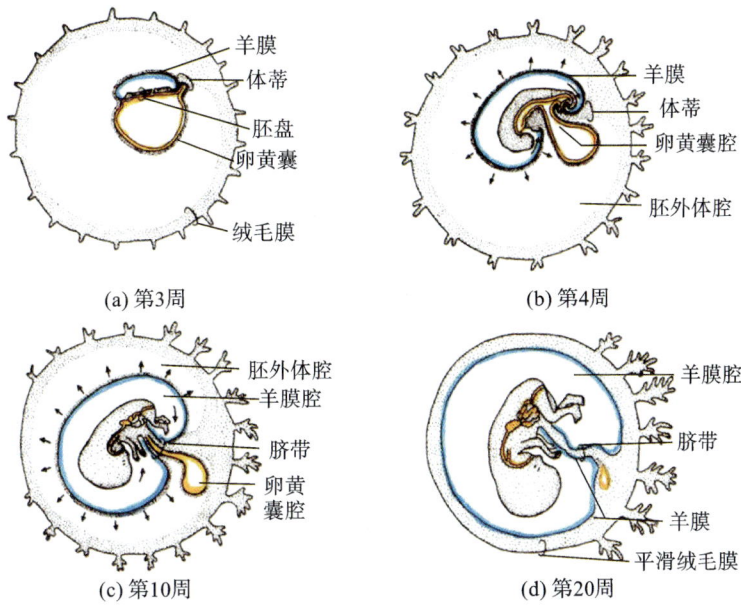

图 12-9 胎膜的形成及演变示意图

宫蜕膜接触面增大,有利于胚胎与母体间的物质交换。

胚胎第 2 周末的绒毛仅由外表的合体滋养层和内部的细胞滋养层构成,称**初级绒毛干**。胚胎第 3 周时,胚外中胚层逐渐伸入绒毛干内,改称**次级绒毛干**。此后,绒毛干内的间充质分化为结缔组织和血管,形成**三级绒毛干**。绒毛干进而发出分支,形成许多细小的绒毛。

绒毛干末端的细胞滋养层细胞增殖,穿出合体滋养层,抵达蜕膜组织,将绒毛干固着于蜕膜上。这些穿出的细胞滋养层细胞沿蜕膜扩展,彼此连接,形成一层细胞滋养层壳,使绒毛膜与子宫蜕膜牢固连接。绒毛干之间的间隙,称绒毛间隙,间隙内充满来自母体子宫螺旋动脉的血液,各级绒毛干表面形成的细小的绒毛浸浴在绒毛间隙的母体血中,胚胎借绒毛汲取母体血中的营养物质和氧气并排出代谢产物。

胚胎早期,整个绒毛膜表面的绒毛均匀分布。胚胎第 8 周以后,由于包蜕膜侧的血供匮乏,绒毛逐渐退化、消失,形成表面无绒毛的平滑绒毛膜。基蜕膜侧的绒毛因血液供应充足、营养丰富、生长茂密、反复发出分支而形成丛密绒毛膜,丛密绒毛膜与基蜕膜共同组成胎盘。丛密绒毛膜内的血管通过脐带与胚体内的血管连通。此后,随着胚胎的发育增长及羊膜腔的不断扩大,羊膜、平滑绒毛膜和包蜕膜进一步凸向子宫腔,最终与壁蜕膜融合,子宫腔逐渐消失。

在绒毛的发育过程中,如果绒毛表面的滋养层细胞过度生长,则内部的结缔组织变性水肿,形成许多大小不等的水泡样结构,形似葡萄,称**葡萄胎**。其中的胎盘因营养缺乏不能正常发育而死亡。如果滋养层细胞发生恶变,则形成绒毛膜上皮癌。

(二)羊膜

羊膜为半透明薄膜,表面光滑,无血管、神经及淋巴,由羊膜上皮和覆盖其外的胚外中胚层组成。羊膜所围成的腔为**羊膜腔**,腔内充满羊水。胚体变为圆柱体后凸入羊膜腔,胚胎在羊水中生长发育。羊膜腔的扩大逐渐使羊膜与绒毛膜相贴,胚外体腔消失。

羊水为淡黄色的液体,呈弱碱性,含有脱落的上皮细胞和一些胎儿的代谢产物。正常羊水在妊娠早期为无色澄清液体;在妊娠中期,因胎儿吞咽羊水,并排出消化、泌尿系统的分泌物,羊水逐渐变浑浊;妊娠晚期,羊水因混有胎脂、脱落的上皮而呈乳白色。羊膜和羊水对胚胎有重要的保护作用,如胎儿在羊水中可以自由活动,可防止胎儿肢体粘连,能缓冲外界对胎儿的震动和压

Note

迫；在分娩时还有扩张子宫颈和冲洗产道的作用。此外，通过羊膜穿刺术抽取羊水，进行脱落细胞染色体检查或测定羊水中某些物质的含量，可以早期诊断某些先天性异常，为优生工作提供科学依据。

随着胚胎的长大，羊水也相应增多，分娩时有 1000～1500 mL。若羊水过少（500 mL 以下），易发生羊膜与胎儿粘连而影响胎儿正常发育；若羊水过多（2000 mL 以上），也可影响胎儿正常发育。羊水量不正常，还与某些先天性畸形有关，如胎儿无肾或尿道闭锁可致羊水过少；胎儿消化道闭锁或神经管封闭不全可致羊水过多。

（三）卵黄囊

卵黄囊位于原始消化管腹侧。在人胚胎的发育过程中，随着胚体的形成，卵黄囊顶部的下胚层被卷入胚体内，形成原肠，其余部分形成卵黄蒂，与原肠相连。卵黄蒂于胚胎第 6 周闭锁、消失，卵黄囊也逐渐退化。

（四）脐带

脐带是连于胎儿与胎盘之间的一条圆索状结构，胚胎及胎儿借助脐带悬浮于羊水中。脐带外被羊膜，内含闭锁的卵黄蒂、尿囊、两条脐动脉和一条脐静脉，以及具有保护脐血管作用的结缔组织。脐血管的一端与胚胎血管相连，另一端与胎盘绒毛血管续连。脐动脉可将胚胎血液运送至胎盘绒毛内，在此，绒毛毛细血管内的胎儿血与绒毛间隙内的母体血进行物质交换。脐静脉可将胎盘绒毛汇集的血液送回胚胎。因此，脐带是母体与胎儿之间营养物质供应及代谢产物排出的重要通道。

妊娠足月时，脐带长 30～70 cm，直径为 1.0～2.5 cm，透过脐带表面的羊膜，可见内部盘曲缠绕的脐血管。若脐带过短（20 cm 以下），胎儿娩出时易引起胎盘过早剥离，导致产妇出血过多；若脐带过长（120 cm 以上），容易发生脐带绕颈或缠绕打结，可致胎儿局部发育不良，甚至窒息死亡。

（五）尿囊

尿囊发生于胚胎第 3 周，是从卵黄囊尾侧向体蒂内伸出的一个下胚层盲囊。随着尿囊的发生，其壁上的胚外中胚层分化形成尿囊动脉和尿囊静脉，逐渐分别演化成脐动脉和脐静脉。尿囊根部参与膀胱形成，其余的部分仅存数周便退化。

二、胎盘

（一）胎盘的结构

胎盘是母体与胎儿间进行物质交换的器官，由羊膜、胎儿的丛密绒毛膜与母体子宫的基蜕膜共同组成。足月胎儿的胎盘重约 500 g，直径为 15～20 cm，厚 1～3 cm，中央厚，周边薄。丛密绒毛膜为胎盘的子体部，基蜕膜为胎盘的母体部。胎盘的胎儿面光滑，表面覆盖着羊膜，脐带一般附于近中央处，透过羊膜可见脐血管呈放射状分布在绒毛膜上；胎盘的母体面粗糙，表面呈暗红色，有不规则的浅沟将其分为 15～30 个微凸的小区，称胎盘小叶。

在胎盘垂直切面上可见羊膜下方为绒毛膜的结缔组织，脐血管的分支行于其中。绒毛膜发出 40～60 根绒毛干。绒毛干又发出许多细小绒毛，干的末端以细胞滋养层壳固着于基蜕膜上。脐血管的分支沿绒毛干进入绒毛内，形成毛细血管。绒毛干之间为绒毛间隙，由基蜕膜构成的短隔伸入间隙内，称**胎盘隔**。胎盘隔将绒毛干分隔到胎盘小叶内，每个小叶含 1～4 根绒毛干。子宫螺旋动脉与子宫静脉开口于绒毛间隙，故绒毛间隙内充以母体血，绒毛浸在母体血中（图 12-10）。

（二）胎盘的血液循环

胎盘内有母体和胎儿两套血液循环通路，两套通路的血液在各自的封闭管道内循环，互不相

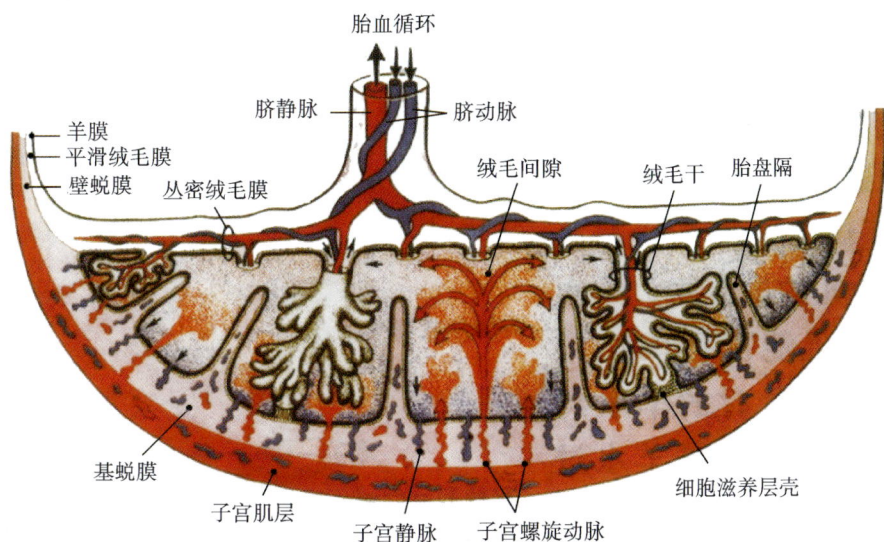

图 12-10　胎盘结构示意图

混,但可进行物质交换。母体动脉血从子宫螺旋动脉流入绒毛间隙,与绒毛内毛细血管的胎儿血进行物质交换后,由子宫静脉回流入母体。胎儿的静脉血经脐动脉及其分支流入绒毛毛细血管,与绒毛间隙内的母体血进行物质交换后,成为动脉血,又经脐静脉回流到胎儿体内。

胎儿血与母体血在胎盘内进行物质交换所通过的结构,称**胎盘膜**或**胎盘屏障**。早期胎盘屏障由合体滋养层、细胞滋养层和基膜、薄层绒毛结缔组织及毛细血管内皮和基膜组成。随着胚胎生长,细胞滋养层在许多部位消失,胎盘屏障逐渐变薄,胎儿血与母体血之间仅隔以绒毛毛细血管内皮、薄层合体滋养层及两者的基膜,更有利于胎儿血与母体血间的物质交换。

(三)胎盘的功能

1.物质交换功能　物质交换是胎盘的主要功能,胎儿通过胎盘从母体血中获得营养物质和氧气,排出的代谢产物和二氧化碳通过胎盘排入母体。因此,胎盘既是胎儿的营养吸收器官,又是呼吸和排泄的器官。

2.防御功能　胎盘屏障是分隔母体血和胎儿血的结构,有选择性通透作用。正常情况下,胎盘屏障能阻挡母体血内大分子物质进入胎体,对胎儿具有保护作用,但是大部分药物和激素可以通过胎盘屏障进入胎体;某些病毒(如风疹病毒、麻疹病毒、水痘-带状疱疹病毒、脊髓灰质炎病毒和人类免疫缺陷病毒)可以通过胎盘屏障进入胎体引起胎儿感染,有些病毒(如风疹病毒)和药物还可引起先天性畸形,故孕妇用药应慎重。

3.内分泌功能　胎盘的合体滋养层能分泌多种激素,对维持妊娠的正常进行、保证胎儿的正常发育具有重要作用。胎盘分泌的主要激素如下。

①**人绒毛膜促性腺激素**(HCG):在妊娠第 2 周开始分泌,第 8 周达高峰,以后逐渐下降,临床上常通过检测尿中有无此种激素来辅助诊断早期妊娠,该激素的作用是促进母体黄体的生长发育,以维持妊娠。

②**人胎盘促乳素**(HPL):于妊娠第 2 个月开始分泌,第 8 个月达高峰,直到分娩,其作用是促使母体乳腺生长发育,为产后泌乳做好准备,同时也能促进胎儿的生长发育。

③**孕激素和雌激素**:于妊娠第 4 个月开始分泌,以后逐渐增多。母体的黄体退化后,胎盘的这两种激素起着继续维持妊娠的作用。

第六节　双胎、联胎和多胎

一、双胎

一次分娩两个新生儿称双胎或孪生，双胎可以来自两个受精卵，也可来自一个受精卵（图12-11）。

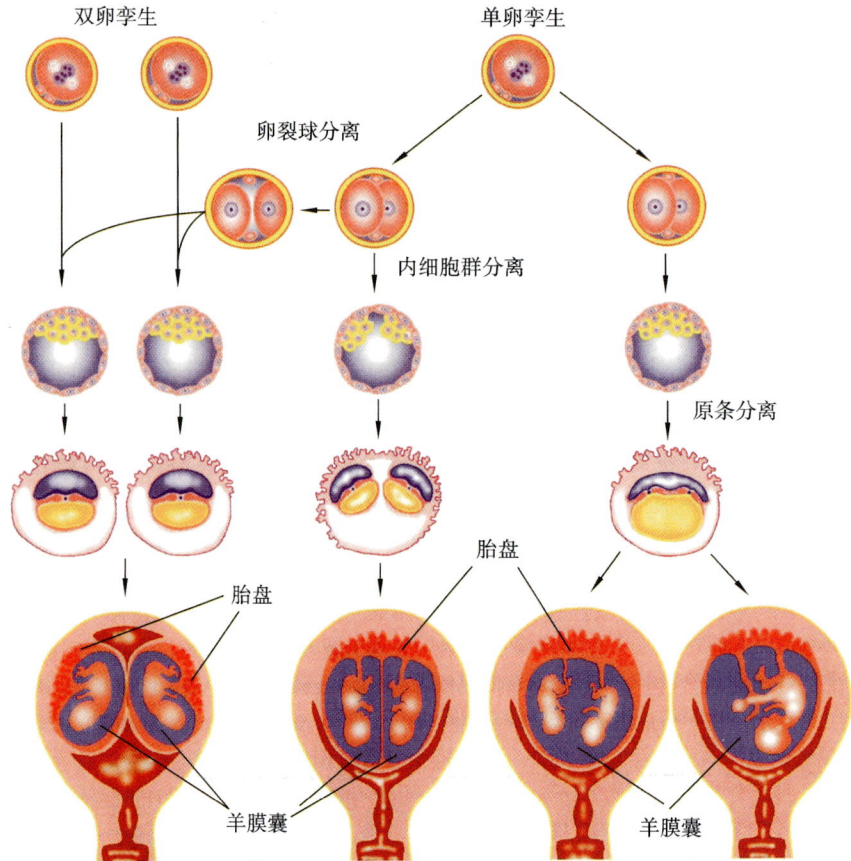

图 12-11　双胎形成示意图

（一）单卵孪生

单卵孪生指一个受精卵发育为两个胚胎，约占孪生的 1/3。单卵孪生的两个个体的基因完全一样，性别相同，面貌酷似，血型及组织相容性抗原相同，故互相做组织或器官移植时不产生排斥反应。

（二）双卵孪生

双卵孪生指一次排出两个卵子分别受精后发育为两个胚胎，约占孪生的 2/3。两个胚胎有各自的胎膜与胎盘，性别相同或不同，相貌和生理特性的差异如同一般兄弟姐妹。

二、联胎

发生于单卵孪生，两个胚胎的胚体局部相连，称**联胎**或连体畸胎。联胎有对称型和不对称型两类。对称型指两个胚胎大小相同，常见的有胸腹联胎、臀部联胎等。若联胎中两个个体一大一小，小者常发育不全，形成寄生胎或胎中胎（图12-12）。

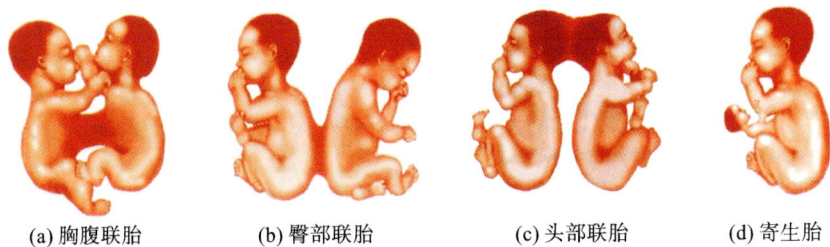

(a) 胸腹联胎　　(b) 臀部联胎　　(c) 头部联胎　　(d) 寄生胎

图 12-12　各种联胎

三、多胎

一次娩出两个以上新生儿称**多胎**。多胎形成的原因与双胎大体相同，可以是单卵多胎、多卵多胎及混合多胎，以混合多胎多见。多胎的发生与遗传因素、环境因素、年龄及妊娠次数有关。

第七节　先天性畸形与致畸因素

一、先天性畸形

先天性畸形是由于胚胎发育紊乱而出现的形态结构异常，出生时即已存在。先天性畸形影响胎儿发育，是胎儿宫内死亡的主要原因。先天性畸形以消化系统、皮肤及四肢畸形多见。

二、致畸因素

先天性畸形主要由遗传因素和环境因素的单独或相互作用引起。

(一) 遗传因素

遗传因素引起的先天性畸形包括染色体畸变和基因突变。

1. 染色体畸变　染色体数目或结构发生改变而引起的发育异常，如染色体数目减少、染色体数目增多、染色体发生倒位、染色体缺失等。例如，先天愚型是多了一条常染色体；先天性卵巢发育不全是少了一条性染色体（X 染色体）；猫叫综合征由 5 号染色体短臂末端断裂缺失引起。

2. 基因突变　基因的核苷酸顺序或数目发生改变而引起的发育异常。基因突变主要造成代谢性遗传病（如苯丙酮尿症等），引起的畸形有软骨发育不全、肾上腺肥大、多囊肾、小头畸形等。

知识链接

唐氏综合征

唐氏综合征又称先天愚型或 Down 综合征，是由染色体异常（多了一条 21 号染色体）而导致的疾病。60% 的患儿在胚胎早期即流产，存活者有明显的智能落后、特殊面容、生长发育障碍和多发畸形。该病目前尚无有效治疗方法，产前诊断是防止唐氏综合征患儿出生的有效措施。产前诊断即染色体核型分析，是在妊娠中期行羊膜腔穿刺做羊水细胞分析，以及妊娠中期胚胎绒毛细胞和妊娠中期脐带血淋巴细胞等分析。产前筛查时，测定血清标志物 HCG、AFP 也有一定的临床意义。

Note

(二)环境因素

有害的环境因素可对精子、卵子或受精卵发育的不同阶段产生影响,从而引起先天性畸形。凡能引起先天性畸形的环境因素统称为致畸因子。致畸因子主要包括生物性致畸因子、物理性致畸因子、化学性致畸因子以及其他致畸因子。

1. 生物性致畸因子　致畸微生物可直接穿过胎盘屏障作用于胚体或间接破坏胎盘屏障而引起胎儿畸形。目前已经确定对人类胚胎有致畸作用的生物性致畸因子有风疹病毒、巨细胞病毒、单纯疱疹病毒、弓形体、梅毒螺旋体等。

2. 物理性致畸因子　射线是最早被发现的一种物理性致畸因子。孕妇在妊娠早期接触大剂量的 X 射线、放射碘等,可引起胎儿小头、智能低下、骨发育不全、甲状腺发育不全等畸形。如高温、机械性压迫和损伤等也可引起胎儿先天性畸形。

3. 化学性致畸因子　部分抗生素、抗惊厥药物、激素类口服避孕药可引起多种先天性畸形,另外,大多数抗肿瘤药物有明显的致畸作用,如甲氨蝶呤可引起无脑、小头及四肢畸形。农药、食品添加剂、防腐剂、某些重金属(如铅、砷、镉、汞)也有一定的致畸作用。

4. 其他致畸因子　酗酒、大量吸烟、缺氧、严重营养不良等均有致畸作用。妊娠期过量饮酒可引起多种畸形,称胎儿酒精综合征,主要表现为胎儿发育迟缓、小头、小眼、短眼裂、眼距小等。吸烟的孕妇胎儿出现畸形的危险性比不吸烟者大大增高,严重者可导致胎儿死亡和流产。

三、致畸敏感期

胚胎的发育是连续的过程,处于不同发育阶段的胚胎对致畸因子作用的敏感程度不同。受到致畸因子作用后,最易发生畸形的发育时期称**致畸敏感期**,在这一时期的妊娠期保健最为重要。

受精后 2 周内,胚胎对一般有害物质不敏感,较少发生畸形。

受精后 3～8 周是胚胎发育的最重要时期,许多重要器官及系统正在陆续分化,组织娇嫩、敏感,极易受到内、外环境因素的影响与损害,导致形体与内脏的畸形,故此期称为致畸敏感期。

受精后第 9～38 周为胎儿期,器官组织逐渐发育成形,对有害物质的敏感性下降。

中枢神经系统分化发育时间较长,直到妊娠晚期还保持对致畸因子的敏感性,故妊娠期受侵害可影响胎儿智能发育。

小　结

受精卵通过卵裂形成桑葚胚、胚泡,并植入子宫内膜。在受精后第 2 周,由上、下胚层构成的二胚层胚盘形成,它是胚体发育的原基。第 3 周,原条、原结出现,三胚层胚盘形成,并逐渐分化为各个器官的原基。至第 8 周末,胚胎已经初具人形。

在受精卵不断分裂的过程中,有一部分形成胎膜和胎盘等附属器官。胎膜包括绒毛膜、羊膜、卵黄囊、尿囊和脐带。绒毛膜由滋养层和其内面的胚外中胚层构成,可分为初级绒毛干、次级绒毛干和三级绒毛干。胎盘由羊膜、胎儿的丛密绒毛膜与母体子宫的基蜕膜共同组成,是母体与胎儿间进行物质交换的器官。双胎指一次妊娠分娩两个新生儿,分为双卵孪生和单卵孪生两种。先天性畸形主要由遗传因素和环境因素的单独或相互作用引起。

（王景伟　周　晴）

思政课堂

目标检测

Note

主要参考文献

ZHUYAOCANKAOWENXIAN

[1] 崔慧先,刘学政.系统解剖学[M].10版.北京:人民卫生出版社,2024.
[2] 李继承,邵淑娟.组织学与胚胎学[M].10版.北京:人民卫生出版社,2024.
[3] 邹锦慧,李日伦,张路赢,等.人体解剖学与组织胚胎学[M].2版.北京:高等教育出版社,2024.
[4] 岳应权,宁国强,宋宇.人体解剖学[M].2版.北京:北京大学医学出版社,2024.
[5] 申社林,郭建美,张义伟.正常人体形态结构[M].武汉:华中科技大学出版社,2021.
[6] 任晖,乔跃兵.人体解剖学与组织胚胎学[M].2版.北京:人民卫生出版社,2021.
[7] 高洪泉,乔跃兵.正常人体结构[M].4版.北京:人民卫生出版社,2018.
[8] 叶明,谭毅.人体解剖学与组织胚胎学[M].北京:中国医药科技出版社,2020.
[9] 董博,孟繁伟.正常人体结构[M].北京:北京大学医学出版社,2019.
[10] 宋应平,陈佑泉,何宗强.人体解剖与组织胚胎学[M].北京:科学出版社,2018.
[11] 孟繁伟,王俊帜,段德金.人体解剖学与组织胚胎学[M].北京:中国科学技术出版社,2017.
[12] 丁文龙,王海杰.系统解剖学[M].3版.北京:人民卫生出版社,2015.
[13] 邵水金.人体解剖学[M].北京:中国中医药出版社,2016.